思源致远

上海交通大学史

第一卷　南洋公学

（1896—1905）

主　　编　王宗光

本卷编著　欧七斤

上海交通大学出版社

内容提要

本书以恢宏的卷帙记录了上海交通大学百余年厚重历史。以历史研究的客观与责任感，以全方位视角和近距离直击结合，以学术的精神和细致的笔触，在深入、广泛挖掘档案史料和现有出版资料的基础上，全景展示了上海交通大学自1896年建校至2006年共110年的历程。这是上海交通大学这所百年名校首次对本校建校历史背景、发展过程、经费运转、系科建设与演变、教学与课程情况、各时期教职员与学生分析，以及校园传统、风格、特色的形成等，作深入、周详的梳理与总结，是一部立意严谨的校史研究著作。

《上海交通大学史》按学校发展不同历史阶段，分八卷编著，此为第一卷“南洋公学”。

图书在版编目(CIP)数据

上海交通大学史. 第1卷，南洋公学/王宗光主编. —上海：上海交通大学出版社，2016
ISBN 978-7-313-14428-7

Ⅰ.①上… Ⅱ.①王… Ⅲ.①上海交通大学—校史—1896—1907
Ⅳ.①G649.285.1

中国版本图书馆CIP数据核字(2016)第012567号

上海交通大学史

第一卷 南洋公学(1896—1905)

主 编：王宗光
出版发行：上海交通大学出版社 地 址：上海市番禺路951号
邮政编码：200030 电 话：021-64071208
出 版 人：韩建民
印 制：苏州市越洋印刷有限公司 经 销：全国新华书店
开 本：787mm×1092mm 1/16 印 张：25.25
字 数：465千字
版 次：2016年3月第1版 印 次：2016年3月第1次印刷
书 号：ISBN 978-7-313-14428-7/G
定 价(共八册)：800.00元

《上海交通大学史》编纂委员会

（2011 年 1 月）

《上海交通大学史》编写组

（2011 年 1 月）

主编：王宗光

成员：（按姓氏笔画）

毛杏云　叶敦平　孙　萍　朱积川　朱隆泉　陈　泓

陈鑫木　范祖德　欧七斤　秦慰祖　龚诞申　盛　懿

蔡西玲　缪克成　漆姚敏　潘　鋐

序　一

先哲有云："欲知大道，必先知史。"历史之于国家，是兴替之镜，正身之基，致远之源，起着"鉴往知来，资政育人"的重要作用。特别是在中华民族伟大复兴的"中国梦"磅礴行进的今天，越来越注重从本民族的历史和文化传统中汲取智慧，积聚能量，夯筑根基，越来越注重传承和创新优秀传统文化的"中国声音"。习近平总书记曾反复强调：历史是最好的教科书，也是最好的老师，更是"最好的清醒剂"。"不忘历史才能开辟未来，善于继承才能善于创新。只有坚持从历史走向未来，从延续民族文化血脉中开拓前进，我们才能做好今天的事业"。

一个民族、一个国家尚且要"知道自己是谁，从哪里来，要到哪里去"，一所大学又何尝不需要挖掘自身的历史，传承厚重的文脉？作为国史与地方史的一种延伸，校史是大学文化建设的重要组成部分，也是大学文化层次的鲜明体现，更是大学精神凝练的源泉所在。离开校史，大学文化建设与精神追求就会成为无源之水，无本之木。

泱泱南洋，巍巍学府。上海交通大学诞生于 19 世纪末期，伴随中国近代化过程，它经历了晚清、民国和新中国三个历史时期。它的历史既是我国近代高等教育曲折发展的缩影，又是近代社会推陈出新在一所高校的生动反映。120 年来，栉风沐雨、弦歌不辍，百年交大的历史就如同一座富矿，每一个采矿人都可以有自己的"发掘"：人才培养的辉煌成就；各个时代师生风采和精神风貌；不同时期校长们的办学理念和治校方略；名师大家在学科建设、教学科研中的睿智灼见；绵延百年的校风特点和精神灵魂；学校发展与国家民族命运的关系，等等，都值得思考和探究。与此相关的建校背景，学科布局、专业设置、师资建设、教学传统、优良学风、筹款方式、隶属关系、对外交流、校园变化等，也都值得细细琢磨，好好品味。这是交大百年历史文化的主要构成,亦是交大人非凡创造力的丰硕成果。

进入21世纪以后,上海交大面临的内外环境已发生很大变化。5 000多亩地的多校区办学空间、近5万人的师生规模、大批海外教师的引进、与原上海第二医科大学的强强合并,使交大多元文化背景的特点更加凸显。在此背景下,一所百年名校如何传承自己优良的文化精髓?如何让全体交大人拥有共同的文化烙印和追求,并在此基础上有所创新?如何让历史的深厚和世界的宽广交相辉映,在交大的校园里形成符合时代发展的新的精神文化?……这些涉及交大文化内核与交大人精神基因的问题,在创建世界一流大学的征程中,越来越需要做出回应与解答。而编纂一部真实、生动、系统、厚重的《上海交通大学史》,无疑能够为解读交大人精神内核与文化软实力提供智力支撑,也为交大争创世界一流大学奠定人文基石。

"盛世修史,懿年纂志"是中华民族千年传承的优良传统,也是当今社会主义文化建设的重大系统工程。《上海交通大学史》虽仅仅为一校之史,但其间世变幅度之大、时间跨度之长、经历曲折之多、涉及范围之广,在全国高校中都罕有其匹。如何真实记录学校的发展轨迹,如何系统梳理教育制度的演变,如何精彩描绘师生的生活图景,如何客观正确评论校史人物的历史贡献,如何科学总结百年办学的成败得失,凡此种种,都是编纂《上海交通大学史》的重点与难点,亦是对校史编纂者的巨大考验。所幸,自2006年110周年校庆之后,在以学校原党委书记王宗光教授领衔的校史编纂委员会的坚强领导下,集校内老领导、老同志、中青年校史研究队伍、校外专家学者的共同努力,历经十年艰辛,数易其稿,终于推出这一部卷帙恢弘的《上海交通大学史》,可谓"厚积薄发,十年一剑"。

古人云:"盖文章者,经国之大业,不朽之盛事。"翻开这部跨越三个世纪的厚重校史,重温交大往昔波澜壮阔的历程,我顿感心潮澎湃,为之动容,不胜感慨。我本人亦是上海交大在"文革"后恢复高考的第一届即"77级"学生,1982年本科毕业后,继续在母校攻读研究生,毕业后留校工作,直到1994年调离交大。应该说,我先后以学生身份与管理者身份亲身经历了交大在改革开放之后的17年岁月,对于这一时期交大学生"惜时如金"的学习热潮、享誉全国的管理体制改革、闵行新校区建设、派遣"世行生"等重大事件,都历历在目。衡诸这部《上海交通大学史》对这些史实的记载,应该说恰如其分地给予了还原与评价,较好地做到了资料翔实,持论平实,文风朴实,编排得当,征引规范。我相信,它出版面世后定能够经受时间的考验,成为一部可信耐读的优秀校史。

是为序。

姜斯宪

(上海交通大学党委书记)

2016年1月

序　二

上海交通大学是我国创建最早的高等学府之一。一百多年来，上海交大几度坎坷，历经沧桑，凝练积淀了优良的办学传统和厚重的文化底蕴，为国家造就了一批又一批各类专门人才，其中包括许多为民族独立、国家富强和科技发展、经济建设做出重大贡献的政治家、科学家、实业家、工程技术专家，可谓"桃李满天下，英才遍五洲"。新中国成立后，特别是改革开放以来，在党和政府的关心支持下，经过全体交大师生医务员工的奋发努力，百年学府焕发出勃勃生机，学校面貌发生了巨大变化。当年诞生于黄浦江畔只有数十人的南洋公学，如今已发展成为一所"综合性、研究型、国际化"的国内一流、国际知名大学，并正在向世界一流大学稳步迈进。

盛世修史，继往开来。上海交大的辉煌办学历程，既是一部承载着百余年来全体交大人励精图治、薪火相承的奋斗史，又是一个不断激励当今全体交大师生追求卓越、勇攀高峰的智慧库。上海交大历来重视校史研究与宣传教育，注重记录保存学校的发展轨迹与办学经验，更注重从中吸取不竭的精神动力。

自 21 世纪初年，学校将校史研究纳入大学文化和校园精神文明建设的重要部分，成立了校史编纂委员会，组织专门力量开展工作，编纂出版了一系列校史研究专著，如《上海交通大学纪事》(上下卷 2006)、《三个世纪的跨越——从南洋公学到上海交通大学》(2006)、《老交大名师》(2008)，在教书育人、对外宣传、自身文化建设等方面发挥了不可或缺的重要作用。如今，这部记载交大办学历史足迹、约计 300 多万言的《上海交通大学史》出版面世，这是学校校史研究的重要成果，是文化建设的基础性工程，更是向建校120周年的一次献礼。

在创建世界一流大学的征程中，大家愈来愈深刻地认识到，一所著名的大学不仅要有一流的物质条件，更要有一流的大学文化，要有经过历史沉淀又独具特色的传统风格、文化内涵与人文精神，形成引导激励全校师生的内在动力，这是一所大学的精髓和灵魂。建设以创新文化为主导的交大文化一直是创建世界一流大学的重要组成部分。《上海交通大学史》所记录的办学轨迹、展现的教育成就、总结的经验成果，正是上海交大精神文化的载体和底蕴，也是创建交大文化的根本与源泉。这部校史必将成为建设一流大学文化的重要组成，必将为创办世界一流大学提供有力的文化支撑。

“大学之道，在明明德，在亲民，在止于至善”。大学最根本的任务是培育具有社会责任、创新精神、实践能力的人才。大学的精神与文化传统对人才培育影响至深。《上海交通大学史》在梳理交大的发展脉络过程中，发掘了大量鲜活的历史事件、见微知著的师生校友轶事，提炼出真实历史背后所蕴含的大学精神、大学文化，这些都将成为莘莘学子成长成才的生动教材，有利于学生提高对“饮水思源、爱国荣校”内涵的理解，真正让“责任”成为凝结在每一位学子血液中的精神，成为一代代交大人不变的信仰。

《上海交通大学史》的出版，为广大师生、校友、教育同行以及社会各界关心交大发展的人士，提供了一部了解学校悠久历史和精神文化的优秀著述，也为交大自身大学文化建设、人才培育等提供了一份有价值的精神载体。在新的历史阶段，在国家推进双“一流”建设进程中，期待全校师生医务员工以更高境界、更大情怀，求真务实，努力拼搏，敢为人先，与日俱进，为建设中国特色世界一流大学，为中华民族伟大复兴作出不可替代的贡献。

马德秀

2011年2月第一稿

2016年1月修订

序　三

公元 1896 年，在甲午战败、民族危难之际，盛宣怀以“自强首在储才，储才必先兴学”的理念，创办南洋公学。

交通大学以“南洋”之名立，以“交通”之名兴。“交通大学”的校名源自 1921 年交通部所属四所学校合并而成大学之时。当“交通”二字的实业意义在历史的演化中渐渐淡去之时，作为校名，“交通”就成为一种文化和精神的传承。在“交通”之名下，交通大学的“大学”之道承载了“储才兴邦”的建校理想，光耀了“当为第一等人才”的办学理念，“傲立世界之巅，为民族谋进步，为人类谋福祉”，育人不辍，英杰辈出，成就了交通大学跨越三个世纪的辉煌，也让这座学府拥有了“天地交而万物通”的胸怀、气度及其独有的风格。

如果追溯到更远，中国传统文化对“交通”的理解源自庄子所云“交通成和而物生焉”，阐释的是一种宇宙观和价值观，是对宇宙万物和谐共生的哲学认知，是对自然规律的独特感悟。而“大学”一词的英文发源于中世纪西方都市生活及城邦初现时的拉丁文词汇“Universitas”，意指授予学位的由学生、教师和学者组成的多学科高等教育及研究机构。因此作为一所中国最早的现代大学，交通大学正是延续着中国传统文化的感性和西方现代文明的理性。中国传统之“交通”、现代西方文明之“大学”铸就的“交通大学”是历史与文化的交汇，也是思想与实践的贯通，所以成就其卓越，成就其辉煌。

“交通”为名，“大学”为道。

“交通”是校名，更是一种办学之道，真正让交通大学卓尔不群的，正是这种“天地交而万物通”“交通成和而物生焉”的办学之道。

大学是称谓，更是传承和创造的所在，真正让交通大学戮力同心、思源致远的，正是这种对大学精神、大学存在之根本意义的不懈追求。

在这样的大学之道下，交通大学自建校至今，无论世易时移，都赫然屹立于中国第一等学府之列。即便是几经辗转迁移，历尽艰难困苦，我们仍能在“上下交而其志同”的传承中坚持自己永恒的追求。

如今，集校史研究者多年心血编纂而成的八卷本《上海交通大学史》付梓出版，正是向世人展示交大人独特的情怀和追求，百余年的交大历史证明了：

交大是一所有追求的大学，交大人一直把感恩和责任放在首位。人才培养、科学研究、服务社会之交汇贯通是我们无时或忘的职责、本分和事业。交大人以发现和传播真理为己任，即使前路漫漫，荆棘丛生，交大人上下求索，从不懈怠。

交大是一所有灵魂的大学，交大人一直在追求思想的深邃。正是因为这种深邃，让我们拥有了宁静和淡泊，远离了喧嚣和浮华。“脱心志于俗谛桎梏，真理因得以发扬”。勤、朴、忠、诚之交汇贯通是交大人行为之准则。

交大是一所有思想的大学，交大人一直在追求文化的引领。“交通”之名赋予我们的是天地自然、社会人文相交相通之所在，更是阔达天地的视界和理想。交通大学聚天下之英才，攀智慧和思想之高峰，引领民主、科学和文化之发展。

回顾历史，交大的前辈先贤创造了无数的光荣。他们以天下兴亡、匹夫有责的气概，将办学与救国紧密结合，将求真与务实融为一体，以“明知不可为而为之”的自信和勇气站在时代最前沿，引领国家发展和社会进步，创造了无数个中国乃至世界的“第一”。面向未来，我们的梦想是把交通大学建设为一所大师云集、人才辈出、科技成果和人文思想交相辉映，在国家富强、民族复兴和人类文明进步的进程中，贡献卓著的大学！

“交通”为名，“大学”为道。交通大学的理想与风格、价值与追求将会成为真正的永恒。

2011 年 2 月第一稿

2016 年 1 月修订

序　四

巍巍学府，百年交大，历史是沧桑，也是明镜。上海交通大学一百多年来与中国近现代历史的百年兴衰相伴而行。交大“醒狮起、搏大地、壮哉吾校旗”，在中华民族救亡图存、跻身强国的历史进程中留下深深的印痕，积淀了众多精神财富。交大从艰难跋涉到奋力崛起的历史过程，一幕幕感人至深的历史场景，谱写了中国大学发展史上的辉煌篇章。对交大百余年校史的发掘与研究，并尽可能完整地编纂成书留存于世，既是一笔丰厚的历史遗产，也是一部用案例教育世人的哲学。总结和继承办学传统和经验，鉴往知新，启示后人。交大是谁、交大从哪里来、交大要往哪里去，这些问题的思考与解读，对于正在走向世界一流新征途的上海交通大学可以提供诸多有益的启迪。

峥嵘历程

上海交通大学校史编纂委员会自21世纪初开始，组织力量编写《上海交通大学史》，真实完整地记录学校从1896年至2006年共110年的办学历程和发展轨迹。经过十余年、十余位研究人员参与的编纂工作终于完成。110年的历史演变似行云流水，又波澜起伏，激发我们无限感奋，引发我们长久思索。

上海交通大学始建于1896年。其时，在清王朝的统治下，内忧外患，国难深重，一些有识之士认识到“教育救国”的重要性。中国近代实业家盛宣怀向光绪皇帝呈奏《请设学堂片》，拟于上海创办南洋公学，造就政、法、商等兴国人才，获得清政府批准。从此，交通大学的前身——南洋公学在上海徐家汇创建,招生办学;先后设立师范院、外院、中院、特班、政治班及译书院、东文学堂等,选派留学生出国深造,探索从初等、中等到高等教育的办学体系,成为中国近代学制之肇端。清末民初,国内实业扩充,工商方兴,迫切需要高级实业技术和工程管理人才。学校及时调整方向,兴办工科,先后设置的铁路科、电机科、航海科、铁路管理科等在当时均为同类大学中仅见。孙中山曾来校为学生演讲,表达他"强国强种"的勃勃雄心,提出了10年筑成10万英里铁路的宏伟计划。

1921年,学校正式定名交通大学。由于政局动荡,学校虽曾几度更名,但坚持培养交通实业人才的宗旨不变。1928年,学校划归铁道部后,办学经费充盈,校园规模扩大,办学成效显著。30年代,学校继续延聘名师,添建校舍,拓展学科,成为以工科为主,兼重管理、理科的全国著名理工科大学,有"东方MIT(美国麻省理工学院)"的美誉。抗日战争爆发,交大师生在上海、重庆两地坚持办学,历尽艰难险阻,恪守交大办学宗旨,培养了大批战时急需的工程技术人才,涌现出可歌可泣的抗日英勇斗士。抗战胜利后,交大复员上海徐家汇原址办学,迅速恢复和发展理、工、管相结合的院系建制。爱国师生为了追求民主权利与社会进步,先后开展反"甄审""护校运动""反饥饿、反内战、反迫害""反美扶日"斗争等爱国民主运动,交大成为沪上的"民主堡垒"。

1949年5月,上海解放,交大的发展进入了新阶段。学校坚决贯彻新民主主义教育方针,积极参与新中国高等教育建设。师生们响应党和国家号召,纷纷投入到工业化建设的热潮之中。1952年,在高等学校"院系调整"中,交大许多学科及相关师生调往全国各地,为国家高等教育事业的布局和发展做出了贡献。1955年,国家决定交通大学西迁;1957年,在周恩来总理亲自指导下,决定交通大学分设两地,分别为交大(上海部分)、交大(西安部分);1959年,中央决定交大(上海部分)和交大(西安部分)分别成为独立办学的上海交通大学和西安交通大学。

1961年,中央决定上海交大划归国防科委领导,成为一所国防工业高等学校。1966年,在"文革"的灾难中,学校工作全面中断,日常管理陷入混乱,知识分子成为批斗对象。校内外"造反组织"相勾结,批斗矛头直指广大师生和"老交大传统"。许多教师和科技人员忍辱负重,排除干扰,为国家教育、科技事业默默奉献,为国防科技事业做出贡献。1976年,"四人帮"被粉碎,交大师生在拨乱反正中率先批判"两个估计",交大迎来了第二个春天。

20世纪70年代末,党的改革开放政策为社会主义现代化事业开创了新局面。上海交大在改革开放中抓住机遇和挑战,力求重振雄风,再现勃勃生机。交大党委带领全校师生积极探索并实践高校内部管理体制改革,为学校的重新崛起奠定了坚持改革开放、创新发展的思想基础。打开国门，走出校门，交大教授组团出访美国，成为新中国建立以后第一支访美的高校代表团。80年代初，上海交大划归教育部直属，学校恢复理学科、管理学科，新建文科和新兴学科。1984年，邓小平亲自接见上海交大干部和教师代表，热情鼓励学校的教育改革。在第六届全国人大第二次会议的《政府工作报告》中，肯定了上海交大的改革。90年代开始，国家加大投入，加快建设闵行校区，改善办学条件，扩大办学规模，上海交大进入改革发展的快车道。

在全球科学技术迅猛发展的形势下，江泽民两次为母校题词，提出了建设世界一流大学的发展目标。教育部和上海市共建上海交大，批准实施国家旨在提升一流学科水平和创建世界一流大学的“211工程”“985工程”。随着综合实力增强，学校提出“综合性、研究型、国际化”的发展战略。跨入21世纪的上海交大发挥学科人才优势，利用大型企业的投资实力，得到闵行区政府的支持，实行大学、企业、政府三方战略联合，创建了由大学园区、研发基地、生态社会组成的“紫竹科学园区”合作新模式。交大借力及时拓展闵行校区，校园面积扩大至近5 000亩，顺势推进闵行校区二期建设，把世界一流大学的建设目标与新型校园的建设紧密结合，于“十一五”中期实现了闵行主校区的全面竣工和办学重心的顺利转移。1999年，上海农学院并入交大；2005年，上海交大与上海第二医科大学合并，成立新的上海交通大学。目前，上海交通大学已成为一所拥有理、工、农、医、文、法、管等学科，并拥有大批科学研究机构、众多附属医院的国内一流、国际知名大学，正在向世界一流大学稳步迈进。

纵观上海交通大学的发展历史，正是中国高等教育事业从无到有，由小到大，由弱到强，不断发展、创新的历史进程。

今天，我们以学校历史发展的纵向脉络为线索，编纂《上海交通大学史》，全书共8卷，依学校自身发展阶段划分为8个时期，每个时期1卷。其中，中华人民共和国成立之前分为4卷，之后分为4卷。全书共300余万字，约1 000帧照片。本着“以史为鉴”的精神，我们既注重历史真实性、可读性，更关注学术性、科学性，努力写成一部史料翔实、结构合理、观点鲜明、文风活泼的史学著作。

《上海交通大学史》记录办学历史，展示育人成果，总结经验得失，是学校建设一流大学文化的重要组成部分，必将为创办世界一流大学提供有力的文化支撑。校史研究是一项长期的工作，随着时代的发展与进步，对于一些历史事实的分析见解可能会有新的认识和结论。上海交大的校史研究工作还将继续坚持“以史鉴今、资政育人”宗旨，不断推陈出新，展示更多高水平的研究成果。

学人足迹

解读校史,值得自豪的是,百余年来,上海交大拥有一大批具有先进办学理念和大学精神的校长,拥有一大批学识卓越、众望所归的名师、学者,拥有一大批走出校门后为国家、民族和人类社会作出杰出贡献的莘莘学子。在不同历史时期,这些校长、教师和校友们留下许多精彩纷呈、可圈可点甚至可歌可泣的历史印迹,共同铸就了百年交大的历史丰碑。

第一,交大有一批志存高远、精于治学的校长。一代又一代掌校者为办好交大,为交大的建设与发展竭尽心智、巨擘鼎力,造就了学校的辉煌历史。

*他们始终坚持"兴学强国"的教育观。*一百多年前,盛宣怀创办南洋公学的目的,就是为了"强国",提出"自强首在储才,储才必先兴学",培养"经世济国"人才的思想。唐文治倡导培养"求实学、务实业"的救国人才,要造就"中国之奇材异能"。叶恭绰、黎照寰等是孙中山实业计划的忠实执行者,他们着力培养"实业计划的实行家""高深建设专才",以使中国摆脱贫弱,自立于世界民族之林。新中国成立以后,在社会主义工业化建设统一布局下,学校围绕培养多科性工科人才、国防工业人才的任务不懈努力。改革开放以来,学校顺应建设中国特色社会主义的发展要求,为实现中华民族之伟大复兴,以"继往开来,勇攀高峰"的精神,确立了创建世界一流大学的目标,制定并实践了"综合性、研究型、国际化"的发展战略,学科领域不断充实与拓展,逐步形成注重人的全面发展的创新型人才培养模式。交大人就是这样,以国家利益为己任,始终把自己的荣辱兴衰与国家的命运紧紧联系在一起。

*他们始终主张"第一等人才"的培养观。*唐文治提出了著名的"第一等人才"的培养观:"须知吾人欲成学问,当为第一等学问;欲成事业,当为第一等事业;欲成人才,当为第一等人才。而欲成第一等学问、事业、人才,必先砥砺第一等品行。""争第一"的思想成为交大百余年来人才培养的基本理念。交大的"第一等人才",明确以德育为前提和基础。唐文治曾说:"道德,基础也;科学,屋宇垣墉也。彼淹贯科学,当世宁无其人,然或忘身徇利,一旦名誉扫地,譬如基础未筑,则屋宇垣墉势必为风雨所飘摇而不能久固。"长期以来,学校除了专门学科的培养,还注重学生的人格养成。张铸、黎照寰都提出,"注重知识的获得,身体的锻炼,道德的修养,充分准备一切,务使成为一个完全的人。""完全之人,斯有不朽之事业,此教育之本旨也。"20世纪50年代,彭康强调人才培养"要有明确的方向,这就是为社会主义服务";应该多培养几个像钱学森那样的人民科学家,才是最大的政治。进入21世纪以来,交大十分强调青年学生的科学精神与人文精神的紧密结合,为人的全面发展着力打造健康向上的精神家园。

他们始终坚持以世界先进的办学水准为追赶目标的发展观。唐文治的办学心愿是“冀与欧美各国颉颃争胜”;叶恭绰认为交通大学与欧美大学“未必无同趋一轨之日”;黎照寰力求把交大办成一所国际著名大学。进入20世纪80年代,江泽民为母校题词:“百年大计,教育为本,努力把上海交大办成第一流大学。”1995年12月,江泽民再次为母校百年校庆题词:“继往开来,勇攀高峰,把交通大学建设成世界一流大学。”恰似春雨甘霖,润物无声,“建设世界一流大学”已成为上海交大人的共同理想和奋斗目标。

他们始终践行锲而不舍、坚韧不拔的奋斗观。交大在一百多年办学过程中,一路坎坷,几度危难,曾多次面临中途夭折的困境。但是,掌校者一次又一次坚韧不拔的努力,擎大厦于将倾,挽学脉于临危。首任校长何嗣焜为学校的创建呕心沥血,伏案发病,溘然长逝。1902年底,袁世凯趁校内学潮之机,企图迫使学校停办,盛宣怀不甘校业就此夭折,千方百计筹措办学经费,维系学脉。民国初年,百废待兴,学校又面临经费无着的状况。唐文治带头减薪,师生同舟共济,终于渡过难关。20年代,军阀混战,时局不稳,凌鸿勋临危受命就任交通部南洋大学校长,竭力维持校基,终使学校得以承续。抗战爆发后,黎照寰、张廷金、徐名材、吴保丰等主校者,忍辱负重,历尽艰辛,坚持在上海和重庆两地办学,力保学业不被中断。新中国成立后,学校经历了院系调整、迁校等重大变动,学科、师资、设备等实力大为削弱;又经历“文化大革命”的摧残破坏,上海交通大学的规模、层次一度明显处于国内著名高校之后。“文革”结束,恰逢党的改革开放政策,交大领导班子遵循党的基本路线和方针政策,不失时机地抓住了科教兴国的发展机遇,坚持改革开放实践,在激烈竞争中迈开建设世界一流大学的步伐,获得社会认可和国家支持。

“穷且益坚,不坠青云之志。”面对复杂的局面能够做到独立思考、积极应对,在一次又一次的机遇和挑战中坚持拼搏,力争最好的结果,这正是交大掌校人的基本素养。

第二,交大有一批树人育才、众望所归的名师、学者。交通大学一贯重视教师队伍建设,以拥有高水平的师资为办学之本。20世纪二三十年代,有一批如胡明复、周铭、徐名材、裘维裕、胡敦复、唐庆诒等著名教授。40年代,交通大学在重庆期间,条件十分艰苦,仍然吸引了包括张钟俊、曹鹤荪、辛一心等在内的一批留学归国的青年英才来校执教。正是先贤们无怨无悔地躬耕于三尺讲台,才奠定了交大的百年基业。

他们具有心系国脉、底蕴深厚的爱国情怀。学校创办初期,所聘用的教师大多为中国现代第一、第二代知识分子。他们成长于中国传统文化土壤,又受到新思想的启蒙。在当时腐朽落后的社会现实和帝国主义列强的欺凌面前,他们抱有强烈的救国、报国之志,以“国家兴亡,匹夫有责”为座右铭;坚持独立人格和职业操守,视安贫乐道、坚守节操为人生追求。他们在风雨变幻的时局中,守望真理,矢志不移,决不以原则做交易,不辱教师之神圣使命。南洋公学特班总教习蔡元培曾向封建势力争取学生的民主权利,未果后愤然离校,另组“爱国学社”接纳辍学学生。抗战爆发,交大教师“仰天长啸,壮怀激烈”,有的忍辱负重坚守教师岗位继续传道授业,有的宁可失业不向伪政权弯腰,有的历尽艰辛远赴重庆任教。上海解放前,为保护爱国学生躲避反动军警的追捕,吴保丰、王之卓都曾用校长汽车把学生送出校门到达安全地带。新中国建立后,交大教师以极大热情投入社会主义现代化建设高潮,为了响应党和国家号召,很多交大人告别大上海,毅然奔赴祖国各地艰苦创业,为新中国高等教育事业的蓬勃发展做出贡献。“文革”中,教职工不满“四人帮”的倒行逆施,欲教不能,欲罢不忍,大多仍旧坚守业务岗位,取得众多科研成果。党的十一届三中全会后,交大师生群情激昂、解放思想,率先提出否定“两个估计”,重新恢复“老交大传统”,焕发学术青春,抢回“文革”中失去的宝贵时间,积极开创教学、科研工作的新局面。

*他们具有学贯中西、能文能武的真才实学。*交大教师大都具有海外留学或工作的背景,同时,他们中的许多人还具有在工商业或政府实业部门的工作经历。他们不仅始终把握世界科技发展前沿动向,而且善于应用科学理论解决实际工程技术问题。交大教师为中国工程教育作出开创性的贡献,把广阔的国际视野和实际的应用能力融入教育与教学,用严格的学术精神开展大量丰富的实践教学以资验证,这些都是交大教师的显著特点。校友们回忆,交大的“实验教育这个过程教导你如何创新”。既有高深学问,又有实际才干和经验,学贯中西、真才实学成为交大教师的基本特征。因此,早在20世纪二三十年代,交大就成为知名高等学府,被誉为“中国工程师的摇篮”。

*他们具有传道授业、德技双馨的人格魅力。*交大教师融“传道、受业、解惑”于一身,不仅教书,而且言传身教如何做人,把中华文化传统的道德教化、修养情操一并传授给学生。在他们心里,爱国家就是爱交大、爱学生,就是兢兢业业地上好每一节课。授课时,逻辑缜密,析理清晰,出神入化,精美绝伦,讲解科学理论游刃有余,说明实际问题信手拈来。多年以后,学子忆此仍然津津乐道:“如痴如醉,大有孙猴子在听菩提祖师说法时的闻得大道那份喜悦。”邹韬奋回忆国文教员沈永癯“尤其受他的熏陶的是他的人格的可爱”,“是我一生做事所得力的模范。”钱学森在晚年把陈石英、钟兆琳两位老师视为对他“影响最大的老师”,感悟“师恩永志于心”。众多学子在人生重大转折关头都得到交大教师真诚地呵护与无私的教诲。20世纪80年代后,交大的唐坤发、晏才宏、金正均等教师业务精湛,教学执着,深受学生爱戴,即使遭受病痛折磨,仍然坚持到生命的最后一刻,鞠躬尽瘁,死而后已。有学生怀念曾继铎教授,撰写对联,上联为“读万卷书,行万里路,桃李满天下”,下联为“不谄不媚,傲骨铮

然，浩气留人间”，横批“一代名师”，可谓对交大教师学识与人格的高度概括。

第三，交大有一批秉承校风、勇于担当的莘莘学子。古今中外，校友是学校的财富，是母校的骄傲，交大更甚。交大学生的心声是“今天我以交大为荣，明天交大以我为荣”，莘莘学子带着“饮水思源、爱国荣校”的母校情怀离开交大，走向社会。

他们传承着优良的爱国传统。叶恭绰校长回忆道：“交大学风，素称淳实”，“本校学生，潜心努力，有爱国不忘求学，求学不忘爱国之风。”“捐躯赴国难，视死忽如归。”辛亥革命前后，校友唐榕柄在广州、白毓昆在滦州，一南一北，响应革命，后均英勇就义。五四运动、五卅运动、“一二·九”运动中，交大学生都积极参与。在抗日战争及历次革命战争中，交大学生挺身而出，前赴后继，一些人因此献出了宝贵生命。侯绍裘、陈虞钦、邹韬奋、费巩、杨大雄、杨潮、曹炎等革命英烈长眠在上海龙华、南京雨花台、重庆歌乐山及各地烈士陵园之中。1945年后，交大的爱国进步学生战斗在第二条战线上，为争取民主进行顽强斗争，穆汉祥、史霄雯惨遭杀害，烈士安葬在交大徐汇校区的校园里，竖立纪念碑，成为永远的纪念。新中国成立后，交大毕业生满腔热情在祖国各地投身社会主义建设事业，涌现出无数优秀人物和先进事迹。黄志千、华怡等是他们的突出代表，成为交大人学习的楷模。

他们发扬了勇于创新的科学精神。探索科学、坚持真理是交大人的不懈追求。物理学教授裘维裕曾说：“大学的使命，是要养成一种健全的人格，训练一种相当的科学思想，有了这种训练，毕业之后，无论什么工作都可以担负，都可以胜任。”交大人把求真务实作为毕生的行为准则，处理问题喜欢“较真”，先要弄清道理再下结论。物理系1947年毕业生胡国定体会到，交大的学生“对复杂的新事件，总要先独立思考弄清楚问题，再下决心怎么去做。这就是交大的‘慢热’”。许多校友回忆说，交大培养了我们独立工作能力，交大教会了我们怎样去做研究；独立思考，遇到问题自己去解决已成为交大学生的习惯。这也是他们具有开拓创新能力的重要原因，为国家建功立业的素质基础。百余年来，在献身科技事业的交大校友中，有“人民科学家”钱学森，“国家最高科学技术奖”获得者吴文俊、徐光宪、王振义等；还有我国第一台中文打字机发明者周厚坤，第一台变压器的设计制造者周琦，第一台发动机的设计制造者支秉渊，第一架喷气式歼击机的设计制造者黄志千、“歼-7之父”屠基达、“歼-8之父”顾诵芬，第一枚液体燃料探空火箭的设计制造者王希季，第一艘万吨远洋货轮“东风号”的总设计师许学彦，第一艘核潜艇的设计者黄旭华，第一台自主设计与集成的作业型深海载人潜水器“蛟龙号”总设计师徐岂南，第一艘航空母舰“辽宁舰”总设计师朱英富，等等，他们的业绩在中国科学技术发展史上留下了浓墨重彩的一笔。

他们展现了始终如一的实干风格。求真务实是交大师生最鲜明的风格。学生在校经过严格的科学培养和精准的实验训练，深植实事求是的思想根基。唐文治校长提出“实心实力求实学，实心实力务实业”的要求；学校逐渐形成了“务朴纳，汰浮华，好实践，恶空谈，学则中西并重，而以实用为归”的校风。百余年来，交大的学子遍布各行各业，上天入地下海，声光电化齐备，既是先锋队，逢山开路、过水搭桥；又是螺丝钉，不计名利、默默奉献。交大学生崇尚实干、不骛空谈，敏于行，讷于言，能摈弃浮躁，作风扎实，实践动手能力强，已成为社会口碑。

1926年10月，在学校30周年校庆时，为感谢培养之恩，原师范班校友捐建的自流井取义“饮水思源”赠予母校；此后，“饮水思源”碑矗立在交大校园，成为交大标识，代代相传。改革开放以来，海内外校友纷纷回校，关心母校的建设与发展，许多人捐资助学，回馈母校，一幢又一幢由校友捐赠的建筑物出现在徐汇、闵行等校园中。地球虽大，“饮水思源”亦如磁石般吸引着天涯海角的交大人遥相呼应。“饮水思源，爱国荣校”是一种承诺，它把质朴的感恩与交大人扎实勤奋的事业心紧紧联系在一起；“饮水思源，爱国荣校”是一种情怀，它把道德、理想、情操与交大人崇尚的价值观紧紧联系在一起；“饮水思源，爱国荣校”是一种境界，它把学子与母校、个人与国家、民族与人类、历史与现实、科学与进步都紧紧地联系在一起，凝聚成交大人的世界观、人生观和价值观。

一代又一代交大学子，带着他们的智慧、学识和人生理想，走向大海，走向蓝天，走向祖国最需要的地方。无论是风雨如晦的年代，还是奋发图强的岁月，无论是工业现代化的召唤，还是改革开放奔小康的实践，无论立足国内，还是走出国门，他们都在人生的舞台上，显身手、展才华，以他们的聪明才智和热血青春回馈祖国、回馈社会、回馈全人类。在一百多年的办学历程中，黄炎培、邵力子、李叔同、蔡锷、王宠惠、蒋梦麟、邹韬奋、陆定一、汪道涵、钱学森、周建南、吴文俊、徐光宪、李天和、江泽民、葛守仁、王振义等都是交大学子的杰出代表。数十万交大人足迹遍及海内外，他们把交大的拼搏精神与实干作风带向四面八方。

思源致远

2006年，上海交大建校110周年之际，江泽民再次为母校题词：“思源致远”。这是对中华民族悠久的传统文化与交大百年传统精神相结合的高度概括。

“思源”最早见于北周庾信的《徵调曲》：“落其实者思其树，饮其流者怀其源。”表达了人们质朴的感恩情怀。“致远”在《周易》《论语》中均有表述，最著名的应为诸葛亮《诫子书》中“非澹泊无以明志，非宁静无以致远”，成为一代又一代知识分子的座右铭。

交大人为“思源致远”赋予了更深刻的意义。“思源”，凝聚着交大人对于自然、人文和社会的深厚浓重的历史观;“饮水思源,爱国荣校”被广大师生和校友们公认为交大校训。除此之外,交大人常思社会历史之源,常思人类认知之源,常思科学探究之源,寻求探索真理、开拓创新的力量源泉。“致远”,彰显出交大人刚毅淡定、高瞻远瞩的发展观。盛宣怀办学时就提出:“窃惟时事之艰大无穷,君子以致远为重。”黎照寰校长则教导学生:“才识丰,体力雄,志行高,具此三者,始能任重致远,为国效劳。”20世纪初公布的《上海交通大学章程》提出了学校的使命:建设“综合性、研究型、国际化的世界一流大学”。“思源致远”,引领着交大人在学校建设、国家自强、民族复兴的伟大事业中树立应有的境界、胸怀和高尚追求,承担起作为一名交大人必须承载于肩的历史责任。

“无边落木萧萧下,不尽长江滚滚来。”回顾上海交通大学所走过的一百多年历史,怎不令人浮想联翩。历史长河,征途漫漫,交大人闯过了一次又一次艰难险阻;面向未来,交大人仍将不懈求索,勇于面对一次又一次机遇和挑战。历史已证明,交大人必须同舟共济、结伴前行;再铸前程更要求交大人别无旁骛、同心协力。

“建设世界一流大学”是一代又一代交大人共同的梦想。在此,我们谨以这部《上海交通大学史》奉献给每一位关心和热爱交大的师生和朋友,让《上海交通大学史》成为交大历史丰碑上的又一块基石,承百年薪火,续千秋伟业。

王宗光

2011年2月第一稿

2015年12月31日修订

目 录 | CONTENTS

001 前言

001 第一章 南洋公学的创建与发展
001 第一节 南洋公学创建背景
001 一、社会经济与文化教育因素
005 二、设学上海之缘由
008 第二节 南洋公学的创建
008 一、筹划设学
017 二、奏准兴办
019 三、开学授课
024 第三节 办学宗旨与管理体制
024 一、办学宗旨的确立与变化
026 二、管理体制的变动
033 第四节 主校人员更迭
033 一、首任总理何嗣焜
037 二、监院福开森
042 三、主校者频繁更换
049 第五节 转办高等商务学堂
049 一、新学制下的定位
052 二、争办高等商务学堂
055 三、改归商部管辖

060 第二章 师范院
060 第一节 首建师范院
060 一、创办缘由

061 二、创办经过
066 三、办院目标与发展概况
068 第二节 教习与学生
068 一、教习概况
071 二、师范生来源与待遇
077 第三节 教学与管理
077 一、课程设置
080 二、教学管理与考核
084 三、师范生成就
089 第四节 附属外院、高小及教科书的编撰
089 一、附属外院
094 二、附设高等小学堂
102 三、编撰教科书

109 **第三章 中院**
109 第一节 设立与发展
109 一、建院目标与招生开学
114 二、发展概况
115 第二节 教学状况
115 一、课程设置
120 二、教学方针和方法
125 第三节 教习与学生
125 一、中西教习
131 二、学生来源与待遇
135 三、毕业生成就

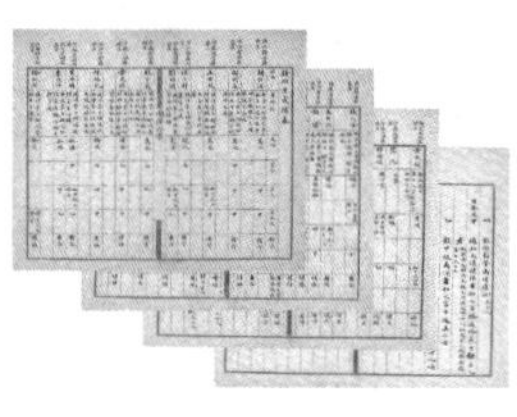

140 **第四章 上院与特班**
140 第一节 上院的试建与缓办
140 一、开设铁路班
142 二、上院缓办

145 三、设立政治班

149 第二节 特班的设立与特色

149 一、筹设特班

152 二、特班之“特”

157 第三节 特班师生与课程

157 一、学生来源与构成

162 二、聘定良师

165 三、课程设置

168 第四节 蔡元培与特班

168 一、倾心特班

173 二、任教特色

177 三、特班生成就

184 **第五章 遣派留学生**

184 第一节 选派留学生

184 一、选派学生留日

192 二、选派学生留美

198 三、选派学生留欧

202 四、留学生综述

207 第二节 留学生经费与管理

207 一、留学生经费

210 二、留学生资格

212 三、留学生管理

214 四、留学生任用

217 第三节 留学生的特点及成就

217 一、留学生特点

220 二、留学生成就

227 **第六章 译书院**

227 第一节 译书院的设立

227 一、设立缘起
230 二、发展沿革
231 三、机构与译员
235 四、院址与经费
237 第二节 译印图书及其影响
237 一、译印图书总览
242 二、主要译书介绍
247 三、推动近代出版
252 第三节 张元济与译书院
252 一、结缘译书院
255 二、译书及出版贡献
259 第四节 附设东文学堂
259 一、筹设经过
263 二、教学与管理
265 三、教习与学生

271 **第七章 校园环境与师生活动**
271 第一节 校园与建筑
271 一、选址徐家汇
274 二、建筑设施
284 第二节 学生生活与课外活动
284 一、学生来源
288 二、学生生活
293 三、体育与演剧
298 第三节 “墨水瓶”事件
298 一、事件根源
303 二、事件经过
308 三、事件善后
312 四、组建爱国学社

317 **第八章 盛宣怀与南洋公学**

317 第一节 从办理洋务学堂到南洋公学

317 一、早期教育活动

322 二、盛氏办学计划与南洋公学

328 三、倾心主持南洋公学

331 第二节 盛宣怀办学思想与特色

331 一、办学原则:中体西用

338 二、办学特色:学以致用

342 第三节 南洋公学的历史影响

342 一、奠定交通大学百十年基业

346 二、开创中国近代教育之新风

354 **附录一** 大事年表(1896—1905)

360 **附录二** 主要规章制度(1896—1905)

368 **附录三** 教职员名录

373 **后记**

前　言

上海交通大学百十年的厚重历史，肇始自南洋公学时期。南洋公学于1896年由清末著名实业家、教育家盛宣怀精心筹备，并上报光绪皇帝批准，次年春在上海徐家汇正式开学。至1905年春移交商部管辖，并更名上海高等实业学堂，先后为时10年之久。南洋公学的建立，是盛宣怀在经济实力扩张、政治地位上升后，在文化教育领域进行的新开拓、新创举，也是他在甲午战争之后，总结自身办理新式教育，参照北洋大学堂办学经验，通过创办正规系统教育，培育"桢干"之才，所践行的救国图存的宏愿。南洋公学是晚清社会大变局之下近代教育萌发、演进的产物，它的创建顺应了甲午战争前后，传统教育向近代教育转型的发展趋势。

南洋公学时期，科举制度尚未废除，全国新式学校寥寥无几，青年学子仍竞相奔逐于科场，新式教育举步维艰。南洋公学在国内少有先例可循的情况下，披荆斩棘，锐意进取，参照欧美、日本国家通行学制，结合我国国情和教育实际，在艰难的办学道路上，对我国近代教育办学模式与体系进行了可贵的探索与尝试。南洋公学先于1897年建立师范院及附属外院（小学部），接着在1898年建成中院（中学部），此后又设立铁路班、政治班，尝试建成上院（大学部）。师范院、外院、中院、上院构成南洋公学的正规教育体系，也是我国小、中、大学三级学制的最早尝试。

1896年，公学即筹设培养法政人才的达成馆，但因故未能成立。后于1901年开设达成馆性质的经济特科班，同年又开设东文学堂，招收社会青年才俊，旨在造就从事翻译日文的专门人才。1898年设立的译书院，除向社会广泛普及西学知识，又为公学及其他学校翻译亟须的西学课本与阅读参考书。此外，公学不遗余力向日本、欧美派遣留学生，培养掌握西方科学技术专业知识的高层次人才。如此，南洋公学形成了学校教育与译书、派遣留学生相辅相成，基础教育与专门教育相互补充的多样化办学模式。

南洋公学初创时期以培养高端法政人才为办学目标，1901年开设经济特科班，1902年开设政治班，派遣出国的留学生也多学习法政专业。盛宣怀如此设定办学宗旨，是希望与他先前创办的以培养工程技术人才为主的北洋大学堂有所区别，同时也是盛宣怀的西学观从器物层面上升至政治制度层面的反映，说明在设学目标上他已经突破仅为实业培养人才的局限，开始着眼于广泛培育法律、政治、外交、商务等各类专门人才。然而，1902年底发生的墨水瓶退学事件,成为公学办学方向转变的一个重要原因。从1903年开始,公学办学方向由政学转向实学。1905年后,公学相继归属商部、邮传部、交通部,则完全转向实业工程学科,以培养工程技术与管理人才为目标。

作为上海交通大学百十年史的源头,南洋公学对交大的发展都产生了至深至远的影响。南洋公学的校园与校名,成为交大人的物质和精神寄托。公学先后在徐家汇购地140余亩,耗资数十万元建筑中院、上院、教工住宅等校舍,初步奠定了一所大学所需的基本条件,为此后学校的发展提供了发展空间与硬件设施。作为公学最重要教学主体的中院及外院附小,先后培养出来的一批批基础扎实的高等小学、中学毕业生,为后来学校升格为大学,办成商务、铁路、电机等专科提供了合格生源,使交大成为全国最早培养出专科毕业生的高等学府之一。清末民国时期交通大学上至校长,下至教师职员,很多都是南洋公学的学生,通过他们的言传身教,公学时期形成的优良传统得以代代传承。

南洋公学以敢为人先的创新精神,引领了清末教育的新风气,在许多方面作出了可贵的探索,成为中国近代教育由无系统、零星分散办学的萌芽阶段,步入有系统、广泛兴学的发展时期的领头羊。南洋公学创建在科举制度废除之前,它的建立与发展本身就是对科举制度的突破,是科举体系上打开的一个缺口,在一定程度上促进了科举制度的最终废除。南洋公学采用分年级、按班级的授课制度,设立了由外院、中院、上院三种教育层次组成的正规学校教育系统,另设师范院培养师资,组成四院教学制度,建立起中国最早的分层设学、相互衔接的学校体系,开创了中国近代学制史上的先河。南洋公学融正规教育与从速教育于一体,译书、派遣留学生与学校教育相结合的办学模式,符合当时社会经济对教育的客观要求,对我国早期近代教育的发展影响深远。

南洋公学培养出一大批中国近代化急需的新式人才,既涌现出了黄炎培、邵力子、钮永建、王宠惠等活跃于政坛的知名人物,也有如徐恩元、徐新六、穆湘瑶、周作民等著名工商实业界人士;既走出了李叔同、马衡、谢无量等文化大家,又培养了蒋梦麟、胡仁源、章宗元等教育界先驱,更有军界精英蔡锷、温应星等。人才辈出的南洋公学,为清末民初我国政治、经济、文化、军事等各个领域步入近代化贡献了人才,对加快中国近代化进程发挥了推动作用。

南洋公学是继北洋大学堂之后中国人自己创办的第二所大学,也是全国开设最早、办学成绩最好的少数几所新式学堂之一。它不仅奠定了交通大学的百十年基业,而且引领了全国教育风气之先,在中国近代教育史上具有重要地位。作为创始人,盛宣怀在办理南洋公学过程中,克服了重重阻力,积极倡导兴学救国的办学目的,学以致用的办学原则,学习借鉴西方教育经验,开创新的办学模式,努力寻找中西教育的结合点,推动了中国教育近代化进程,盛宣怀无疑是中国近代教育的先驱和推动者之一。

第一章
南洋公学的创建与发展

第一节　南洋公学创建背景

一、社会经济与文化教育因素

由清末著名实业家、教育家盛宣怀创设于1896年的南洋公学，是晚清社会大变局之下我国近代教育萌发、演进的结果，它顺应了鸦片战争以来我国传统教育向近代教育转型的总体发展趋势，更是甲午战争之后，在民族危机空前严重的局势下，部分先进的中国人要求全面深入学习西方的产物。

自1840年始，中国发生了数千年来未遇的时代巨变。以英国为首的西方列强先后发动了两次鸦片战争，用坚船利炮轰开了天朝上国的"金锁铜关"，强迫清政府签订了一系列不平等条约，大量输入鸦片与商品，对中国进行经济掠夺和政治压迫，中国开始沦为半封建、半殖民地社会。同时，西方先进技术与近代文明也伴随着列强入侵裹挟而入，使得我国部分士大夫对西方工业文明有了较多的接触与了解，他们反观我国相对落后的军事技术、社会经济、文化教育的现状，进而萌发了引进西方工业及先进技术，以抵御"数千年来未遇之强敌"的思想，由此揭开了我国早期近代化运动的序幕。在文化教育领域，由于沿袭旧制不思革新，又缺乏对外的文化教育交流，到1840年前后，我国的教育仍然保持着封建社会的教育制度，并

南洋公学校门

日益呈现病态发展。官学教育虽形式完备，却已徒有虚名，很少从事教学活动；教育内容以传统儒学为范围，不切实际；科举考试弊病丛生，特别是八股文，成为禁锢士子个性和思想的工具。传统教育制度，已难以维护封建社会的生存和发展，更不能应对国门被强迫打开后西方经济文化的挑战，改革已势在必行。龚自珍、魏源、林则徐等一批先行觉醒的开明官吏和知识分子，从挽救民族危机出发，倡导经世致用，主张"师夷长技以制夷"，率先发出了要求变革和向西方学习的呼声，成为我国教育近代化的思想先导。①

发生于19世纪60年代至90年代的洋务运动，是在奕䜣、曾国藩、李鸿章等中央、地方大员的主持下掀起的自强求富运动，从兴办造炮制船的军事工业，发展到兴办诸如厂矿、航运、电报、铁路等民用企业，大量引进和学习西方先进的科学技术，初步形成了我国近代工业的发展格局，开启了中国近代工业化进程。洋务事业本身呼唤新型人才，因此以培养洋务人才为目的，从1862年设立京师同文馆开始，在30余年时间里，逐渐创办外国语言、军事、技术实业等类型的洋务学堂约30所，办有成效者有京师同文馆、福州船政学堂、上海电报学堂、天津水师学堂，等等。这些学堂以培养直接服务于中外交涉、海陆军和民用企业人才为目标，以西文、西艺为主要教学内容，采用班级授课和分年课

---

① 孙培青主编:《中国教育史》(修订版),华东师范大学出版社2000年版,第282页。

程计划等近代教育组织形式。开办学堂之外，洋务派还热衷于翻译西学书籍，派遣留学生。这些文化教育上的重大举措，构成洋务运动中仅次于工业的重要内容，使我国教育由民族文化为中心的封闭型向与世界文化交流的开放型转变。[①] 洋务教育冲击了传统教育体制，传播了近代资本主义文化教育观念，哺育了一批科技人才和维新志士。

但是，被称为新式教育的洋务教育数量极少，规模较小，相对于占绝对主流地位的传统教育来说，只是沧海微澜而已，并没有掀起全国性兴办新式学堂的风气。而且，受洋务运动本身的局限，以中体西用为办学指导思想的洋务教育存在诸多缺陷。纵向来看，洋务学堂大多属于急于求成式的专门性教育，严重忽视普通基础教育，没有形成有系统、可衔接的学制系统，导致专门教育因缺乏合格生源而降低了人才的培养质量。从横向看，各地兴办的洋务学堂，各自为政，零星分散，缺乏全国性的整体规划，学堂之间是相互孤立的，既无规范的程度标准，也无明确的界限和衔接关系。因此，洋务教育活动的总体成效有限，难以继续主导教育近代化的进程与走向，我国新式教育的前进呼唤新的变革力量和推进因素。

中国真正开始大规模、全方位地输入西方教育始于甲午战争后。甲午战争之前，以王韬、薛福成、郑观应、马建忠、陈炽等为代表的早期改良派就已经对洋务运动作过不同程度的批评，提出过符合时代要求的真知灼见。他们认为，洋务派仅仅局限于技术层面的引进是“遗其大体而仅袭其皮毛”，[②]应提倡在政治、经济、文化教育等方面进行全面改革。在文化教育上，他们主张全面向西方学习，扩大学习的规模和领域，深化学习的层次，而非局限于语言和技术方面；建议改革科举制度，提出“选材于学校”的设想。盛宣怀的得力助手郑观应还提出仿照西方学制，设立小学、中学、大学的三级学制系统，建立有组织、有系统的教育制度。这些真知灼见在洋务运动气运未衰的时候，只能见诸于言论，没有造成多大的社会影响。

甲午一战，代表洋务运动最重要事业的北洋水师惨遭覆没，清政府被迫接受不平等条约《马关条约》，中国的民族危机急剧加深。同时，深重的灾难又是精神上的刺激剂，中华民族群体性意义上的觉醒也由此开始。梁启超曾说：“唤起吾国四千年之大梦，实自甲午一役始也。”[③]一切爱国的中国人都在反思民族的积垢，探寻国家与民族新的出路。特别是继改良派思想而起的维新派人士，集结在康有为、梁启超等人周围，举起救亡改革的旗帜，掀起了一场声势浩大的维新运动。他们在文化教育上，具体地提出了改革科举，系统学习西学，建立新式学校制度，普及教育的设想，隐约勾画出中国近代教育的轮廓。他们还身体力行，创立广州万

---

① 孙培青主编：《中国教育史》（修订版），第 324 页。

② 陈炽：《庸书・自序》。转引自孙培青主编：《中国教育史》（修订版），第 327 页。

③ 梁启超：《戊戌政变记》附录一《改革起源》，中华书局 1954 年版，第 133 页。

木草堂、长沙时务学堂等学校,既宣传了维新变法思想,又对新式教育的具体办理模式进行了探索,为甲午战争之后我国兴起开办新式教育作了舆论准备和实践导向。

实际上,除思想激进的维新派外,甲午之后洋务派、清流派,甚至一些顽固派,还有散在民间的乡绅士子、城市工商业者,无论在朝在野、是官是民,都在痛彻反思民族前途,不同程度地要求学习西方,变革内政,以抵御外侮,挽救危亡。尽管他们派别不同,但是都认识到改革的关键在于人才,人才的基础又在于教育,衰败的科举教育非改不可,兴办新学事不宜迟。于是,甲午战争之后,我国真正开始大规模、全方位地输入西方教育成为可能,建立新式学堂的风气逐渐开启。南洋公学就诞生于这一新式教育春潮涌动的时代背景之中。

近代中国教育的变革,既源于民族本身在救亡图存过程中文化教育上的急迫需要,也有起于外来势力与文化教育的挑战与影响,近代在华教会学校便是我国教育变革的重要外在推动因素。鸦片战争后,西方列强以不平等条约和租界为掩护,利用传播宗教和开设学校进行文化思想渗透。为了给传播"福音"开辟门路,接踵而来的基督教、天主教都不约而同地将教育作为重要的传教手段,相继设立教会学校。起初,教会学校为数不多,规模较小,多数只有小学程度。随着西方列强在华经济、军事势力的扩张,19世纪60年代以后,教会学校数量连年增加,办学层次不断提高,就整体规模而言,已经超过同期中国人自办的各类洋务学堂。到1898年,也就是南洋公学开办后的第三年,仅美国传教士在华开办初等教育就达1 032所,学生16 310人,中等以上学校74所,学生3 819人。其中比较知名者有登州文会馆(1864年建校,后发展为齐鲁大学)、通州潞河书院(1867年建校,后发展为燕京大学)、上海圣约翰书院(1879年建校,后发展为圣约翰大学)、南京汇文书院(1888年建校,后发展为金陵大学),等等。在本质上,教会学校服务于西方宗教和文化扩张策略,它的存在是近代中国半殖民地的国家地位在教育上的反映,严重侵犯了中国的教育自主权。然而,教会学校的设立加速了西学在我国传播的进程,它们在引入西方科学的同时,也将西方教育制度带入我国。除了宗教课程外,"西文""西艺"部分的课程是当时中国人急需了解的西学内容,这些学校在教学体制、课程规划、教学方法、考试管理等方面,都具有近代教育的一般特征,成为中国人学习西方教育的样本。[①] 另外,教会学校的师生也是晚清各类新式学堂管理人员和师资的重要来源。总之,伴随西方来华势力而生的教会学校,尽管其办学动因、过程及目的是与传教活动紧密相连,然而它们对于改变我国传统教育的结构,推动我国近代教育的产生和发展,客观上起到了一定的借鉴作用。南洋公学在建校初期,监院聘自担任南京汇文书院院

① 孙培青主编:《中国教育史》(修订版),第324页。

长的福开森，部分西学教习来自圣约翰书院、登州文会馆的毕业生，他们在从事管理与教学过程中，将教会学校办学体制与教育内容部分地引入公学。受沪上教会学校活跃的文体生活的直接影响，体育、演剧等西方校园生活也很快潜入公学校园，成为公学学生一项不可或缺的课余生活内容。

二、设学上海之缘由

南洋公学创设于上海，既与盛宣怀个人因素有关，更与近代上海得天独厚的地理人文环境、相对发达的工商业经济、引领全国之先的文化教育休戚相关，它们为南洋公学的创建提供了物质基础、师资生源、舆论支持等外部条件；南洋公学的创立与发展，又紧紧把握住了上海城市发展的时代脉搏，顺应了近代上海经济、文化繁荣对新式教育提出的急迫需求，成为上海近代教育发展史上一颗璀璨明星。

上海，简称沪、申，唐宋时属华亭县，南宋时设镇，元代1290年始置县。上海地处长江三角洲前缘，位于南北海岸线的中心，襟江带海，交通便利，航运发达，是我国天然的海运、水运港口。境内地势平坦，土地肥沃，四季分明，雨量充沛，十分有利于农田植被、家禽渔业，是著名的江南水乡。优越的自然地理条件使得上海地区自宋、元以后便成为东南乃至全国棉纺织业和航运中心之一，是远近闻名的东南名邑。至明清时成为全国最为富庶的地区之一，被誉为“江

开埠前上海的繁华景象

海之通津,东南之都会”。[①] 繁富的经济带动了文化教育发展,上海地区人文荟萃,学风鼎盛,教育制度比较完备,县学、书院、义学得到普遍发展,科举取士日益兴盛,在文学、艺术、科技等方面涌现出一大批卓有成就者,如董其昌、黄道婆、徐光启等。总之,开埠前上海发达的经济文化水平,成为上海近代教育迅速发展的内在动力。

鸦片战争战败后,清政府被迫开放广州、福州、厦门、宁波、上海五处港口。1843 年,上海正式开埠通商。开埠后上海凭借优越的地理位置,以进出口贸易为发展契机,仅经过 10 年的发展,成为全国对外贸易中心,进出口贸易额占全国总值的 50%,1870 年进出口值 7 811 万海关两,占当年全国总值的 66%。以后,上海对外贸易地位不断强化,直至新中国成立前,国际国内贸易额长期位居全国之首。国内外贸易的发展推动了交通运输、电讯业、金融业、工业等经济领域的快速进步。1862 年上海第一家轮船公司旗昌轮船公司开业,1873 年盛宣怀参与筹建的轮船招商局成立,到 19 世纪末,上海已成为全国航运中心。

1881 年,由盛宣怀主持的上海电报局成立,使上海逐渐与中国各地甚至欧美国家信息畅通起来,有利于国内外贸易往来。发达的经贸活动又带动了金融业的发展。自 1847 年外商丽如银行在上海设立分行起,英、法、美、俄等国银行纷纷进驻上海,成为外资银行最集中的城市。1897 年盛宣怀在上海设立中国第一家银行——中国通商银行。到 19 世纪末,上海已初步成为全国金融中心。

上海最先兴起的工业企业是外资设立的船舶修理厂和缫丝厂。洋务运动兴起后,李鸿章于 1862 年在上海创办我国早期军事工业企业——江南制造局,以后又设立民用企业上海机器织布局,该局 1893 年由盛宣怀接办,改名华盛纺织总厂。上海民族资本工业,如船舶修理、面粉、印刷等企业也同时兴起,使上海成为我国近代化最早、程度最高的城市。开埠后上海工商业的极大发展,迫切需要近代工商业管理与技术人才,需要培养这些人才的新式教育,同时也为新式教育的产生与发展提供了物质支撑,如建成于 1876 年的上海格致书院,由中外绅士筹款设立;1899 年建立的澄衷蒙学堂,由上海资本家叶澄衷捐资设立;南洋公学办学经费由盛宣怀主管的轮船招商局、电报局共同捐给。无疑,上海工商业的发展推动了各级新式学堂的诞生和发展。

近代上海又是西学输入中国最大的窗口,是中西文化交汇的前沿,融合的基地。戊戌变法前,我国翻译或出版西学书籍的机构主要有墨海书馆、广学会等 9 家,其中有 7 家设在上海,全国近八成西学书籍在上海出版,上海成为当之无愧的西学出版中心。此外,在近代文学、美术、戏剧等方面,上海或占据全国半壁江山,或为主要地位,逐渐形成一个新型知识分

① 陈科美主编:《上海近代教育史(1843—1949)》,上海教育出版社 2003 年版,第 7 页。

1878 年，近代教育家张焕纶在上海创办梅溪学堂

子群体，成为全国人才最多、最密集的城市。如早期改良派思想家冯桂芬、郑观应、王韬等主要活动在上海，维新思想家康有为、梁启超等戊戌变法前活跃在上海，以设学会、办报刊来宣传变法思想。文化事业发展，转变着人们的思想观念，传统读书做官的人生道路开始淡化，一些人不再空谈义利，放弃科举转学西学，争相将子弟送入新式学堂，为日后投身工商实业作准备。

近代工商业的发展，西学重镇的形成，都从不同方面对传统教育提出了新的要求，也为发展新式教育提供了先决条件，在全国率先迈开了近代教育转型的步伐，涌现出一批外国教会办、中国官办或私立新式学堂。西方传教士在华创办的教会学校，有很多设于上海，如英华书院、徐汇公学、圣约翰书院等，成为教会学校聚集地。1863 年，李鸿章在上海奏设上海同文馆（后改为上海广方言馆），成为上海第一所官办新式语言学堂。随后，江南制造局附设操炮学堂，上海电报局附设电报学堂。在官办新式学堂陆续创办的同时，傅兰雅、徐寿等中外绅商于 1876 年合办格致书院，以近代科学为教育内容，著名思想家、教育家王韬担任山长（即院长）长达 12 年，李鸿章、盛宣怀、郑观应等曾参加过书院考试命题。具有忧患意识的传统士绅和民族资本家也加入兴办新式教育行列。1878 年，著名教育家张焕纶创立正蒙书院（后改为梅溪学堂），被誉为“中国人自己创办的第一所新式小学”。[①] 此外,上海还开设了各种类似于培训学校、培训班的机构,有日校、夜校,以适应普通市民学习文化知识和实用技能的需要。19世纪末前的上海新教育虽然在数量上还不占优势,但已表现出强劲的生命力和不可阻挡的发展趋势。南洋公学之所以选择上海并得以成功创建,正是借助于上海文化氛围和它的经济、社会、文化多重资源优势。

第二节 南洋公学的创建

一、筹划设学

盛宣怀在上海创建南洋公学,是他在经济实力增长、政治地位上升后,社会活动能量辐射到教育领域的结果,也是他实施甲午战争后提出的“练兵、理财、兴学”救亡方略之一,更是他不断总结自己及他人办理新式学堂经验,吸收最新教育思想的结晶。盛宣怀被誉为中国近代史上“处于非常之世、做了非常之事的非寻常之人”。[②] 自1870年成为李鸿章幕僚,盛宣怀以办事干练深为李鸿章器重。他追随李鸿章投身于当时最迫切需要的工商业,相继主持或参与过许多重要洋务企业的筹办和经营,如轮船招商局、电报局、华盛纺织总厂、汉阳铁厂、卢汉铁路、中国通商银行。到19世纪末,他实际控制了轮船、电报、铁路、银行、纺织等一批中国近代重要企业,几乎掌握着中国经济的半壁江山。由于经济实力大增,加上李鸿章、王文韶、张之洞等人保举,盛宣怀逐渐得到清政府的垂青。从1896年起,他先后被授予太常寺少卿、太子少保、商务大臣、邮传部大臣等要职,成为晚清时期财权兼备的实力人物。

在创办和经营洋务企业的过程中,盛宣怀切身感受到新型企业严重缺乏技术与管理人才,开始举办电报学堂、驾驶学堂等一些新式实业教育,以培养洋务事业急需的人才。随着时间的推移和实践经验的积累,盛宣怀认为教育要走在洋务实业的前面,务必系统学习基础理论知识和专业技术本领,使培养出的人才不仅可以掌握高深技术知识,而且能够从事创造性工作,于是积极筹划建立正规大学堂。

1895年10月,盛宣怀在天津创办了中国近代第一所正规大学——北洋西学学堂(亦称北洋头等二等学堂、天津中西学堂,次年改名北洋大学堂,即今天津大学前身,以下称北洋大

① 陈科美主编:《上海近代教育史(1843—1949)》,“绪论”第2页。

② 夏东元:《盛宣怀传》,四川人民出版社1988年版,第4页。

学堂）。同年8、9月间，他致函近代思想家王韬，商讨在上海选址创建时中书院。王韬对此深表赞同，建议虹口地区为最佳校址。[①] 1896年3月起，盛宣怀每年拨银洋1千元，资助近代教育家钟天纬在上海创建三等公学。9月，三等公学建成。该学堂取名三等，是相对于已设和将设的北洋、南洋大学堂内分头等、二等学堂（或上院、中院）而言，学生毕业后“即送南北洋学堂”。[②] 时中书院、三等公学的筹设或成立，说明盛宣怀在开始实施捐设新式学堂方案时，将上海视为除天津之外最重要的兴学之地，并已部分地付诸行动，也将预示着将有更大的兴学措施。

南洋公学主要筹办者之一、首任总理何嗣焜（1896—1901年在任）

1896年，盛宣怀卸任天津海关道，担任设于上海的铁路总公司督办，常驻上海，被他称为“海内第一巨埠”的上海成为其后半生最主要的活动舞台。除铁路总公司外，其所办洋务事业大都集中于上海，如轮船招商局总部、电报局总部、华盛纺织总厂、中国通商银行等。选择在上海创办南洋公学，除了上海所具有的经济、文化等有利因素外，很明显与盛宣怀本人事业重心南移有关。

1896年3月21日，两江总督刘坤一电邀返乡探亲的盛宣怀赴南京商议新政条陈。盛宣怀接受约请，并复电“学堂、书院、银行、银钱、铁路、纺织等事均须面陈，以备采择”，[③]将筹办学堂列为会谈的首要内容。赴会时，盛宣怀禀明刘坤一“筹款议建南洋公学”。[④]

刘坤一具有革新思想，力主兴办新式学堂，甲午战败后曾奏请“将各处书院迳改设西学”，并于“通商各埠设立学堂”。[⑤] 北洋大学堂创立后，刘坤一曾专门致电盛宣怀，索要办学规章，以便在南方开办学堂时有所参考。当时，清政府采纳刑部左侍郎李端棻的《奏请推广学校折》，同意在京师、上海各设大学堂一所，刘坤一“奉谕旨在沪筹办大学堂”。[⑥] 这时，盛宣怀主动提出在其两江治下的上海创办大学堂，刘坤一欣然答应，并指令驻上海的江海关道黄建筦协助办理。

1896年7月17日，盛宣怀致上海电报学堂总办谢家福函，告知南洋公学筹备情况：“学堂东西洋章程广为搜求，请何梅生、赵静庵、张敬甫、钟鹤笙诸君详晰推究，总想做到仿日本

---

① 上海交通大学校史编委会：《上海交通大学纪事（1896—2005）》（上卷），上海交通大学出版社2006年版，第1页。

② 《公塾原启》（光绪二十二年二月初一日，1896年3月14日）。《上海三等学堂》，1903年重刻本。

③ 转引自西安交大“盛宣怀与中国近代教育课题组”：《盛宣怀与南洋公学》。西安交大编：《校友之声》1997年第2期。

④ 盛宣怀：《请设学堂片》（光绪二十二年九月二十五日，1896年10月31日）。盛宣怀：《愚斋存稿》，1939年思补楼刻本（以下简称《愚斋存稿》），第1卷，第11页。

⑤ 刘坤一：《遵议廷臣条陈时务折》（光绪二十一年八月初七日，1895年9月13日）。欧阳辅之编：《刘忠诚公（坤一）遗集》“奏疏”，第24卷。

⑥ 经元善：《上海经正书院归公启》（光绪二十二年五月，1896年6月）。上海图书馆藏盛宣怀档案（以下简称“盛档”），档号：044280－1。

法、理、文三学,大、中、小三堂画一章程,奏定通饬办理。"① 同时敦请身在苏州的谢家福办好中学性质的中西学堂,以便尽早为南洋公学上院、北洋头等学堂提供生源。函中"何梅生、赵静庵、张敬甫、钟鹤笙"分别指何嗣焜、赵元益、张焕纶、钟天纬,他们是协助盛宣怀创建南洋公学的得力助手,亦可视为南洋公学的具体筹建者队伍。

南洋公学主要筹办者之一、华文总教习张焕纶(1897 年春—1898 年夏在任)

南洋公学主要筹办者之一钟天纬(1896—1897 年参与创办)

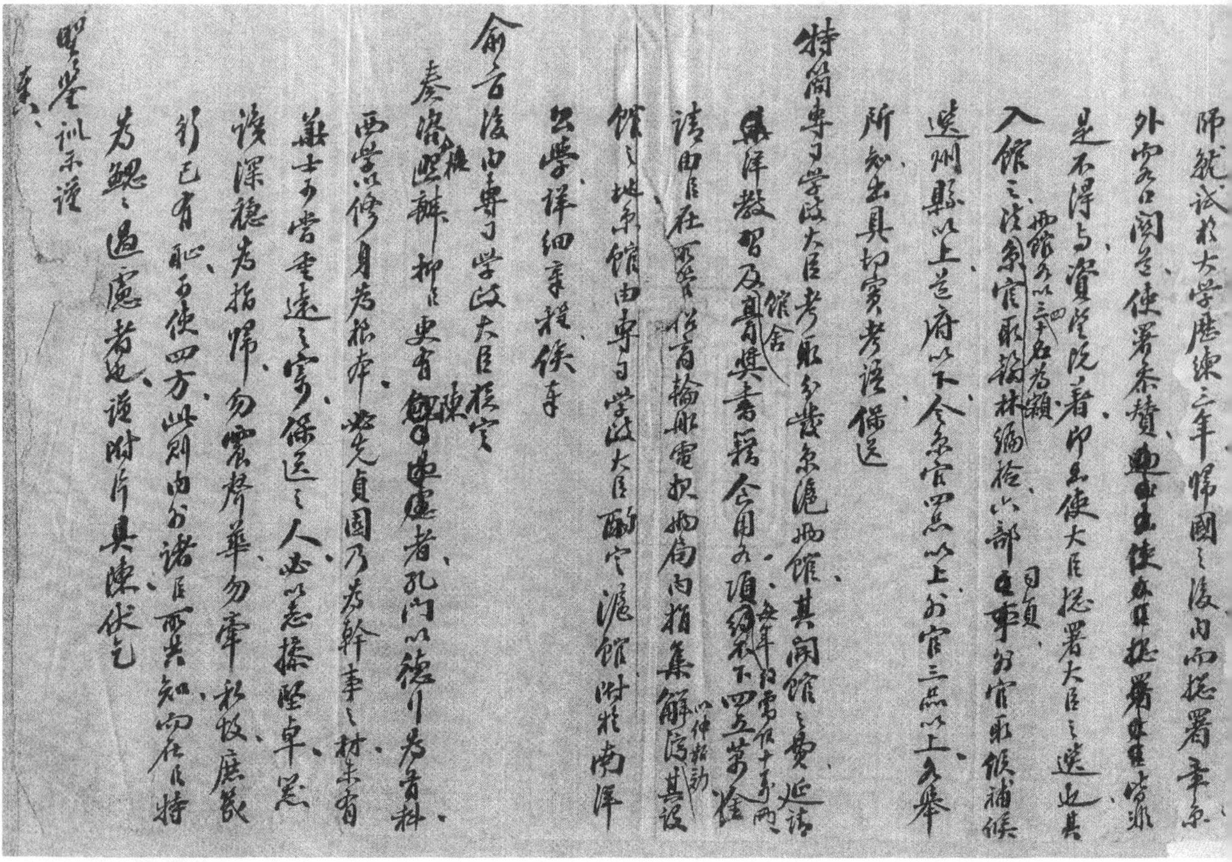

① 盛宣怀:《致谢家福函》(光绪二十二年六月七日,1896 年 7 月 17 日)。盛档:044272-2。

8月11日，盛宣怀致函刘坤一，汇报南洋公学筹备进展情况，并呈递所拟筹备章程《南洋公学纲领》。该函如下：

> 宣怀回沪以来，勘寻学堂基址，此在南郭高昌庙觅得一区，局势宽宏，地远城市，阐为学舍，藏修游息均属相宜，已由宣怀捐廉购定。所有常年经费，除招商、电报两局捐款，计岁缺二万金，而开办之费，如建屋置买等项，亦需钜万。筹捐集事势难咄嗟立办，宣怀假旋日久，北方残局，亟须亲往料理，日内即当俶装。现在一面议拟学堂章程，博稽详定，一面斟酌绘图营建屋宇。俟宣怀至津收束未了，赶紧南来，即行会同黄道筹定款项，布置一切，禀请宪台奏明开办，以副为国育才、宏济时局之至意。知关荩系，谨先禀陈。恭叩崇安，伏惟垂鉴。[①]

在函中，盛宣怀称已经选定“局势宽宏，地远城市”的上海城南高昌庙附近作为基址，此地原是电报局总办经元善办理经正书院旧址，经元善同意将该地让渡给盛宣怀开办南洋公学。盛宣怀准备以此为基础，向四周收买民地，扩建

1896年10月31日《请设学堂片》底稿。现藏上海图书馆盛档

① 盛宣怀：《致刘坤一函》(光绪二十二年七月初三日，1896年8月11日)。盛档：044964-1。

奏稿

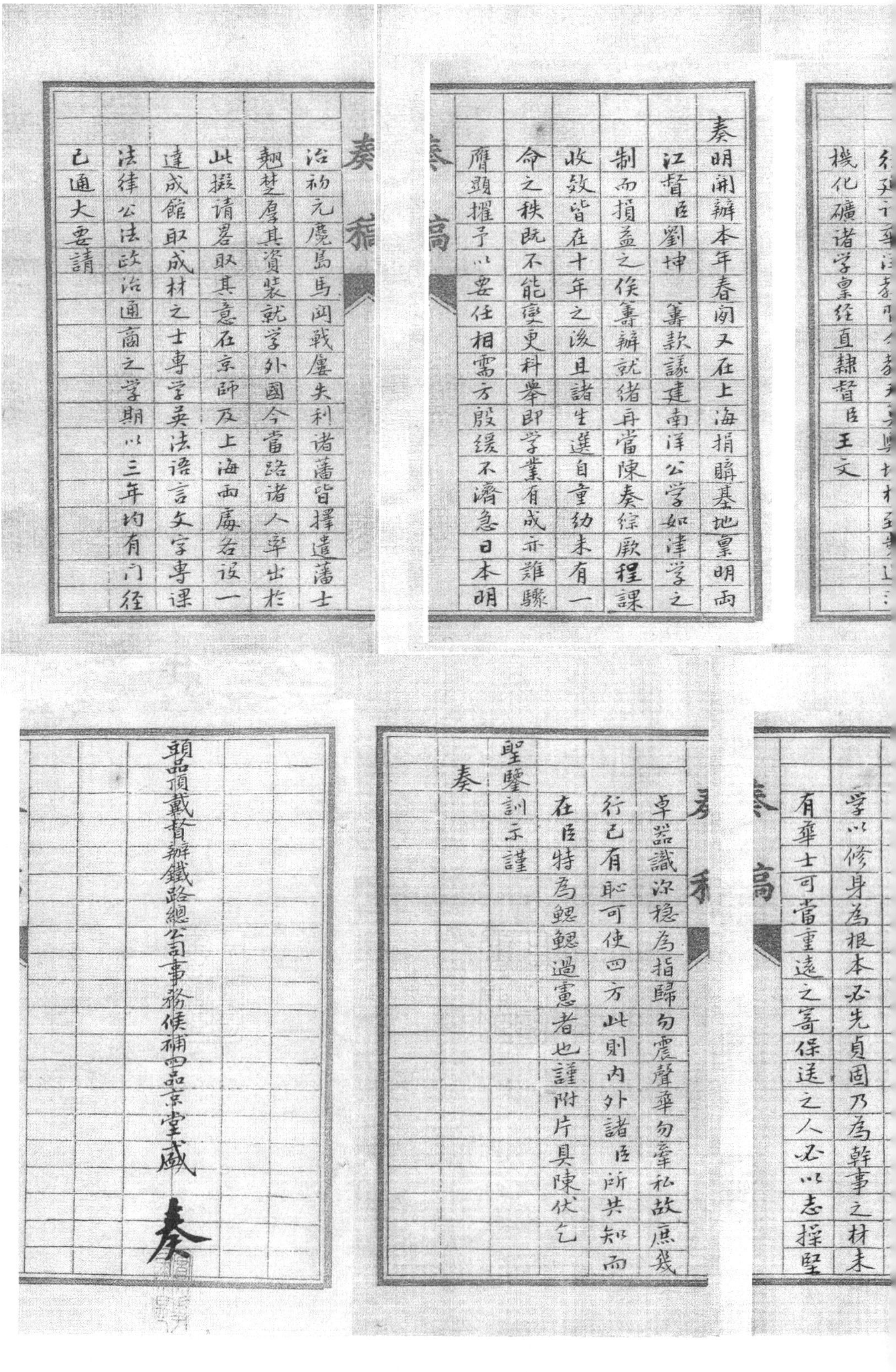

奏明開辦本年春間又在上海捐購基地稟明兩江督臣劉坤一籌款議建南洋公学如津学之制而損益之俟籌辦就緒再當陳奏綜厥程課收效皆在十年之後且諸生選自童幼未有一命之秩既不能變更科舉即学業有成亦難驟膺顯擢予以要任相需方殷緩不濟急日本明

奏稿

治初元廢島馬關戰廛失利諸藩皆擇遣藩士翹楚厚其資裝就学外國今當路諸人率出於此擬請略取其意在京師及上海兩處各設一達成館取成材之士專学英法语言文字專課法律公法政治通商之学期以三年均有门径已通大要請

機化礦諸学稟经直隸督臣王文

奏稿

学以修身為根本必先貞固乃為幹事之材未有華士可當重遠之寄保送之人必以志操堅

奏稿

卓識冰穩為指歸勿震聲華勿牽私故庶幾行己有恥可使四方此則內外諸臣所共知而在臣特為鰓鰓過慮者也謹附片具陳伏乞

聖鑒訓示謹

奏

頭品頂戴督辦鐵路總公司事務候補四品京堂盛

奏

1896年10月31日《请设学堂片》奏稿。现藏于上海图书馆盛档

光緒二十二年九月二十六日在京具

奏

奏稿

條陳自強大計摺

附學堂片　銀行片

壹件

光緒二十二年九月二十六日留中

光緒二十二年九月二十六日奉

硃批著軍機大臣總理各國事務衙門戶部妥議具奏欽此

再使命不辱專對稱能自非学人莫任斯選逾
者環球通商皇華載道泰西各國來華使臣類
能尊主庇民克舉厥職雖憑藉國勢要其才行
多有本原日本維新未久觀其來者亦往往接
武西士中國遣使交隣時逾廿載同文之館培
植不為不殷随使之員閱歷不為不廣然猶不

奏稿

免有乏才之歎者何歟毋亦孔孟義理之学未
植其本中外政法之故未通其大雖嫻熟其語

命出使大臣奏調随員悉取於兩館俟至外洋俾就
学於名師就試於大學歷練三年歸國之後內
而總署章京外而各口關道使署參贊皆非是
不得與選既著即出使大臣總署大臣之選
也其入館之法兩館各以三四十名為額京官
取翰林編检六部司員外官取候補候選州縣

以上道府以下令京官四品以上外官三品以
上各舉所知出具切實考語保送
特簡專司学政大臣考取分發京師上海兩館其常
年经費延請洋教習及館舍膏奬書籍食用各
項每年兩館约需銀十萬兩請由臣在所管招
商輪船電報兩局內捐集解濟以伸報効其設

館之地京師由專司学政大臣酌定上海附於
南洋公学[illegible]章程[illegible]奏

學於名師就試於大學歷練三年歸國之後內
而總署章京外而各口關道使署參贊皆非是
不得與資望既著即出使大臣總署大臣之選
也其入館之法兩館各以三四十名為額京官
取翰林編檢六部司員外官取候補候選州縣
以上道府以下令京官四品以上外官三品以
上各舉所知出具切實考語保送
特簡專司學政大臣考取分發京師上海兩館其常
年經費延請洋教習及館舍膏獎書籍食用各
項每年兩館約需銀十萬兩請由臣在所管招
商輪船電報兩局内捐集解濟以伸報効其設
館之地京師由專司學政大臣酌定上海附於
南洋公學詳細章程俟奉
俞旨後由專司學政大臣核定
奏咨照辦抑臣更有陳者孔門以德行為首科西
學以修身為根本必先貞固乃為幹事之材未
有華士可當重遠之寄保送之人必以志操堅
卓器識深穩為指歸勿震聲華勿牽私故庶幾
行己有恥可使四方此則内外諸臣所共知而
在臣特為緦緦過慮者也謹附片具陳伏乞
聖鑒訓示謹
奏

1896 年 10 月 31 日《请设学堂片》奏折原件。现藏中国第一历史档案馆

为公学校址,并指定家居高昌庙附近的钟天纬专门负责经办校址事宜。至于办学经费,除由招商、电报两局所捐常年经费,尚缺规银 2 万两,另需筹措开办费。盛宣怀认为,接下来应一面"议办学堂章程",一面"斟酌绘图营建屋宇"。[①]等筹定款项、布置妥当后,奉请刘坤一奏明清政府正式开办。所附 1896 年《南洋公学纲领》是南洋公学时期最早的一份办学章程,共 17 条,对学校名称、经费来源、办学宗旨、学制、招考、课程、考核毕业、教职员、学额、管理体制、图书设施、礼仪等方面都作了详细规定,成为 1898 年制订的南洋公学正式章程的蓝本。筹备人选的遴选,校址、经费的落实,办学细则的制订,表明筹备事宜大体完备,开办南洋公学的各项条件已经基本成熟。

1896 年 10 月 20 日,盛宣怀奉命以四品京堂候补督办铁路总公司事务,授予专折奏事的特权,取得与皇帝直接对话的资格,无须由他人代为呈奏。30 日,又被授予太常寺少卿。他在授职后的第二天,即 31 日,首次上奏《条陈自强大计折》,正式提出"练兵、理财、育才"三端为自强根本,并将三方面紧密联系起来,形成系统化的洋务救国自强思想。他认为,抵御侵略、稳固政权,必须训练新军,重振武备,以能自立自强;而重振武备又须以振兴商务、发展经济,以增强国民经济能力,为练兵提供充足的军饷,所谓"无兵则不能保守利权,无饷则不能充养兵力"。倘若练兵、理财,使国家变强变富,最根本的则要依靠谙熟近代军事、经济

① 《南洋公学纲领》(光绪二十二年七月初三日,1896 年 8 月 11 日)。盛档:044964 - 2。

再使命不辱專對稱能自非學人莫任斯選邇者環球通商皇華載道泰西各國來華使臣類能尊主庇民克舉厥職雖憑藉國勢要其才行多有本原日本維新未久觀其來者亦往往接武西士中國遣使交鄰時逾廿載同文之館培植不爲不殷隨使之員閱歷不爲不廣然猶不免有乏才之歎者何歟毋亦孔孟義理之學未植其本中外政法之故未通其大雖嫺熟其語言文字僅同於小道可觀而不足以致遠也臣上年在津海關道任內籌款設立學堂招選生徒延訂華洋教習分教天算輿地格致製造汽機化礦諸學稟經直隸督臣王文韶

奏明開辦本年春間又在上海捐購基地稟明兩江督臣劉坤一籌款議建南洋公學如津學之制而損益之俟籌辦就緒再當陳奏綜厥程課收效皆在十年之後且諸生選自童幼未有一命之秩既不能變更科舉即學業有成亦難驟膺顯擢予以要任相需方殷緩不濟急日本明治初元鹿島馬關戰屢失利諸藩皆擇遣藩士翹楚厚其資裝就學外國今當路諸人率出於此擬請畧取其意在京師及上海兩處各設一達成館取成材之士專學英法語言文字專課

的人才。倘若“兵与财不得其人，虽日言练，日言理，而终无可用之兵，可恃之财”。[①] 特别将人才培养作为整个自强大计的基础，能够实现自强大计的先决条件。除条陈自强三大计外，盛宣怀附呈《请设银行片》《请设学堂片》，作为实施自强大计中“理财”“育人”的具体措施，前者相对理财而言，后者对应育才，这也是盛宣怀力所能及，且平生倾力而为的两大领域。在《请设学堂片》中，盛宣怀首次向清政府提出创办南洋公学。全文录于下：

> 再，使命不辱专对称能，自非学人莫任斯选。迩者环球通商，皇华载道，泰西各国来华使臣，类能尊主庇民，克举厥职，虽凭藉国势，要其才行多有本原。日本维新未久，观其来者，亦往往接武西士。中国遣使交邻，时逾廿载，同文之馆培植不为不殷，随使之员阅历不为不广，然犹不免有乏才之叹者，何欤？毋亦孔孟义理之学未植其本，中外政法之故未通其大，虽娴熟其语言文字，仅同于小道，可观而不足以致远也。
>
> 臣上年在津海关道任内，筹款设立学堂，招选生徒，延订华洋教习，分教天算、舆地、格致、制造、汽机、化矿诸学，禀经直隶督臣王文韶奏明开办。本年春间，又在上海捐购基地，禀明两江督臣刘坤一，筹款议建南洋公学，如津学之制而损益之，俟筹办就绪，再当陈奏。综厥程课，收效皆在十年之后，且诸生选自童幼，未有一命之秩，既不

① 盛宣怀：《条陈自强大计折》(光绪二十二年九月二十五日，1896 年 10 月 31 日)。《愚斋存稿》第 1 卷，第 3 页。

能变更科举,即学业有成,亦难骤膺显擢,予以要任,相需方殷,缓不济急。日本明治初元,麑岛马关战屡失利,诸藩皆择遣藩士翘楚,厚其资装,就学外国,今当路诸人,率出于此。拟请略取其意,在京师及上海两处,各设一达成馆,取成材之士,专学英法语言文字,专课法律、公法、政治、通商之学,期以三年,均有门径,已通大要,请命出使大臣奏调随员,悉取于两馆。俟至外洋,俾就学于名师,就试于大学,历练三年,归国之后,内而总署章京,外而各口关道、使署参赞,皆非是不得与,资望既著,即出使大臣、总署大臣之选也。

其入馆之法,两馆各以三四十名为额,京官取翰林编检、六部司员,外官取候补候选州县以上、道府以下,令京官四品以上、外官三品以上各举所知,出具切实考语保送,特简专司学政大臣考取,分发京师、上海两馆。其常年经费、延请洋教习及馆舍、膏奖、书籍、食用各项,每年两馆约需银十万两,请由臣在所管招商轮船、电报两局内捐集解济,以伸报效。其设馆之地,京师由专司学政大臣酌定,上海附于南洋公学。详细章程,俟奉谕旨后,由专司学政大臣核定奏咨照办。抑臣更有陈者,孔门以德行为首科,西学以修身为根本,必先贞固乃为干事之材,未有华士可当重远之寄。保送之人,必以志操坚卓、器识深稳为指归,勿震声华,勿牵私故,庶几行己有耻,可使四方。此则内外诸臣所其知,而在臣特为鳃鳃过虑者也。谨附片具陈,伏乞圣鉴训示。谨奏。[①]

《请设学堂片》的底稿、奏稿、奏折原件现均留存于世,底稿、奏稿藏于上海图书馆盛宣怀档案中心,奏折存于北京第一历史档案馆。在设学奏折中,盛宣怀认为西方人才济济,皆缘于学堂培养造就,并呈报自己正在参照北洋大学堂,在上海筹建南洋公学。他还建议除北洋及筹设中的南洋公学外,可以在京师、上海两地设立"达成馆",以从速培养行政管理官员,上海达成馆可附设于南洋公学校内。《请设学堂片》的底稿正文左侧旁注"达成"二字取义于"达材成德",依据盛宣怀的"全国设学计划",短期培训性质的达成馆和正规教育系统的南洋大学堂是分开设校的,到正式奏请设学时,盛宣怀将达成馆附设在南洋公学内,且对该馆的培养宗旨、学额、经费、学生出路等作了详细规划,在惜墨如金的奏章中占用大部分篇幅,而对精心筹划大半年的南洋公学仅寥寥数语,这并非说明盛宣怀此时重视达成馆甚于南洋公学,而是一种策略上的考虑。创设南洋公学与北洋大学堂一样,"综厥程课,收效皆在十年之后,且诸生选

---

① 盛宣怀:《请设学堂片》(光绪二十二年九月二十五日,1896年10月31日)。中国第一历史档案馆藏军机处录副,档号:5614-2。又载《愚斋存稿》第1卷,第11-13页。

自童幼，未有一命之秩，既不能变更科举，即学业有成，亦难骤膺显擢，予以要任。”在“相需方殷，缓不济急”的情势下，“收效皆在十年之后”的南洋公学难能一时满足政府对新式人才的急需，而“取成材之士”，予以数年西学教育的达成馆则更能打动政府，获得支持批准。

二、奏准兴办

盛宣怀条陈自强大计及设新学、开银行各折片受到清政府的重视。上奏第二日，即 11 月 1 日，光绪帝阅后朱批“留中”。“留中”就是留在宫中的意思。依照清代奏折制度，对于一时难以处理或重要的奏疏，常常暂时不予批答，或留宫中封存起来，或再由皇帝复阅后交军机处议复，以示慎重。11 月 5 日，光绪帝再行批阅后发布谕旨：“盛宣怀条陈自强大计暨设立达成馆并开设银行各折片，著军机大臣、总理各国事务衙门、户部妥议具奏。”[①]军机处、总理衙门、户部各大臣合议后逐条具奏。12 月 6 日，光绪在“详加披阅”合议条陈后，向全国各将军督抚发布谕旨，督促各直省将军切实以西法练兵，并同意开设银行、学校。其中关于设学一节的谕旨如下：

> 育才为当今急务，节经谕令各直省添设学堂，实力举办。其武备学堂能否于各省省会中一律添设，并著该将军、督抚等妥筹具奏。京师、上海两处既准设立大学堂，则是国家陶冶人材之重地，与各省集捐设立之书院不同，著由户部筹定的款，按年拨给，毋庸由盛宣怀所管招商、电报两局集款解济，以崇体制。[②]

尽管清政府在甲午战后力图革新政治，兴办学校，谕旨在京师、上海两地设立大学堂（即所奏达成馆），还诏令各省“实力举办”各级学堂，尤其要在各省城创设武备学堂。但是，为了尊崇体制，清政府明令开办大学堂的经费应由国家财政拨给，无须由盛宣怀所管招商、电报两局捐助。实质上来说，清政府没有真正同意盛宣怀自己筹款设立达成馆的奏请。不过，盛宣怀既没有相信政府的谕旨，去等待或争取政府的办学经费，也没有动摇他办学的坚定决心。

还在谕旨发布之前，盛宣怀对自己所上首份奏折及救时方案有些焦虑，他通过军机大臣李鸿章探悉内情。11 月 21 日，李鸿章来电：“前奏已会议，学堂可准。”[③]盛宣怀当日复电：“学堂可准，重在出路，师宜与常熟共任此事，得人则万事可成。”[④]期望李与翁同龢（翁乃常熟人，故称“常熟”）能为创兴新学鼎力相助，营造舆论，并为新式学堂毕业学生谋得与科举同样正途出身。11 月 30 日，盛宣怀接到李鸿章“学堂部认筹款，不用商电局捐款”电文后，即

---

① 中国第一历史档案馆编：《光绪宣统两朝上谕档》第 22 册，广西师范大学出版社 1998 年版，第 286 页。

② 《光绪宣统两朝上谕档》第 22 册，第 286 页。

③ 《复天津盛京堂》（光绪二十二年十月十七日，1896 年 11 月 21 日）。《李鸿章全集・电报六》，安徽教育出版社 2007 年版。

④ 盛宣怀：《李傅相去电》（光绪二十二年十月十七日，1896 年 11 月 21 日）。

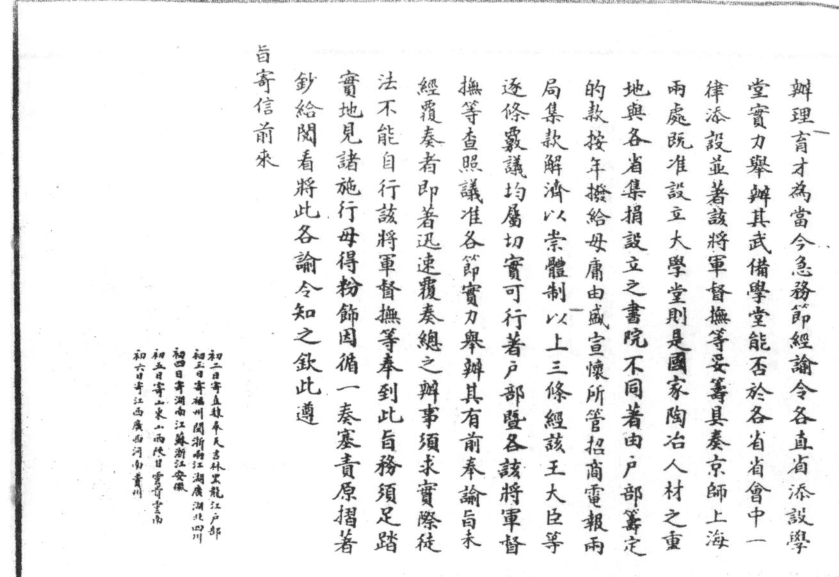
辦理育才為當今急務節經諭令各直省添設學堂實力舉辦其武備學堂能否於各省省會中一律添設並著該將軍督撫等妥籌具奏京師上海兩處既准設立大學堂則是國家陶冶人材之重地與各省集捐設立之書院不同著由戶部籌定的款按年撥給毋庸由盛宣懷所管招商電報兩局集款解濟以崇體制以上三條經該王大臣等逐條覈議均屬切實可行著戶部暨各該將軍督撫等查照議准各節實力舉辦其有前奉諭旨未經覆奏者即著迅速覆奏總之辦事須求實際徒法不能自行該將軍督撫等奉到此旨務須足踏實地見諸施行毋得粉飾因循一奏塞責原摺著鈔給閱看將此各諭令知之欽此遵
旨寄信前來

初二日寄直隸奉天吉林黑龍江戶部
初三日寄福州閩浙兩江湖廣湖北四川
初四日寄湖南江蘇浙江安徽
初五日寄山東山西陝甘雲貴雲南
初六日寄江西廣西河南貴州

1896 年 12 月 6 日，光绪皇帝就《请设学堂片》所颁谕旨

日复电：“学堂不用商电局捐项，甚奇。沪堂则必须商捐，聿勿将局捐他拨。”①盛宣怀很纳闷，心知甲午战败后的巨额赔款，已使清政府国库空虚，所谓不用筹款而由政府拨款的谕令只怕是一纸空文，无法兑现。现在自己设法筹资替国家办学育才，朝廷竟然不肯，他感到要朝廷出钱办学，可能百事无成，所以斩钉截铁地表示“沪堂则必须商捐”。又从“聿勿将局捐他拨”一语获知，朝廷不用轮电两局捐款办学，可能还有将两局捐款挪作他用的考虑。为了抵制局捐另拨，育才心切的盛宣怀在达成馆未能奏请通过的情况下，加快了利用局捐创建南洋公学的步伐。

1897 年 1 月 14 日，盛宣怀在向朝廷呈奏《开办铁路总公司并启用关防折》中，附奏《筹建南洋公学及达成馆舍片》，再次提出要“赶紧兴建”南洋公学。附片全文如下：

> 再，本年春间臣禀明两江督臣刘坤一，筹款在上海议建南洋公学，本拟在臣所管招商轮船、电报两局集捐筹办，嗣以需才孔亟，经臣奏请，在京师及上海两处各设一达成馆，教成材之士，以收速效。所需经费，拟先其所急，每年在轮、电两局集捐十万两解济。至南洋公学之费，岁需约五六万两，即当另行筹捐举办，款巨日长，借箸鲜策，至今尚未就绪。现奉王大臣议覆奏准，达成馆经费由户部拨给，所有臣议拟捐集之款，自当还充南洋公学之用，俾得赶紧兴建，庶几早一

---

① 盛宣怀：《复京傅相电》(光绪二十二年十月二十六日，1896 年 11 月 30 日)。

日开学，即早一日成才。

至达成馆为国家育才大政，京师首善之地，天下英才所共归向，自宜发帑供支，以崇政体。上海中外交会，既奉议准并设是馆，实与南洋公学相辅而行，盖公学诸生，及其卒业，本应分设各学专门学堂，以资深造，故达成馆专学政法交涉，在今日为济时之急务，在他日即为专学之一门。上海达成馆经费，似可仍归轮、电两局集捐项下，与南洋公学通融取给，如有不敷，亦由臣设法筹捐。西国各处学堂，类由官民绅商协力所成，其要在通一国之才力物力，以办一国之事，故政出大公，而事无不举。臣区区之诚，窃取于此。现方筹建公学屋宇，拟将达成馆舍一并建造，俟奉王大臣议颁章程，即行遵照办理，期于民智日开，人才蔚起，以仰副皇上侧席求贤之至意。是否有当，谨附片具陈，伏乞圣鉴。谨奏。①

与《请设学堂片》将陈述重点放在达成馆上截然不同，这一次是把成立南洋公学作为主要内容，再次表现出盛宣怀在办学活动中的灵活策略。既然达成馆经费由户部拨给，那就等候拨款后再办，原拟在轮船招商局、电报局每年集捐的10万两银元，自然就移归办理南洋公学筹建校舍，以便“早一日开学，即早一日成才”。他还认为，北京是人才荟萃之地，上海是中外交会之所，因此政府应该看到在这两地办学将会对中国发生长远的影响。于是建议北京达成馆自应遵旨由国库拨款兴建，上海则仍然由他筹款兴办，在朝廷颁定章程前，先行与南洋公学同时建筑校舍，因两者人才培养宗旨一致，达成馆可以附设于公学之内。这种陈述对象上的转移，表达上的委婉，既没有改变原先办学设想，也没有显露违旨的迹象。“该衙门知道，钦此。”1897年1月26日，盛宣怀创建南洋公学的奏折最终得到清政府的正式批准。

三、开学授课

南洋公学开始选址在上海老城厢南面高昌庙附近，这在盛宣怀向刘坤一汇报南洋公学筹备情形的信中已经明确提到。所定高昌庙校址是经正书院旧屋，地基12亩，房屋40余间，位于上海县城南门外，邻近盛宣怀在斜桥的行辕。该书院设于1893年底，是电报局总办经元善等绅商集资创建的一所新式书院，招收绅商子弟数十人，聘请梁启超等讲授中西各课。开办后经费一直短绌，学生不及30名，“其势断难久支”。② 盛宣怀劝说经元善停办经正书院，其屋舍用于“兴建大学堂”。③ 经元善商得其他捐助者的同意，在盛宣怀答应11位捐助

① 盛宣怀：《筹建南洋公学及达成馆舍片》（光绪二十二年十二月十二日，1897年1月14日）。《愚斋存稿》第1卷，第20－21页。

② 经元善：《上海经正书院归公启》（光绪二十二年五月，1896年6月）。盛档：044280－1。

③ 《经元善说帖》（光绪二十二年，1896年）。盛档：044280－2。

者“后裔将来入院肄业”“归还之款移助公济堂”两个要求后，于1896年6月将书院全部校产捐给盛宣怀开办大学堂。盛宣怀妥善安排了书院师生，又拨款银洋5 000元，令钟天纬在书院西面及北面添购民地，扩充基址，规划建筑校舍。钟天纬当即经手购买民地，修理经正书院旧屋，添做南洋公学界石10条、镌字及埋种等事。7月，钟天纬在毗邻经正书院的瞿真人庙一带购得农田29.393亩，[①]不久又增购10亩余，合计40亩，[②]连同经正书院旧址，共计50亩开外，作为开办南洋公学校址。

校舍选定后，办学经费很快由盛宣怀从自任督办的轮船招商局、电报局中得到落实。1897年1月，盛宣怀在《第二十三届办理轮船招商局情形节略》内陈述，“因于北洋设大学堂，商局已岁捐二万两。本年(1896年)又奏设南洋公学及达成馆，商局又岁捐六万两。每年以所得水脚二百二三十万计之，抽捐已属不赀，较之外洋进项捐已逾倍蓰”，并表示“中国欲兴商务必从学堂始”，“华商历蒙国家保护之力无以复加，而今日所以报国家者亦不遗余力矣”。[③] 盛从发展商务需才、回报国家保护两个角度来说服招商局众股东捐款兴学。2月，又获得电报局总办经元善支持，在电报局盈余项下岁捐规元4万两，作为南洋公学办学开支。两局每年捐款共计规元10万两，从1897年夏历正月开始，分四季拨解公学支用。

寻址筹费的同时，招生开学也有序进行。从1897年3月2日开始，盛宣怀以“太常寺少堂盛”的个人名义，连续11天在《申报》上登载招生告示，招考南洋公学师范院学生。从3月5日到4月25日，历时50多天，经过盛宣怀、何嗣焜、张焕纶等严格挑选，最后录取师范院学生30人，这是南洋公学第一批学生，也是我国近代教育史上最早的一批师范生。1897年4月8日(光绪二十三年三月初七日)，南洋公学师范院正式开学。开学时，高昌庙校舍尚在规划之中，未及动工兴建，只得借用徐家汇北首通合公司丝厂闲置厂房做临时校舍，把二楼改为教室，栈房平屋改为饭厅和宿舍，中间空地作为操场和运动场。该校舍位于徐家汇的虹桥路东端(今广元西路)、徐家汇路(今华山路)交叉路口处，毗邻现今徐汇校址。

1897年底，聘任到校担任监院的美国人福开森(John Calvin Ferguson, 1866—1945)来校后，认为高昌庙不太适合建造校舍，其理由是：高昌庙一带地势太低，容易浸水受潮，而且靠近庙宇，夏天窗户开着的时候，从庙里吹来烟灰会飘进校舍，建议重新选择校址。盛宣怀、

---

① 钟天纬：《瞿真人庙南洋公学地基亩数契单集册》(光绪二十四年六月，1898年7月)。盛档：073258。

② 钟天纬：《报销南洋大学堂地基杂费清折》(光绪二十三年七月，1897年8月)。上海交通大学档案馆历史档案(以下简称“上交档”)：ls3－001，卷名《南洋公学呈奏筹办公学及清朝督办盛宣怀的照会》。

③《照录第二十三届办理轮船招商局情形节录》(光绪二十二年十二月，1897年1月)。《申报》光绪二十三年三月初七日，1897年4月8日。

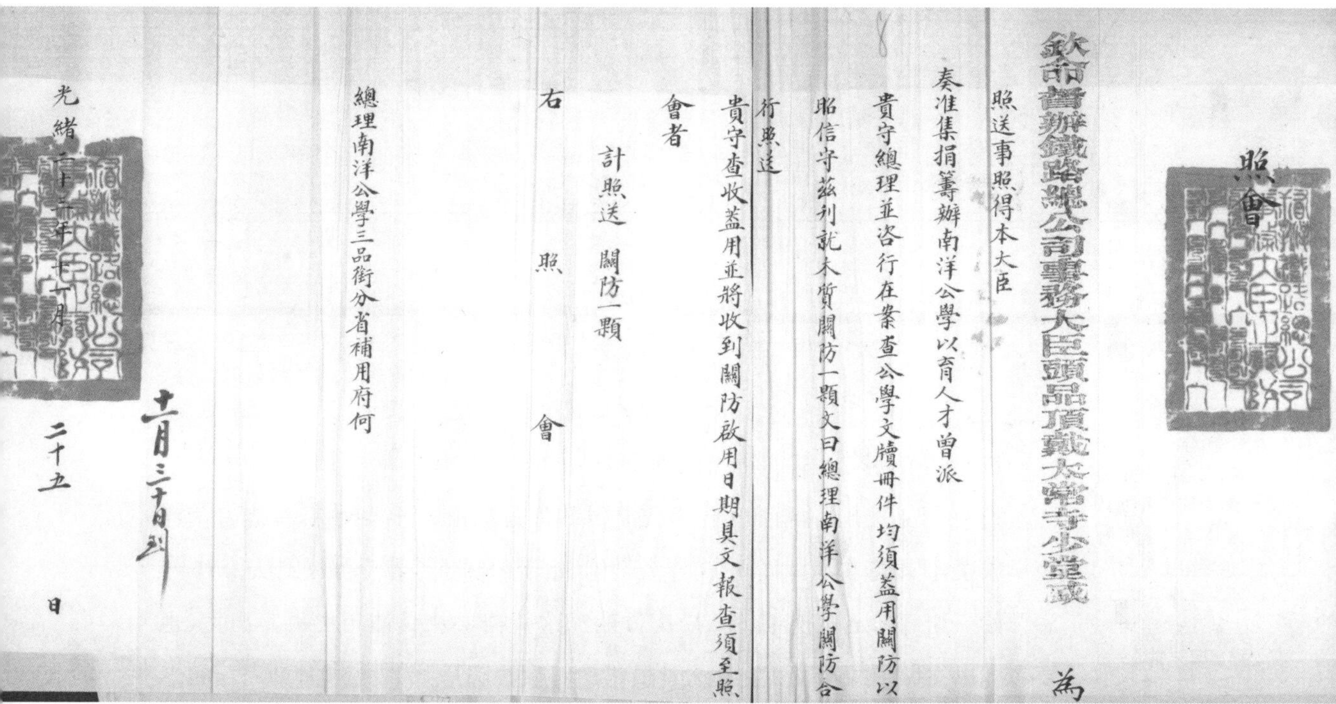
照會

欽命督辦鐵路總公司事務大臣頭品頂戴太常寺少卿盛 為
照送事照得本大臣
奏准集捐籌辦南洋公學以育人才曾派
貴守總理並咨行在案查公學文牘冊件均須蓋用關防以
昭信守茲刊就木質關防一顆文曰總理南洋公學關防合
行照送
貴守查收蓋用並將收到關防啟用日期具文報查須至照
會者
計照送 關防一顆
右 照 會
總理南洋公學三品銜分省補用府何
光緒二十三年十一月 二十五 日
十一月三十日到

1897 年 12 月 19 日，盛宣怀照会南洋公学启用“总理南洋公学关防”

何嗣焜采纳了福开森的意见，嘱托福氏重新遴选校址，认为在徐家汇临时校舍附近选定校址为宜。最后，福开森选定临时校舍西北边一大块民地。1898 年 6 月，在上海道台蔡钧的帮助下，公学以法定官价圈购临时校舍西北边 120 亩土地，耗银 8 785.445 两，由盛宣怀个人出资捐购。[①] 次年又添购民地 20 亩，共 140 亩，作为南洋公学校址，也就是现今上海交大徐汇校区最初的校址。这时南洋公学开学已一年有余。

购地完成后，何嗣焜、福开森即主持规划校园、建筑校舍。1899 年，南洋公学第一幢校舍建筑中院建成，公学全部迁入其中，结束了 2 年之久的临时校舍时期。此后一个世纪以来，除了抗战期间校园被日本人所占，交大师生被迫迁移出校外，数以十万计的交大师生代代教于斯，学于斯，成为上海交大永久性校址，也成为上海乃至全国高等教育的发源地、兴盛地之一。原高昌庙经正书院旧址，1896 年 9 月借给钟天纬开办上海三等公学（后改称沪南三等学堂），该公学相当于高等小学程度，为南洋公学中院提供生源，至 1904 年，毕业学生考取南洋公学等校“不下百余人”。1898 年，盛宣怀拨款在三等公学附设电报学

① 盛宣怀：《筹集商捐开办南洋公学折》（光绪二十四年四月二十四日，1898 年 6 月 12 日）。《愚斋存稿》第 2 卷，第 21 页。

1898 年 6 月 12 日，盛宣怀呈奏《筹集商捐开办南洋公学折》并附《南洋公学章程》。图为章程原件，左上角“览”字为光绪皇帝朱批

堂一班。其余新购地基“即售于华盛纱厂备作厂基之用”。①

1897 年 4 月 8 日，南洋公学首先开设的师范院正式开学授课，标志着南洋公学成立，而酝酿在上海设立“南洋大学堂”始于 1895 年，着手筹建则从 1896 年春开始。如何确定建校年份和校庆日期？这就需要从具体历史事实出发，也要考虑以往做法的延续。交通大学最早的一次校庆是 1917 年 4 月 26 日，纪念建校 20 周年，可见当时认定建校初始年份是 1897 年。到 1926 年 10 月 9 日，学校举行了隆重的建校 30 周年庆典，将建校时间又提前至公学的筹建年份 1896 年，此后一直沿用，并得到校内外的广泛认同。但是校庆月份、日期一直没有稳定，有时为 10 月，有时为 4 月。1933 年 4 月 8 日，学校举行 37 周年校庆，同时举行大型工业及铁道展览会，在社会上产生广泛的影响。此后，学校每逢 4 月 8 日即举行校庆。交通大学的校庆在历史演变过程中将年份、月日作了组合，即以 1896 年筹建作为创始年份，4 月 8 日师范班开学日期为校庆日。

关于学校名称，起初定名“南洋大学堂”。这是在 1895 年全国设学计划中，与北洋大学堂相对应的称呼。在 1896 年筹备阶段，支持盛宣怀兴学的经元善在给盛的信中称“大学堂”②；负责购买办学地基的钟天纬在致盛宣怀的多件信函中一直称“南洋大学堂”。但在 1896 年 8 月呈给刘坤一的《南洋公学纲领》始称“南洋公学”，是年底的两次上奏也均称“南洋公学”。从始称“南洋大学堂”到最终定名“南洋公学”，大致是缘于盛宣怀妥善处理兴办学校与地方政府之间的微妙关系，他试图要独立创成一所大学堂，不愿意地方政府插手。盛宣怀提

① 盛宣怀：《就高昌庙地基设立商学堂及经费事致何嗣焜函》(光绪二十四年十一月二十一日，1899 年 1 月 2 日)。上交档：ls3－001。

②《上海经正书院归公启》(光绪二十二年五月，1896 年 6 月)。盛档：044280－1。

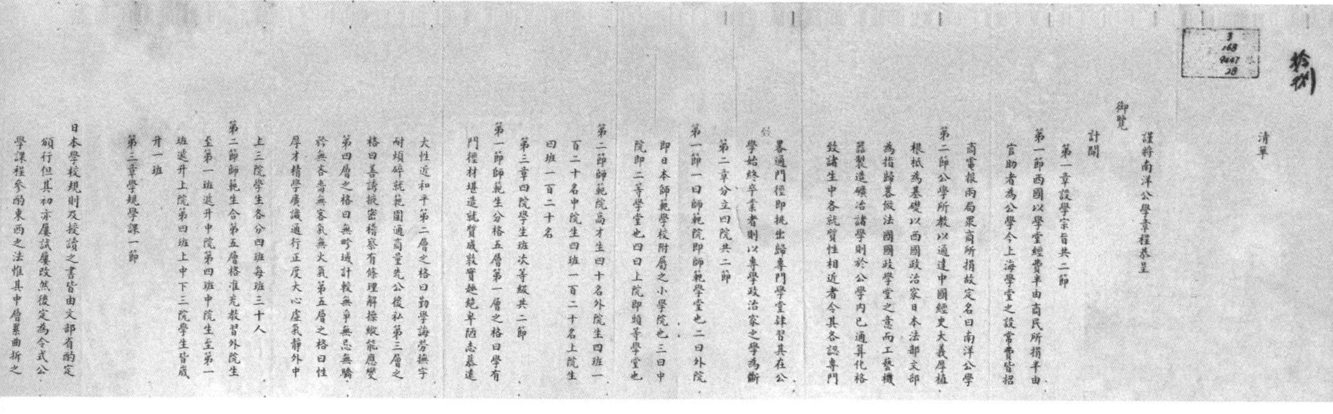
清單
謹將南洋公學章程恭呈
御覽
計開
第一章設學宗旨共二節
第一節西國以學堂經費半由商民所捐半由
官助者為公學今上海學堂之設常費皆招
商電報兩局衆商所捐故定名曰南洋公學
第二節公學所教以通達中國經史大義厚植
根柢為基礎以西國政治家日本法部文部
為指歸畧倣法國國政學堂之意而工藝機
器製造礦冶諸學則於公學內已通算化格
致諸生中各就質性相近者令其各認專門
畧通門徑即挑出歸專門學堂肄習其在公
學始終卒業者則以專學政治家之學為斷
第二章分立四院共二節
第一節一曰師範院即師範學堂也二曰外院
即日本師範學校附屬之小學院也三曰中
院即二等學堂也四曰上院即頭等學堂也
第二節師範院高才生四十名外院生四班一
百二十名中院生四班一百二十名上院生
四班一百二十名
第三章四院學生班次等級共二節
第一節師範生分格五層第一層之格曰學有
門徑材堪造就質成敦實趣絕卑陋志慕遠
大性近和平第二層之格曰勤學誨勞撫字
耐煩碎就範圍通商量先公後私第三層之
格曰善誘掖密稽察有條理解操縱能應變
第四層之格曰無畛域計較無爭無忌無驕
矜無吝嗇無客氣無火氣第五層之格曰性
厚才精學廣識通行正度大心虛氣靜外中
上三院學生各分四班每班三十人
第二節師範生合第五層格准充教習外院生
至第一班進升中院第四班中院生至第一
班進升上院第四班上中下三院學生皆歲
升一班
第三章學規學課一節
日本學校規則及授讀之書皆由文部省酌定
頒行但其初亦屢試屢改然後定為令式公
學課程參酌東西之法惟其中層累曲折之

议在上海创办南洋大学堂之前，刘坤一已奉谕旨要在上海设立一所大学堂，为此曾向盛宣怀索要北洋大学堂章程。1896 年春，刘坤一支持盛宣怀在上海创立南洋大学堂的计划，并希望盛宣怀与其属下江海关道合办大学堂。6 月 1 日，经元善致盛宣怀函中“上海大学堂已奉南洋批准，与沪关会议创办”，①便是说的此事。但是从此后整个学校创建过程来看，盛宣怀从未与江海关道商议过办理公学事宜，从筹备人选、办理经费到办学章程等，都是其一手经管，绕开了两江总督及江海关道。既然不愿意与地方政府合办“南洋大学堂”，那也就只能另取其名。

至于取名南洋公学的涵义，可以分“南洋”“公学”来解释。“南洋”，一是与早一年创建的北洋大学堂有所区别，“是叫人们注意这个新学府的所在地同北洋大学之间的差别。”②二是从地理位置上讲，当时人们通常以长江口为界，南面沿海称南洋，北面沿海称北洋。公学建在位于南洋的上海，所以取名“南洋”。称之为“公学”，是因为办学经费由盛宣怀主管的招商局和电报局供给，这两个局是官督商捐的洋务企业，校名由此称“南洋公学”。英文名称开始称之为“Nanyang University”，监院福开森受聘来校后，建议改成了“Nanyang College”。1896 年《南洋公学纲领》第一条即对校名作了开宗明义的表述：“西国以学堂经费半由商民所捐，半由官助者为‘公学’。今上海学堂之设，常费皆招商、电报两局众商所捐，故曰‘南洋公学’。”1898 年《南洋公学章程》第一章第一节“设学宗旨”沿用上述表述，在文字上并未作任何更动。

对“公学”一词，盛宣怀还有一番延伸性解释。1896 年 6 月，他的朋友谢家

① 经元善：《致盛宣怀函》（光绪二十二年四月二十日，1896 年 6 月 1 日）。盛档：044304。

② 福开森：《南洋公学早期历史》（1931 年 5 月）。《交通大学校史》撰写组编：《交通大学校史资料选编》第 1 卷，西安交通大学出版社 1986 年版，第 10 页。

福在苏州创办五亩园技术学堂,打算“偏重桑梓,专意三县儒孤”而称公学时,盛宣怀对此表示了异议。他说:“苏堂若果专收三县儒孤,只可名为义学,由本省捐款办理,归入义举,未能名为公学,动用公款,致使各邻省效尤,以义学而请拨公款也。”与动用公款的公学相比,义学“未必能如公学造端之宏也”。总之,盛宣怀认为公学应该是“商捐经费,学资不出于一方,士籍不拘于一省……其学生卒业给凭,与国家大学堂身份无异”。[①] 当 1898 年 9 月北洋大臣荣禄拟将北洋头等学堂更名为北洋高等学堂时,盛宣怀则指令北洋头等学堂总办王修植将北洋改名为“北洋公学”,后因总教习丁家立激烈反对任何更名而作罢。[②] 对于取名公学的用意,清末民初毕业学生、1920 年代担任交大校长的凌鸿勋认为:“盛氏当时仍系出于官督商办之构想,以为校款可自商出,至教务乃是政府大政,应由官方主持,所以南洋当时名为公学,以示不是完全官办而含有些公开之意,且藉此打开了商办事业负担经费之门,以求建教合作。”[③]

“南洋公学”之名从 1896 年一直沿用到 1905 年初,前后历时 10 年。1905 年学校改隶商部,改称“商部高等实业学堂”,之后又数易校名。然而,南洋公学因开创时期的艰辛和功绩,为校友及沪上人士耳熟能详,即便在改名多年后的二三十年代,交大还被校友及社会人士称为南洋公学。“南洋”二字在校史上也多有沿用,如 1911 年辛亥革命后的南洋大学堂,1922 年至 1927 年的交通部南洋大学等,还有抗战期间在租界办学的交大,一度迫于形势,对外改称“私立南洋大学”。

第三节 办学宗旨与管理体制

一、办学宗旨的确立与变化

如上所述,盛宣怀在所拟 1895 年全国设学计划中,准备在上海设立一所“南洋大学堂”,1896 年筹建时正式定名南洋公学。名称的更改并不意味着建学宗旨与定位的变化,建成一所培养高端法政类人才的大学是南洋公学的办学定位。按照盛宣怀的规划,要在南、北洋各设大学堂一所,经费均出自轮船、电报两局。设于上海的南洋公学“如津学之制而损益之”,性质上类似天津的北洋大学堂。盛宣怀 1895 年所拟《天津头等学堂章程》称“头等学堂即外国大学堂也”,次年所拟《南洋公学纲领》称“南洋公学本系大学”,1898 年《南洋公学章程》称“上院即头等学

① 盛宣怀:《致五亩园学堂谢家福函》(1896 年 6 月《丙申函稿》)。见夏东元:《盛宣怀传》,第 279 页。

② 王修植:《致盛宣怀函》(光绪二十四年十月,1898 年 11 月)。盛档:044960。

③ 凌鸿勋:《校史杂忆》。黄昌勇、陈华新编:《老交大的故事》,江苏文艺出版社 1998 年版,第 8 页。

堂”，都说明南洋公学在学业程度上与北洋大学堂一致，目标都是仿照外国教育制度建成大学。

虽然同样定位在大学程度，经费也同出一源，但是北洋、南洋两校在人才培养方向和学制设置上有所差异，这也正体现了南洋公学是“损益”北洋大学堂而建。盛宣怀在比较两校时说：“北堂兼艺学，南堂重政学。北堂只头、二等两学堂；南堂中院、上院之外，更有师范院及附属之外院，此两学堂之所异也。”[①]他希望在人才培养上与北洋大学堂有所区别。早先一年创办的北洋大学堂以培养机械、矿冶、电机等工程技术人才为主，也就是所谓重在“艺学”；南洋公学则办成一所专门培养行政、外交、法律等方面人才的学堂，即盛宣怀所说的“政学”。在办学建制上，南洋公学所设中院、上院类似于北洋大学堂二等学堂、头等学堂，两校都是以中院或二等学堂施行基础教育，以上院或头等学堂完成专门教育的高等学府。此外，南洋公学设有北洋所未设的师范院、外院，构成师范院、外院、中院、上院四院建制，形成了相互衔接、拾级而上的初等、中等、高等三级学制，并辅以师范院培养各院师资的基本办学建制。

对于南洋公学“政学”人才的培养目标，盛宣怀多次予以明确阐述。1896 年 10 月，盛宣怀首次上呈《条陈自强大计折》，建议“各省先设省学堂一所，教以天算、舆地、格致、制造、汽机、矿冶制学，而以法律、政治、商税为要”。其中“天算、舆地、格致、制造”等是北洋大学堂开设的学科，而“法律、政治、商税”正是南洋公学所设的专业。盛宣怀实际上是建议朝廷仿效“北洋”“南洋”，兴办新式高等教育，实现各类高层次人才的自我培养。1898 年拟定的《南洋公学章程》明确规定，南洋公学以培养法政人才为教育目标，该章程就“设学宗旨”开宗明义地说：

> 公学所教，以通达中国经史大义、厚植根柢为基础；以西国政治家、日本法部文部为指归，略仿法国国政学堂之意。而工艺、机器、制造、矿冶诸学，则于公学内已通算化、格致诸生中，就质性相近者，令其各认专门，略通门径，即挑出归专门学堂肄习。其在公学始终卒业者，则以专学政治家之学为断。[②]

同年，盛宣怀又在《筹集商捐开办南洋公学折》中说：“环球各国学校如林，大率形上形下，道与艺兼。惟法兰西之国政学堂，专教出使、政治、理财、理藩四门……学堂系士绅所设，然外部为其教习，国家于是取材。臣今设南洋公学，窃取国政之意，以行达成之实。于此次钦定专科，实居内政、外交、理财三事。”[③]直接指明南洋公学是仿照法国国政学堂专教“出使、政治、理财、理藩”之法，以“内政、外交、理财”为公学所授专业，以培养政治家人才为目的。

在实际办学过程中，南洋公学对于上述教育宗旨的执行产生过较大变化，这个变化以

---

① 盛宣怀：《致张之洞函》（约光绪二十九年，1903 年）。盛档：044670。

② 盛宣怀：《筹集商捐开办南洋公学折》（光绪二十四年四月二十四日，1898 年 6 月 12 日）。《愚斋存稿》第 2 卷，第 23 页。

③ 盛宣怀：《筹集商捐开办南洋公学折》（光绪二十四年四月二十四日，1898 年 6 月 12 日）。《愚斋存稿》第 2 卷，第 20 页。

总理南洋公学关防
(1897—1905年使用)

1902年底、1903年初公学遭遇学潮与经费困难双重危机为转折。从1897年南洋公学正式开办,到1903年初的6年时间内,基本遵循原定办学宗旨,按照办学章程所定学制和人才培养计划,于1897年建立师范院,当年11月开办附属外院,1898年3月设立中院,1901年设立“专教中西政治、文学、法律、道德诸学”的经济特科班,1902年设立政治班,以为上院之预备,意在培养政治、法律类专门人才。直至1902年10月,盛宣怀在呈奏的《南洋公学历年办理情形折》中还称南洋公学在建制上分为上院、中院、蒙学堂(即高等小学堂)、师范院、特班,另附设译书院、东文学堂、商务学堂,明确规定上院“视西国专门学校,肄习政治、经济、法律诸科”。[①]

1902年底,南洋公学发生“墨水瓶事件”,特班、政治班、中院等学生离校而去,学生总数有所减少。1903年初,又逢公学供款单位轮船、电报两局被袁世凯接管,袁世凯停止向公学供款,致使公学办学异常紧张。在双重压力下,盛宣怀对公学进行重大整顿。在办学规模上,缩减规模,仅留中院、附小各班作为发展根本;在办学方向上,改变原先拟开设政治、外交、法律专业的设想,以为学生在学习这些科目时更容易倾向自由平等,从而发生学潮,此后公学应“专重泰西实业与留学生”,[②]“与诸生言则谆谆勉以科学,不讲哲学”。[③] 依照清政府所定《壬寅学制》,将南洋公学办学宗旨更改为:“以激发忠爱,开通智慧,振兴实业为主义。”[④]在此思想指导下,南洋公学将原设政治班,拟设法律、外交科一律停设,仅将筹备附设于南洋公学的商务学堂保留下来,作为上院的发展目标。从此公学办学方向发生改变:由政学转向实学,由培养政治家改变为培养精通商学的实业人才。但这次办学宗旨的变化主要是转变了人才培养方向,至于大学的目标定位,以及小学、中学、大学三级学制的设置都没有变化。

二、管理体制的变动

督办是清末时期对身份特别高的临时机构主管官员的称呼。南洋公学成立后,盛宣怀

---

① 盛宣怀:《南洋公学历年办理情形折》(光绪二十八年九月,1902年10月)。《愚斋存稿》第8卷,第31页。
② 张美翊:《致盛宣怀函》(光绪三十年十月十九日,1904年11月25日)。盛档:044389。
③ 盛宣怀:《致张百熙函》(光绪二十九年,1903)。盛档:044179-2。
④ 盛宣怀:《陈明南洋公学士习端正片》(光绪二十九年八月,1903年9月)。《愚斋存稿》第9卷,第9页。

张元济(左一)、伍光建(中)等在南洋公学任职期间合影

自任公学督办,总揽全局,举凡订定办学宗旨、筹措办学经费、人事任免、增减教学机构、对外交涉等校务大政,均由督办负责或定夺,是全校实际最高行政负责人。盛宣怀时任轮船招商、电报两局督办,因公学经费出自两局,"依旁官办各局之例,以官为督办"。①

在盛宣怀的主张和劝说下,两局同意每年捐出盈余款合计约银 10 万两,作为报效国家款项,交与南洋公学,一则实现为国育才的急迫愿望,一则拟以北洋大学堂、南洋公学作为创开全国兴办新学的模范。尽管经费出自轮船、电报两局,两局督办体制也被公学所沿用,但南洋公学与两局并不构成隶属关系。公学期间,两局除了按期供款,从未干涉过校务,所有教务、经费由督办、总理决定,无需征得两局同意,公学所设专业和人才培养目标也与两局业务没有直接关系,学生毕业后也没有服务于两局的义务。因此,公学经费虽出自商捐,但捐款方不具有管理权,而具有管理权的盛宣怀代表官方身份,为国家育才,公学人事、校务、章程均经奏准而行。综观其性质,南洋公学不是私立学堂,应属盛宣怀以"官"的身份代表政府所办的一所学堂。1903 年 9 月,盛宣怀在《陈明南洋公学士习端正

① 《南洋公学腐败之历史》。《新民丛报》(1902 年汇编本)"余录",第 1005 页。

片》中称:“窃念南洋公学款由商捐,事经官办,本与私立学堂家自为说、人自为学者迥不相同。”又认为公学“学生卒业给凭,与国家大学堂身份无异”,清楚地表明南洋公学属于“官办”性质。

公学的领导层次,督办之下设总理(1902 年初改称总办)一员,“选通达中西政教源流、体用兼备者为之”,[①]代表督办全权行使日常校务,负责中西教习的考核督察。如果将督办视为主管部门负责人的话,那么总理便是校长。督办选聘总理,并上奏清政府;总理直接对督办负责,两者“如上司下属,其往来言事,皆用官文书”。[②] 整个公学期间,督办只盛宣怀一人,总理(总办)频繁易人,先后由盛宣怀任命并呈明清政府者 8 人:何嗣焜、张元济、劳乃宣、沈曾植、汪凤藻、刘树屏、张美翊、张鹤龄。

总理之下初设华总教习、洋总教习各一人,分掌中西课程安排与教学、中西教习管理与考核。“以学问优长,品端才裕,兼通西学者”担任华总教习,“以精通法律、政治,兼明理财、格致诸学,品行端亮者”担任洋总教习。[③] 首任华总教习聘请公学筹备人之一张焕纶担任,张于 1898 年春辞职后,该职由总理(总办)兼任。鉴于华总教习实际虚设,1898 年夏另设提调一职,其职权“除与监院会同办理教务外,并襄助总理行政,兼总事务”。[④] 1901 年监院裁撤后,提调总管中西教学,相当于总理下的教务长。先后担任提调的有李维格、伍光建、张美翊,以伍光建任职时间最长。洋总教习于 1897 年 11 月聘福开森担任,称监院,1901 年 11 月裁撤后,所管事务归并提调负责。

南洋公学时期历任督办、总理、总教习、提调等行政、教务负责人名单及任职时间如下。

表 1-1 南洋公学历任负责人表(1896—1905)

<table>
<tr><th rowspan="2">主管人</th><th colspan="3">行政负责人</th><th colspan="3">教务负责人</th></tr>
<tr><th>职名</th><th>姓名</th><th>任期</th><th>职名</th><th>姓名</th><th>任期</th></tr>
<tr><td rowspan="6">盛宣怀(1896—1905.4,任督办)</td><td>总理</td><td>何嗣焜</td><td>1896—1901.2</td><td>华总教习</td><td>张焕纶</td><td>1897.4—1898.5</td></tr>
<tr><td>代总理</td><td>张元济</td><td>1901.3—1901.6</td><td>监院</td><td>[美]福开森</td><td>1897.11—1901.11</td></tr>
<tr><td>总理</td><td>劳乃宣</td><td>1901.7—8</td><td>提调</td><td>李维格</td><td>1898.5—1899.5</td></tr>
<tr><td>代总理</td><td>沈曾植</td><td>1901.8—1902.2</td><td rowspan="3">提调</td><td rowspan="3">伍光建</td><td rowspan="3">1899.6—1902.11</td></tr>
<tr><td>总办</td><td>汪凤藻</td><td>1902.2—1902.11</td></tr>
<tr><td>总办</td><td>刘树屏</td><td>1902.11—1903.4</td></tr>
</table>

① 《南洋公学纲领》(光绪二十二年七月初三日,1896 年 8 月 11 日)。盛档:044964-2。

② 《新民丛报》(1902 年汇编本)“余录”,第 1005 页。

③ 《南洋公学纲领》(光绪二十二年七月初三日,1896 年 8 月 11 日)。盛档:044964-2。

④ 杨耀文:《本校四十年来之重要变迁》。交通大学编:《交通大学四十周纪念刊》(1936),第 32 页。

（续表）

主管人	行政负责人			教务负责人		
	职名	姓名	任期	职名	姓名	任期
盛宣怀（1896—1905. 4，任督办）	提调兼代总办	张美翊	1903. 4—1903. 12	提调	张美翊	1902. 11—1905. 4
	总办	张鹤龄	1903. 12—1904. 4			
	提调兼代总办	张美翊	1904. 5—1905. 4			

在办学组织体系上，南洋公学由师范院、外院（高等小学堂）、中院、上院四院构成主体部分，另附设译书院、东文学堂、商务学堂等。1902 年 10 月，盛宣怀在《南洋公学历年办理情形折》中称：

查公学所分设之目凡八：曰上院，视西国专门学校，肄习政治、经济、法律诸科；曰中院，视西国中学校，肄习中西文普通诸学；曰师范班，视西国师范学校，肄习师范教育管理学校之法；曰蒙学堂，视西国小学校，专教幼童，为中院储才之地，分高等补习二级，略如西国寻常高等之意；曰特班，变通原奏速成之意，专教中西政治、文学、法律、道德诸学，以储经济特科人才之用；其附属公学者，曰译书院，专译东西国政治教育诸书，以应时需及课本之用；曰东文学堂，考选成学高才之士专习东文，讲授高等普通科学，以备译才；曰商务学堂，当以中院卒业学生递年升入，并招考外生，另延教习，分门教授，以备将来榷税兴商之用。

现结合南洋公学其他年份的办学情况，将历年办学组织系统列表如下。

表 1-2　南洋公学办学组织系统

附属机构办理经费由公学拨给，体制上也归公学总理（总办）兼管，但是在事务管理上具有相对独立性，它们都设有督办盛宣怀任命的负责人，来具体负责管理日常事务，公学实际上只是名义上的管理机关。况且，译书院、东文学堂与公学校址不在一处，两地相距较远，这也在事实上造成了它们与公学之间原本松散的行政隶属关系。现将南洋公学附属机构负责人名单及任职时间列表如下。

表 1－3　南洋公学附属机构历任负责人表(1896—1905)

机构名称	负责人名称	姓名	任　期	备　注
译书院	主事（有时称总理、总办、总校）	何嗣焜	1898.6—1898.8	
		李维格	1898.8—1899.4	
		张元济	1899.4—1901.3	
		黄元吉	1901.3—1901.6	
		张元济	1901.6—1903.3	
		费念慈	1901.8—1902.5	与张元济同时任总校
东文学堂	监督	罗振玉	1901.11—1902.12	

1898 年南洋公学师生合影

督办、总理、华洋总教习、提调、监院以及各附设机构负责人属于管理层，管理层之下分设教习与职员两部分，教习又分中西教习，各院教习人数多寡不一。职员分中西文书、图书管理员、医生、司事、斋夫杂役等。综上所述，南洋公学大致分督办——总理——总教习、提调、各附属机构负责人——教职员四级行政管理体系。

南洋公学初建时，对于管理人员、各院教职员以及学生额数均有明文规定。1898 年 4 月呈奏《南洋公学章程》第九章“教员人役名额”规定，公学设总理、华总教习、洋总教习各 1 人，管图书院备充教习 2 名，医生 1 名；师范院并外院配备洋教习 2 名，华人西文西学教习 2 名，汉教习 2 名，司事 4 名，斋夫杂役 20 名；中院华人洋文教习 4 名，洋文帮教习 4 名，汉教习 4 名，稽察教习 2 名，司事 2 名，斋夫杂役 16 名；上院专门洋教习 4 名，华人洋文教习 4 名，中文教习 3 名，司事 2 名，斋夫杂役 16 名。合计全校教职员工 97 名，其中管理人员 6 名，中西教习 31 名，司事 8 名，斋夫杂役 52 名。该章程规定，师范院学额40名、外院、中院、上院各四班共360名,合计400名。由此可知,南洋公学师生员工的规划规模近500名,教职员(含斋夫杂役)和学生比例大致为1∶4。这便是公学初期设计的师生规模。

在实际办学过程中,从1899年开始,学生规模不足原先设计学额。公学建成的1897年当年底学生人数是123名,次年147名,1899年175名,1900年是177名,1901年因新设特班、东文学堂,学生总数升至312名,至1902年达328名,是整个公学时期学生数的最高峰。1902年"墨水瓶事件"后,学生数有所减少,1903年190名,1904年236名,至1905年公学移交商部时,学生数为239名。[①]

与学生人数变化相一致,历年教职员人数也相应增减。1902年11月"墨水瓶事件"时,公学本部教职员人数为46名,包括总办1人、提调兼西文总教习1人,汉文总教习2人、特班教习2人、洋教习3人;中院西文教习10人、算学教习3人、汉文教习13人、监起居3人;高等小学堂总管1人、教习6人;医生1人、文案3人、收支4人、管理图书3人。[②] 46名教职员不含斋夫杂役以及附设译书院、东文学堂教职员,若加上当年5月份译书院译员、职员17名,东文学堂教职员4名,当时南洋公学仅教职员就有67名之多。若依照教职员与斋夫杂役1∶1比例估算,加上当年学生数328名,合计1902年全校师生员工462名。这应是整个公学师生人数的最高峰,前后历年人数均少于此数,大致在200至400人。实际上,历年外院、中院及上院人数,大多年份没有超过120名的原定名额。学校规模的扩展主要原因是公学突破了原先的办学建制,除师范院、外院、中院、上院外,另附设译书院、东文学堂、高等小学堂等,如此便使师生人数有所增加。

据教育史专家研究,"晚清时期的新式学堂规模都很小,一般不足200人,300—500人已经是超大规模了。"[③]照此说法,南洋公学的办学规模已经够得上"超大规模",更何况南洋公学创兴于我国新式学堂未兴之时,能以开创者的角色建成如此规模,实属不易。师范生傅运森以一名亲历者的身份说,南洋公学"规模宏巨,在当时各省教育未兴之时,固当为全国之巨擘矣"。[④]

---

① 以上数据参见本卷第七章表7-2"南洋公学历年在校人数表(1897—1905)"。

② 盛宣怀:《关于南洋公学十月份教习薪水的照会》(光绪二十八年十一月,1902年12月)。西安交通大学历史档案(以下简称"西交档"),档号:2283,卷名《南洋公学关于派员专管收支、呈请拨发经费、铁路学堂经费及督办的照会》(1902)。

③ 丁钢主编:《全球化视野中的中国教育传统研究》,广西师范大学出版社2009年版,第39页。

④ 傅运森:《何梅生先生传略》。载南洋公学同学会编:《南洋》1915年第1期"文苑"。

第四节　主校人员更迭

一、首任总理何嗣焜

1896年底，设立南洋公学的奏折得到清政府批准后，盛宣怀即聘请南洋公学具体筹建者之一、全国铁路总公司参赞何嗣焜为首任总理(即校长)，负责主持建校开学事宜，处理全校大小事务。何嗣焜(1843—1901)，字梅生(或眉孙、眉生、枚生)，一字定庵，江苏武进人。少时勤奋苦读，博览群书，精于文笔，小有文名。后有感于科举制艺之文不切实用，遂留心经世之学。1862年以生员身份参加淮军，1871年被淮军干将、江苏巡抚张树声延为幕宾，深为倚重。1882年因协助署直隶总督兼北洋大臣张树声平定朝鲜东学党之乱，被奏保为直隶州知州(五品衔)，赏戴花翎。1884年张树声病故后，何告假返乡，专门从事著述。1887年应河南巡抚倪文蔚奏调，奉旨赴开封，协助黄河郑州决口堵筑工程的治理。1888年倪文蔚奏保其为知府分省补用，并赏加三品衔。次年，应四川川东道兵备张霭卿之邀，赴川协办大足教案善后及重庆开辟海关之后的事务。事毕后，又退居武进乡间。居乡期间，何嗣焜开河塘，筑道路，筹款建成何家新祠堂，并在新、老两祠堂内设立学馆，设初、高两级，学生免费入馆，人多时近100人。[①] 何嗣焜生平淡于名利，交游甚广，勤于著述，惜大部分作品毁于火灾。今有遗著《存悔斋文稿》《入蜀纪程》及编辑《张靖达公(树声)奏议》存世。

盛宣怀也十分倾慕何嗣焜，赞誉他"学通中西，虑周远识之士"，"宏深邃密，体用兼赅，淹贯古今各国源流，有匡世之略，而不郁于晚近"。[②] 1896年4月，盛宣怀从南京取道返回武进扫墓，在家乡期间，他亲临何家塘何宅，以"时局艰危，不当徒为洁身之士"等语，敦请何嗣焜协助其办理洋务和教育。何感于时艰，欣然应允。盛宣怀即会同王文韶、张之洞奏调何嗣焜为全国铁路总公司参赞。南洋公学筹备时，何嗣焜事事参与其间，后又派充为总理。盛宣怀在呈报南洋公学开办情形的奏折中，极为推重何嗣焜，称其"学术湛深，不求闻达，臣与纵论西学为用，必以中学为体，考核程功次序，极为精邃，志气尤坚卓，不致始勤终惰"。[③]

何嗣焜担任公学总理的同时，身兼铁路总公司参赞，协助盛宣怀筹划卢汉铁路建筑事宜，事务繁重，不能经常莅校处理校务。因此，公学正式建成初期，何嗣焜"以学事全权委张

---

① 凌淑平:《怀念先祖父何嗣焜》。《上海交大报》2006年2月27日。

② 王文韶、张之洞、盛宣怀会奏:《奏调人员片》(光绪二十三年三月，1897年4月)。《愚斋存稿》第1卷，第26页。

③ 盛宣怀:《筹集商捐开办南洋公学折》(光绪二十四年四月二十四日，1898年6月12日)。《愚斋存稿》第2卷，第19页。

(焕纶)”,“一切由总教习规划”。[①]

张焕纶于国学素有研究,是当时沪上教育界学问精深、治学有方的名流,他所主持的梅溪学堂,在江浙一带远近闻名,胡适便是梅溪学堂后来的毕业生。南洋公学筹建时,盛宣怀聘请张焕纶与何嗣焜等人共同参与创办事宜。1897 年 4 月公学正式开办时,张焕纶被聘为华总教习(即中文总教习)。公学除支给张焕纶月薪规银 100 两之外,另补贴梅溪学堂每月经费规银 100 两。张焕纶精于经世之学,主张育才以读书为体,治事为用,以“明义理,识时务,体用兼备”为宗旨。在南洋公学,他尽力尽职,“一循梅溪成法而扩大之”,主张“华课与西课须各得其半”,要求学生读好中文、经史、舆地的同时,还要精通格致、数学、外语。他建议盛宣怀将拟设南洋公学头等、二等学堂分别改称上院、中院,并另设外院,新招学生先入外院,“察其品行妥当,然后可补入中院。”又建议设立小学堂,“盖从小学堂升入中院者,将来造就易”。[②] 这些建议多被采纳,形成公学外院、中院、上院三级教学组织。

1898 年 4 月,张焕纶因病辞职,重回梅溪学堂。对于张焕纶离校原因,另有两种说法,一是张焕纶不满学生干预校务而辞职。据师范生章宗祥回忆:“特班中胡伯平、杨补塘诸人,建议校务,对于现行章制不满,张即辞事归梅溪。”[③]二是与盛宣怀意见相左而离校。沈恩孚《张焕纶先生传略》说,张在公学时,“不获其行志,托疾而行也。”[④]

张焕纶辞职后,因一时难觅到适合人选,华总教习的名目也就取消,此后公学一切教育行政事宜,“概由先生(即何嗣焜)独管之,虽劳苦备至,而不以自废。”[⑤]直至 1901 年春于任上病逝,何嗣焜担任公学总理 4 年,是南洋公学时期任职时间最长、贡献最突出的校务负责人。

何嗣焜任职期间,住在上海新闸路梅富里,距离学校较远。他每天早上 8 点之前乘马车来校办公,下午赶去四马路(今福州路)铁路总公司办公,数年如一日。公学的许多事情都亲自劳作,连贴出的布告也亲笔书写,[⑥]他信任中西各教习,且“时时延见学生,加以礼貌”,[⑦]“常且以风雨如晦,鸡鸣不已勉励学子”,[⑧]故深得师生爱戴,具有很好的声望。

何嗣焜任内,主持购地建屋,规划校园,定章立制,相继开设师范院、外院、中院、译书院,

---

① 章宗祥:《任阙斋主人自述》。《上海文史资料存稿汇编》,第 1 辑“政治军事”,上海古籍出版社 2002 年版,第 23 页。傅运森撰《何梅生先生传略》也称,公学草创时,“全校教务,悉归总教习张焕纶先生支持。”

② 张焕纶:《南洋公学教育事宜》(约 1896)。盛档:044458 - 4。

③ 章宗祥:《任阙斋主人自述》,《上海文史资料存稿汇编》第 1 辑,第 23 页。

④《中华教育界》第 24 卷第 10 期,1937 年 4 月 1 日。

⑤ 傅运森:《何梅生先生传略》。南洋公学同学会编:《南洋》1915 年第 1 期“文苑”。

⑥《沈叔逵在交通大学“盛宫保花园”开园典礼上的演说》。《交大三日刊》“交大工铁展览会特刊”,1934 年 4 月 9 日。

⑦《新民丛报》(1902 年汇编本)“余录”,第 1006 页。

⑧ 傅运森:《何梅生先生传略》。南洋公学同学会编:《南洋》1915 年第 1 期“文苑”。

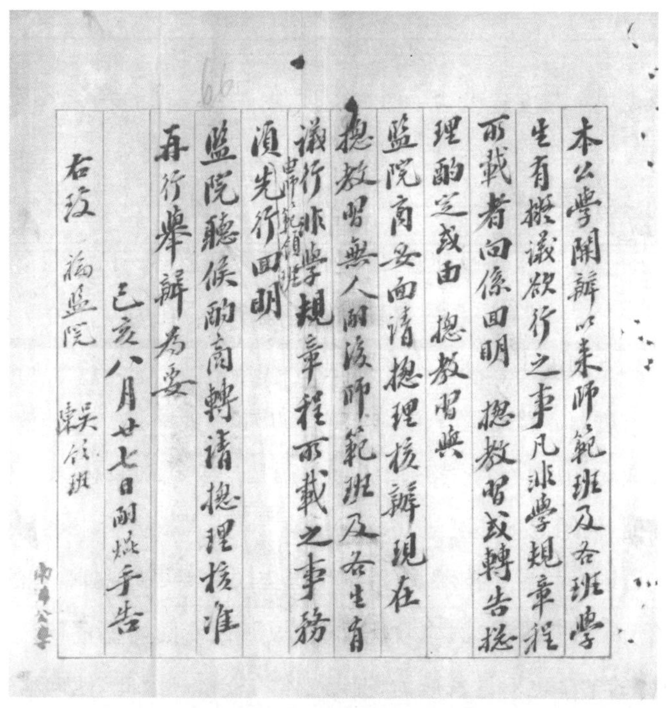

本公學開辦以來師範班及各班學生有擬議欲行之事凡非學規章程所載者向係回明總教習或轉告總理酌定或由總教習與監院商妥面請總理核辦現在總教習無人兼復師範班及各生有議行非學規章程所載之事務由師範領班須先行回明監院聽候酌商轉請總理核准再行舉辦為要

己亥八月廿七日嗣焜手告

右致 稿監院 吳 陳 領班

1899 年 9 月,何嗣焜总理手书学校布告

选派留学生,使公学初具规模,为南洋公学肇始阶段作出开创性贡献。1897 年初就任总理后,他一方面主持师范院招生开学事宜,租借民房,使师范院如期开学,南洋公学也由此宣告成立;另一方面,他支持福开森另选徐家汇作为校址的建议,购买地基,主持中院、上院的招标事宜,建成中院、上院、教职员住宅等校舍。1897 年 11 月,他主持招考学生 120 余名,开设外院,以为师范院教学实习场所,更为开设中院提供生源。1898 年 3 月,在盛宣怀督促下,从外院挑选高材生,选聘教习,又开设中院。同年夏,在虹口设立译书院,编译西学新书及教科书。年底,主持选派章宗祥等 6 名学生赴日本留学。

1900 年义和团运动爆发,八国联军入侵中国,全国震动,东南不稳。何嗣焜在协助盛宣怀、刘坤一等与外国领事交涉,订立东南互保和约的同时,确保公学正常办学秩序,稳定师生情绪。同时,遵照盛宣怀的要求,收容北洋大学堂避乱南下学生,在公学上院内开设铁路班,选派北洋大学堂师生王宠惠等 9 人赴美国留学。同年,他鉴于外院停办后中院生源不足,劝说沪上巨贾叶澄衷捐银 10 万两开办澄衷学堂,又规划在南洋公学“先办一高等小学以立模范,再于江苏南北分设同等之小学八所,使内地渐开风气,而将来中院生即从此取才”。[①] 这一建议有着十分重要的意义,它不仅纠正了公学因急于办成中院、上院而偏离原先设定小、中、大学循序递升的办学路径,而且带动了江南地区开创新式学堂的风气。

① 《学堂纪事》。《邮传部上海高等实业学堂附属高等小学十周纪念册》,文明书局宣统二年(1910)代印。

何嗣焜重视学校规章制度建设,“一切章程规制,该故员手订为多”,[①]1897 年 10 月亲自制订《南洋公学章程》,次年重新修订后呈报清政府。该章程共分设学宗旨、分立四院、学生班次等级、学规学课、考试、试业给据、藏书译书、出洋游学、教员人役名额等 9 章 20 节。这份章程是公学最早的一份管理章程,也是我国近代高等学府第一份管理章程。除此之外,何嗣焜参与外院章程、考试章程等一系列章程的起草和制定,在为南洋公学建章立制的同时,也为中国近代新式学堂制度化管理作出了贡献。

何嗣焜在注重引进西方普通教育内容和制度的同时,始终把“中学”放在首位,力图使西方教育与我国传统文化相融合,探索一条切合中国历史文化和具体国情的近代教育模式。南洋公学正式开学前,何嗣焜曾参观过北洋大学堂,对新式教育折服之余,他也注意到由于北洋大学堂注重英语语言和专业技术教育,学生国文功底不尽如人意,有的学生连简单汉语作文都不会。这给何嗣焜很大触动,主政南洋公学后,他专门与盛宣怀讨论此事,觉得如果没有国文功底,再好的学生也不具备成为栋梁人才的资格。因此,他向盛宣怀建议,南洋公学录取学生的首要条件应当是具有阅读和书写本国语言文字的能力,使学生在学习西学时,“能够用规范的中国文学语言把他们的思想记录下来,这样现代学科就会成为中国文学生活的组成部分。”[②]南洋公学在历年招生时,首重学生中学成绩,甚至明文规定“中学未成者虽通西学西文不录”。[③] 在教学中,何嗣焜也将“中学”教育放在突出位置,规定“每周中西课的教学时间比例为各得三日”,“上华课时禁阻学生翻阅西文书籍”,并严定考核奖励办法予以贯彻,宣布《扣奖加并中文佳者之谕》,奖励办法:“视中课、算学、英文三项积分而定,一项不及格者皆不奖。”[④]这些措施使公学形成中、西学并重的教学特色。

1901 年农历春节前后,时值南洋公学师生休冬假,为办学及铁路事务劳苦备至的何嗣焜并没有抛弃冗务,与家人享受新禧之乐,而是在沪寓闭门静思,伏案疾书,连续数日为两江总督刘坤一草拟新政计划。3 月 1 日午饭后,家人遥见他搁笔侧首,以为正在构思文章,因长时间没有动静,趋近细看,才发现他已经悄然仙逝,时年 59 岁。1901 年 10 月,为表彰他的功绩,盛宣怀与刘坤一会奏清政府,予以嘉奖,将其事迹宣付国史馆立传。会奏高度评价何嗣焜对于南洋公学的卓越贡献:“光绪二十二年与臣坤一互相讨论奏设南洋公学,以参佐劈划必须明体达用之才,经奏派该员充当南洋公学总理。数年以来,

---

① 盛宣怀:《奏留奏派南洋公学总办提调片》(光绪二十八年九月,1902 年 10 月)。《愚斋存稿》第 8 卷,第 37 页。

② 福开森:《南洋公学早期历史》(1931 年 5 月)。《交通大学校史资料选编》第 1 卷,第 10 页。

③《太常寺少堂盛招考师范学生示》。《申报》1897 年 3 月 2 日。

④ 白作霖:《编译教科书之意见》(光绪二十五年,1899 年)。《交通大学校史资料选编》第 1 卷,第 62 页。

公学之规模考查，钩稽权衡，靡不忠于事理。而公学之营造法式，教育章程，尤为该员心力之所专。”[①]

何嗣焜的办学业绩为历代交大人所敬仰与缅怀。1901 年 12 月 6 日，何嗣焜灵柩运回常州故里，公学设公祭、路祭，全体师生参加。1910 年 3 月，由师范生刘垣撰《武进何公墓表》，说何主持南洋公学时，“举国学堂不数观，朝野莫或以为急务，公独披荆斩棘，树之风声”，何逝世十年来，“言教育者，群以为先河矣。”[②]点明南洋公学开创了近代教育先河，实际上赞誉了何嗣焜所作出的贡献。1915 年师范生傅运森又撰《何梅生事略》，称颂何嗣焜对于南洋公学的功绩：

先生之任校务，当清光绪酉申丁丙之间，厥后叠遇戊戌政变、庚子拳乱，国中营扰。先生镇静如常，且以风雨如晦、鸡鸣不已，勉励学子。手订校章，俾共遵守，故南洋公学之得有今日，实先生之心精力果有以致之也。

1917 年学校 20 周年校庆时，师生制作何嗣焜铜像一尊，铜像题额“本校创始人何梅生先生遗像”，将何嗣焜视为交大实际上的创始人。同时，师生恭请张謇撰写《何先生纪念碑》，开篇即曰：“中国公学之兴，自南洋始；南洋公学之建，自何先生始。”碑文最后，是反映何嗣焜在南洋公学的事功铭文：

禹荒扬州穷南维，清建大府赅领之。皋牢百越七洲縻，有民弗教邦国疵。
乃启黉宇昭晨曦，建始于沪志厥眉。躬躬何君手开基，广博纤细靡不治。
再岁以落教以施，新故祓擢心有师。缙绅圭表人羽仪，梁木朝坏哲夕萎。
青青子衿悠悠思，饮食教诲恒于斯。例以先啬报亦宜，景行行止瞻此碑。[③]

二、监院福开森

晚清，新式学堂中聘请有教育经历的外国传教士主持教务的现象相当普遍，如京师同文馆聘请美国传教士丁韪良任总教习，上海广方言馆聘美国传教士林乐知担任掌教，英国传教士李提摩太被聘为山西大学堂总理。在中国近代教育刚刚蹒跚学步时，选聘外国教育人士充当管理或执教成为一种选择。盛宣怀开办洋务企业时，就曾聘用不少外籍人士担任工程技术和管理职务，办理教育也是如此，创办北洋大学堂时，延聘美国人丁家立担任总教习，办

① 刘坤一、盛宣怀：《请将何嗣焜学行宣付史馆立传折》（光绪二十七年十月，1901 年 11 月）。《愚斋存稿》第 6 卷，第 3 页。

② 刘垣：《清故诰授中宪大夫国史馆列传花翎盐运使衔分省补用知府武进何公墓表》（宣统二年二月，1910 年 3 月）。该碑现存常州市武进博物馆。

③ 张謇：《张季子九录》“文录”第 14 卷，中华书局 1931 年版，第 23 页。

理南洋公学时,又聘请美国人福开森担任监院兼洋总教习,主持西学教学与管理事务。

南洋公学正式开学时,盛宣怀准备聘任江南制造局翻译馆译员、英国人傅兰雅(John Fryer, 1839—1928)来校主持西学教育。傅兰雅1861年来华,开始从事教育,先后任香港圣保罗书院院长,京师同文馆、上海英华书院教习,参与创办上海格致书院。1868年后进入江南制造局翻译馆,翻译了大量科学、技术书籍,为科学在近代中国的传播和发展做出了重要贡献。傅兰雅具有丰富的教育经验,谙熟近代科学技术知识,又与盛宣怀、钟天纬等人相熟,是担任南洋公学洋总教习的适合人选。1897年4月,何嗣焜与傅兰雅晤面,欲聘请他为西文总教习。两人谈及公学教育宗旨及现拟办法,颇为投机。傅兰雅愿意兼任公学洋总教习,但因江南制造局与他订有合约,规定"除译西国格致制器外,局中不可另有他事以分译书之心",因此,傅兰雅称需与翻译馆主事者商酌后再与公学订立合同。后因制造局不允,聘请傅兰雅一事只得作罢。不过数年后,傅兰雅被盛宣怀聘为南洋公学留美学生监督。此后,盛宣怀接受他人推荐,决定聘请美国传教士、南京汇文书院院长福开森担任洋总教习。1897年11月,何嗣焜奉盛宣怀之命,专程赴南京与福开森会商聘请事宜。

福开森,中文名福茂生,1866年生于美国马萨诸塞州一个牧师家庭,1886年在波士顿大学毕业后,即携新婚夫人前往中国,以基督教卫理宗"美以美会"传教士身份从事教会工作。先在镇江学习汉语,次年到南京。起初在家中设班授徒,传授课程以《圣经》为主,英语、数学、国文为辅,除国文外,其他课程由福开森夫妇亲自讲授。1888年,美以美会在南京创办汇文书院(Nanking University),福开森担任首任院长。至1897年,福开森任职汇文书院达9年。期间负责规划建筑校园,初设立圣道馆、博物馆(即文理科),后增设医学馆、附属中学,使汇文书院初具规模。该书院1910年与南京基督书院、益智书院合并,组建金陵大学,后发展成为一所著名的教会大学。在经营汇文书院过程中,福开森积累了丰富的教学与管理经验,这是盛

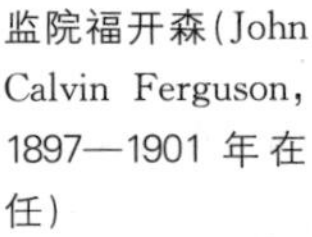

监院福开森(John Calvin Ferguson, 1897—1901年在任)

宣怀聘任其来校的一个重要原因。

在南京，何嗣焜代表盛宣怀与福开森签订了聘任合同，聘任福开森担任南洋公学监院。合同共有8条，具体条文如下：

一、监院自到公学受事之日起，以四年为限；

一、监院薪水议定每月豆规银三百五十两，[①]系照中历按月支给。除由公学拨给住房一所，计楼底并厨房及西仆住屋外，一切伙食、用仆、厨丁、车马、医药、煤柴等项，均由监院自备，学堂不再供给；

一、监院应听总理节制；

一、各学堂自分教习、学生以下至执事人等，监院均应随时稽查、教导，使皆遵守学规章程。如有违犯，监院应遵照学堂责罚章程办理，有必须斥退者，应请总理察核施行，至学生犯规经总理汰除，监院不得请留；

一、各学堂洋教习所教各生，按日功课分数逐日登册，分别优劣，应由监院随时考核，月抄汇呈总理，以凭察核。各洋教习训课勤惰，监院应认真稽查、督率，随时存记，以备总理查考；

一、学堂课程规矩有应行更定、整顿之处，或监院有所心得及有益学堂之举，监院应先与总教习商妥，面请总理核办，不得迳达上宪；如总理不在学堂，有日行事件不能稽待者，监院应商请总理所派代办之人，察酌办理；

一、四年限内，如遇意想不到之事，中国大宪欲停办学堂，因将监院裁撤，或意有不合，欲将监院辞退，须于三个月前知照，并贴给监院三个月薪水银两；或因病自行辞退，一体照给。若限内监院不照合同办事，致被辞退，即不给以上所言贴薪水银两；

一、合同书华文两份，一存公学，一给监院，以昭信守。

大清光绪二十三年十月　日　　南洋公学总理何嗣焜(签字)

西历一千八百九十七年十一月　日　　南洋公学监院福开森(签字)[②]

监院，是明清时期书院的职事，主要负责行政、财务及稽查学生、管理图书等，地位仅次于山长(院长)。[③] 一些清末新式学堂也沿用此职，位置仅在监督(相当于公学的总理)之下。南洋公学筹备章程订定的行政管理体系中，并未有监院一职。1897年10月何嗣焜手订《南洋公学章程》始在总理之下设监院，受制于总理。据合同所定，监院每月薪水高达银350两，

---

① 豆规银：即上海规元，是1933年废两改元前上海地区的银两计算单位。

②《聘福开森为南洋公学监院合同》(光绪二十三年十月，1897年11月)。《交通大学校史资料选编》第1卷，第3－4页。

③ 顾明远主编：《教育大辞典(上)》(增订合编本)，上海教育出版社1998年版，第675页。

南洋公學總理何嗣焜奉
盛京卿之命訂定美國人福開森為公學監院議定約款
開列於後
一監院自到公學受事之日起以四年為限
一監院薪水議定每月豆規銀三百五十兩係照中歷按月
支給除由公學撥給住房一所計 樓 底並廚房及西
僕住屋外一切火食用僕廚丁車馬醫藥煤柴等項均
由監院自備學堂不再供給
一監院應聽總理節制
一各學堂自分教習學生以下至執事人等監院均應隨
時稽查教導使皆遵守學規章程如有違犯監院應遵照
學堂賞罰章程辦理有必須斥退者應請總理察核
施行至學生犯規經總理汰除監院不得請留
一各學堂洋教習所教各生按日功課分數逐日登册分
別優劣應由監院隨時考核月杪彙呈總理以憑察核
各洋教習訓課勤惰監院應認真稽察督率隨時存
記以備總理查考
一學堂課程規矩有應行更定整頓之處或監院有所心
得及有益學堂之舉監院應先與總教習商妥面請
總理核辦不得逕達上憲如總理不在學堂有日行事
件不能稽待者監院應商請總理所派代辦之人察酌辦理
一四年限内如遇意想不到之事中國大憲欲停辦學堂因
將監院裁撤或意有不合欲將監院辭退須於三個月前
知照並貼給監院三個月薪水銀兩或因病自行辭退
一體照給若限内監院不照合同辦事致被辭退即
不給以上所言貼薪水銀兩
一合同書華文兩分一存公學一給監院以昭信守
大清光緒二十三年十月 日南洋公學總理何嗣焜
西歷一千八百九十七年十一月 日南洋公學監院福開森

1897年11月,福开森任南洋公学监院聘约

是南洋公学时期教职员薪金最高者,另拨给住房一座,待遇相当优厚。公学的优厚待遇是福开森放弃汇文书院院长就任公学监院的重要原因,他先是借住在徐家汇一家旅社内,1899年公学在校内为福开森建成独立住宅洋房一幢。在公学英文来往信函中,总理译为Director或Manager(行政主管),监院译为President(大学校长),显示出较高的地位。按照合同所定,监院具体职责有三个方面:一是随时稽查、教导各院师生遵守学规章程;二是随时稽查洋教习任课情况,考核学生所学西学进展;三是协助改订课程设置、管理规章。简而言之,监院实质上兼有清末民初学校中训导长和西文总教习的双重权限。

福开森担任监院后,住校办公,履行职责。公学选派金世和(字煦生)、汪龙标(字汉溪)协助其开展工作,前者为中文文案,后者分管庶务,两人极为干练,成为福开森的得力助手。担任监院初期,因学校急需规划校址,建筑校舍,福开森实际上又充当"庶务长"的角色。在他的建议下,盛宣怀放弃了已规划一年多的高昌庙校址,重新选定徐家汇作为永久性校址。福开森与何嗣焜共同规划了校园整体布局,开辟道路,种植花草,美化校园。规划建筑时,盛宣怀打算建成中国式样的校舍,福开森认为中国式屋舍不仅造价高,且不适用,建议造西式三层楼房。盛宣怀、何嗣焜接受建议,并责成福开森监造了西方建筑式样的中院、上院等主要校舍。其余如师生的保健医疗、膳食、住宿,也由福开森

出面安排。

随着外院、中院相继开设，校舍建筑基本完成，福开森监院本身职责事务日益增多。他依照章程学规所定，每日稽查教习出勤任教情况，督促任课教习将学生所习功课、分数逐日登记，每周向他汇报一次，他则于每月底抄汇呈送总理察核。同时，记录学生迟到出勤、请假情况，约束学生课内外纪律，督促监起居教习检查宿舍卫生与管理，如违反学规者予以记过惩戒，记过达3次者报经总理审核，予以开除。福开森精通汉语言文字，通晓中国习俗，且为人机警，能够身体力行。有一次就餐时，学生怀疑一盘菜变质而群起发议，恰好福开森来到，他不动声色，亲自夹菜品尝，然后对众人说“尚可吃得”，学生这才平静就餐。但是，公学所订规章相当严格，福开森本人也常有越权行为，加之师生对于外国人的抵触心态，福开森在行使职责时，遇到师生的责难，后来甚至成为众矢之的。

福开森在南洋公学4年，最大的建树是把西方教育方法、教学内容甚至西方校园生活引入公学，成为南洋公学西学教育的实际主持者。从1898年4月中院建立开始，福开森开始厘定英文、算学、物理、化学、中外史地等西学课程，派人编译教材，按班授课。他自己曾动手翻译《新编化学》(*Steele's Popular Chemistry*)4卷作为课本。学校先是遴选学行优异的师范生暂时兼教西文、西学，后陆续从在华教会学校及美国国内聘任西学教习十余人来校，形成一支稳定的西学教师队伍。由他出面聘请了美国籍经济学、法学教习薛来西(Leacey Sites)，商学、史地教习勒芬迩(Leavenworth)，英法文学教习乐提摩(Lotimore)，他们均学有专长，尽心教授，一直任教至1905年公学改归商部。在奏请清政府奖给薛来西等三人“三等第一宝星”的折片中，盛宣怀称他们“均能恪遵章程，分科讲习，生徒悦服，众论翕然”。还说“南洋公学之名传播东西洋，游学诸生皆得直入各国专门学校，亦赖该洋员尽心教授不懈益虔。”①受福开森及其所聘美籍教习的影响，南洋公学在输入和采纳西学教育过程中染上了美国教育的色彩，这与同期新式学堂大多受日本教育制度的影响是截然有别的。

福开森还将足球、棒球和网球等西方文体活动引进校园。由于当时学生对近代体育运动缺乏了解与体验，一般采取强迫锻炼的办法。1899年冬，学校举办第一次运动会，要求全校学生人人参与。在福开森的努力下，公学还成立足球队，开始与沪上劲旅圣约翰学院对垒，两校赛事也成为上海体育界的一大盛事。

1901年8月，福开森请假回国省亲，盛宣怀要求福开森顺道赴欧美七国考察商务学堂，以筹备在公学上院开设高等商务学堂。福开森出国期间，监院一职由西学教习薛来西代理。

---

① 盛宣怀:《请奖南洋公学洋教习片》(光绪三十一年二月，1905年3月)。《愚斋存稿》第11卷，第6页。

10月公学裁撤监院职务。1902年2月25日,福开森假满回沪,将原经手之事妥为移交,结束在南洋公学的任职。

在南洋公学期间,福开森在上海接办了经营不善的《新闻报》,聘任公学职员汪龙标为总经理。到了20年代,《新闻报》与《申报》齐名,成为颇具影响的大报。当时上海法租界有一条马路曾被命名为福开森路(现武康路)。离职后,福开森仍然受到盛宣怀的器重,1903年至1906年聘其担任督办铁路公司英文文案。1903年10月17日,盛宣怀上奏清政府,称福开森于南洋公学有功,呈请授予二等第三宝星奖。

离校后,福开森长期居住在中国,活跃于中国政界、文化界,受到历届政府重用,先后担任北洋政府总统府、国务院顾问,南京国民政府成立后又任行政院顾问。他对于南洋公学时常予以关注,曾担任南洋公学同学会董事等职。1905年7月18日,福开森密函盛宣怀,请盛在商部和袁世凯面前说项,再入公学,"重坐经坛,则整顿经营,矢与学堂相始终,且舍治术而求学术。"①此时,南洋公学已经移交商部管辖,盛宣怀已无权过问人事,福开森重返南洋的愿望未能实现。1926年、1936年学校30、40周年校庆,他曾兴致勃勃参加庆典并作演讲,鼓励师生精益求精,还赠送宋朝古画以示祝贺。福开森出席40周年校庆时,曾期望50周年校庆时再回交大。不料事与愿违,太平洋战争爆发后,他被日本军队遣返美国,回国后不久即病逝。

三、主校者频繁更换

何嗣焜遽然病逝后,盛宣怀拟聘请时任张之洞幕僚的郑孝胥继任公学总理。郑孝胥应允,但当月底临近开学时,郑孝胥却仍身在湖北,未能到任,于是盛宣怀委任译书院主事张元济代理总理职务。张元济自1899年4月来校,担任译书院主事兼总校已近2年,对公学校务较为熟悉。上任当日,他发布告示:"何先生总理公学有年,一朝遽逝,悲痛良深。经督办面嘱敝人暂摄其事……"②

张元济担任代总理后,主要促成了两件大事。一是主持附属高等小学堂开学事宜。他积极筹措规划,选定课本,遴选教习,聘请公学师范生吴稚晖任附小代主任,并与吴稚晖、陈懋治共同拟定《试办附属小学章程》及经费预算,报请盛宣怀批示。3月20日,附属高等小学堂正式开办。二是筹设经济特科班。3月,他奉盛宣怀之意,筹备设立经济特科班,从速培养经时济世之才,并预备参加清政府预备实施的经济特科考试。4月,张元济拟具特班章程

---

① 福开森:《密函盛宣怀》(中译文)(光绪三十一年六月十六日,1905年7月18日)。上海图书馆编:《上海图书馆藏盛宣怀档案萃编(下)》,上海古籍出版社2008年版,第426页。

② 凌鸿勋:《南洋杂忆》。《老交大的故事》,第13页。

10条及预算经费清单，盛宣怀批示同意开办。5、6月间，张元济主持两次招生考试，录取黄炎培、邵力子等43名有志青年，保证了特班于9月间顺利开办。

张元济（1899—1903年任南洋公学译书院主事，1901年任代总理）

任代总理期间，张元济住宿校内，“监视规则，勤干无比”。那时候他家仍在虹口译书院附近，离南洋公学较远，两地有水路相通。他先乘船到漕河泾，再雇小轿到公学，单程就要大半天，费时劳神，很是不便，所以他平常极少回家，吃住均在公学，一心扑在行政事务和教学活动中。白天办公之余，他经常到厨房内检查三餐伙食，与教职员、学生同桌而食；晚间时而找学生谈话，时而举灯在校内四处巡视。他鼓励学生读《盛世危言》《原富》等新书，将原课程《史记》《汉书》《资治通鉴》《御批通鉴辑览》等作了删减。在管理上，他“太息痛恨于监院之揽权，而时时图所以恢复之”。[①] 时逢吴稚晖鼓动学生驱赶监起居教习及监院福开森，张元济虽表同情，但并不允许师生采取激烈措施驱逐福开森。吴稚晖与学生以退学相要挟，张元济仍然不允，以补助旅费遣派吴稚晖留学日本，并开除数名学生，使事态暂时平息。此举引起一些学生的不满，有“不服张菊生之状”。[②] 6月间，张元济鉴于“与福开森有意见不甚相合”，[③]先后两次向盛宣怀辞职，月底获准后辞去代总理，专心办理译书院事务，直到1903年初译书院归并后离开公学。

张元济辞职前后，盛宣怀函催郑孝胥来沪就任总理，并言明如不能来，请举荐贤能，同时征询在沪沈曾植、汤寿潜、劳乃宣三人中谁最相宜。郑即复电，推荐翰林院庶吉士汤寿潜。汤辞而不就。1901年7月，盛宣怀聘劳乃宣继任总理。劳乃宣（1843—1921），字季瑄，号玉初，浙江桐乡人，1871年中进士，曾担任河北南皮、吴桥等地知县。劳乃宣接任后，正逢中院首届学生毕业，依照公学章程须筹备设立上院，以供毕业生肄业专门。劳乃宣审时度势，认为开办

---

① 《新民丛报》（1902年汇编本）“余录”，第1006页。

② 劳祖德编：《郑孝胥日记》第2册，中华书局1993年版，第795页。

③ 张元济：《追溯四十九年前今日之交通大学》。交通大学学生自治会：《交大周刊》第60期（1949年4月8日）。

上院的条件尚不具备，一是生源严重不足，本届中院毕业生只有7名，且下届生源质量不高；二是上院所需设备图书、经费准备不足。建议暂缓2年开设上院，以所省经费派遣中院毕业生出国留学。盛宣怀接受建议，择优选拔4名中院毕业生赴英国留学。8月暑假期间，担任总理仅一月之余的劳乃宣托病不出，10月就任杭州求是书院监院。劳以后任浙江大学堂监督、资政院议员、京师大学堂总监、学部副大臣及代理大臣，是近代著名语言文字学家、古算学家。著有《等韵一得》《义和拳教门源流考》等。

劳乃宣总理(1901年夏在任)

劳乃宣托病不出，盛宣怀又聘请沈曾植代理校务。1901年8月26日，沈曾植来校暂代总理职务。沈曾植(1850—1922)，字子培，号乙盦、寐叟。浙江嘉兴人。光绪六年(1880)进士，历官刑部郎中、总理衙门章京、江西按察使、安徽提学使、署安徽布政使、署理安徽巡抚。曾协助康有为变法，为北京强学会发起人之一。1898年应张之洞之聘，主讲两湖书院史学。著有《汉律辑存》《元秘史补注》《蒙古源流笺证》《海日楼札丛》等。他学识渊博，精通律法，谙熟史地，擅长诗书，以"硕学通儒"蜚振中外，被誉为"大儒"，张之洞称其为"当代岱山北斗"名儒。沈曾植还是后来担任交大校长的唐文治的业师，唐尊其"博雅闳通，举世殆无其匹"。[①]

沈曾植到任后，主张"先定特班课程，而后徐及其它"，将特班正式开学作为首要校务。他首先与蔡元培、赵从蕃面订聘约，聘请这两位年富力强、倾向西学的进士分别担任特班总教习、学监，然后通告新招特班学生定期到校上课。9月13日，筹备半年之久的特班如期开学。随后，沈曾植遵照盛宣怀的要求，在公学附设东文学堂。该学堂同年8月已由盛宣怀奏准设立。在张元济、蔡元培等人协助下，从确定学堂监督到聘请中日教习，从招考学生到选定办学校址，沈曾植精心筹备，事事用心，终于使该堂于11月27日顺利开办。沈曾植

① 凌鸿勋:《南洋杂忆》。《老交大的故事》，第12页。

对翻译西学兴趣浓厚，且对译书的意义、原则、译员素养极有见地，1902 年 1 月曾为盛宣怀起草《南洋公学推广翻辑政书折》；又支持张元济办理译书院，共同商议翻译日本大型法律丛书《日本法规大全》，并为丛书前期翻译做了大量策划。

沈曾植任职期间，改革管理体制，力主裁撤监院福开森。他认为，监院本是"书院旧名称，其职分仅同学长"，但公学监院职权过大过宽，以至"公学中无不厌畏者"。[①] 时福开森 4 年聘期届满，又恰逢他请假归国省亲，这给裁撤监院提供了契机。译书院主事张元济、提调伍光建都赞成乘此机会裁撤监院，辞退福开森。10 月 14 日，沈曾植正式呈请盛宣怀裁撤监院，其理由是："南洋公学监院名目为各省所无，将来各省章程均需一律，应在裁撤之列，监院福开森合同届期碍难续定"。盛宣怀批准所请，命美籍教员薛来西辞去代理监院职务，专任西学教习。1902 年 2 月，福开森期满返回上海，辞去监院，自此公学监院一职废止。

监院裁撤后，沈曾植于 1902 年 1 月呈请盛宣怀，将公学总理改称"总办"，总办兼任中文总教习，并管理译书院及东文学堂。另重设西文总教习，以提调伍光建兼任。沈曾植重用伍光建，委任其管理一切西学教学与考核，原先归监院管理的薛来西、勒芬迩、乐提摩 3 位洋教习，听其安排上课。沈还认为公学的中文教学与教习方面存有弊端，"各处学堂流弊大多出自西文，惟公学流弊出自中文，此为特殊症候。"其具体表现是："学生近朱近墨，变化何常，教习学浅而气乖，以残缺不全东洋之议论自文，其不知西学，不通经史，于是乎杂乱无章之课本行，而自由革命之怪论沸矣。"[②]原来，深受儒家观念影响的

沈曾植代总理（1901 年 8 月—1902 年 2 月在任）

① 沈曾植：《与盛宣怀书》（光绪二十七年十一月二十五日，1902 年 1 月 4 日）。见许全胜编著：《沈曾植年谱长编》，中华书局 2007 年版，第 265 页。

② 沈曾植：《与盛宣怀书》（光绪二十七年十二月二日，1902 年 1 月 11 日）。《沈曾植年谱长编》，第 266 页。

沈曾植深恐学生在学习新学过程中萌发自由平等思想,危及传统礼法秩序和师生等级关系。他主张“欲救其弊,仍在整顿中文”,“公学汉文课,明岁不能不整顿。”整顿中文教学的措施,是将中学分为学课、文课两种,分聘名儒姚文栋、周家禄担任各课总教习,协助总办管理中文教学。同时更改中文课程内容,据1902年底“墨水瓶事件”中退学学生说,沈曾植对于中文课程的要求是:“素以记诵为学,以高官厚禄为目的,喜难自由平等之说,以《四书集注》为人人应熟读之书。”[①]如发现学生阅看新报,即予以开除,导致学生与校方紧张关系加剧,学生不满情绪在1901年底“已如引满之弓,跃跃欲发矣”。[②]

不过,盛宣怀很看重沈曾植的学识和治校能力,早在1901年4月就支给沈曾植月薪200两,准备聘为总理。7月,盛宣怀以办理译书院事务的名义将一心北上的沈曾植奏请留任公学总理,在奏留折中称其“品学粹然,平日讲求经济,于各国公法条约阅历甚深”。[③] 在盛宣怀一再约请下,沈曾植答应“试办几月”,任职数月内,也能为整顿公学尽心尽职。实际上,他无意久任公学总理一职,对公学管理人事及盛宣怀本人也存有看法,1901年底,沈曾植两次提出辞呈,次年2月获得盛宣怀批准,离职赴京师外务部任职。

南洋公学总办汪凤藻(1902年2月—11月在任)

从1901年3月何嗣焜病逝,到1902年初的一年时间内,南洋公学更换张元济、劳乃宣、沈曾植三任总理,盛宣怀深感“总办一席颇难其选”。[④] 1902年2月,适逢翰林院咨送一批编修到东南沿海地带作短期考察,被时人称作“游学南洋”。盛宣怀礼聘南下的编修汪凤藻继任公学总办,奏称其“学术宏正,兼贯中西,足为多士矜式”。[⑤] 汪凤藻(1851—1918),字云章,号芝房,江苏吴县人。先后入上海同文馆、京师同文馆学习,为两馆优等生。1883年中进士,授翰林院庶吉士。1886年授职编修,派任清政府驻俄国使馆二等参赞。1891年2月任驻德国参赞,6月任代理驻日大臣。1892年正式就任出使

① 《新民丛报》(1902年汇编本)“余录”,第1006页。
② 《新民丛报》(1902年汇编本)“余录”,第1006页。
③ 盛宣怀:《请调沈曾植费念慈委用片》(光绪二十七年六月,1901年7月)。《愚斋存稿》第5卷,第36页。
④ 盛宣怀:《奏留奏派南洋公学总办提调片》(光绪二十八年九月,1902年10月)。《愚斋存稿》第8卷,第37页。
⑤ 盛宣怀:《奏留奏派南洋公学总办提调片》(光绪二十八年九月,1902年10月)。《愚斋存稿》第8卷,第37页。

日本大臣。1894年中日开战后奉令回国，仍任翰林院编修。1902年初，汪凤藻住校办公，5月建议扩展师范院规模，为国内新学兴起后储备师资，将师范院育才功能辐射到校外。具体办法是："另招师范生一班，多则二十人，少则十五人，精选高才"，重在"培养能以汉文讲授普通"[①]的教习，以供校内外师资之所需。得到盛宣怀同意后，汪凤藻为扩充师范院做了一些筹备工作，但最终未能真正实现。

汪凤藻对沈曾植整顿中文教学的做法不甚满意，将学课改为经学，文课改为文史两种，增加《东华录》《圣武记》等颂扬清政府文韬武略的内容，使中文课程更改较大，删改课程的做法遭到师生的普遍反感。对于学生管理，他力主强硬，不准学生议论教习与学校规章，违者动辄记过甚至开除，造成学生极大不满。在处理11月初的"墨水瓶事件"中，他处置失当，不经调查，偏信教习一方，一意开除学生，造成大批学生退学，几乎将南洋公学毁于一旦。11月，汪凤藻也在事件中黯然离校，前后任职约半年。

汪凤藻离校后，盛宣怀聘其同乡刘树屏为总办。刘树屏（1857—1917），字葆良，江苏武进人。1890年中进士，授翰林院编修。历任安徽徽州府、宁国府、广德太兵备道兼芜湖关监督，1899年至1901年任上海澄衷学堂监督。刘到任以后，即遵照盛宣怀的指令，整顿学校纪律，增设斋务长，下设监学官、检察官。斋务长的主要职责是"考验学生品行，管理学生宿舍，并稽核监学官、检察官的工作"，用意在于加强对学生的管理。1903年4月，刘树屏调任代理芜湖关道，匆匆别去。

刘树屏总办（1902年冬—1903年4月在任）

"墨水瓶事件"过后，公学百事丛生，人心不稳，亟待整顿，规复正常。偏逢1903年初盛宣怀管辖的轮船招商局、电报两局被北洋大臣袁世凯接管，袁指示两局停拨公学经费，要求公学停办。1月24日，袁世凯致电盛宣怀："闻南洋公学已罢散，能否趁此停办，或请南洋另筹款？"2月3日，盛回复公学"并未罢

① 汪凤藻：《致盛宣怀函》（光绪二十八年二月初九日，1902年3月18日）。盛档：044551－1。

散”,不同意停办。在经费短缺的情况下,盛宣怀一面准备收缩规模,裁撤译书院、东文学堂及特班、师范班;一面准备另募经费。

内外交困之下,盛宣怀急需选定一位学力超拔的总办人选,使公学顺利渡过难关。1903 年 1 月 8 日,他致电湖广总督张之洞,说“何嗣焜殁后,总理一席迄未得人……现以总理得人为第一要着”,[①]敦请张之洞劝说曾任江西学政的陈宝琛为南洋公学总办,允以月薪 200 两的优厚待遇,后未见下文。4 月,盛宣怀只得调选其文案、公学提调张美翊代理总办职务。张美翊(1856—1924),字让三,浙江宁波人。曾随清末著名外交官薛福成出国考察英、法、意、比四国,历时达 5 年之久。先后担任浙江和江西巡抚幕僚、南洋大臣顾问官等职。1901 年初何嗣焜逝世后被盛宣怀延为幕宾,深得信任。1903 年春到年底,张美翊担任公学提调兼代总办,年底张鹤龄受聘总办后专任提调。1904 年 4 月张鹤龄离校,张美翊又兼任总办,直至 1905 年 4 月南洋公学被商部接管,前后实际掌管校务 2 年。张美翊任职期间,整顿“墨水瓶事件”后的学风和教风,稳定教学秩序,主张公学转办实学专业,可以减少学生接触政治学说的机会,避免学生再次发生学潮;协助盛宣怀、张鹤龄筹备商务学堂,力争使公学在新学制颁行后获得高等学堂的定位,选派中院高年级学生赴汉口、萍乡等工矿企业实习,开创了交大学生校外社会实践的先例。

张鹤龄总办(1903 年冬—1904 年 4 月在任)

张美翊两次担任提调兼代总办之间,盛宣怀曾聘任张鹤龄担任总办职务。张鹤龄(1867—1908),字诵莱,一字长儒,号筱(啸)圃,江苏武进人,近代教育家。1892 年中进士,出任户部主事,1902 年任京师大学堂总教习,受命参与起草《奏定学堂章程》。1903 年冬至 1904 年 3 月任职公学总办期间,积极筹备商务学堂,聘请外国商学教习。又拟改公学西学课程中英文授课为日文教学,未被盛宣怀采纳,遂辞职而去。1908 年病逝于

① 盛宣怀:《致张之洞电》(光绪二十八年十二月初十日,1903 年 1 月 8 日)。《愚稿存稿》第 97 卷“补遗”,第 11 页。

奉天省提学使任上，年仅42岁。

南洋公学从1896年开始筹建到1905年初移交商部，前后10年，相继担任或暂代总理、总办者何嗣焜、张元济、劳乃宣等8人，人均任职时间1年。如果以何嗣焜逝世的1901年初为界限，则1901年到1905年不到5年时间内，共有7任总理、总办，变动频繁，这对南洋公学后半期的发展造成诸多不利影响。

第五节　转办高等商务学堂

一、新学制下的定位

20世纪初年，为推动和规范新式教育的发展，清政府先后颁布两部全国性学制，既给南洋公学提供了发展机遇，也带来了很大的难题。1898年维新变法以后，喧嚣一时的政治、经济、社会等各项维新举措昙花一现，大多废止，只有所办京师大学堂继续开设，各地各类新式学堂也开始出现。在经历八国联军入侵、签订《辛丑条约》等奇耻大辱后，清政府痛定思痛，宣布举行新政，改革内政外交。在文化教育方面，1901年颁行"兴学诏书"，指出"兴学育才，实为当务之急"，鼓励各地兴办学堂，诏令各省所有书院改设大学堂，各府、厅、直隶州均设中学堂，各州、县均设小学堂，并多设蒙养学堂。又改科举八股文为策论，废除武举。1902年，清政府颁布管学大臣张百熙所拟《钦定学堂章程》(又称"壬寅学制")，将各级学校分为初等、中等、高等三个层次，全部学程共20年。这是中国近代教育史上第一个由国家颁定、系统完备的学制，但未及实施即被1903年拟定并于1904年1月公布的《奏定学堂章程》(又称"癸卯学制")所取代。癸卯学制由张百熙、张之洞、荣庆参照"壬寅学制"所定，它对学校系统、课程设置、学校管理等都做了具体规定，一直沿用到1911年清朝覆灭，对清末中国的学校制度影响很大。

全国性学制颁布实施时，南洋公学已经创办多年，如何在新学制体系中找到一个对应的定位，如何让新式教育主管部门认可这个定位，接轨新学制，成为困扰南洋公学后期数年的校务难题，也是学校应逐步解决的问题。依照南洋公学"本系大学"的设学定位，和分设外院、中院、上院三级递升的实施途径，公学应定为高等之列，且参照西方三级学制建立外院、中院、上院与清政府新颁学制正相吻合。在多年办学过程中，外院、中院建制与教学已经趋于稳定，中院毕业生中西课业成绩优异，教习队伍稳定，办学设施完善，已为开办大学部——上院创造了良好条件。公学在学制颁布后，即已基本具备开办高等学堂的生源、教学、设施等条件,而其时各省甚至京师依照学制所定,开设高等学堂或大学堂,绝大多数缺乏合格中学生源、办学设施等条件,名实大多不能相符。但是,南洋公学在获得法定"高等"地位上有几个不利因素,一是地域关系,设学之地的上海并非省城,按照新学制规定,京师应设大学堂,省城设大学堂或高等学堂。二是经费关系,公学经费出自轮、电两局,并由两局督办盛宣怀个人主管,而新学制所定的大学堂、高等学堂均由国库供款,政府教育行政部门主管。而1903年初以后,轮、电两局供款数额又大幅度削减。三是教学衡量标准,公学已经实施多年的中院教学目标、课程设置、肄业年限等,不一定完全符合新学制关于中等学堂具体要求,而新学制规定高等学堂所招学生必须为考验合格的中学或预科毕业生。以上种种都给公学争取"高等"的道路上增添了许多曲折。四是学校名称,新学制中高等教育分为大学堂、高等学堂两级,一般京师设大学堂,各省城设高等学堂或大学堂。至1902年第一部学制颁布时,南洋公学定名已有5年之久,校名已为校内外人士所接受,而要与新学制对接,必须重新定名,这是当年盛宣怀定校名"南洋公学"而弃用"南洋大学堂"时所没有预料到的。

当1901年清政府颁行"兴学诏书"时,南洋公学就已经开始考虑学校定位问题。这年9月17日,代总理沈曾植在给盛宣怀的信中提到:"学堂诏下,公学似当以省学为比,此节甚有应商事,欲面谈者此也。"[①]认为公学可以比照省城高等学堂,并意识到事体重大,需要会面细谈对策。1902年10月,盛宣怀获悉"壬寅学制"内容后,即致函公学总办汪凤藻说:"公学开办已有数年,应称作何等学堂,尚未奉定。昨阅张野秋尚书陈奉京师大学堂章程,似公学可居高等之列,拟援例即日入告矣。"[②]张野秋尚书即管学大臣张百熙,盛宣怀在信中流露出对公学定位的自信,准备乘赴京办事时拜见张百熙,争取将公学定在"高等之列"。

10月18日,盛宣怀向清政府呈奏《南洋公学历年办理情形折》,奏请将南洋公学明定为"南洋高等公学堂"。奏折首先陈述了公学6年以来的办学情况和建制规模,介绍了公学所设上院、中院、师范院、蒙学堂、特班、东文学堂、译书院、商务学堂等办学组织的开设时间、设学目标及其相互联系。其中称上院即"视西国专门学校,肄习政治、经济、法律诸科",东文学堂即"考选成学高才之士专习东文,讲授高等普通科学以备译才",商务学堂即"以中院卒业学生递年升入,并招考外生,另延教习,分门教授,以备将来榷税兴商之用"。意为上述三种办学形式符合高等学堂要求。接着,奏折以公学比附国内外类似学校,期望早日得到"正名":"以开办最先一节言之,实与日本江户之开成所学堂情形相似。江户后定都为东京,于

① 沈曾植:《与盛宣怀书》(光绪二十八年八月十六日,1902年9月17日)。《沈曾植年谱长编》,第257页。
② 盛宣怀:《致汪凤藻函》(光绪二十八年九月,1902年10月)。盛档:044511-2。

是开成所与昌平黉合并而为东京大学。”就国内来说，“公学创办于奉旨之先，与山东同，其兼备中学小学于一地，亦与山东同，其上院课程较山东学堂且高一级。”“山东”指 1901 年 11 月山东巡抚袁世凯在济南创办的山东大学堂，成立不久即奏准为省城大学堂。南洋公学既无开成所学堂依托江户成为京城而变为国立大学的可能，“亦无省府州县之名可居比拟为难”，然而，公学等级未定，“诸生遂不免长虑却顾，甚或辍业他往，废于半途。”有感于此，盛宣怀在奏折中不免流露出惆怅之情：“盖风气之开也在先，而出身之定也居后，其有向隅之叹，抑亦人情所不能免者。”奏折继而依照《钦定高等学堂章程》第三节所开“如大省物力富，人才多，十年之后，其功课程度真足与大学规模一律，即可称为大学堂。又如繁富之府、厅、州、县地方，及通商大埠，虽非省会，若能创设与高等学堂程度相等之学堂，亦可称为高等学堂”，又参照外国“绅商集款建设为特别之大学堂，其学生卒业给凭与国家大学堂学生身分无异”，拟请朝廷降旨，准南洋公学卒业学生，按照政务处礼部所拟《学堂选举章程》一律办理，给予出身，并明定公学校名为“南洋高等公学堂”，所有卒业各生由盛宣怀与南洋大臣、江苏学政会同考核，咨送京师大学堂，以资鼓励，使名实相符。10 月 30 日奉朱批：“管学大臣议奏，钦此。”[①]

时任管学大臣张百熙，对南洋公学办学成绩较为肯定，他在 1902 年 2 月 13 日所奏筹办大学堂情形预定办法折中称：“查京外学堂，办有成效者，以湖北自强学堂、上海南洋公学为最。”[②]12 月 16 日，张百熙审议《南洋公学历年办理情形折》后附片奏明，认为公学虽创办数年，颇有成效，“而其学术之分科，课程之等级，学生究有若干，规制是否尽善，合之现在《钦定高等学堂章程》能否相符”，“俟调查公学章程及学生功课成绩后再行议奏”，[③]并请公学迅速将各项规章及学生功课成绩造册呈缴。张百熙又于 1903 年 2 月 11 日以私人名义致函盛宣怀：

> 南洋公学改为高等学堂奉旨交议，当以未见详细章程，拟俟调查后再行议覆。……惟思南洋公学经执事提倡新机，经营数载，规模既崇宏，条理尤为精密，成效昭著，海内所知。但公学款项向归电报、招商两局筹拨，现在局面稍有变更，未知尊意拟如何办法。[④]

---

① 盛宣怀：《南洋公学历年办理情形折》（光绪二十八年九月，1902 年 10 月）。《愚斋存稿》第 8 卷，第 31 – 34 页。

② 赵尔巽等：《清史稿・志八十二・选举二》，中华书局 1997 年版，第 3132 页。

③ 盛宣怀：《准管理学务大臣咨请将南洋公学各项章程及学生功课成绩克日造册咨送的照会》（光绪二十八年十二月十八日，1903 年 1 月 16 日）。上交档：ls3 – 001。

④ 张百熙：《致函盛宣怀》（光绪二十九年正月十四日，1903 年 2 月 11 日）。盛档：044179 – 1。

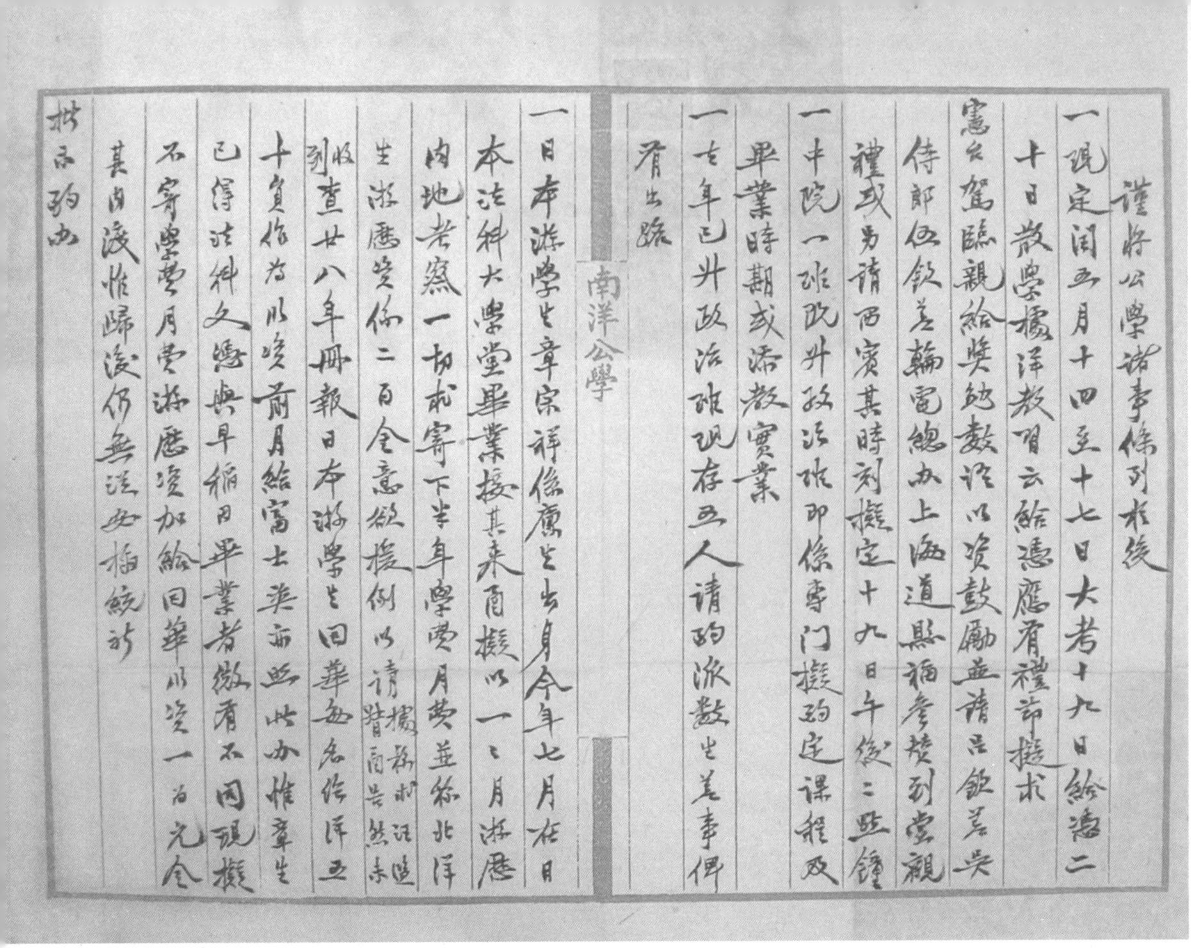

謹將公學諸事條列於後

一 現定閏五月十四至十七日大考十九日給憑二十日散學擬請教習出給憑應有禮節擬求

憲台駕臨親給獎憑藉以資鼓勵並請呂欽差吳侍郎伍欽差輪電總辦上海道縣福參贊到堂觀禮或另請西賓其時刻擬定十九日午後二點鐘

一 中院一班既升政治班即係專門擬酌定課程及畢業時期或添教實業

一 去年已升政治班現存五人請酌派數生差事俾有出路

南洋公學

一 日本游學生章宗祥係廣生出身今年七月在日本法科大學堂畢業擬其來函擬以一二月游歷內地考察一切而寄下半年學費月費並添北洋生游歷費除二百金意欲援例以請

查廿八年冊報日本游學生回華每名給洋五十員作為川資前月給富士英而照此辦法章生已得法科文憑與早稻田畢業者微有不同現擬不寄學費月費游歷費加給回華川資一百元令其自定歸後仍無從安插統祈

批示酌奪

1903 年 6 月，提调兼代总办张美翊向盛宣怀上呈“南洋公学诸事条陈”

结合上述两次对南洋公学的评述，张百熙对公学办学成绩还是相当肯定的，只是对于轮、电两局缩减捐款后办学经费来源十分担忧。经费问题应是导致南洋公学迟迟不能定级的主因。当时，正逢南洋公学爆发墨水瓶退学事件，且轮、电两局大幅度削减公学的常年经费，致使公学陷入内外交迫的困境，一时难以应付，无暇顾及公学的名分之争。等到 1903 年春度过危机之后，公学又开始在上院筹设高等商务学堂，奏请将南洋公学改称南洋高等商务学堂，以实现定位高等学堂的愿望。

二、争办高等商务学堂

创办高等商务学堂是盛宣怀多年的设想。早在 1899 年盛宣怀所上的一份奏折中，就提到要办一所商务学堂，“应准其自己集资开设商务学堂，专教商家子弟，以信义为体，以核算为用，讲求理财之道。数年后商务人才辈出，则税务司、银行、铁路、矿务皆不患无管算之人矣。”[①]而正式提出开办商务学堂则是 1902 年初，这是盛宣怀政治地位变化后扩展到教育领域的反映，也是盛宣怀将

---

① 盛宣怀:《谨拟商务事宜详细开具清单》。《愚斋存稿》第 3 卷，第 62 页。

办学重心由北洋大学堂南移的产物。

1901年1月5日，盛宣怀被清政府任命为会办商务大臣，驻节上海，协助商务大臣李鸿章在办理"商务"的名义下，就《辛丑条约》签订后某些具体条款，如商税、商务、内河航运等与英美等列强进行谈判。在与各国专使谈判商约时，他发现"各国使臣不特恃其国势强词夺理，并系商学出身，细针密缕，每议一事，无不曲折详尽"。而自己随同李鸿章办理洋务商务30年，却感到"仅稍知其事理所当然，而于泰西商学商律，何能识其窾要，惟有勉竭愚诚，力图补救"。[①] 随即于1902年1月26日《请设商务学堂片》中，提请"广商学以植其材，联商会以通其气，定专律以维商市，方能特开曹部以振起商战足国足民"。他将设立商务学堂培植人才置于振兴商务的首要地位，认为开设商务学堂，翻译商律全书，应成为将来定商律设商部的根本。并表示设立商务学堂"是臣之责，断难再事缓延"。于是奏请"拟于南洋公学之旁，购地建造商务学堂一所，并饬译书院加延华洋译士，将商务有用之书加紧翻译，定以程限，事在必成"。[②] 并规定开办经费由轮船招商局捐助银二万两、电报局捐洋二万元。

轮、电两局该笔经费原定为每年拨助北洋大学堂的办学经费，1900年八国联军入侵京津期间，北洋大学堂暂时停办。1901年兴学诏发布后，盛宣怀认为直隶省城大学堂"无论改设保定或天津，应由该省通筹办理"，无须再由他负责。实际上，随着盛宣怀的事业南移，他考虑将这笔经费用于南方设学，"拟仍令该局输捐拨归上海商务学堂及东文学堂翻译商律各书之用。……如有不敷，由臣随时设法筹凑。"1902年2月5日奉朱批"知道了，钦此"。[③] 开设商务学堂得到清政府的批准。

从《请设商务学堂片》可知，拟设中的商务学堂是一所单独建制的学校，虽准备毗邻南洋公学而建，却与公学不相联属，校舍也准备另建。经费出自轮、电两局，但并不由公学捐款内拨付。但事实是，商务学堂从筹建开始一直依靠公学人员操办，实际上与公学又融为一体，是公学实施上院部的目标，成为南洋公学力争成为高等学堂的实现途径。早在1902年初奏请设立商务学堂之前，盛宣怀就已着手收集有关西方商务学堂信息，为在上海筹建商务学堂作准备。如前所述，1901年7月，盛宣怀要求回国省亲的监院福开森顺道考察欧美各国商业学校，"所有由美赴欧查考商务学堂，自当将各学堂异同办法分别采访，悉心留记，并造屋图

① 盛宣怀:《请设商务学堂片》(光绪二十七年十二月十七日，1902年1月26日)。《愚稿存稿》第6卷，第19-22页。
② 盛宣怀:《请设商务学堂片》(光绪二十七年十二月十七日，1902年1月26日)。
③ 盛宣怀:《请设商务学堂片》(光绪二十七年十二月十七日，1902年1月26日)。

样，一候假满回华，即行开具节略呈请均裁。”[①]同时，又委托驻欧美各国使臣代购商学、商律书籍，如驻英大臣罗丰禄曾寄到《英国商律全书》，驻德国大臣吕海寰寄来31本相关商学书籍。特别是1902年2月福开森返回上海时，带回了欧美八个国家的商务学堂章程办法各1件、课程表原文1件、图样2件。盛宣怀又指令译书院及部分西文教习将这些资料译为中文，以备开办商务学堂参考。此外，1901年、1902年轮、电两局原拨助北洋大学堂的两年经费，已拨存南洋公学，用作开设商务学堂。商务学堂筹备事宜进展顺利，盛宣怀在1902年10月《南洋公学历年办理情形折》中，将“商务学堂”纳入南洋公学之内，成为公学八大组成部分之一，并称“尚须添建房屋，专延教习，大约二十九年可以开办”，也就是计划在1903年正式成立商务学堂。

正当商务学堂有序筹备之时，1902年底到1903年初，接连发生“墨水瓶事件”和经费危机，致使公学发生重大转折。公学在经费锐减的情况下，缩减规模，仅留附小、中院各班作为发展根本；同时，改变原先拟开设政治、外交、法律专业的设想，应“专重泰西实业与留学生”，[②]“与诸生言则谆谆勉以科学，不讲哲学”。[③] 这些变化对筹设中的商务学堂来说，既带来不利因素，也带来了有利因素。不利的是“船局另捐二万两，电局另捐二万两，原奏系充商务学堂、东文学堂各经费，拟请暂准照拨改充出洋肄业经费”，[④]办学经费他拨致使商务学堂难以很快成立，建筑校舍化为泡影。有利的是公学办学方向由政学转向实学，原设政治班，拟设法律、外交专科一律停设，而商学为实学之一种，成为重点发展的学科，甚至是1903年初以后公学筹建的唯一专门学科。

1903年2月，因“墨水瓶事件”解散的政治班学生陆续返校，公学将他们编成一班，改称“商务班”，但没多久又停办。1903年春夏之际，盛宣怀与张百熙再三晤商，张同意在南洋公学上院开设高等商务学堂，并催令速办。于是，盛宣怀又开始厘定章程，延聘外国教习。1903年9月6日，商务学堂正式开学。因所聘洋教习尚未到校，课程暂由张美翊与薛来西等教习商订，由薛来西教授理财、公法、商律；勒芬迩教授宪法、商务、历史；乐提摩教授商业、书札、法文，每周3小时，其余商业数学由陈伯涵讲授，实验化学由黄国英讲授。21日，盛宣怀札饬公学，认为所拟办法尚妥，应准照行；要求在商务总教习到校后，再行厘定课程；希望各

---

① 盛宣怀:《批准福开森回国省亲并附七国考察商学办法》(光绪二十七年六月,1901年7月)。《交通大学校史资料选编》第1卷,第41页。

② 张美翊:《致盛宣怀函》(光绪三十年十月十九日,1904年11月25日)。盛档:044389。

③ 盛宣怀:《致张百熙函》(光绪二十九年,1903年)。盛档:044179-2。

④ 盛宣怀:《寄袁宫保》(光绪二十九年正月初六1903年2月3日)。《愚斋存稿》第59卷,第31页。

教习认真授课，学生切实求学。

9月29日，盛宣怀向清政府呈奏《开办高等商务学堂折》，在介绍国外开办商务学校情况后，请求将公学上院改作商务学堂，“时局既以商务为亟，而商学尤以储才为先，现在各省设立高等学堂，考求政艺，不患无人，独商学专门未开风气。窃惟南洋公学款由商捐，地在商埠，若统称高等学堂，则与省会学堂不甚分别，且无所附丽。”[①]鉴于此，盛宣怀奏请将南洋公学上院作为商务学堂，将本年毕业的中院生递升上院学商务，以尽早收效，并请颁给毕业生出身文凭。奏折奉朱批“管学大臣议奏”。1903年10月，南洋公学议定更名为“南洋高等商务学堂”。由“管学大臣议奏”的正式议复直到1904年7月下达公学，同意将上院改为“高等商务学堂”，学生选自中院毕业生，但中院毕业生须得“由上海道会同该公学监督考送江苏巡抚、学政会同复试合格后再行升入”，高等商务学堂的学科程度、毕业年限均依照新颁学制办理，学生毕业奖励办法与“官设省会高等学堂一律”。该议复8月9日奉朱批“依议，钦此”。[②]由此表明，经过数年的争取，开办8年之久的南洋公学正式被纳入国家新订学制系统，与新学制中高等实业学堂相接轨，定在高等学堂之列。南洋公学的定位突破了高等学堂只设在各省省会的规定，说明公学的办学成绩得到政府教育主管部门的认可。不过，自1903年10月南洋公学拟更名“南洋高等商务学堂”，次年获得清政府批准，南洋高等商务学堂校名实际上并未正式使用，学校仍然称作南洋公学。1905年春改属商部后，南洋公学更名为“商部上海高等实业学堂”。

三、改归商部管辖

1905年春，南洋公学改属商部，一方面是南洋公学因经费危机、无所隶属而有意于寻求主辖机关，一方面是新设商部急需培养商务专才，主动要求盛宣怀将南洋公学改隶商部。1901年《辛丑条约》签订后，清政府开始推行“新政”，试图通过一系列政治改革而求自强之道，以期能够继续维持统治。要变通政治，首先要改革官制。1903年9月，清政府设立商部，任命满族贵胄载振为尚书，伍廷芳（不久唐文治接任）、陈璧为左右侍郎，规划振兴全国商务，并兼办农工商及铁路事务。商部设立后，重视实业教育，认为欲振兴工商实业，“应先从设立学堂下手”，[③]于是在1904年3月率先奏请设立京师高等实业学堂，于是年10月正式开办。

---

① 盛宣怀：《开办高等商务学堂折》（光绪二十九年八月，1903年9月）。《愚斋存稿》第9卷，第7页。

② 盛宣怀：《准学务大臣咨奏南洋公学开办商务学堂一折奉旨依议札文》（光绪三十年七月二十二日，1904年9月1日）。西交档：2326，卷名《清代前工程部左堂盛关于开办商务学堂、聘请洋教员、筹划经费及派员赴日考察奏摺和照会》（1902—1904）。

③ 《商部奏请拟办实业学堂大概情形折》（1904）。《东方杂志》第3期，1904年5月10日。

该学堂以工业制造为主,由时任商部左侍郎的唐文治主持校务。同时,商部认为中国商学“素未讲求”,亟需筹办高等商业学堂,“以沪埠为商业繁盛之区,议与其间设一高等商业学堂。”[①]

1904年10月27日,商部尚书载振以南洋公学创始经营已颇具规模,督办盛宣怀也有改办商务学堂的做法,遂函请盛宣怀将南洋公学划归商部。该函节录如下:

> 现值朝廷重视商政,特设专部,弟忝司其事,夙夜不遑,讲求商学既缺焉而无闻,博求商才又寥寂而罕觏。沪埠为商业繁盛之区,执事擘画其间,创办学堂,造就商务人才,宏观硕画,至为钦佩。本部此次奏办实业学堂,博究工科,因与商政有关,爰由弟咨商学务大臣,拨出此项学堂隶入本部筹办,藉相联属。尊处商务学堂事同一律,且造就商才更为本部应办之事,可否商请台端径行移交本部管理,名实相副,于学务、部务两有裨益。[②]

11月初,盛宣怀复函载振,同意改归商部,并称:“公学开办虽久,无所附丽,兹值商部设立实业学堂,应请隶入商部管理,庶几联属一气,名实相符”,“且毕业学生定有出身,得以陆续派赴外洋肄业欧美大学,蔚成商业通材,公学之光,亦宣怀之幸也。”[③]愿意改归商部接办,并请商部派员来沪接收。

实际上,盛宣怀同意公学改属商部,除了实现公学与商部“联属一气,名实相符”外,尚有多方面的原因。当时,盛宣怀已经失去了对公学供款单位——轮船招商局、电报局的控制权,轮、电两局的新主持者袁世凯虽然重视新学,然而对由盛宣怀个人主导下的南洋公学不愿继续供款,公学经费骤减,维持艰难。若公学改归商部,一则可以借助商部解决经费难题,使学校得以顺利运作;二则学生能够明定出身,毕业出路无忧。因此,盛宣怀对公学归属商部“甚所乐从”。

1904年秋,商部派左参议王清穆、右参议杨士琦来校预备接收事宜。他们详细调查校情,报称公学地亩、房屋约值20余万两银外,尚有存款10万两银左右,每年办学经费约需7万两银;同时拟订筹措经费方案5条:其一,将现有存款存放在轮、电两局生息,以补贴经费的不足;其二,将盛宣怀预留勘探矿业经费10万两银提存轮、电两局,每年的利息用于办学;其三,将商部奏准的赔款生息项下所积累的利息息上生息,以此作为商部给学校的拨款;其

---

① 《时报》(光绪三十一年一月二十四日,1905年2月27日)。

② 载振:《致盛宣怀函》(光绪三十年九月十九日,1904年10月27日)。上海图书馆编:《上海图书馆藏盛宣怀档案萃编(下)》,上海古籍出版社2008年版,第416页。

③ 盛宣怀:《致载振函》(光绪三十年九月二十六日,1904年11月3日)。盛档:044709-3。

四，由轮、电两局酌提经费，规定学校一半的学生学轮、电专业，毕业后归两局任用；其五，学习路矿各科的留学生学费可改由各路矿公司筹解，学成后归各公司任用，腾出现支学费另派学生出洋学习商业。方案第二条要盛宣怀交出预留探矿费 10 万两银，为盛所不允。

在盛宣怀看来，公学改属之事，应由商部奏请清政府同意。商部尚书载振遂于 12 月 1 日致函公学，要求将公学历年办理情形，包括经费校舍、教员聘任、学科设置、管理规章及学生入学、毕业、留学等详细情形，"从速示复，以凭核奏"。[①] 4 日，盛宣怀饬令公学提调兼代总办张美翊根据商部的要求，详细备文，克日回复。张美翊接令，火速清理，于 1905 年 1 月 1 日将《呈报公学历年办学情形》呈交盛宣怀查核，并附呈清册、章程 10 本：

南洋公学光绪二十三年至二十九年收支简明总册

南洋公学学舍基地产业清册

南洋公学办事人员姓名薪水清册

南洋公学出洋游学学生姓名经费清册（附北洋大学堂游学生姓

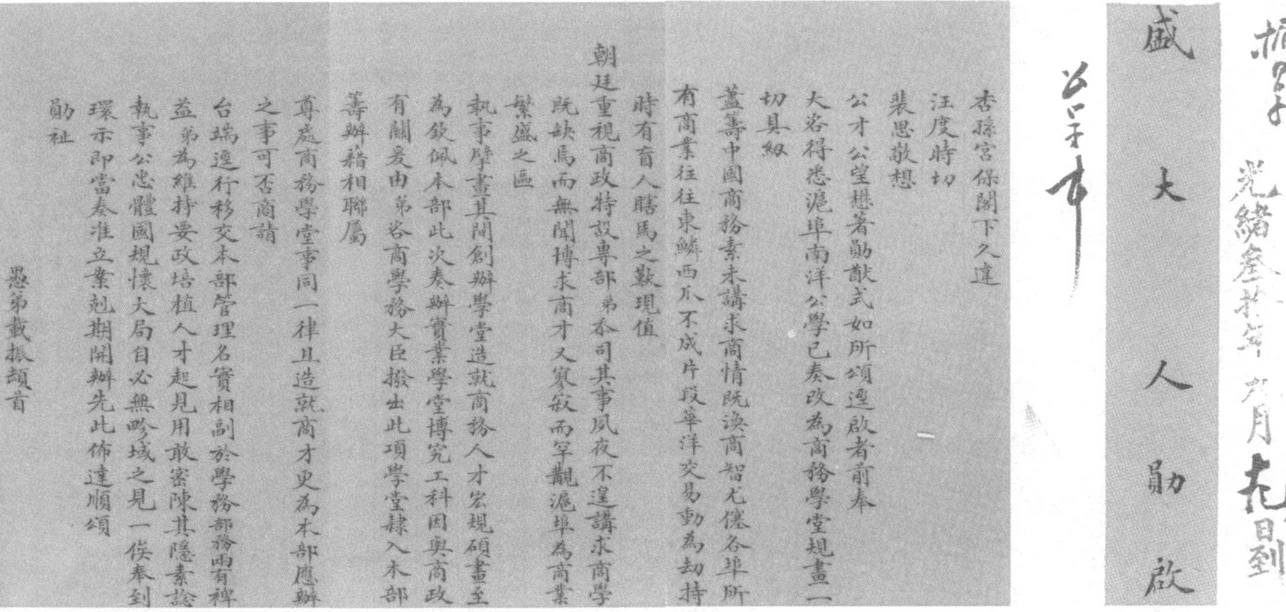

盛大人勛啟

杏蓀宮保閣下久違
汪度時切
棐思敬想
公才公望懋著勛猷式如所頌遥啟者前本
大臣得悉滬埠南洋公學已奏改為商務學堂規畫一
切具紉
蓋籌中國商務素未講求商情既渙商智尤僿各埠所
有商業往往東鱗西爪不成片段華洋交易動為劫持
時有盲人瞎馬之歎現值
朝廷重視商政特設專部弟忝司其事夙夜不遑講求商學
既缺焉而無聞博求商才又寥寂而罕覯滬埠為商業
繁盛之區
執事擘畫其間創辦學堂造就商務人才宏規碩畫至
為欽佩本部此次奏辦實業學堂博究工科因與商政
有關爰由弟咨商學務大臣撥出此項學堂隸入本部
籌辦藉相聯屬
尊處商務學堂事同一律且造就商才更為本部應辦
之事可否商請
台端迻行移交本部管理名實相副於學務部務兩有裨
益弟為維持要政培植人才起見用敢密陳其隱素諗
執事公忠體國規懷大局自必無畛域之見一俟奉到
環示即當奏准立案尅期開辦先此佈達順頌
勛祉
愚弟載振頓首

1904 年 10 月 27 日，商部尚书载振致函盛宣怀，商请将南洋公学移交商部

① 载振：《催报公学历年办理情形》（光绪三十年十月二十五日，1904 年 12 月 1 日）。《交通大学校史资料汇编》第 1 卷，第 5 页。

名经费清册)

南洋公学中、上院各班学生姓名清册

南洋公学高等小学堂学生姓名清册

南洋公学师范生姓名清册

南洋公学在外游学、办事学生姓名清册

南洋公学章程

南洋公学高等小学堂章程

这些文件都是南洋公学创校以来有关经费、教职员、学生、教学管理等方面的重要资料,可惜现藏处不明。在不到一个月时间内就全部清理完毕,也反映了盛宣怀、张美翊等主校者在改属问题上的积极配合。

原定年底办理移交接收延至次年春,主要原因是商部要求盛宣怀交出预留探矿费10万两银,而盛一再婉拒。商部则希望盛宣怀交出探矿费,否则不予接收。1905年3月5日,盛宣怀致电商部尚书载振,告知南洋公学准备移交给商部管辖有关事宜,打破僵局。电文如下:

南洋公学向章正月二十日开学,现在各班学生纷纷禀求开学。应请电饬王参议先行接收开学。现尚有经费十万余两移交,目前足可敷用,将来钧意如欲扩充,俟宣到京尚可面商,断非仓猝所能定议。如总办等尚未定人,或可仍令提调张令美翊暂时代理。①

从电文中看出,商部尚未确定办学经费、总办人选,也并未委派专人负责接收。而盛宣怀希望学校早日归属商部,他以开学时间已过,学生要求开学为由,建议商部在维持原状的基础上,先行委派专员接收开学。3月11日,王清穆等3人受商部委派,到校会同张美翊办理接收事宜。张美翊将经费、文卷目录清册1本、关防1颗、地基图3幅等备文呈请先行前来接收的王清穆检存,自己则以目疾为由请辞。13日,移交手续办理完毕,公学除移交文卷、关防、地基图等文件外,尚移节余存款规银103 332两。王清穆致信盛宣怀,称所有移交之物均照数收讫,暂不同意张美翊辞职,令他暂留公学,照常主持校务,会同王、单两司员办理接收开学事宜,俟杨士琦返沪后再定去留。张美翊坚决辞职,3月31日,商部同意张销差回籍就医。

接收完毕,商部于3月16日向清政府具奏《奏改南洋公学为高等实业学堂折》,请将南

---

① 盛宣怀:《致载振电》(光绪三十一年正月三十日,1905年3月5日)。《愚斋存稿》第67卷,第32页。

洋公学归并商部管理，改名商部上海高等实业学堂，专课商学；并请派杨士琦担任监督（即校长）。同日，奏折得到清政府的批准。随后，盛宣怀上奏《南洋高等商务学堂移交商部接管折》，具陈学校历年办理大概情形，将南洋公学移交商部接管。折后附《请奖南洋公学教员片》《请奖南洋公学洋教习片》，并附拟请奖励中外教习名单，呈请奖给美国籍教习薛来西、勒芬迩、乐提摩等3人三等第一宝星，授给本国中西各科教习程一鹤、赵玉森、沈庆鸿（沈心工）、冯琦、陈懋治等人知府、知县选用等职衔。4月11日，奉朱批"知道了，钦此"。盛宣怀、张美翊分别辞去督办、提调兼代总办职务，学校由商部正式接管，由盛宣怀经营近10年的南洋公学到此告一段落。

提调兼代总办张美翊（1903、1904年两次担任）

盛宣怀离职时，师生们殷勤挽留。他说："但求学校得人，斯可矣。我虽去，苟有可以助斯校者，无不尽其力也。"[①]一句"无不尽其力"，表达了他对公学无限眷恋之情。此后，盛宣怀及其后人或出谋划策，或捐资献物，继续为学校的发展与进步贡献力量。

① 唐文治：《本校创始者盛杏荪先生小传》。《交通部上海工业专门学校廿周纪念册》(1917)。

第二章
师 范 院

第一节 首建师范院

一、创办缘由

南洋公学在筹建中，首先建立师范院（始称师范学堂）及附属外院，接着依次建成中院、上院。也即从培养师资入手，到教小学生，再中学生，最后升大学，逐步有序地实现“诸生选自幼童，收效旨在十年以后”的办学计划。

首立师范院及附属小学，是盛宣怀及其教育幕僚们学习西方教育制度，并善于总结经验得失加以改进的结果。1895 年 10 月，盛宣怀仿照西方大学教育制度，在天津奏设北洋大学堂，内分二等、头等学堂，分别相当于大学预科、本科性质，先普通而专业，学制学级明显。然而，因急于培植高端专业人才，该学堂在移植西方教育制度时，忽视了我国教育的现状，开办不久即在教习、学生两个方面显现出一些问题。盛宣怀发现，那些高薪聘来的中西教习，“大抵通晓西文者，多懵于经史大义之根底；致力中学者，率迷于章句呫哔之迂途。”[①]“通晓西文者”即西文西学教习，他们有的是直接聘自欧美或在华传教士，大多不通汉语，对中国文化与

---

① 盛宣怀:《筹集商捐开办南洋公学折》(光绪二十四年四月二十四日，1898 年 6 月 12 日)。《愚斋存稿》第 2 卷，第 20 页。

国情知之甚少;有的虽然是中国人,但因长期接受西学教育,国文根基很弱。而那些“致力中学者”,则是选自毫无西学基础的科举士子,专任中文课程教学。这种中西知识截然分立的师资状况,既是新式教育兴起之初不得不借重西方教习情势使然,也导致了“教者既苦乏才,学者亦难精择”[①]的弊端。开办次年,即1896年,参与筹备南洋公学的钟天纬将名儒陈石麟面述的“天津大学堂八弊”转呈盛宣怀,内中除了详述“惟洋教习是从”带来的种种缺点外,直指大多招自香港等地,接受过西方基础教育的学生“大半为教民”,“闻与之谈论时事,几欲逐本朝而服事西人,培养此等学生,不啻培养洋人也。”[②]这与南洋公学主要经办人何嗣焜的看法基本相一致,当年他赴北洋大学堂参观考察时,发现很多学生中文水平很低,认为难能造就中西兼通之才。

正是在办理北洋大学堂不先解决合格师资、生源问题从而影响办学效果的教训中,盛宣怀、何嗣焜对西方教育体制、本国国情进行了思考,以为“西国各处学堂,教习皆出于师范学堂,日本亦有师范学堂”,而“中国儒生尚多,守先之学,遴选教习尤患乏材”,又因为缺乏谙熟教法的教师,“中国民间子弟读书往往至十四五岁,文理犹不能通顺,皆由教不得法,故学亦无效。”[③]他们深刻意识到“盖不导其源,则流不可得而清也;不正其基,则构不可得而固也”,认为要办好南洋公学,首先要自己培养合格的教习,继由教习来培养出合格的小学至中学、大学生源。正如盛宣怀在公学建成数年后自称:“惟师道立则善人多,故西国学堂必探源于师范;蒙养正则圣功始,故西国学程必植基于小学。”[④]由此逐步产生“师范、小学尤为学堂一事先务中之急务”的办学思路,催生了南洋公学最早办学形式——师范院及外院的诞生。

二、创办经过

早在南洋公学筹建初期,创建师范院及附属外院的设想便已列入兴办规划。1896年8月,首份《南洋公学纲领》第十三、十四条即分别订立“师范院”“小学”设置办法,其中第十三条规定:

> 西国各处学堂教习,皆出于师范学堂,日本亦有师范学校。中国儒生尚多,守先之学,遴选教习尤患乏材。现就公学内设立师范院,先选高才生三十人,延德望

---

① 盛宣怀:《筹集商捐开办南洋公学折》(光绪二十四年四月二十四日,1898年6月12日)。《愚斋存稿》第2卷,第20页。

② 《北洋大学堂八弊》。盛档:077234-2。

③ 盛宣怀:《南洋公学纲领》(光绪二十二年七月初三日,1896年8月11日)。盛档:044964-2。

④ 盛宣怀:《筹集商捐开办南洋公学折》(光绪二十四年四月二十四日,1898年6月12日)。《愚斋存稿》第2卷,第20页。

素著、学有本源、通知中外时事者教督之。三年之后,各学教习皆于是取资,庶无谬种流传之病。此三十人亦按所学浅深,酌分三班,每年可派出充当教习者十人,即另选十人补额以次升班,以次派出,则师道立而教习不患无人矣。

这份章程经过盛宣怀、何嗣焜等人"博稽详定"后制订,同年 8 月 11 日递交两江总督刘坤一鉴核。其中不仅首次明确提出开设师范院,且就办理的具体细节,诸如学额、学制、教育目标、选任教习标准、递升方法,都一一考虑周详,这些准则在此后师范院设立过程中被基本沿用。

除师范院、外院,章程还议定在公学内分设上、中两院,勾勒出师范教育与小、中、大学三级学制的雏形。至于创办先后次序,章程并未言明,其第二至十二条详列立中院、上院具体开设办法,第十三条规定要设立一所师范学堂,若依照内容侧重和排列次序,似乎倾向于先办上、中两院。不过,1896 年底到 1897 年初南洋公学筹备后期,发生了两件影响师范院先行办理的事件。一是维新思想家梁启超 1896 年 12 月在上海《时务报》上发表《论师范》,强烈批评我国自三代以来"师范不立",没有形成专门培养师资的学校,同时也痛斥新式学堂聘请外国教习所带来的五大弊端,倡言"欲革旧习,兴智学,必以立师范学堂为第一义",还对兴办师范教育的基本课程、实施方略等进行了较为系统的论述,在一定程度上为南洋公学筹设师范院作了舆论上支持。盛宣怀对梁启超颇为赞赏,曾奏请将其延作幕宾。另一件事情是南洋公学筹备人之一钟天纬致书盛宣怀,请求补助经费设立一所师范学堂。他在信中还谈到师范学堂的具体做法:"论师范生若从幼童中挑选,非十年不能有成。天纬愚见拟仿书院之制,招人肄业给以膏火,每月五六元,以十二名为额,其年齿必择弱冠以上,否则不足抗颜称师,亦不可逾三十以外,否则脑质坚凝,不能变通成法。每月课论一篇,及舆地、算法、格致等学,则为蒙师可,为经师亦可。"[①]还推荐北洋大学堂头等学堂总办王修植担任师范学堂总办,进士汪康年为监院。钟天纬的吁请引起盛宣怀的重视,推动了他建立师范学堂的步伐,其中一些具体意见在师范院实施过程中得以吸收,如学生年龄、生活待遇、课程设置等。

1897 年初南洋公学一经奏准开办,盛宣怀即与总理何嗣焜、华总教习张焕纶着手先设立师范院。3 月 2 日,也就是农历春节刚过,盛宣怀即以个人名义在《申报》上刊登《太常寺少堂盛招考师范学生示》,全文如下:

现在开办师范学堂,定于二月初三日(3 月 5 日)考选师范生三十名,年以二十上、三十下为度,学以中学成才兼通西学西文为上,以中学成才略通西学不通西文,

① 钟天纬:《致盛宣怀函》(光绪二十二年,1896 年)。盛档:077234 - 1。

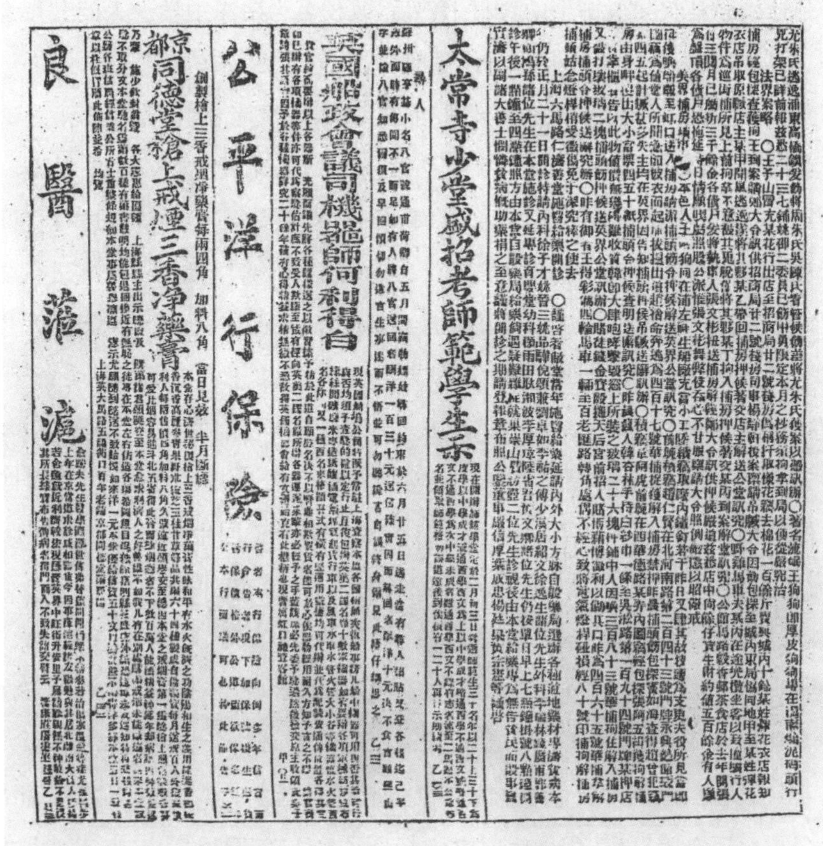

太常寺少堂盛招考師範學生示

公平洋行保險

京都同德堂搶上戒煙三香淨藥膏

良醫 滬

1897年3月2日，盛宣怀以“太常寺少堂”名义在《申报》上刊登招收师范生告示

或略通西文不通西学为次，中学未成者虽通西学西文不录。有志者速至二马路(今九江路)本公馆报名，并领取师范格，勿误。道远后到俟积有一二十人，再行示期续考。

至3月12日，招生告示连登11天，同时申明“秉公考试，举凡亲友子弟不得滥竽其间”。考生闻讯陆续前来上海报名。报名考生以江浙两地为主，也有少数考生从湖北、安徽、江西等地远道而来。如当时正在武昌等候武备学堂招考的王植善(字培荪、一字培孙)，从《申报》上得知南洋公学招生的消息后，放弃了武备学堂考试，迅即乘船返上海应考。当他到达上海后，即奔赴设在格致书院的考场，时已点名封场，经说明来意，主考有感于他的真诚，特通融予以入场应考。经考试，王植善被录取，开学时，他提前携带行李，以第一人入校就读。[①] 后来王植善每与人谈起他与南洋公学的关系时，总要说：“我是南洋公学的第

① 陆象贤：《王培荪年谱》，上海南洋中学校友会2001年印，第13－14页。

一个学生。”等到他接办其叔父王柳生的育材书塾后，改校名为南洋中学。人问其用意何在，他说：“君子不忘其本，因为我是南洋公学的学生嘛！”

因报考考生较少，首届师范院招生考试进行了 4 次，每次考试包括初试和复试两场。3 月5 日，举行首次考试，共有 70 人报名，实到考生 65 人，选取沈庆鸿等 12 人进入复试。3 月 14 日，公学督办盛宣怀亲自在六马路(今北海路)格致书院对 12 名学生进行复试，并对续报学生进行初试，又初选陈懋治等 12 名学生。3 月 24 日，对第二批入选考生进行复试，并举行第三次考试，又有 10 名考生被选取并于 4 月 2 日复试。如此三次考试，录取学生20 名，仍不足额。4 月 17 日，何嗣焜主持最后一次考试，前来应考者多于前三次，“投考者至一百三十名之多，佳卷不少”，[①]除正式录取白作霖等 10 名以满学额外，备取章宗祥等 18 名学生。正取生于 4 月 25 日在已经开学的徐家汇南洋公学师范学堂参加复试，备取生暂时回家，等待以后缺额再行递补。从 3 月 5 日开考到 4 月 25 日最后一批正取生复试为止，前后共计 50 天，经过反复筛选，严格考核，4 次招生共录取师范学生 30 名，名单如下：

陈懋治、张一鹏、黄庆澜、杨志洵、沈庆鸿、朱锡麟、项思勋、姚曾豫、杨振铭、陈懋和、陈懋功、宣增儒、王植善、朱联杰、刘垣、林文彬、胡洪骓、孙福保、吴光庆、周德裕、雷奋、潘灏芬、白作霖、徐兴范、姚曾荣、孟森、孟瑢、蒋祕琮、沈齐贤、汪有龄。

招考学生同时，租借校舍、选聘师资、设学经费也相应一一落实。3 月 3 日，盛宣怀出面租定徐家汇通合公司丝厂空闲厂房，用做临时办学场所。3 月，何嗣焜拟定“师范学堂暂拟员司、教习、斋夫、杂役”名单及薪水数。4 月 4 日，盛手批“照办”。据名单，已聘定张焕纶为华总教习，陆之平为西学教习；新录取两名师范生朱树人、张在新充任学长，为管理学生学业、行止等方面的生徒首领；聘赵烜任稽察司事、汪龙标任学习司事，另有收支、斋夫、杂役十数名。[②] 办学经费也从轮船、电报两局捐款内开支。至此，师范院开办的各项条件均筹备就绪。

1897 年 4 月 8 日，即光绪二十三年三月初七日，南洋公学师范院正式开学上课。师范院开学情形及师生教读情况，何嗣焜曾向身在外地的盛宣怀作了专门汇报：

(三月)初七日开馆，现在学堂者已有二十名(其余暂行请假未到)。暂定课程，上午习算学，下午治舆地，夜习西文。诸生恂恂受范，内有元和陈孝廉懋治，志识坚定，学问纯实，尤为杰出，拟俟试业期满后拔充学长。嗣焜每日八点钟到学堂，下午

① 何嗣焜：《致盛宣怀函》(光绪二十三年三月二十九日，1897 年 4 月 30 日)。王尔敏、陈善伟编：《近代名人手札真迹——盛宣怀珍藏书牍初编》第 2 册，香港中文大学出版社 1987 年版，第 900 页。

② 何嗣焜：《南洋公学师范学堂暂拟员司、教习、斋夫、杂役薪水工食数目》(约光绪二十三年二月，1897 年 3 月)。上交档：ls3 - 001。

大清光緒廿三年

申報

二月初三日

1897年3月5日，《申报》刊载《论盛京卿创办师范学堂之善》，对南洋公学开设师范学堂予以高度评价

> 五点钟回公司。审察此堂气象，将来或可得二三济时之才。达成馆颇难举行，恐当消纳于师范之中。俟旌节回来，再行详议。①

由上可知，师范院开学后一段时间内，录取学生并未全部到校，师范生开设的课程全为西学基础课。主要经办者何嗣焜对此深表欣慰，期望师范院在实现培育师资目标的同时，也能培养出几位济世之才，以弥补筹设达成馆未成的缺憾。南洋公学师范院建成，标志着南洋公学正式建校，同时也意味着将梁启超、钟天纬等有识之士建立师范学堂的倡言变为现实，我国近代最早的师范教育机构宣告诞生。

---

① 何嗣焜：《致盛宣怀函》（光绪二十三年三月二十九日，1897年4月30日）。《近代名人手札真迹——盛宣怀珍藏书牍初编》第2册，第456－457页。

三、办院目标与发展概况

南洋公学首先设立师范院,计划培养出既深具经史大义根基,又能通晓西文西学的教习,为中院、上院提供合格师资,改变先前我国兴办新学一味依赖外国教习所带来的严重西化倾向,服务于公学"明体达用"的人才培养目标。师范院这一建院宗旨,贯穿于师范院整个办理过程中,无论在当时办学章程、上奏文书里,还是当事人的回忆中,均有相似的表述。1896年首份章程(时称纲领)就指出,筹设师范院的意义在于"师道立而教习不患无人矣"。当事人福开森后来说,设立师范院的目的在于"以期造就新式学校之师资"。[①] 盛宣怀在奏呈南洋公学办理情形时谈到师资来源:"上、中两院之教习皆出于师范院。"[②]就是说,师范院计划培养的是中学、大学师资。实际上,师范院的学生后来大多从事小学、中学教育。曾任教公学的蔡元培在《记三十六年以前之南洋公学特班》时说:"南洋公学自民元前十六年(即1896)奏准,即于第二年设师范院,其程度如民国元年前后之师范学校。"公学办理过程中,师范院是在严重缺乏教习的情况下率先成立,然公学本意非在专办师范教育,而是为"以专学政治家为断"的公学提供师资。对这一点,福开森曾说:"顾师范班之设,不过欲造就中学(旧称中院)师资,原为暂时计划,故未几即行停办。"[③]可以说,师范院是一所为公学及其他新式学堂造就小学、中学乃至大学师资的过渡性教育机构。

师范院筹建与存在期间,在名称上前后表述不一,先后出现过"师范院""师范学堂""师范专修班""师范班"等四种称谓,体现出师范院的发展沿革,也反映了公学对师范教育的不同理解和内部设置上的协调,以及发展过程中的规模变化。1896年初拟的公学纲领中称:"西国各处学堂,教习皆出于师范学堂,日本亦有师范学校……现就公学内设立师范院。"这里盛宣怀首次提出要办"师范院"。在随后的公学师范院对外招生、正式建立初期来往文函中,均称师范学堂,并拟定《师范学堂章程》。1897、1898年间,何嗣焜好友郑孝胥多次来公学晤谈,在其日记里均记载"师范学堂"。1899年,公学建成木质牌坊式大门一座,据当时在校学生后来回忆说,大门两边悬挂了两块校名牌子,左为"南洋公学",右为"师范学堂"。[④] 一般社会人士和附近乡民也将南洋公学视作师范学堂。1901年夏,后来成为近代著名教育家的俞子夷从苏州前来投考公学中院时,乘人力车来到徐家汇,却找不到学校所在地,询问乡人,不知有南洋公学,只知有师范学堂。他们遥指高耸的上院大钟楼说:"过丝厂靠左一洋木

---

① 福开森:《南洋之过去及将来》。徐名材编:《南洋大学三十周纪念征文集》(1926)。

② 盛宣怀:《筹集商捐开办南洋公学折》(光绪二十四年四月二十四日,1898年6月12日)。《愚斋存稿》第2卷,第21页。

③ 福开森:《南洋之过去及将来》。徐名材编:《南洋大学三十周纪念征文集》(1926)。

④ 卫国垣:《交大掌故回忆录》。(新竹)交通大学同学会编:《友声》第9期,1953年3月。

桥就是。”[①]公学初办的数年内，师范学堂在社会上“先声夺人”，一度盖过了南洋公学的名声。

随着外院、中院的成立，上院的积极筹组，公学四院制初步变成现实，为名称上协调一致起见，师范学堂改称师范院。1898年《南洋公学章程》第二章“分立四院”：“一曰师范院，即师范学堂也。”但实际上，除师范院1898年再次举行过一次招生外，至停办为止再也未对外公开招生，只有少量学生通过各种途径先后补充入院。招生减少，在读师范生又被陆续选为外院、中院中西课程的教习或管理人员，另有一些师范生或被选派出国深造，或因故离校。离院的师范生大于新入学人数，在院师范生逐年减少，一般维持在15至20名之间，基本上合为一个班级上课，于是师范院径称师范班，师范院之名在1899年之后停废。1899年夏，中院校舍建成，师范班迁入。1900年春，改迁新落成的上院大楼。上院1898年动工兴建时，对外招标使用“师范学堂工程”名义，[②]建成后却改称上院。1900年9月，因师范生陆续充任教习，又兼在外聘到一些中西教习，公学外院、中院师资及管理人员较为齐整，暂无缺额，于是公学将师范班改称师范专修班，专修西学课程，不再兼教，可以视为公学筹备时拟建未成的“达成馆”，目的在于从速培养法政人才。

1901年清政府推行新政后，重视新式人才的培养，先后颁布兴学诏书，着手制订、实施全国性统一学制。各地官绅纷纷响应，设立了不少新式学堂，虽然其中也包括一些师范学堂，但是仍然缓不济急，新式教育的兴起亟需大量师资。在这种背景下，已建立数年之久的南洋公学师范院成为一些地方兴办师范教育的参考，师范生更为各地官绅、兴学者争相选聘。1901年6月30日，两江总督刘坤一专门致电盛宣怀，要求将公学“章程、课程及师范学堂定章寄示”。[③] 1902年3月，贵州巡抚邓华熙电请公学“选派英日文方言算学教习各一人赴黔教授”，并许以优厚待遇，然而公学已无师范生可派，只得选派中院毕业生王建极、徐兆熊两人前往。5月27日，盛宣怀在给公学总办汪凤藻的信中提到：“京师大学堂本拟由敝处咨送师范生八人”，[④]且不能缺额。汪凤藻鉴于各地对师范生需求较多，遂建议“另招师范生一班，多则二十人，少则十五人，精选高才”，重在“培养能以汉文讲授普通”[⑤]的教习，以供校内外师资所需。盛宣怀也曾敦请驻日本横滨总领事王丰镐代为搜集包括日本师范学校在内的学校章程、课程、教科书等，试图为扩充师范院作准备。不过，1902年底、1903年初公学接

---

① 俞子夷：《现代我国小学教学法演变一斑——一个回忆简录》，1963年手写稿。转引自陈学恂主编：《中国近代教育史教学参考资料（上）》，人民教育出版社1986年版，第680页。

②《师范学堂工程开标清单》（光绪二十四年七月初六日，1898年8月22日）。盛档：088966－2。

③ 刘坤一：《致盛宣怀电》（光绪二十七年五月十五日，1901年6月30日）。盛档：044830。

④ 盛宣怀：《致汪凤藻函》（光绪二十八年四月二十日 1902年5月27日）。盛档：044562。

⑤ 汪凤藻：《致盛宣怀函》（光绪二十八年二月初九日，1902年3月18日）。盛档：044551－1。

连遭遇两次大的变故,一是“墨水瓶事件”,特班、中院、外院等学生散去近半,虽然师范生并无一人因学潮而离校,但公学经此动荡,一意整顿校风,难有余力再行扩充。二是1903年初公学经费骤减,难以维持,开始裁撤部分机构,师范院与译书院、东文学堂、特班均在被裁之列,至此,师范院前后开办达6年之久。

第二节 教习与学生

一、教习概况

对于师范院教职员编制,1898年《南洋公学章程》规定:“师范院及外院洋教习二名,华人西文西学教习二名,汉教习二名,司事四名,斋夫、杂役二十名。”这里所指是师范院与外院共同的教职员人数,合计中西教习6名,职员4名,杂役20名,共30名。实际上,师范生边学边教,学习的课程比较有限,且并不专门开设中文课程,仅开设外国语、数学、物理、化学及理化实验等数门功课,因此,在师范院先后任教的教习要少于定数。

1897年师范院开设之初,仅有3名教习,一位是公学华总教习张焕纶,他兼教师范院中文课程。因中文课并非常设课程,而是沿袭书院制度,注重学生自修,师生之间相互问难,于是张焕纶的身份,“不啻主讲,礼所谓执经问难者,得毋类是。”师范生“遇有疑难,则就正于总教习”。[①] 1898年夏张焕纶辞职,在校一年半。与张焕纶同时任教师范院的还有“西文、西学华教习二人”。教授英文的西文教习是颜明庆,上海人,乃著名外交家颜惠庆之堂兄,1896年圣约翰书院第二届“正馆”(也称正科、特班)唯一一名毕业生。何嗣焜在1897年7月19日给盛宣怀信中,介绍了颜明庆的情况:“其人在万航渡路圣约翰书院十余年,人颇谨饬。”不久又聘其兼教师范生体操,月薪银50两。讲授“算

南洋公学提调兼师范院英文教习伍光建(1899—1902年在任)

① 杨耀文:《本校四十年来之重要变迁》。《交通大学四十周纪念刊》(1936)。

学格致"的西学教习是陆之平。陆为山东人，毕业于美国传教士狄考文创办的山东登州文会馆(齐鲁大学前身)。陆之平为狄考文的得意门生，来校后主讲物理课程，并随堂指导物理实验，起初每月薪水银30两，不久加至50两。在校期间，他曾参加上海广学会的活动，1902年11月"墨水瓶事件"后，陆之平离校远赴太原，就任山西大学堂西斋数学教习。

张焕纶离校后，公学改总教习为提调，聘李维格担任提调兼师范院英文教习。李维格(1867—1929)，近代实业家、教育家，字一琴，江苏吴县人，肄业于上海格致书院，后自费赴英国留学。曾任驻英、美、日等国使馆随员。1896年任汉阳铁厂总翻译，翻译《巴兰德论兵节略》，受到盛宣怀赞赏。1897年任上海《时务报》西文主笔，后受聘担任长沙时务学堂西文总教习。1898年夏任职南洋公学，1899年夏被盛宣怀调任汉阳铁厂，此后长期经营汉阳铁厂、汉冶萍公司，是我国近代钢铁工业发展史上有相当影响的先驱者之一。李维格离校后，提调兼师范院英文教习一职由伍光建担任，直至1902年冬，前后共3年。伍光建(1867—1943年)，字昭扆，广东新会人。1881年考入天津北洋水师学堂，毕业后奉派赴英国，入格林威治海军学院深造。后转入伦敦大学，初习物理、数学，再转习文学。回国后，任天津水师学堂助教。1909年参加留学生廷试，获赏文科进士出身，历任海军部军法司、军枢司司长。1911年6月，中国教育会成立，伍被推为副会长。一生大量翻译西方文学作品，是我国现代著名翻译家，《简·爱》《格列佛游记》《劳苦世界》(即《艰难时世》)、《疯侠》(即《堂吉诃德》)、《三个火枪手》等名著都是他首次译介给中国读者的。

除英文外，师范院还开设选修性质的法文、日文课程，师范生学长张在新(张焕纶之子)、朱树人曾兼任法文课，两人为梅溪学堂肄业生，颇通法文。他们身为学长，又辅助管理师范生，兼教师范生法文当属可信。至于日文教师尚未见确载，仅据师范生吴稚晖1899年11月14日日记"现东人栗林孝太郎译东书，兼教东文，午后到堂"，[①]结合师范院曾为留日预备起见，开设过日文课程，另一师范生张相文也曾跟随栗林学过日语，从这几方面来看，栗林孝太郎曾任师范生日文教习。吴稚晖日记中还曾有"西教习勒芬迩、薛来西始上课"的记载，说明公学期间外籍教习勒芬迩、薛来西也曾给师范生开设西学或西文课程。

师范院数学教习先后由陈伯涵、潘绅两人担任。陈伯涵，生卒不详，字诸藻，原名燕年，福建闽侯人，1886年福州船政学堂后学堂第四届驾驶专业毕业后，派赴英国格林威治海军学院等校留学3年，专习水师兵船、算学、格物学，留学时与伍光建为同班。潘绅，1871年生，字书卿，上海人，圣约翰书院肄业生，中华圣公会骨干成员，1889年参与组建旨在"专论格致

---

① 吴稚晖:《南洋公学记事稿》。《老交大的故事》，第39页。

之理"的益智会,著有《景教碑文注释》《补拙随笔》《拙斋文存》等。另有广东人黄国英(黄斌)任化学教员兼实验课,离校后任《新闻报》译员。包括师范院在内的全校西学课程安排、管理与考核,由监院福开森负责。师范院历年师资情况如下。

表 2-1 南洋公学师范院师资情况表

姓名	籍贯	出　身	担任课程	任职时间
张焕纶	上海	上海龙门书院	国学	1897—1898
颜明庆	上海	圣约翰大学	英文	1897—1898
陆之平	山东	登州文会馆	算学 格致	1897—1902
李维格	江苏苏州	格致书院,曾留学英国	英文	1898—1899
伍光建	广东新会	北洋水师学堂,英国格林威治海军学院、伦敦大学	英文	1899—1902
张在新	上海	梅溪学堂,师范生学长	法文	1897
朱树人	上海	梅溪学堂,师范生学长	法文	1897
栗林孝太郎	日本		日文	约 1899
薛来西	美国	博士	英文	1899—1902
勒芬迩	美国	学士	外国史地	1899—1902
陈伯涵	福建闽县	福州船政学堂,英国格林威治海军学院,迈尼外尔和金士哥利哥士书院	数学	1897—1902
潘　绅	上海	圣约翰大学	数学	1898—1902
黄国英	广东香山	南京汇文书院	化学	

资料来源:何嗣焜《南洋公学师范学堂暂拟员司、教习、斋夫、杂役薪水工食数目》(约 1897 年 3 月),上交档:ls3-001;杨耀文《本校四十年来之重要变迁》"师范院";《交通大学四十周纪念刊》(1936),第 30-31 页。

综观师范院历年教习概况,本国教习占据主导地位是其主要特色。本国教习大多来自早期洋务学堂、外国在华所设教会大学,不少人有留学经历。这些教习并非专职任教师范院,同时兼任公学其他事务或教学任务,如颜明庆、陆之平、潘绅、陈伯涵、黄国英等曾任教中院西学课程,陈伯涵、黄国英还参加了译书院翻译工作;一些教习甚至在师范院属于兼课性质,如张焕纶、李维格、伍光建三人的主要职责是分掌全校教务事宜。这也是师范院师资的一个特点。

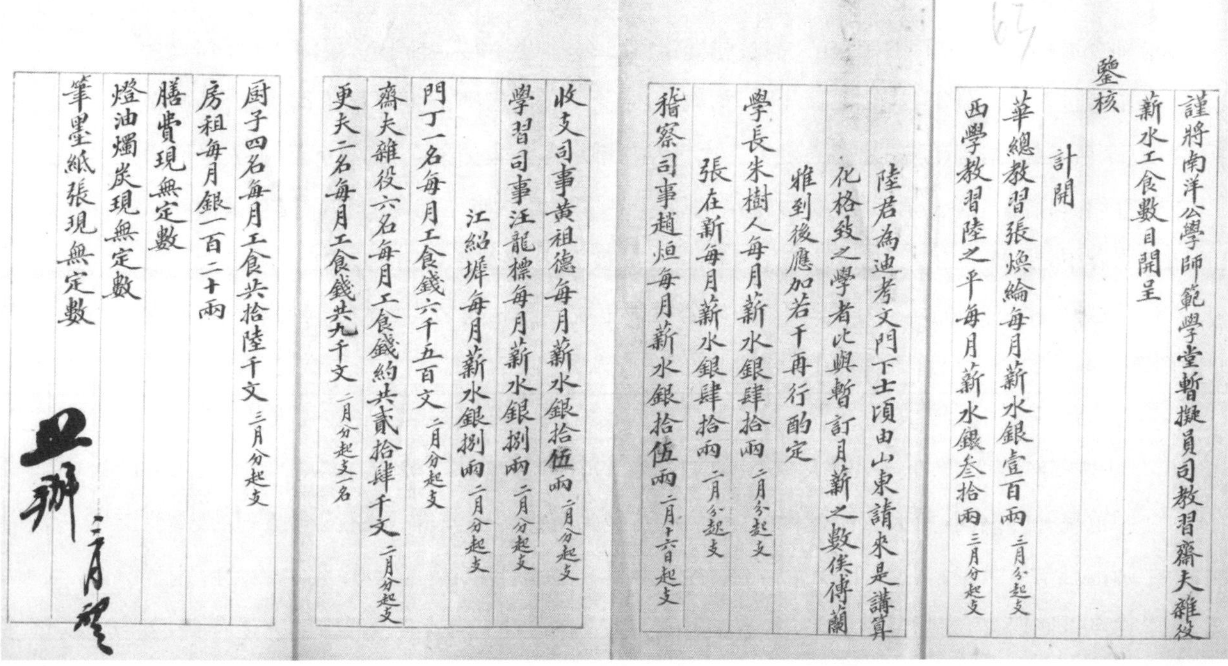
謹將南洋公學師範學堂暫擬員司教習齋夫雜役
薪水工食數目開呈
鑒核
計開
華總教習張煥綸每月薪水銀壹百兩 三月分起支
西學教習陸之平每月薪水銀叁拾兩 三月分起支
陸君爲迪考文門下士頃由山東請來是講算
化格致之學者比與暫訂月薪之數俟傅蘭
雅到後應加若干再行酌定
學長朱樹人每月薪水銀肆拾兩 二月分起支
張在新每月薪水銀肆拾兩 二月分起支
稽察司事趙烜每月薪水銀拾伍兩 二月十六日起支
收支司事黃祖德每月薪水銀拾伍兩 二月分起支
學習司事汪龍標每月薪水銀捌兩 二月分起支
江紹墀每月薪水銀捌兩 二月分起支
門丁一名每月工食錢六千五百文 二月分起支
齋夫雜役六名每月工食錢約共貳拾肆千文 二月分起支
更夫二名每月工食錢共九千文 二月分起支一名
廚子四名每月工食共拾陸千文 三月分起支
房租每月銀一百二十兩
膳費現無定數
燈油燭炭現無定數
筆墨紙張現無定數
照辦

1897 年 4 月，何嗣焜向盛宣怀呈报师范学堂教职员名单及薪水情况。盛宣怀批复："照办"。

二、师范生来源与待遇

师范院学额定 30 名，这在 1896 年《南洋公学纲领》早已明确："先选高才生三十人"。1897 年初的招考告示也称"考选师范生三十名"，[①]实际招考的师范生也是此数。尽管在最后一次招考时已经足额，仍有不少优秀考生如章宗祥兄弟让何嗣焜感到满意，但限于名额只能权作为备取生。然而，1898 年《南洋公学章程》却规定"师范院高才生四十名"。盛宣怀在《筹集商捐开办南洋公学折》也奏称"于上年二月间考选成材之士四十名，先设立师范院一学堂"。此时并无扩充学额之意，其真实意图正如何嗣焜向盛宣怀所称："是以师范生定额四十名，而实则以三十名为限，原拟以余额之膏火通融津贴。"[②]原来是利用虚额多出的费用来津贴在院师范生。

整个师范院存在期间，在院师范生人数未能足额，基本都在 30 名以下、15 名以上。师范院正式开学时，所招 30 名师范生未能全部到齐，4 月 30 日，也就是开学后 20 余天，何嗣焜报称已到者仅 20 人，其余请假。至 7 月，除孟森等 3 人尚请假未到外，在校师范生已达 27 名。不过，当年有 3 名师范生因试业不合

① 《太常寺少堂盛招考师范学生示》。《申报》1897 年 3 月 2 日。

② 何嗣焜：《为呈明师范院事致盛宣怀函》（光绪二十四年五月二十六日，1898 年 7 月 14 日）。上交档：ls3－001。

格被勒令退学,另有朱联杰等 10 人因故相继退学。公学以备取生补退学缺额,1898 年又曾对外招考过一次。到第二年 7 月 14 日,何嗣焜向盛宣怀报告师范生定格给据时,合计师范生有 27 名。此后,师范院"续招插班生三次",[①]招考方式并非如前公开选考,而是先经同乡友好介绍、自荐后,经公学考察认可,零星选录过一些学生。如吴稚晖便是在其乡试同年孟璐的引荐下,于 1898 年 6 月入院。又因师范生或被派出国留学,或因故退学,所出大于所入,在院师范生逐年减少。从表 2-2"南洋公学师范院学生情况表"所示师范生入校时间及在校时间,可粗略看出逐渐递减的每年入校及在校人数:1897 年全年入校人数是 41 人,1898 年 16 人,1899 年 14 人,1900 年 3 人,另有 7 人入校时间不详。每年年底在校人数:1897 年 16 人,1898 年 26 人,1899 年 34 人,1900 年 22 人,1901 年 19 人,1902 年 16 人。

师范院开办期间,所有入院就读的学生总数,据师范生沈庆鸿等人 1936 年整理的《南洋公学师范班学生名单》,合计 71 人,并详载各生籍贯、在院时间。然据 1902 年、1903 年《南洋公学送乡试底册》内载师范生名单,尚遗漏 10 人,综计师范生应 81 人。现结合上述资料,参照相关史料,将所有师范生名单、年籍、入院前功名、在校时间一并开列如下。

表 2-2 南洋公学师范院学生情况表

姓名	籍贯	入院年龄	入院前功名	在院时间	姓名	籍贯	入院年龄	入院前功名	在院时间
朱树人	江苏上海			1897.4—1902.11	张景良	江苏松江	29	附生	1898.2—1903.1
张在新	江苏上海			1897.4—1898.5	孟　森	江苏武进	29		1898.3—1899.7
姚曾豫	江苏上海			1897.4—1898.9	郑鼎元	江苏吴县	29	优附	1898.4—1903.1
宣增儒	江苏无锡	26	附生	1897.4—1900.2	沈桐生	浙江绍兴			1898.4—1898.4
黄庆澜	江苏上海	23	附生	1897.4—1898.4	冯善徵	江苏通州	26	增生	1898.4—1902.11
朱联杰	江苏青浦			1897.4—1897.10	赵玉森	江苏丹徒	28	附生	1898.4—1902.11
杨振铭	江苏上海	22	附生	1897.4—1902.2	章乃炜	浙江吴兴	22	附生	1898.5—1903.1
王植善	江苏上海	25	附生	1897.4—1900.4	杨炎昌	江苏江宁		举人	1898.5—1899.2
朱锡麟	江苏嘉定	20	附生	1897.4—1900.4	孟　璐	江苏武进	27	举人	1898.5—1902.1
沈庆鸿	江苏上海	28	附生	1897.4—1903.1	吴敬恒	江苏武进	33	举人	1898.6—1901.6
张一鹏	江苏吴县	23	举人	1897.4—1897.10	胡尔霖	江苏无锡	31	增生	1898.9—1901.4
项思勋	江苏吴县			1897.4—1898.2	郭振清	江苏如皋	30	附生	1898.10—1902.11
陈懋治	江苏吴县	24	举人	1897.4—1902.1	刘念谋				1898.10—1899.2
陈懋功	江苏吴县			1897.4—1898.9	杜嗣程	江苏无锡	27	举人	1898.11—1903.1

① 杨耀文:《本校四十年之重要变迁》。《交通大学四十周纪念刊》(1936)。

（续表）

姓名	籍贯	入院年龄	入院前功名	在院时间	姓名	籍贯	入院年龄	入院前功名	在院时间
陈懋和	江苏吴县	19	附生	1897.4—1900.2	许士熊	江苏吴县		举人	1898.11—1903.1
杨志洵	江苏无锡			1897.4—1898.7	林康侯	江苏上海	22	附生	1898—1902
蒋礽琮	江苏武进			1897.4—1897.6	韩兆魁	江苏吴县	31	举人	1899.1—1899.2
沈齐贤	江苏吴县			1897.4—1897.6	张天爵	江苏丹徒	43		1899.2—1902.11
潘敦先	江苏吴县		廪生	1897.4—1897.4	陈懋铣	江苏吴县	24	优附	1899.2—1900.9
刘　垣	江苏武进	25	附生	1897.5—1900.9	江　谦	安徽婺源	24	附生	1899.3—1900.9
林文彬	福建萧县			1897.5—1898.1	赵从蕃	江西南丰	38	进士	1899.5—1899.5
胡洪骓	安徽绩溪	20		1897.5—1900.2	夏循垍	浙江杭州			1899.5—1899.5
雷　奋	江苏松江	19	附生	1897.5—1898.12	白毓昆	江苏南通	31	附生	1899.5—1900.8
汪有龄	浙江杭州	18		1897.5—1897.6	郭镇瀛	江苏如皋	35	附生	1899.6—1902.11
孙福保	江苏吴县			1897.5—1897.8	范源濂	湖南湘阴	24		1899.6—1900.1
周德裕	江苏吴县	25	附生	1897.5—1898.4	张相文	江苏泗阳	28	廪生	1899.8—1902.11
汪钟霖	江苏吴县	27		1897.5—1897.5	薛万英	江苏崇明	32	廪生	1899.7—1900.9
徐兴范	江苏丹徒	21		1897.5—1903.1	王维祺	江苏上海	33	增生	1899.7—1900.9
潘灏芬	江苏吴县	24	附生	1897.5—1903.1	钮永建	江苏上海	29	举人	1899.8—1900.1
白作霖	江苏通州			1897.5—1901.11	章宗宪	江苏武进	31	附生	1899.7—1903.1
吴光庆	江苏吴县			1897.5—1898.1	徐筠生				1900.3—1901.2
吴　馨	江苏上海	22	附生	1897.6—1901.5	陈景韩	江苏松江	22		1900.3—1900.8
林永祉				1897.8—1897.10	陆尔奎	江苏武进	38	举人	1900.9—1902.1
董瑞椿	江苏吴县	28	副贡	1897.8—1901.4	孙多颐	安徽寿县	21	附生	1902年在校①
胡洪驲	安徽绩溪			1897.11—1898.3	王鸣和	江苏昆山	27	附生	1902年在校
章宗元	浙江吴兴	19	附生	1897.11—1900.12	储桂芬	江苏泰州	38	附生	约1902年在校②
傅运森	湖南长沙	25	举人	1897.12—1902.11	王培祖	江苏江宁	36	附生	约1902年在校
章宗祥	浙江吴兴	18	廪生	1897.12—1898.12	范　况	江苏南通	23	附生	约1902年在校
汤莲级				1897.10—1898.1	章可贞	江苏武进	34	附生	约1902年在校
侯鸿鉴	江苏无锡	25		1897.10—1898.1	胡翔青	浙江鄞县	27	增生	约1902年在校
吴廷珍	江苏松江			1897.10—1902.7					

资料来源：《南洋公学师范班学生名单》，《交通大学校友录》(1936)；《南洋公学师范班学生名单》，上交档：ls1-109；《南洋公学送乡试底册》(1899、1902、1903)，西交档：2315。

① 据1902年6月《南洋公学送乡试底册》，孙多颐、王鸣和列入13名师范生内，但入院时间不详。

② 据1903年6月《南洋公学送乡试底册》，储桂芬、王培祖、范况、章可贞、胡翔青列入14名师范生内。但此时师范院已裁，仍称师范生或许是为了报送乡试手续上的便利，储桂芬等5人应属1902年6月至1903年初入院的师范生。

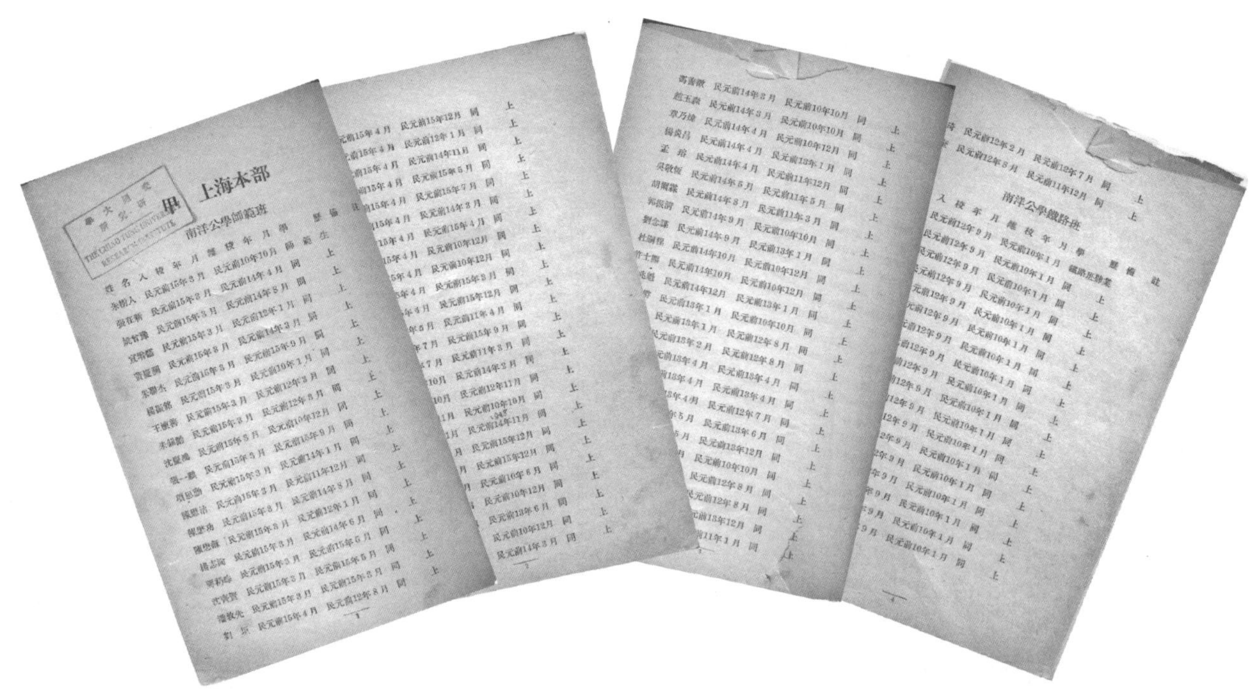
上海本部

南洋公學師範班

南洋公學鐵路班

1936 年《交通大学校友录》所载师范班学生名录

上述 81 名师范生中,各生籍贯、在院时间较为完备,入院时年龄、功名有所欠缺。兹据现有资料对师范生籍贯、入院时年龄、功名、在院时间作一统计,以了解师范生的社会背景、出身、在院久暂等大体情形。

有籍贯资料者共计 77 人,分布江、浙、皖、湘、闽、赣等六省份,其中江苏 62 人,占 81%;浙江 7 人,占 9%;安徽 4 人,湖南 2 人,福建、江西各 1 人,合计占 10%。江苏省外的师范生多数并非从本省前来应考(入学),而是已在上海生活或就读,如皖籍胡洪骓、胡洪骍二人(胡适胞兄)均在上海梅溪学堂肄业多年;后任特班监督的赵从蕃 1892 年中进士后,即离开江西,奔走于京沪两地。绝大多数的江苏籍学生又相对集中在上海周边数县,如吴县 17 人、上海 11 人、松江 4 人,离上海稍远、生源较多的县份有武进 8 人,无锡 5 人。武进人数较多,应是与盛宣怀、何嗣焜同乡的缘故。许多师范生不仅同乡,且不少人具有共同学缘,甚至有兄弟相携者。学缘关系者,以江阴南菁书院、梅溪学堂毕(肄)业生为多,有资料可查、入院前曾在上述书院就读过的学生分别为 9 人、7 人。兄弟关系者,如前述胡洪骓、胡洪骍外,还有湖州章宗元、章宗祥兄弟,吴县陈懋治、陈懋和、陈懋功、陈懋铣堂兄弟四人,武进孟森、孟瑢堂兄弟二人。生源偏于一地,这与公学开办初期社会影响有限,也是当时招生手段、信息传播途径等条件弱的反映。

盛宣怀设立师范院时,采纳了钟天纬的建议,将招考师范生年龄限制在 20—30 岁之内。实际上,师范生入院年龄已经超出这个范围。名单中年龄可考者

57 人，平均 26.5 岁，具体情况如下表所示：

表 2－3　南洋公学师范院年龄组别表

年龄组	人数	百分比(%)	年龄组	人数	百分比(%)
15—19	5	8.8	30—34	9	15.8
20—24	17	29.8	34—43	6	10.5
25—29	20	35.1	合计	57	100

从上表可见，入院年龄以 25 岁至 29 岁最多，20 岁至 24 岁次之，合计 20 岁至 30 岁之人数，占 64.9%，其余 35.1%不足或超出该年龄段。从师范院发展阶段来看，初期招考基本上控制在既定年龄内，如 1897 年入学且有年龄可查者 23 人，人均约 23 岁。后期通过其他途径入院的师范生，年龄限制显然已放开，30 岁以上的大龄学生增多，1898 年之后入学且年龄可查者 34 人，人均约 29 岁。

师范院招考时，一个重要的标准是中学根基要厚实，招考告示规定“学以中学成才兼通西学西文为上，以中学成才略通西学不通西文、或略通西文不通西学为次，中学未成者虽通西学西文不录”，所招学生大多为具有传统功名又倾向西学的青年。据表 2－2 所示，有科举功名者 51 人，其中生员（包括附生、增生、廪生）出身者 38 人，举人出身者 11 人，另有进士 1 人，贡生（副贡）1 人。在清代科举考试中，通过最低层次（即县级考试）的读书人称“童生”，童生参加院试，通过者称“生员”，又叫“秀才”。秀才分几等，成绩最好的称“廪生”，由官府按月发给粮食；其次称“增生”，不供食粮，“廪生”和“增生”的名额有限；三是“附生”，即才入学的附学生员。监生是国子监肄习的学生，也可以纳捐取得监生出身，不一定去国子监读书。具有廪、增、附、监身份的学生，算是有了功名，若再通过乡试、会试，便可分获举人、进士功名，正式进入士大夫阶层。

实际上，师范生中有科举功名者或许还更多。1898 年 6 月 12 日，盛宣怀在附奏《新设学堂请免岁科两试片》中称：“南洋公学内师范院诸生多系举贡生监，而廪增附生为尤多。”监院福开森在 1931 年《南洋公学早期历史》中提及师范生时说：“录取的考生中有几个举人，而其余的则几乎全是秀才。”师范生张景良 1923 年也曾撰文说：“南洋公学开创的时候，先设一师范班，招举贡生监四十人来为师范生。”[①]虽是亲历者的概括性描述，但也是对大多数师范生具有科举功名的一种记忆。造成进入新式教育的师范院学生几乎全部是传统知识分子的直

① 石（张景良）：《旧南洋的旧话》。南洋周刊社编：《南洋大学学生生活》（1923）。

1899年冬部分师范生合影

接原因,当然是盛宣怀等人中西并进教育主张的反映,然而也体现了我国新式教育启动阶段学生来源的实际情况。尽管大多师范生已获取科举功名,不少人已经绝意于科举,崇尚西方及我国传统文化中的有用之学。有位师范生入校前一年,赴杭州参加乡试,连考三场后卧病数日,他"念及考试之苛例,决意弃科举,不再进考场","余此时已有研究西学之志"。[①] 有如此想法的师范生不在少数。因此,从师范院生源上看,也体现了南洋公学顺应了青年学子背离科举制度的倾向。

师范生在院就读时间的资料甚详,有具体入院、离开年月记载的共计74人。74人在院时间如下表:

表2-4 南洋公学师范院学生在校就读时间表

在院时间	未满半年	半年以上1年以下	1—2年	2—3年	3—4年	4—5年	5年以上	合计
人数	17	9	14	4	12	14	4	74
百分比(%)	23	12	19	5.4	16.2	19	5.4	100

师范生原定3年学成,实际学满3年或3年以上者有30人,占40.6%,未能超过半数。肄业5年以上即师范院开办至结束一直在院的学生,只有朱树人、沈庆鸿、徐

① 章宗祥:《任阙斋主人自述》。《上海文史资料存稿汇编》第1辑"政治军事",第20页。

兴范、潘灏芬等4人;肄业3年以下者以不足半年、1年以上2年以下者为多,合计有31人,占41%。

师范生的地位比较特殊,兼有学生、教师的双重身份,“对于总办、总教习,是为学生,对于外院生,是为先生。”①先在外院继而升入中院的学生卫国垣回忆说:“师范生与中院学生之课堂住宿,完全分开,双方均以师生相处,绝不视为同学也。”②

公学给予师范生的物质待遇十分优厚,师范生入学后,食宿、杂费均由学校供给,每月还按层格等次发给津贴,第一层格每月津贴膏火银6两,进一层加银1两,加到10两为止。另外,对学习成绩优良者另有奖银。1899年3月,师范生西课成绩平均90分以上者奖银2元,80分以上者奖银1元,成绩差或违犯校规者要扣除膏火银。师范生兼学长者每月另给薪金银40两(时公学总教习张焕纶每月薪金银才100两),兼任外院、中院教习或学监者均给以一定的薪水。此外,师范生在校还有独特之优礼,如“日间会集师范课堂以为学生表率,清早黄昏批改功课,随意早起吃睡游息,无职事时随意休散”。③ 师范生借阅图书也可比一般学生多,还可自由外出,等等。待遇优厚,加之亦生亦师的特殊地位,这恐怕也是师范生后来并未因“墨水瓶事件”而离校的一个原因。

第三节 教学与管理

一、课程设置

南洋公学师范院开设,甚至整个存在期间,全国性学制尚未颁布实施。我国第一个学制“壬寅学制”订立于1902年,但只是停留在纸面上,并未真正实施。1904年清政府颁布并首次得到施行的全国性学制“癸卯学制”,其中对师范教育作了明确规定,而此时公学师范院已裁撤。再者,师范院开设的数年内,全国并无其他师范教育机构(继之而起的京师大学堂“师范馆”和张謇所办通州师范学堂均设立于1902年,晚于南洋公学师范院),因此,师范院在上无国家层面订立师范教育制度,下无同类学校参照的情况下,教学设置变动较大,没有形成明确的规范,在课程设置、课时计划、教科书等方面也依靠自身摸索。

师范院设立时,课程设置主要参照日本的师范教育经验,“今公学课程皆拟参酌东法试

---

① 章宗祥:《任阙斋主人自述》。《上海文史资料存稿汇编》第1辑“政治军事”,第20页。

② 卫国垣:《交大掌故回忆录》。《友声》第3期,1953年3月。

③ 何嗣焜:《南洋公学章程》(光绪二十三年九月,1897年10月)。西交档:2323,卷名《南洋公学章程》。

办”。[①] 仿效日本的“公学课程”主要指师范院及外院,以后陆续创办的中院、上院则以美国教育制度为样本。师范教育仿照日本的原因如俞子夷所说:“美国本国办师范远落后于日本,当时还拿不出什么来。”[②]但公学主办者们也注意到日本现行较为完备的学制,“其起初亦屡试屡改,然后定为令式”,具体运用到我国,“必历试而后能周匝”,要注重在实践中变通、修正,最后达到完善,使之适应我国教育现状。遵此原则,师范院及附属外院课程,在设立的第一年内,虽然“已屡有更定”,但仍“应由总理与华洋教习逐细再加考核,厘为定式”。[③] 师范院开办之初,暂定课程及时间安排为:上午习算学,下午治舆地,夜习西文。课程全部暂定为西学课程,且种类少,程度浅显,适应了师范生西学基础普遍较低、华洋教习一时尚未聘齐的实际情形。之后,课程增加物理、化学、理化试验、历史、科学教育、矿物等必修或选修课程,课程内容也相应增加。师范院历年所开设的课程,以内容划分可分为中课、西课、教课三类,按照学习方式则可分为自修、选修、必修三类。

因来学者皆一时俊彦,于国学上素具根底,故国学并不开课,“定为自修课程”。[④] 师范生依据个人性情和所长,任选经史子集,自行研究,遇有疑难,则就教于总教习。学业成绩,全凭定期课试国文,与平日所作札记。为师范生修习需要,公学购置中文图书三千余册,以经史子集为多。自修课程仅国文一门,也称为“中课”。1899 年《南洋公学送乡试底册》中,即记录各师范生“中课”成绩。

选修课为外国语言文字,师范院始设英文、法文两门外国语,继增设日文课,由学生任选一门。1915 届土木科毕业生杨耀文撰《本校四十年来之重要变迁》曾载:“本校初办时,师范院生年齿较长,外国文虽设英、法、日三门,仅任选一门为必修课程。”外国语言所用教材不详,学生一边学习一边翻译。边学边译在公学章程中早有规定:“选诸生之有学识而能文者,将图书院购藏东西各国所出之书,令择要翻译,陆续刊行。”绝大多数学生选习英文,现存 1899 年至 1901 年间师范班西课月考分数单十余份,均载英文成绩,未见载有法文或日文成绩。记载英文成绩时,一般分两个单项成绩,然后得出均分成绩。如 1899 年“九月分师范班西课分数单”中,章宗元的英文成绩是 74/92 分,均分 83 分,推测当时已试行英语口试、笔试两项考核。

必修课包括数学、物理、化学(合称格致),还有理化试验。数学分算学、整数两门,内容

---

① 《南洋公学纲领》(光绪二十二年七月初三日,1896 年 8 月 11 日)。盛档:044964 - 2。

② 俞子夷:《现代我国小学教育法演变一斑》。《俞子夷教育论著选》,人民教育出版社 1991 年版,第 474 页。

③ 《南洋公学章程》(光绪二十四年四月,1898 年 6 月)。《愚斋存稿》第 2 卷,第 25 页。

④ 杨耀文:《本校四十年来之重要变迁》。《交通大学四十周纪念刊》(1936)。

上分“笔算数学、代数备旨、形学备旨、八线备旨，而以勾股六术为八线之参考”，因师范生科学基础薄弱，“皆不克竟业，大抵习至代数为止，能始终竟业，完全习毕八线者，仅张景良一人。”数学教材有教员陈伯涵译稿《代数设问》。格致所习范围颇广，主要者为物理、化学，所用讲义，由物理教员陆之平、化学教员黄国英分别编译。黄曾有译稿《化学课本》存世。理化试验由教员上课时依据授课内容当堂演示，所用仪器简单者居多。

此外，尚有科学教育、历史（曾开设“欧洲史”）、动植物、矿物、生理、地理等课程。虽然公学购备了各种博物、标本、图标、模型、地图、地球仪等物件，但是上述内容没有全部列入正式课程。外国语、数学、理化及实验，以及没有全部列为正课的课程，统称为西课。

师范生一边学习，一边选派兼教中院、外院中西课程，以检验所学。还有一些不习西课者，“派充中院及外班中学教习，即以教课勤惰核计分数，各项分数均以百分为满”，[①]称为“教课”，应属教育实习性质。师范院课程设置大体情形如下表：

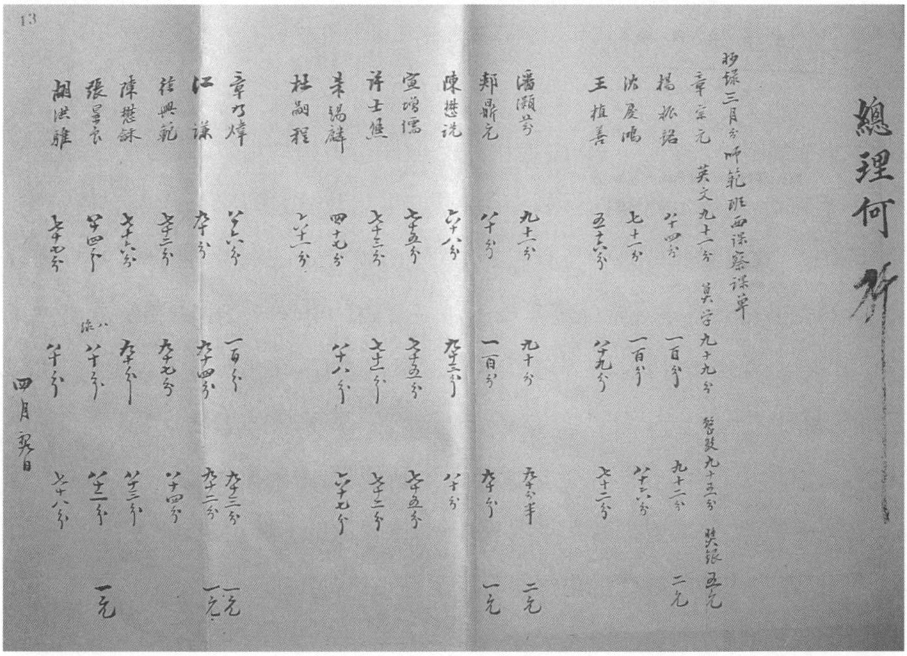

1899 年 4 月，师范院西学察课成绩单

① 《南洋公学送乡试底册》（光绪二十五年，1899 年）。西交档：2315，卷名《南洋公学有关学生请免岁试及参加乡试、院试联系等文》（1898—1904）。

表 2－5 南洋公学师范院课程设置大体情况表

<table>
<tr><th>课目</th><th>内容、门类</th><th>教科书</th><th>课程分类</th><th>修习方式</th></tr>
<tr><td>国文</td><td>经史子集</td><td></td><td>中课</td><td>自修</td></tr>
<tr><td>外国语</td><td>英文、法文、日文</td><td></td><td rowspan="11">西课</td><td>任选一门</td></tr>
<tr><td>数学</td><td>分算学、整数,含笔算数学、代数备旨、形学备旨、八线备旨等</td><td>译稿《代数设问》等</td><td rowspan="3">必修</td></tr>
<tr><td>物理及实验</td><td></td><td>译稿《格致读本》</td></tr>
<tr><td>化学及实验</td><td></td><td>译稿《化学课本》</td></tr>
<tr><td>科学教育</td><td></td><td>《科学教育学讲义》《统合教授法》等译本</td><td rowspan="6">选修</td></tr>
<tr><td>历史</td><td>欧洲史</td><td>译稿《欧洲全史》</td></tr>
<tr><td>动植物</td><td></td><td></td></tr>
<tr><td>矿物</td><td></td><td></td></tr>
<tr><td>生理</td><td></td><td></td></tr>
<tr><td>地理</td><td></td><td></td></tr>
<tr><td>教育实习</td><td>中院、外院中西课程教学</td><td>自行编译外院教科书</td><td>教课</td><td></td></tr>
</table>

资料来源:杨耀文《本校四十年来之重要变迁》"师范院"。《交通大学四十周纪念刊》(1936),第 30－31 页。

师范院在课程选定、内容安排上,一是注重从师范生的知识结构出发,在考虑师范生普遍具有良好的中学基础上,侧重于西文西学教育,并尽量采用教员自行编译的中文教科书,以适应师范生年龄较大,难以掌握外语的特点;二是注重吸纳日本师范教育经验,盛宣怀曾委托我国驻日人员调查并抄录日本寻常师范学校采用书目共计 58 种,公学也相继派出或资助师范生吴稚晖、林康侯、沈庆鸿、陈懋治等赴日本专习师范教育,在仿照日本经验时,讲求尝试与变通;三是设课形式灵活,开设了类似自修、选修、必修课程;注重实践课程,培养动手能力,学习外语时,要求学生边学边译,轮流选派师范生到外院、中院充任教习。但是,师范院课程安排也存在诸多缺陷,如未曾详列学年课程计划,课程设置不够稳定,缺乏教科书,以及专业课程偏少等,这在我国师范教育启蒙探路阶段也是难以避免的。

二、教学管理与考核

师范院是公学最先建立的教育机构,也是此后逐渐设立外院、中院、上院师资来源和办学经验形成的场所，在整个公学办学中地位至关重要。公学对办理师范院各个环节都相当审慎，不仅在招考学生、聘任教员、设置课程严格把关，更注重具体的教学过程与教育方法及考核，切实培养德才兼备、中西贯通的师范生。师范院在教学过程中采取了以下主要措施。

首先，师范院初办时采用五层格培养法，即将师范生分为5个依次递升的等次。1898年《南洋公学章程》中对五层格的目标有明文规定：

第一层之格曰：学有门径，材堪造就，质成敦实，趣绝卑陋，志慕远大，性近和平；

第二层之格曰：勤学诲劳，抚字耐烦碎，就范围，通商量，先公后私；

第三层之格曰：善诱掖，密稽察，有条理，解操纵，能应变；

第四层之格曰：无畛域计较，无争无忌，无骄矜，无吝啬，无客气，无火气；

第五层之格曰：性厚才精，学广识通，行正度大，心虚气静。

五层格的实施方法是逐层升格，符合第一层者换成蓝据，第二层换成绿据，第三层换黄据，第四层换紫据，第五层换红据。晋升红据者准予充当教习或学长，递进递给，优秀者额外奖励，不合格者淘汰。颁给学生第一层格前，公学先给被录取者发给白色木版印制的试业据，报到时执试业据来校试读，学习一二个月后，符合要求者换给第一层蓝据。首批录取的师范生沈庆鸿1926年曾将他珍藏的试业据公布在《南洋旬刊》第2卷第2期上，其样式、内容如下。

南洋公学师范学堂试业据(木版印刷　白色)

今查投考师范生沈庆鸿，系江苏省松江府上海县文生。历试两场，已合第一层课格“学有门径，材堪造就”两项，应先给予试业据，准其入堂试业。俟试满一月换给第一层实据，即作为师范生，如试满二月尚未换据者，听令回家，再候传考、续补，须至据者。

光绪二十三年二月三十日给

总理何(嗣焜)

总教习张(焕纶)

按上述要求，1897年7月19日，公学公布了第一次考核结果：“查得本学堂第一层到馆试业生已届两月之期。除分别换给第一层实据外，其趣尤异，学识兼懋者，合行超拔，以示鼓励。兹将超拔各生开列于后，计开陈懋治超拔学长，补给第五层(红据)实据，张一鹏先并给第二层(绿据)实据，仍注册备拔。”这次换到第一层蓝据实据者，包括沈庆鸿等，连同陈懋治、张一鹏在内共14名，淘汰者有3人，被退回家休业。[①] 取得第一层实据的学生，即成为正式的师

---

① 何嗣焜：《呈报定格五层办法》(光绪二十三年六月二十日，1897年7月19日)。上交档：ls3-001。

范生。据文格式与试业证一样,内容按五层格各层要求书写,性质类似上课证,亦似修业证明。换得第一层格者沈庆鸿的蓝据样式为:

南洋公学师范生据(木版印刷　蓝色)

查得试业师范生沈庆鸿,系江苏省松江府上海县附生,试业师范学堂,于本年三月初七日给过试业据,并查质地已合第一层课格,应再换第一层实据,予第一层膏火,自给之后,勉益加勉,刿解前修,须至据者。

光绪二十三年五月初七日发给

总理何(嗣焜)

总教习张(焕纶)

师范生以三个月考试一次,考合上层格者递升一班;成绩表现特别优异者也可获得越级升格,如陈懋治超拔升为第五层。五层格培养法是施行奖励的依据,也是激励师范生追求上进的有效手段,实际上是一次择优挑选师资的活动。不少优秀生进校不久因获得较高层格而被选拔兼任外院、中院教习,如陈懋治、沈庆鸿等,还有学习数月即挑选出洋深造者,如章宗祥、雷奋等。五层格培养法施行于师范院开办初期,1898 年后未见递进分层的记载。

其次,学教结合,知行并进。盛宣怀、何嗣焜、张焕纶等人在办学时一贯强调实学实用,对于学为人师的师范生培养更是如此。师范院开设后,在师范院内成立外院,一为解决中院生的来源,同时也使师范生有教学实践的地方,使师范生"且学且教,规矩准绳,无不中度,一旦出充教习,自能驾熟就轻"。[①] 外院及中院的中学教习、学监甚至一部分西学课程,均由师范生轮流充任,师范生的教课成绩还被列入考核范围;公学还鼓励师范生在教学过程中动手编译教材。

再次,奏准免除师范生的岁考、科考两试,使师范生专注新学。如上所述,师范生大多具有科举功名。依照清代科举制度,生员(俗称秀才)须参加本省学政举行的巡回考试,称为岁考或岁试,若考试列入末等,秀才身份将被取消。秀才若想参加乡试以中举人,必须先参加府级的资格考试,是为科考。为使学生能专心新学,不致分心,1898 年 6 月,盛宣怀呈奏《新设各学堂学生请免岁科两试片》,奏请免除新设学堂中具有廪增附生功名的学生岁科两试。全文如下:

再,南洋公学内师范院诸生,多系举贡生监,而廪增附生为尤多,中上两院学生亦不乏名列胶庠之士。学堂功课,日计岁积,不容间旷。惟学官弟子例有

---

① 《南洋公学纲领》(光绪二十二年七月初三日,1896 年 8 月 11 日)。盛档:044964-2。

岁科两试,若于试期相率而去,则师范院学堂几空,不特外院生教课乏人,即师范生籍隶所省,就试往返,远者动辄累月,近者亦须连旬,中西各课精进难而荒废易,一曝十寒,卒业何日。窃惟国家立法之意,岁试以考学行,科试以备乡举,无非奖勤警惰,俾不至业荒于嬉。今诸生之在学堂者,日有课,月有稽,季有试,年终有大考,册报学政,按籍可稽,此项学生将来大抵皆应经济之科,乡试年分学政照册报高等调取录送,至三年中岁科两试似不同告朔饩羊,必当空存其礼。拟请嗣后新设各学堂书院内学生,凡系廪增附生一体免预岁科两试,使得专精新学,以仰副朝廷育才致用之至意。谨附片陈请,伏乞圣鉴训示。谨奏。[①]

7月7日,正处于戊戌维新运动中的光绪帝,即以"著照所请,礼部知道,钦此"的谕旨,批准了盛的奏片。此后,公学每年照会学生所在省、县,开出"各生姓名、年籍及入学捐监年份,造具清册,呈请鉴核,分咨录送乡试须至册者"。已经出洋留学的,也照例送各省、县、乡试备案。这对当时的科举制度来说,也是一种不小的变革,使得师范生及此后中院、特班、东文学堂学生中有举业者不致为科举所滞,为他们专心新学,学有所成提供重要保障;同时也为科举废除前的全国各地新式学堂突破科举藩篱打开一个缺口。

最后,注重道德情操教育。五层格培养法的具体规定,是重视学生的道德品行。总教习张焕纶提倡实学实用,并十分注重德育,在主持师范生文课时,对学生性情、品行修养极为重视。受教师范生朱树人曾说:"先生之为教也,善曲体学生之性情旨趣,而变化其气质,发达其智识,规则虽严而情意不阂,课程虽密而精力足给。其教之目的则在重器识,轻文艺,尚博爱,耻独善;恒以积学、寡过、养生三事课弟子,合于西儒德育、智育、体育之说。"[②]张焕纶还继承我国传统教育中以乐教陶冶品行的做法,为师范院编写院歌,以激励学生的爱国热情。歌凡四章,每章皆以"警"字开头,以"醒"字结尾,遂定名《警醒歌》。全歌以爱国为宗旨,唤起学生关心民族命运,担负起挽救民族危亡的重任,音调铿锵,很有感染力。现将刊载于1926年《南洋旬刊》第1卷第7期的该歌歌词全录如下:

第一章　言黄种之可危,庶几惧而思奋也。

警警警,黑种奴,红种烬,黄种酣眠鼾未竟。毋倚冰作山,勿饮鸩如酝,焚屋漏舟乐未央,八百兆人,瞥眼同一阱,醒醒醒。

---

① 盛宣怀:《新设各学堂学生请免岁科两试片》(光绪二十四年四月二十四日,1898年6月12日)。《愚斋存稿》第2卷,第29页。

② 朱树人:《创始梅溪学堂张经甫师纪念碑》。吴馨修、姚文枏等纂:《上海县续志》(1918)第10卷,第12页。

第二章　言愚柔之可耻，庶几愧而思奋也。

警警警，胚羲轩，乳孔孟，神明摇落今何剩！碧眼红髯仿佛流风韵，不耻为之奴，转耻相师证，漫漫万古如长暝，醒醒醒。

第三章　言责任之不可贷，庶几勤学勤诲也。

警警警，野吞声，朝饮恨，百年养士期何称！毋谓藐藐躬，只手擎天臂一振。毋谓藐藐童，桃李成荫眼一瞬。自觉觉人，不任将谁任，醒醒醒。

第四章　言韶光之不可再，庶几急所当务，弗骛歧途也。

警警警，水东流，日西轫，朱颜弹指成霜鬓。策驽马，追八骏，九达之衢苦不迅。矧乃縋藤凿迂径，玩物愒时，买椟珠谁问！醒醒醒。

这首《警醒歌》由师范生张在新、姚曾豫、沈庆鸿共同谱曲。每月朔望，何嗣焜、张焕纶率学生身穿礼服，向孔子牌位行礼后，由赞礼员提出此歌章目，学生们便“应声而唱歌词，奏乐者以箫管和之”，[①]一派庄严肃穆的气氛，很能激发青年学生刻苦学习，立志报效国家。这首歌曾在1897年7月《知新报》上发表，对当时学生界颇有影响，不但在师范生及其他公学学生中传唱，“校以外亦多传诵”。[②] 师范生章宗祥将《警醒歌》看成我国近代史上最早的校歌，说“校歌之作，自公学也”。[③]

三、师范生成就

师范院开办6年期间，共有81名师范生肄业，虽在校时间长短不一，然多数师范生能勤奋求知，相互砥砺切磋学业。师范生白作霖吁请在校同学“屏除一切，拼出三四年功夫，一气呵成，终身受用之为得乎”。[④] 师范生们特别对于西学功课孜孜以求，学业成绩比较优异。据1899年《二月份考察师范班西课分数单》，14名师范生选习了算学、英文、整数课程，算学均分83，其中满分者3人；英文均分77，整数均分75。张元济1901年主持校务后，对于师范院优良的学风甚为满意，“惟师范一班，现在专攻西学，积之有得，或不难中西贯通。然学额不过十人，造就终嫌未广。”[⑤]遂与盛宣怀合议添设特班，以便广为造就中西贯通之才。

---

① 南洋大学学生自治会:《南洋旬刊》第1卷第7期，1926年1月。

② 沈恩孚:《张焕纶先生传略》。《中华教育界》第24卷第10期，1937年。

③ 章宗祥:《任阙斋主人自述》。《上海文史资料存稿汇编》第1辑“政治军事”，第23页。

④《南洋公学学生考试成绩榜示名单》。西交档:2320。

⑤ 张元济:《请设特班呈文》(光绪二十七年二月，1901年3月)。《交通大学校史资料汇编》第1卷，第38页。

师范生、辛亥革命烈士白毓昆

1913年学校为白毓昆烈士所立纪念碑

如前所述，师范院创办期间，全国学制尚未施行，公学制度亦属草创，师范生肄业年限虽定为三年，实际上执行不严，也并未给师范生颁发过毕业文凭。1926年，南洋大学（交大时名）图书馆在《征求各级毕业照片》说明中提到，学校"自光绪二十七年起至民国十五年止二十六年之间，举办毕业者计六十八班，而师范班、特班尚不与焉。师范班、特班之设在办校草创之时，无所谓毕业"。①

设立师范院的最初目标是为公学培养合格的中小学乃至大学师资，这个目标在师范院成立不久即已实现。1899年8月，公学任命中院、外院各班教习章宗元等21名，均为师范生。据张元济回忆，1901年他代理总理期间，有中西文教师共24人，其中有中文教习张天爵等7人均为师范生充任，另外师范生杨振铭等10人兼任教习。② 也就是说，当时除了西文教习外，其余教习都为师范生担任。此外，外院教材的编写、学生管理也多由师范生兼任。由师范生主持的公学附小、附中一直办至1927年夏，期间相继担任附小负责人的陈懋治、吴稚晖、林康侯、沈庆鸿均为师范生，尤以沈庆鸿主持附小时间最长，贡献也最大。在师范生的主持下，南洋附小成为全国声名卓著的模范小学堂，"沪上言小学者，推此为首"。③ 这些国学修养甚高，又接受过西学知识和师范教育的师范生，主要施教附小及附中的中文课程，以及学

---

① 《南洋旬刊》第2卷第11期，1926年6月21日。

② 张元济：《追溯四十九年前近日之交通大学》。《交大周刊》第60期，1949年4月8日。

③ 章宗祥：《任阙斋主人自述》。《上海文史资料存稿汇编》第1辑"政治军事"，第23页。

师范生、国民党元老钮永建

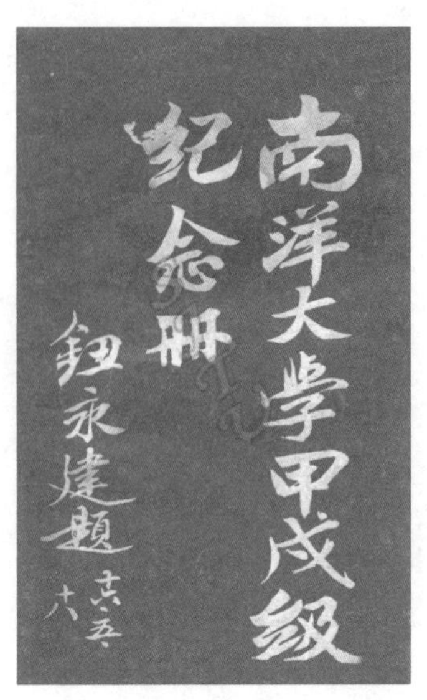

钮永建为 1927 年南洋大学纪念册题写刊名

校管理工作,为交大及其他学校输送了一大批优质生源,影响是很深远的。后来福开森曾高度评价师范生的贡献:“南洋之得今日之精神,实师范生有以启之,盖师范生均能以学业自立,且能以中国固有之文字,发挥新理,使社会知新式教育,实大有补助于中国,故至今南洋同学多能文之士,非偶然也。”①

师范生、史学家孟森

师范生的贡献不仅限于南洋公学一校,事实上更多贡献于整个社会。南洋公学师范院培养了全国最早一批专学近代师范教育的人才,适应了 20 世纪初新式教育广泛兴起时对新式师资的急迫需求。占尽师范教育先机的师范生受到了上至清政府、下至各地教育主管的重视,成为争相重金礼聘的对象。多数师范生在待遇不菲、地位优厚的条件下视教育为终生职业,倾其所学投入到兴办新式教育的具体活动中,成为开创清末民初教育的先锋。

1898 年,在校师范生吴稚晖、杜嗣程仿照公学外院办法,在无锡集资合办无锡三等公学,又参照公学《蒙学课本》编写《蒙学读本》,在当时受到社会普遍欢迎和好评,各地翻印者不可

① 福开森:《南洋之过去及将来》。《南洋大学三十年周纪念征文集》(1926)。

胜计。

1902年10月，出校不久的师范生吴馨模仿西方女子学校模式，在上海创办务本女塾，分“寻常、高等、特班”三级，成为中国人最早创办的女子学堂之一，师范生陈懋治、沈庆鸿、王维祺、陈景韩等主动前往担任义务教员。1904年，吴馨又改特班为师范专科，成为我国第一所女子师范学校。务本女塾后改为务本女子中学，今为上海市第二中学。吴馨也以兴学闻名海上，1910年被选为上海县视学兼办学总董。

首批入学的师范生王植善于1900年初离校后，接替其叔王维泰创办的育材书塾，后去日本考察教育。回国后，借鉴日本的学制、教学，对育材书塾进行改革，订立中学章程和课程。1904年改名为南洋中学。王植善忠诚于教育，淡薄功名，主持校务长达50年之久，是我国近代著名的中学教育家。南洋中学也以学制健全、设备完善、师资力量雄厚和教学质量优良闻名沪上。

像沈庆鸿、吴馨、王植善这样的兴学典型在师范生中不乏其人，如侯鸿鉴终生从事教育实践和著述，1904年创办江苏省第一所女校——私立无锡竞志女学；后任江苏省视学、福建泉州明新乡村师范校长；著有《教育学》《单级教授法讲义》《高等小学女子修身课本》等，被誉为“江苏近代教育的开拓者”。师范生黄庆澜1906年曾在上海新闸路开办三育小学堂。师范生张一鹏离校后，于1898年在苏州创办唐家巷小学，又发起“苏学会”，成为当地开办新式学堂的首创者。

师范生、著名教育家王植善(王培孙)

师范生不仅创设新式学堂以开新风，还在各地兴起的新式教育中担当重要角色。有些师范生成为教育行政管理者，如师范生范源濂清末曾任学部主事，民国年间曾两度担任教育总长，又曾出任北京高等师范学校校长。先后在教育部任职的还有陈懋治、董懋堂、许士熊、白作霖等。一些师范生出校后即得到地方督抚的重用，主持兴学大计，1901年冬，两广总督陶模邀请师范生吴稚晖、钮永建、董懋堂、陆尔奎等至粤，改广雅书院为广东大学堂，以吴稚晖为总教习。1902年继任的两广总督岑春煊广开新式学堂，并设立学务处加以管理，学务处职员胡尔霖、陆尔奎、张景良、傅运森等，多为公学师范生。可见，清末的两广成为继江南之后师范生施展身手的又一集中地。此外，执掌或执教一方教育的还有被聘为上海澄衷学堂总教习、代理校长的白作霖(白之后成为张謇办教育的重要幕僚),开创近代学校音乐教育先河的沈庆鸿,担任天津高等女学堂堂长的张相文,先后任宜兴中学、常州中学校长的胡尔霖,曾任江苏省视学、海州师范学校校长的郑鼎元,曾任浙江大学堂总教习的董懋堂,先后任复旦、清华教授的赵玉森,丹徒县教育界知名人士徐兴范,等等。还有一些师范生通过编纂教科书,惠及全国师生,如陈懋治编译《高等小学中国历史教科书》,陈懋功编《中华初小春季用修身教科书》(8册),傅运森参编《共和国新教科书·新历史(高小用)》《新字典》《辞源》等,董懋堂编《蒙学珠算教科书》,等等。对此,师范生张景良在民国初年曾说:"廿年以前,中国但有同文方言馆,偏重言文,国民教育则不知讲。自南洋公学开幕,遂有《蒙学课本》及各种教科书之出,各处学校经我同学所开创者,指不胜举。"[①]

除了教育界,师范生在政界、法学界、学界等各个领域著名者也不乏其人。如国民党元老吴稚晖、钮永建,辛亥革命烈士白毓昆、著名清史研究专家孟森、近代著名报人作家陈景韩、北洋政府司法部长张一鹏、司法部次长汪有龄等。南洋公学师范生是我国最早一批从旧学转向新学的新式知识分子,他们以得天独厚的优势在清末、民国社会舞台上成为一个个重要的角色。

1926年,师范院同学返校聚会时合影

① 张景良:《南洋公学追悼白、唐二烈士演说词》。南洋公学同学会编:《南洋》第2期,1915年6月。

第四节　附属外院、高小及教科书的编撰

一、附属外院

继师范院之后而设的是外院，即师范院的附属实验小学，成立于1897年11月9日（农历十月十五日）。这是南洋公学“师范、小学尤为学堂一事先务中之先务”办学思想的又一具体措施。

早在1896年，张焕纶在参与公学筹备时致函盛宣怀，建议“上院、中院之外宜设一外院”，首次提出开设外院的设想。张还指出设立外院的好处：“初来之生无论境诣如何，先须入外院肄业，察其品行妥当，然后可补入中院，如在外院肄业日久，仍不能升中院者，宜即出院。”照张焕纶的说法，所谓外院，是为中院新生来校试读、察其品行以便定其去留而设，是正式入学中院、上院前的试读场所，并非日后所言的小学堂性质。正因如此，张焕纶在信中又提出“小学堂宜同时并设”的建议，理由是“盖从小学堂升入中院者，将来造就易”。[①] 张焕纶筹建“外院”“小学堂”以重基础生源的设想被公学采纳，1896年南洋公学筹建章程中拟订设立“外院”，新生先入外院肄业3月，考察合格后正式升入中院；同时又在师范院名下制定招收小学生的专门条文，其招考缘由、具体办法规定如下：

> 中国民间子弟读书往往至十四五岁，文理犹不能通顺，皆由教不得法，故学亦无效。此等子弟虽入中学，仍须从事小学功夫，久费年力，岁不我与，欲求深造，常苦老大。今选八岁以外十岁以内，体壮质敏之学生一百二十名，选入师范院，分作六班，按年递升一班，第一班卒业挑入公学中院，另选二十名补充第六班。此项小学生即令师范院之高才生分教之，使其且学且教，规矩准绳，无不中度，一旦出充教习，自能驾熟就轻。

鉴于我国少年学到十四五岁因“教不得法”而难能升入中学继续深造的现状，公学决定从启蒙教育着手，招收8—10岁幼童120名，分成6班，逐年递升一班，毕业班升入中院；师范院内高材生轮流担任教习，也能成为师范生的教学实践场所。筹备章程中虽然在名称上只称“外院”而没有出现“小学堂”，然从办学性质上来说，显然类似小学堂的做法。但在随后实际办学过程中，原本有所差异的外院、小学堂合二为一，并称作外院。

师范院成立后，何嗣焜、张焕纶便着手筹备建立附属小学堂。1897年8、9月间，公学拟

---

① 张焕纶：《南洋公学教育事宜》（约光绪二十二年，1896年）。盛档：044458－4。

订《南洋师范学堂招考外院生规条》,刊登于《经世报》《萃报》《实学报》《集成报》等报刊。《规条》首先注明报考外院生基本条件及须知事项:"本学堂现拟招考外院生年在十岁左右至十七八岁为限,开明籍贯、年岁、三代,向读何书,曾否习过西文西学,先期赴徐家汇本学堂报名,以八月初六日为始,至廿五日截数,再行登报示期,挨班传考。"继而是具体规条:

一、招考之格,现在略依年岁分作四班,第一二班,试以论说,取文理明畅者;第三班取讲解明晰、默写清楚者;第四班取背诵不讹,略能讲解,口齿清朗者。各班尤以性情朴厚、资禀聪颖、气体充实、身家清白四者为决取之的,其专习西学未习中学者弗录。其奢傲玩惰已染时习者,质虽敏弗录。届期挨班面试,广延名人监视,按格填定分数,公核去取。以每班三十名,共百二十名为额。如有溢额,备取候补;如可取者少,宁缺弗滥。

一、取定各生一概拨入外院,试读三月再甄别去留,以备递升中院、上院。甄留之生,须觅的实妥保,具函报送,保人须居上海有名望者,再由本生或父兄具结两纸,一存学堂,一送有司衙门备案。中上院生亦各分四班,升至上院首班方为卒业,升班视中西学业为定,不限年次,卒业者考选咨送录用,另具结章,其未卒业而中止者,照结议罚追费。

一、外院生修膳由学堂代备,惟中西纸笔、读本、剃头、点心、洗衣、节赏、院使,每节半元等零用,由学生自备,每节酌数预存账房,登账备用,升至上中院生,除免修膳外,照班次酌给膏火。

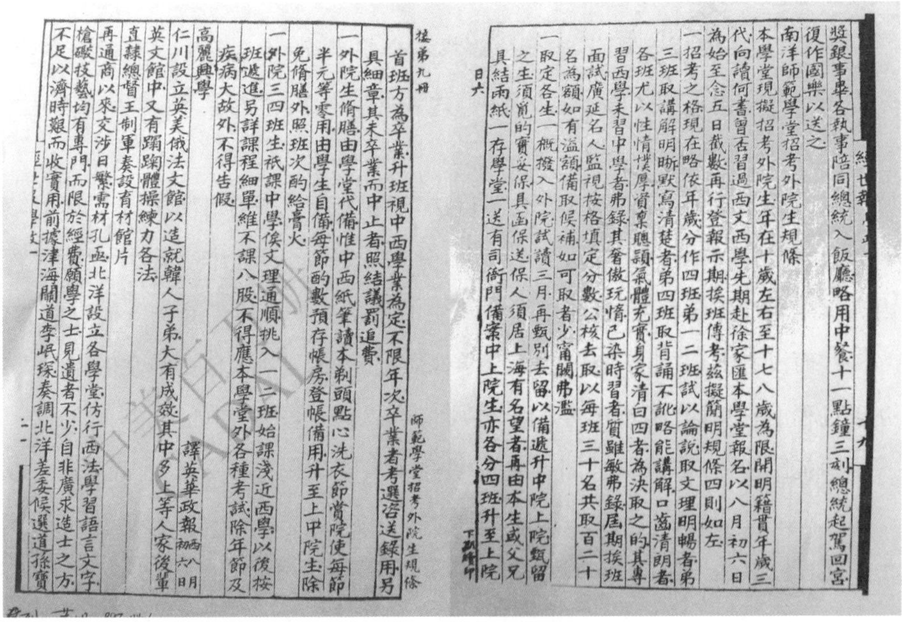
奬銀事畢各執事陪同總統入飯廳略用中餐十一點鐘三刻總統起駕回宮
復作國樂以送之
南洋師範學堂招考外院生規條
本學堂現擬招考外院生年在十歲左右至十七八歲為限開明籍貫年歲三
代向讀何書曾否習過西文西學先期赴徐家匯本學堂報名以八月初六日
為始至念五日截數再行登報示期挨班傳考茲擬簡明規條四則如左
一招考之格現在略依年歲分作四班第一二班試以論說取文理明暢者第
三班取講解明晰默寫清楚者第四班取背誦不訛略能講解口齒清朗者
各班尤以性情樸厚資稟聰潁氣體充實身家清白四者為決取之的其專
習西學未習中學者弗錄其奢傲玩惰已染時習者質雖敏弗錄屆期挨班
面試廣延名人監視按格填定分數公核去取以每班三十名共取百二十
名為額如有溢額備取候補如可取者少甯闕弗濫
一取定各生一概撥入外院試讀三月再甄別去留以備遞升中院上院甄留
之生須覓的實妥保具函保送保人須居上海有名望者再由本生或父兄
具結兩紙一存學堂一送有司衙門備案中上院生亦各分四班升至上院
首班方為卒業升班視中西學業為定不限年次卒業者考選咨送錄用另
具細章其未卒業而中止者照結議罰追費
一外院生脩膳由學堂代備惟中西紙筆讀本剃頭點心洗衣節賞院使每節
半元等零用由學生自備每節酌數預存帳房登帳備用升至上中院生除
免脩膳外照班次酌給膏火
一外院三四班生祇課中學俟文理通順挑入一二班始課淺近西學以後按
班遞進另詳課程細單維不課八股不得應本學堂外各種考試除年節及
疾病大故外不得告假
師範學堂招考外院生規條
高麗興學 譯英華政報 西八月初六日
仁川設立英美俄法文館以造就韓人子弟大有成效其中多上等人家後輩
英文館中又有蹴踘體操練力各法
直隸總督王制軍奏設育材館片
再通商以來交涉日繁需材孔亟北洋設立各學堂仿行西法學習語言文字
槍礮技藝均有專門而限於經費願學之士見遺者不少自非廣求進士之方
不足以濟時艱而收實用前據津海關道李岷琛奏調北洋差委候選道孫寶

1897 年,《经世报》连载《南洋师范学堂招考外院规条》

一、外院三四班生只课中学，俟文理通顺，挑入一二班，始课浅近西学，以后按班递进，另详课程细单。惟不课八股，不得应本学堂外各种考试。除年节及疾病大故外，不得告假。[①]

《规条》第一条就外院招考班数、学额、录取办法、总体要求，以及各班不同要求作了详细约定，特别指出两类学生，即“专习西学未习中学者”“奢傲玩惰已染时习者”坚决不予录取，说明公学在招考时注重考生的中学根基与品行纯朴。其他三项实际上与外院招生考试关系不大，而是针对录取入校学生而言，分别就录取手续、递升办法、毕业前途、学宿费用、课程要求等方面做了原则性要求。这样做大致是因为南洋公学初办，在招考时详细说明一切，有利于考生、家长及外界人士明晓公学办校目标、学制课程、教学要求等一般情况。

10 月 5 日，公学在师范院内设立考场，招考外院生，报名应考者约百余人，由师范生负责监考、阅卷；因学额未满，不久又补招数次，共招考年龄在 8 岁至 18 岁之间的学生 80 余名。11 月 9 日，外院正式开学上课，校舍设于公学临时租来用作师范院的校舍里。

按照“试读三月再甄别去留”的规定，1897 年底，除 11 名学生外，大部分外院生通过考核得到肄业据，获得正式入读外院的资格。1898 年 4 月 1 日，何嗣焜依据月考成绩，再次就外院生去留事宜发布示谕，5 名学生获得肄业据，6 名(含 1 名上年已给据者)留校再察看，另有 1 名除名。可见，与师范院一样，外院也试行较为严格的试读制度，这和张焕纶的新生试读主张是相一致的。外院生正式入院后，依据“年龄之长幼不齐，学业之浅深各异”，分为大、中、小三个班级，每班又分正、次两级，半年升一级，每班一年递升，正大班肄业考验合格后升入中院末班，实现与中院制度相衔接。如此，外院学制为 3 年，这与原定“分作六班，按年递升一班”的 6 年学制相比缩短了一半时间。

即便是定为 3 年 6 级的学程，也因开办中院过程中缺乏生源，外院生一再被提前越级升入，使得外院自身教育目标在不断为中院提供生源的过程中迷失，既定的学制未能完全实施。1898 年 4 月，何嗣焜遵照盛宣怀赶紧开办中院的指示，在难以招收到合格生源的情况下，将外院大班生胡礽泰(后更名胡鹏运)等 13 人、次大班胡敦复等 7 人共计 20 人，升作中院第四班生以成立中院。这与原定“一年以后大抵大班可升中院第三四班”的计划有所提前，虽然对极个别学生来说，属于不拘一格被选拔升入中院，但从总体上来说，这是一种急于求成的做法。1898 年 7 月，外院举行第二次招生，选录新生 80 名，依照入学程度和年龄补充进入各班，大班基本为新生。大班生继续不定期地挑为中院生，中、小班也随之变动，外院各

① 《经世报》(旬刊)，第 9 册、第 13 册，1897 年 8 月、9 月。

班人数逐渐减少,原定3班6级制度因学生难以成型,使外院形同虚设。到1899年3月,公学将外院改称外班,分外班甲乙、留学甲乙,共计4班,此处"留学"是原外院低年级班次,并非为出国留学而作预备。及至1899年底,外班学生大部分升入中院,外院正式停办,仅留外班甲乙两班、留学三班,作为提供中院生源的预备。后又将外班、留学班更名为中院五班、六班,直接成为中院的组成部分。

外院学生程度参差不齐,年龄差距较大,但这些学生来校前均受过私塾教育,加上招考时首重中学,因此外院生的中文程度已有相当基础,西学程度偏低,多数人从未接触过。福开森1926年在《南洋之过去及将来》一文中高度评价了外院生的中文程度:"虽今日大学之毕业生,亦难望其项背。"师范生张景良也曾说,外院生"国文因受过家庭的训练,程度大都已清楚可观,所缺的是时务上学科",①这里所指"时务上学科"即以数理为主的西学课程。根据外院生知识特点,外院课程分中学、西学两大类,侧重西课。据1898、1899年学生月考榜示名单下所列成绩,大致可以获得一些课程信息:1898年3月仅列外院中学、西学两门成绩,5月开列中课、算学、英文、绘图4门;1899年3月改称外班后,榜示课程中留学甲乙分整数、算学、中课3门,外班甲乙加上英文,计4门,与当时中院生所上课程一致,并且以后逐月相同,说明此时课程已趋于定型,并直接与中院课程对接。关于中课的教学内容,曾任教于外院的师范生张相文年谱中有些记载,他于1899年进入南洋公学,"充师范生,兼教留学班国文、地理等课",1900年"仍教读于南洋公学,留学班升外院乙班,教外班外,有时亦教他班,所教者为国文选读,如三通序、日本国志序、文章轨范、那珂通世之支那通史、桑原隲藏之东洋史要等"。② 可见,国文、地理两课已单列,历史尚包含于"国文选读"之中,所用教材除传统典籍如《文章轨范》外,还使用日本学者的史地著述。

外院教师主要是师范生兼任。1899年8月,公学任命的外院各班教习,均为师范生,他们是:

> 外班甲班文课兼监温课为冯善徵、赵玉森,学课为董懋堂;
>
> 外班乙班文课为胡尔霖,学课为章宗元、王植善,监课为沈庆鸿、吴馨;
>
> 外班新班文课兼监温课为郭振清、张天爵,学课为钮永建;
>
> 留学甲班教习张景良、徐兴范、刘念谋;
>
> 留学乙班教习吴廷珍、陈懋和、胡洪骓。

① 张景良:《旧南洋的旧话》。南洋周刊社:《南洋大学学生生活》(1923),第35页。

② 张星烺编:《泗阳张屯谷居士年谱》(1935年铅印本),第8-9页。

师范生还兼任外院生管理事宜，外院生全部住宿校内，每班配一名师范生担任学监。学监执行学校规约时认真负责，一丝不苟。曾任学监的师范生张景良后来回忆说："这般学监都手执二尺许的竹片在学生左右，早有早巡，昼有昼巡，夜有夜巡，随时随地地观察，见学生听讲不注意，读书不认真，都一一记下，下课时罚面壁或打手心。夜间九点钟课毕，师范生（学监）就把他们押入卧室就寝。卧室中每夜有两位学监值宿，半夜里还要起来看学生被头是否盖好。"①

与师范院一样，外院也编有院歌，名曰《四勉歌》，共四章，分和厚、肃静、勤奋、整洁，劝勉学生"立志要做好男儿"，成为对国家对社会的有用之人。歌词言简意赅，是非鲜明，便于理解与记忆，利于自勉并修行。歌词全文如下：

其一：和厚

和厚歌，歌和厚。在家敬父兄，出外亲师友。推肥让甘莫争先，服劳忍屈莫退后。和厚之气气如春，春风触处出荣茂。不和不厚如秋冬，秋冬满目成荒瘦。国和一国强，家和一家阜。立志要做好男儿，听我歌和厚。

其二：肃静

肃静歌，歌肃静。出口要安舒，举足戒驰骋。动时枚马声不闻，静时木鸡眼不瞬。肃静之气像澄波，波澄鉴物无藏影。不肃不静像摇波，波摇顷刻成昏浑。身肃有威仪，心静增聪颖。立志要做好男儿，听我歌肃静。

其三：勤奋

勤奋歌，歌勤奋。君子无所争，当仁有不逊。愚柔非虑怠可虑，明强非胜勤者胜。譬彼赴远道，驭骥同发不同轫。又如徙高冈，勇怯异到不异径。一奋无难事，一退落千仞。立志要做好男儿，听我歌勤奋。

其四：整洁

整洁歌，歌整洁。唾涕内则戒，洒扫弟子职。整洁非徒肃观瞻，洁净且能却秽疾。譬彼皎皎月，拨开云雾清光溢。又如油油禾，芟夷稂莠良苗茁。整则有精神，洁则清气血。立志要做好男儿，听我歌整洁。②

外院学生额定120名，若分6班每班20名，若分4班则每班30名。实际入学肄业者不足100人，甚至整个外院、外班时期学生数都在80—100人之间。据1936年《交通大学校友

① 张景良：《旧南洋的旧话》。《南洋大学学生生活》(1923)，第35页。

② 《南洋旬刊》第1卷第3期，1925年11月。

录》标明“民元前 15 年 9 月”(即 1896 年 10 月)入学的外院生共计 82 名,这应是外院开学时的人数。公学每月要举行中西课程的考试,考试成绩要张榜公示,据此可知历年外院在校人数,兹列表如下:

表 2-6 南洋公学外院在校人数表(1898)

班别 人数 时间	大班	次大班	中班	次中班	小班	次小班	合计
1898.3	11	8	8	11	11	33	82
1898.9	21	21	16	17	12	14	101

表 2-7 南洋公学外班在校人数表(1899—1900)

班别 人数 时间	外班甲	外班乙	留学甲	留学乙	合计
1899.3	18	29	17	18	82
1899.9	24	23	20	15	82
1900.3	31	20	27		78

外院学生没有举行毕业式,除了因故中途离校外,不少学生都直接升入中院肄业。曾在外院肄业且日后有所成就的学生有:数学教育家胡敦复,近代资产阶级革命者秦毓鎏、张肇桐,地质地理学家童世亨,现代采矿学家、教育家蔡远泽,我国第一位物理学博士李复几,近代史学家张星烺,著名博物馆学家马衡,等等。

外院的建立,可大致视为对应我国三级学制的小学教育。吴研因、翁之达合撰《三十五年来之中国小学教育》称,公学外院标志着我国“公立正式的小学的呱呱坠地”。[①] 又以其在中国近现代教育史上的首创性,被誉为“我国最早公立的新式小学”。[②] 外院的创办与发展演变,推动了江浙一带初等教育的发展,在它的直接或间接影响下,1898 年无锡俞复等人创办了三等公学堂,1899 年苏州陆基等人开办了崇实蒙学堂。

二、附设高等小学堂

随着 1899 年外院裁减为外班,外院建制也就取消。虽然大部分外院生被提前升入中

① 参见商务印书馆编:《最近三十五年之中国教育》,商务印书馆 1931 年,第 1 页。

② 荣孟源主编:《中国历史大辞典・清史卷(下)》,上海辞书出版社 1992 年版,第 521 页。

院，使中院得以很快办成，到1899年下半年开学时，中院已有二、三、四三个年级59名学生，但是越级而上的中院生学课程度普遍偏低，“皆不能全知普通学门径，其素学于中院中等课程碍难直接示教，不免多所迁就。”[①]此外，已成为中院预备性质的外班学生也因西学基础薄弱难以递进中院，因急于造就人才而导致中院学生难以适应所学的弊端，到1901年时已尽显现。当年中院首届学生7人毕业，但“二班、三班功课资质又均相去悬殊，未能按年递升”，[②]公学在中院毕业生人数少、且后继生源缺乏的情况下，不得不暂缓开设上院。

对于不顾学生实际而带来培养质量上的问题，何嗣焜也早已洞察并及时予以调整纠正。其办法是恢复创办之初先办外院的做法，设立一所正规体系的高等小学堂。1900年夏，他动议在公学内“先办一高等小学以立模范，再于江苏南北分设同等之小学八所，使内地渐开风气，而将来中院生即从此取才”。[③] 得到盛宣怀批准后，即命师范院学长陈懋治仿照日本小学堂办法规划一切。因受义和团运动影响，开办事宜有所延宕，至当年底始招考学生74名，聘定教习6名。1901年初正拟开学，公学总理、附小创议人何嗣焜不幸逝世。张元济代理其职后，遵照盛宣怀的指示，首先筹备高等小学堂开学。3月20日（农历二月初一日），南洋公学附属小学堂正式开学，到校学生72名，长者十二三岁，幼者七八岁，程度也参差不齐，暂分高等末班、补习两班，每班36人。附小先借中院为校舍，后迁至上院空余屋舍权作上课住宿之用；除收取学费外，不足经费全部由公学支出。原拟按照本校附小设置办法，在江苏各地分设小学堂8所，后来未能实现，但公学曾采取捐赠方式，资助过江苏各地兴建小学堂，如多次赠款予师范生章宗宪在常州主持的溪南小学堂等。

1901年开学后定名“南洋公学附属小学堂”，由张元济会同吴稚晖、陈懋治等拟定《试办附属小学堂章程》先行试办，明确附小的性质是：“习最浅之普通学，为中、上院内各普通学立之基础”。将到校学生分为甲、乙两班，“已读书晓字义者为甲班，仿习各国高等小学课程；略读书而知识未开者为乙班，补习各国寻常小学课程”。甲班为高等科，3年卒业，内分六级每半年递升一级；乙班为补习科，定4年卒业。另对管理、教习、教材、学额、考核等也有所规定，初步勾勒出一所类属高等小学堂的办学方针与一般原则。开办第二年，清政府制订公布首个学制《钦定学堂章程》，1904年又正式颁行《奏定学堂章程》，公学遵照其中《钦（奏定）高

---

① 《试办附属小学章程》（光绪二十七年三月二十六日，1901年5月14日）。西交档：2324，卷名《南洋公学有关办理小学呈请批复及章程等件》（1901—1904）。

② 盛宣怀：《批复缓办上院文》（光绪二十七年七月二十五日，1901年9月7日）。《交通大学校史资料选编》第1卷，第71页。

③ 《学堂纪事》。《邮传部上海高等实业学堂附属高等小学十周纪念册》，文明书局宣统二年（1910）代印。

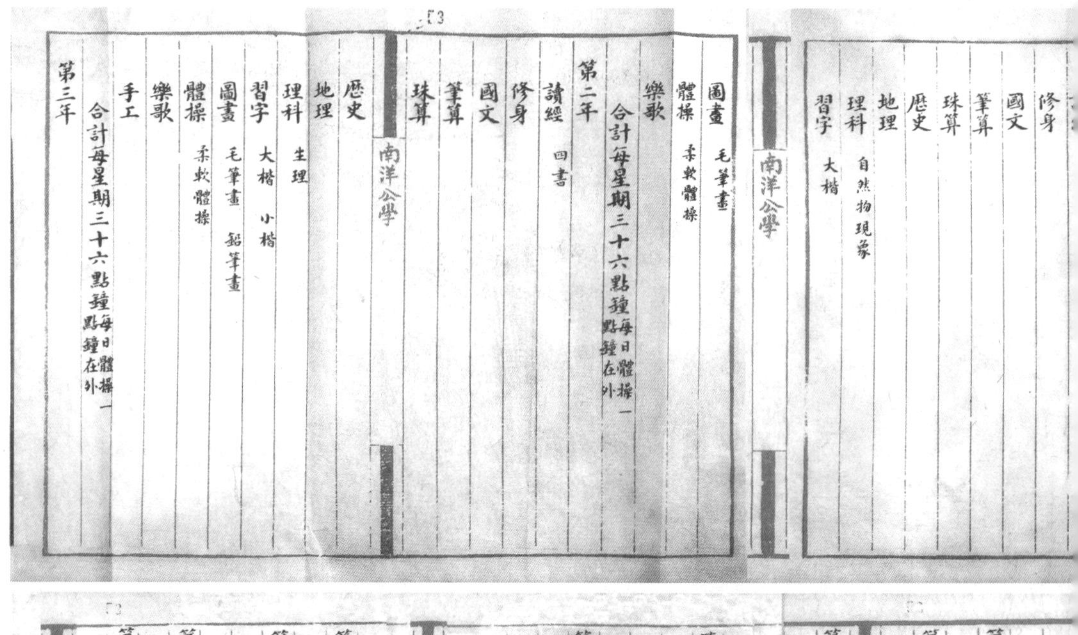

修身
國文
筆算
珠算
歷史
地理
理科 自然物現象
習字 大楷
圖畫 毛筆畫
體操 柔軟體操
樂歌
合計每星期三十六點鐘 每日體操一點鐘在外
第二年
讀經 四書
修身
國文
筆算
珠算
歷史
地理
理科 生理
習字 大楷 小楷
圖畫 毛筆畫 鉛筆畫
體操 柔軟體操
樂歌
手工
合計每星期三十六點鐘 每日體操一點鐘在外
第三年

許可領班得整齊本室之事凡衣服器物之整齊清潔與否皆得檢查
第三節 盛夏每早六點鐘嚴冬每早六點半鐘一律皆起無論何時每夜十點鐘一律息燈安臥均不得遲延
第四節 單被褥每半月洗一次衫褲襪每星期洗一次由監學編定次序牌示學生按次洗濯不得規避
第五節 學生如攜有貴重物件整數銀錢交監學收藏以免遺失

第五章 膳廳
第一節 每日午前七點鐘早膳 星期日遲半點鐘 十一點半鐘午膳六點鐘晚膳前五分鐘值席僕人將菜蔬碗箸一律排齊搖鈴一次一齊入座每席必有教員學監同食以便稽察食物惟占坐某席不必限定
第二節 教員監學生統應在膳廳會食惟遇疾病不拘此例

第六章 雜載
第一節 入學資格學年以十二歲為度學業以能答問作小論略通淺近歷史地理算學為度
第二節 學生費用每年膳費洋銀三十六圓分春秋兩期開學時繳納另備雜費銀二十圓體操衣帽在內如有餘賸放學給還本人
第三節 學生每逢假期欲歸家者當由家屬領回設有要事即非假期亦得由家屬到堂告明緣由即行領回限日來館
第四節 行禮儀節休假日期賞罰章程凡所未載均照公學章程辦理以昭劃一而免歧出

1904 年南洋公学高等小学堂章程。原件现存西安交通大学档案馆

等小学堂章程》，结合自身办学的实际经验，拟定《南洋公学高等小学堂章程》，确定办学宗旨，完善规章制度。章程"立学总义"明确规定教学宗旨："矫近代教育偏重文字之弊，设普通完备学科，使学者得受普通之知识。"指明办学性质与名称："小学堂为南洋公学中学堂之预科，故定为高等小学堂。"[①]1903 年秋，首届学生毕业时，取消补习科和六级升班法，正式定学制为 3 年，一所规范的高等小学堂正式建成。到 1904 年，高小师资优良、学科趋于完备、教学质量提升较

① 《南洋公学高等小学堂章程》(1904)。《交通大学校史资料选编》第 1 卷，第 52 页。

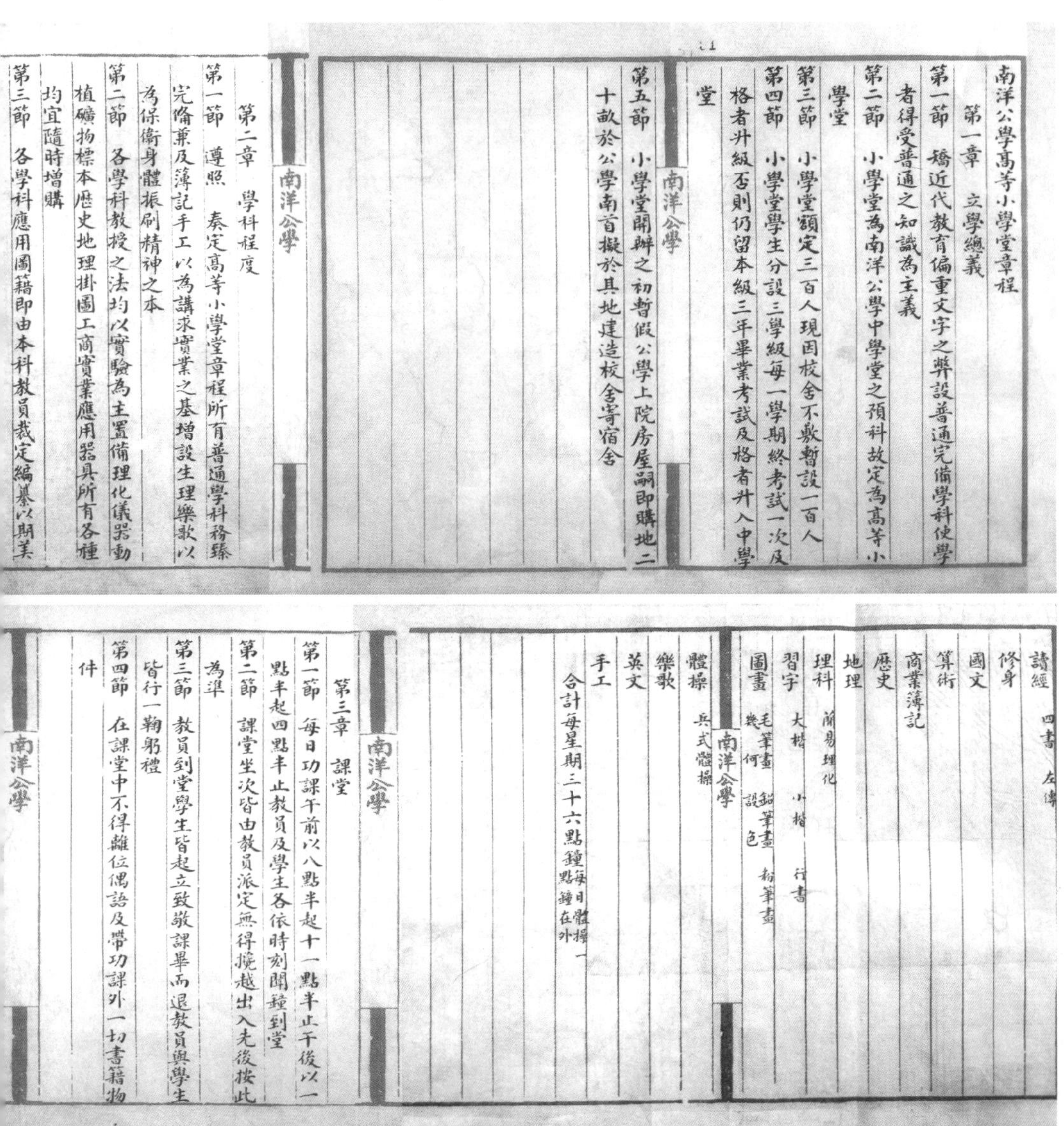
南洋公學高等小學堂章程

第一章　立學總義

第一節　矯近代教育偏重文字之弊設普通完備學科使學者得受普通之知識為主義

第二節　小學堂為南洋公學中學堂之預科故定為高等小學堂

第三節　小學堂額定三百人現因校舍不敷暫設一百人

第四節　小學堂學生分設三學級每一學期終考試一次及格者升級否則仍留本級三年畢業考試及格者升入中學堂

第五節　小學堂開辦之初暫假公學上院房屋嗣即購地二十畝於公學南首擬於其地建造校舍寄宿舍

第二章　學科程度

第一節　遵照　奏定高等小學堂章程所有普通學科務臻完備兼及簿記手工以為講求實業之基增設生理樂歌以為保衛身體振刷精神之本

第二節　各學科教授之法均以實驗為主置備理化儀器動植礦物標本歷史地理掛圖工商實業應用器具所有各種均宜隨時增購

第三節　各學科應用圖籍即由本科教員裁定編纂以期美

讀經　四書　左傳

修身

國文

算術

商業簿記

歷史

地理

理科　簡易理化

習字　大楷　小楷　行書

圖畫　毛筆畫（幾何）　鉛筆畫（設色）　粉筆畫

體操　兵式體操

樂歌

英文

手工

合計每星期三十六點鐘（每日體操一點鐘在外）

第三章　課堂

第一節　每日功課午前以八點半起十一點半止午後以一點半起四點半止教員及學生各依時刻聞鐘到堂

第二節　課堂坐次皆由教員派定無得攙越出入先後按此為準

第三節　教員到堂學生皆起立致敬課畢而退教員與學生皆行一鞠躬禮

第四節　在課堂中不得離位偶語及帶功課外一切書籍物件

快，办学声誉渐高，“几为东南数省小学堂之冠，士论翕然。”①

课程设置方面，试办时参照日本高等师范学校各附属小学，分修身、读书作文（即国文）、史事（即历史）、地理、物理、算术、习字、图画、体操 9 门，课本全用中文，由教习自行编译。1904 年《南洋公学高等小学堂章程》规定“所有普通学科务臻完备，兼及簿记、手工，以为讲求实业之基；增设生理、乐歌以为保卫身体，振刷精神之本”，对学科设置的要求明晰，并遵照清政府所颁学制有所增

① 张美翊：《呈请派陈懋治、沈庆鸿赴日留学》（光绪三十年，1904）。西交档：2324。

减。章程还强调:“各学科教授之法均以实验为主,置备理化仪器,动植矿物标本,历史、地理挂图,工商实业应用器具,所有各种均宜随时增购”。[①] 高等小学堂按此要求排列课程,编写教科书,比之外院更加系统和完善。现将该章程所定各年级课程名目、程度及每星期授课时间列表如下。

表 2-8 南洋公学高等小学堂课目、程度及每星期授课时刻表(1904)

第一学年		第二学年		第三学年	
课名	程度	课名	程度	课名	程度
读经	孝经	读经	四书	读经	四书 左传
修身		修身		修身	
国文		国文		国文	
笔算		笔算		算术	
珠算		珠算		商业簿记	
历史		历史		历史	
地理		地理		地理	
理科	自然 物 现象	理科	生理	理科	简易理化
习字	大楷	习字	大楷 小楷	习字	大楷 小楷 行书
图画		图画	毛笔画 铅笔画	图画	毛笔画 铅笔画 粉笔画 几何 设色
体操	柔软体操	体操	柔软体操	体操	兵式体操
乐歌		乐歌		乐歌	
		手工		英文	
				手工	
合计每星期三十六点钟(每日体操一点钟在外)					

资料来源:《南洋公学高等小学堂章程》(1904)。

与1904年1月清政府颁行的《奏定高等小学堂章程》相比,公学高等小学堂课程设置与其大体相符,每学年均有修身、读经、国文、地理、历史、图画、体操等基本课目。其不同点也有几处,最大的不同在于公学高等小学堂学制是3年,而后者为4年,到1907年秋公学小学堂即改为4学年;其次,在课目种类上要多于《奏定高等小学堂章程》所定课目,后者每学年均为9门课程,而公学3学年分别是12、13、14门,增加课目有每级开设的乐歌、习字,三年级增开手工、商业簿记、英文等,所习课程要重于规定课程。其中乐歌一课,开设于1903年,

① 《南洋公学高等小学堂章程》(约1904)。《交通大学校史资料选编》第1卷,第52页。

由教习沈庆鸿仿自日本小学堂，是我国近代小学中最早设置的音乐课程。其开设情形，沈庆鸿后来曾记道："光绪二十九年春，教员林康侯、沈庆鸿自日本调查学务，先后回校，将各科稍事调整，体操口令改用国语，加唱歌一科，请诸提调张让三先生，得购小风琴一，一时歌声琴声洋洋盈耳焉！"①

高年级英文课程正式开设于1904年春，课本购自欧美，学生"以毛笔白关学习横行之字"②。最后在授课时数上，公学每星期授课36小时，和法定时数相同，但未将每日体操1小时计算在内，若加上则每星期超过40小时。因此，在授课时间、授课科目，公学高小均多于国家法定数量。以上课程异同之处，说明公学附小在遵守国家教育法令的前提下，根据自身办学经验进行了适当调整与改进。

高等小学堂是公学的一个组成部分，是最基础的教学单位，其最高行政权当然属于公学总理(总办)、督办。公学高小时期，张元济、劳乃宣、沈曾植、汪凤藻、刘树屏、张美翊、张鹤龄先后担任总理，督办一直是盛宣怀，他们或多或少参与了高小的决策与管理。督办、总理之下设管理员1人，监学1人。管理员是实际负责人，"专司稽查学生功课及小学一切事宜"，原定由师范生学长陈懋治担任，高小开办时陈因病请假，暂由师范班另一学长吴稚晖暂代其职。1901年5月吴稚晖辞职，陈懋治销假就职，改称总教。1902年冬，陈又因病暂时离职半年，留日考察教育1年的师范生林康侯代理其职，1904年陈懋治辞职赴日本考察教育，林康侯继任，直至1911年。公学期间高小的三任负责人均为师范生，且都曾被公学派赴日本留学考察师范、小学教育，这也可以看出高小在全国学制尚未颁行、无所依凭的情况下，主要是参照日本经验来办学的。诚如陈懋治所言："余监南洋公学小学，定科目、编课本，教授管理俱规仿日本。"③

总教之下的监学，相当于事务长，"总理生徒起居及一切琐事"，汪士瀛、吴廷珍、汪荣宝、范本安、陆承济、陈容先后出任或兼任监学。教员方面，初办时只有两班两级，聘定朱念椿、王鸣时、汪士瀛、吴廷珍、林康侯、吴治俭(中院教习)6名教习。以后三班三个年级办成，教员有所增加，一般维持在8—10名之间。公学期间先后担任教习共计19人次，除上述最早的一批教员外，还有王鸣和、周德裕、吴廷璜、张景良、陆承济、汤存德、胡诒谷、陈廷甲、潘灏芬、沈庆鸿、张在恭、陈文蔚、陈容等13名，其中师范生有8名，约占总教员数42%，比之于师范生占绝对多数的外院教习已稍逊一筹，但师范生在高小，无论是管理上还是师资上，仍是

---

① 沈庆鸿:《校史述略》。《交通大学上海学校附属高等小学堂二十周纪念册》(1921)。

② 沈庆鸿:《校史述略》。《交通大学上海学校附属高等小学堂二十周纪念册》(1921)。

③ 陈懋治:《〈小学唱歌教授法〉序》。(日)石原重雄著，沈庆鸿译:《小学唱歌教授法》，文明书局1905年版。

最主要的力量。

高小初办时“每班额定三十人,考选时宽取六名以备剔除”,入学年龄定在8—13岁之间。[①] 之后定学额300名,因校舍不敷,暂设100名,入学总体要求是“入学资格,每年以十二岁为度,学业以能答问作小论,略通浅近历史、地理、算学为度”,[②]考选学生时除了要求体格健康外,对各科目所习程度也作了严格的规定:

> 文法以能自属句为度;书法以能作通行小楷为度;算法以笔算能演四法混合问题为度;珠算能演小九九及大九九为度;历史以不论用何种教科书,但以能习上古史、能笔述大意为度;地理以已习中国疆域之大略、五洲之简图为合格;物理以能述动物植物矿物等大略与其形象质性并各物与人关系之事为及格。[③]

学生考取入学后,每学年须缴纳膳费洋银24元,分春秋两季开学时缴纳,而此前外院生学宿费全免。1904年因公学经费紧张膳费增至36元,另备杂费洋银20元,如有余款放假时退还。高小实行寄宿制管理法,旨在“养成(学生)整齐清洁之习惯,导以重公德、知卫生,以力矫苟且、污浊、怠慢、矫纵之弊”。凡学生一律住宿校内,由教员、监学兼生活管理之职。盛夏每早六时起床,每晚十点一律熄灯。每日上午八时半至十一时半,午睡后一时半至四时

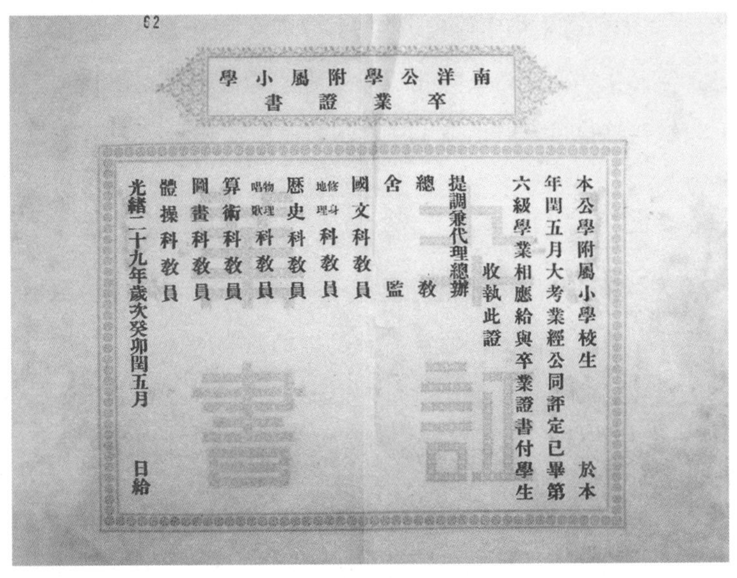

南洋公學附屬小學
卒業證書

本公學附屬小學校生　於本
年閏五月大考業經公同評定已畢第
六級學業相應給與卒業證書付學生
收執此證
提調兼代理總辦
總教
舍監
國文科教員
修身地理科教員
物理唱歌科教員
算術科教員
圖畫科教員
體操科教員
光緒二十九年歲次癸卯閏五月　日給

1903年6月,南洋公学高等小学毕业证书式样

① 《试办附属小学章程》(光绪二十七年三月二十六日,1901年5月14日)。西交档:2324。

② 《南洋公学高等小学堂章程》(1904)。《交通大学校史资料选编》第1卷,第54页。

③ 《南洋公学高等小学堂现行规则》(1901)。西交档:2324。

半，教员学生一律闻钟到堂上课。为养成学生整洁之习惯，每寝室公举领班生一人，检查衣服物品是否整洁。同时还有舍长（几室选一人）和学监轮回巡视，严格照章办理。当时的管理确实细致又很严厉，如上述小学堂章程第四章规定，学生"单被褥每半月洗一次，衫裤袜每星期洗一次"，学监即编定次序，牌示学生按此洗濯，不许规避。进膳厅吃饭规定"菜蔬、碗箸一律排齐，摇铃一次，一齐入坐。每席必有教员、学监同食，以便稽察食物"。节假日回家一律由家长领回。每学期期终评定操行优劣，连同学业成绩通知父兄。[①] 可见，当时对学生学业和行为要求十分严格。

由于入学后学业较重，管理又十分严格，每年都有一些学生不堪重负退学而去，人数逐级递减，实际每年在校生都低于既定学额。据 1910 年高等小学堂编《上海高等实业学堂附属高等小学堂十周纪念》所载"历年学制变更生徒增减合表"，可以列出 1901 年至 1905 年上学期在校生简表。

表 2-9　南洋公学高等小学堂历年在校学生人数表(1901—1905)

<table>
<tr><td>学年</td><td colspan="2">1901</td><td colspan="2">1902</td><td colspan="2">1903</td><td colspan="2">1904</td><td>1905</td></tr>
<tr><td>学期</td><td>上</td><td>下</td><td>上</td><td>下</td><td>上</td><td>下</td><td>上</td><td>下</td><td>上</td></tr>
<tr><td>补习科</td><td>36</td><td>36</td><td></td><td></td><td></td><td></td><td></td><td></td><td></td></tr>
<tr><td rowspan="2">一二学级/一年级</td><td rowspan="2">36</td><td rowspan="2">34</td><td>22</td><td>12</td><td></td><td rowspan="2">32</td><td rowspan="2">37</td><td rowspan="2">37</td><td rowspan="2">33</td></tr>
<tr><td>16</td><td></td><td></td></tr>
<tr><td rowspan="2">三四学级/二年级</td><td rowspan="2"></td><td rowspan="2"></td><td>16</td><td>17</td><td>20</td><td rowspan="2">20</td><td rowspan="2">20</td><td rowspan="2">31</td><td rowspan="2">30</td></tr>
<tr><td>17</td><td>22</td><td>13</td></tr>
<tr><td rowspan="2">五六学级/三年级</td><td rowspan="2"></td><td rowspan="2"></td><td></td><td></td><td>16</td><td rowspan="2">13</td><td rowspan="2">15</td><td rowspan="2">28</td><td rowspan="2">26</td></tr>
<tr><td></td><td>17</td><td>18</td></tr>
<tr><td>总数</td><td>72</td><td>70</td><td>71</td><td>68</td><td>67</td><td>65</td><td>72</td><td>96</td><td>89</td></tr>
<tr><td>学额</td><td colspan="8">72</td><td>110</td></tr>
</table>

注：1902 年至 1903 年上半年，分一至六学级，每学级半年。此外每级一年。

到 1905 年上半年公学结束，高小共毕业两届学生，分别为 1903 年 7 月毕业的周厚坤等 16 名，1904 年 7 月毕业的过探先等 27 名，合计 43 名。1905 年因改为 4 年学制，未有学生毕业。两届毕业生大都进入中院肄业，为中院乃至上院提供了一批学业基础厚实的优质生源。

---

① 《南洋公学高等小学堂章程》(约 1904)。西交档：2324。

1903 年 6 月，首届高等小学堂毕业生与教职员合影

三、编撰教科书

公学创开之时，新式普通教育在我国刚刚起步，统一审订的教科书也就无从谈起。公学师范院、外院设立最早，当时只有外国设在中国的教会学校编有一些教科书，但它们多服务于教会学校，不能适用公学教学所需。于是，参照东、西方所纂教科书，尝试自编适用本国、本校的教科书，成为公学一项重要的办学内容，始终贯穿于公学整个办学时期。

筹备南洋公学时，盛宣怀等人就已经将编译教科书列入计划。1896 年《南洋公学纲领》第五条说："日本学校规则及授读之书，皆由文部省查验酌定颁行，故教无歧途，学归一轨。"希望"参酌东法试办"，编撰教科书，在教学中不断修改，最后"将课程节目厘为定式"。首任总教习张焕纶在筹设阶段就明确建议"小学宜另编简明易晓之书"。[①] 公学正式开办之后，编译教科书这一任务得以很快开展，师范院与译书院是从事编纂、翻译教科书的两支主要力量，此外，外院、高小、中院、特班、东文学堂一些师生在教或学过程中也参与其事。1898 年设立的译书院主旨在于翻译军事、法政、商务等西籍，以更大范围内传播西学，翻译课本供校内外所需也是其功能之一，译书院曾翻译《科学教育讲义》《几

① 张焕纶:《南洋公学教育事宜》(约光绪二十二年，1896 年)。盛档:044458 - 4。

何》《代数设问》《化学》《格致读本》等数种教科书，适用于师范院、中院教学，但大多未曾付印，影响不大。翻译教科书仅是译书院的副业，且只“译”不“编”，不能完全符合教学现状和学生水平。

公学将编纂、编译教科书的任务交与师范院学生以及各科教习，并为他们顺利从事编译提供诸多便利。1898年《南洋公学章程》就规定：“选诸生之有学识而能文者，将图书院购藏东西各国新出之书课，令择要翻译，陆续刊行。”当时公学仅成立师范院、外院，“有学识而能文者”从事翻译书课者非师范生莫属。公学还规定师范院“专修班有编书各事者，听在自己卧室编汇”。对精勤于编译的师范生，公学竭力奖励。《蒙学课本》编著者朱树人“在堂教习编译过于劳苦双目失明后”，何嗣焜“深惜其才，留之公学，仍令口译西书”，原定月薪银40两分文不减，并聘请一名助手，协助其编译教科书，朱树人乃成为专以编译教科书为业的师范生，1903年张美翊又提议给予年金奖励。此外，还为师范生编译教科书付给一笔酬金。1901年高等小学堂创建时，代总理张元济会同教习拟订《试办附属小学堂章程》也规定“各班课本概用汉文教授，即按照应习课程自行编译”。盛宣怀在批示该章程时特别指出：“所有各班学生应需一切课本，仰即迅速编译完备，呈候核阅再行付刊。”[①]在重视编译教材同时，他没有忘记掌握教科书的最终审订权。高小成立后，盛还委托驻日使馆人员代为搜集日本普通师范学校及其附小教科书，以供公学编纂教科书、安排课程参考。

外院、高小的现实教学需要，加上公学制度保障和激励措施，使得不少师范生、教习积极参加教科书编译。其中以师范生为主力军，他们在任教外院、高小甚至中院的实际教学过程中，参照外国教科书，结合所教经验和学生情况，随时编译出各科学生教科书、教师参考书，多达数十种之多，其中以外院、附小教科书占多数。据1901年12月师范院译述本《统合教授法》后附“南洋公学师范院编译图籍广告”，当时已印已发售9种、已成未印5种，计有14种。已印已发售9种教科书书目及编印情况为：

《心算教授法》，日本金泽长吉原著，董懋堂口述，朱念椿笔译；

《物算教科书》（两本），日本文学社编纂，董懋堂口述，朱念椿笔译；

《笔算教科书》（两本），日本文学社编纂，董懋堂口述，朱念椿笔译；

《本国中等地理教科书》，张相文编纂；

（大本）《蒙学课本》（未署作者名，共一百数十课，以德育、智育、体育为纲，略三课相间分）；

---

① 盛宣怀：《批示南洋公学添设附属小学》（光绪二十七年四月一日，1901年5月18日）。西交档：2324。

《新订蒙学课本初编、二编》(未署作者名);

《图画范本》(四册)(未署作者名);

《第一、第二习字范本》(未署作者名);

《统合教授法》(上下卷),日本樋口勘次郎原著,董懋堂译,1901 年商务印书馆代印。

上述《物算教科书》《笔算教科书》等,是我国最早使用"教科书"一词的出处。[①] 5 种已成未印之书仅列书目,依次是:《蒙学课本三编》《初等地理》《地理教授法》《体操实验》《习字范本》第三、四册。这些书目应属临时性质,并非最后定名。根据师范院之后正式付印图籍,"蒙学课本三编"应是《新订蒙学课本》(三编);"初等地理"应是张相文编纂《初等地理教科书》,1902 年上海文宝书局代印,南洋公学发行,其余付印情况不详。

又据 1902 年底上海文明书局发行教科书书目广告,署名由公学师范生编译的有 12 种,约占总数 49 种的 24%,若加上公学附设东文学堂学生丁福保、丁锦编译的 6 种,多达 18 种,约占总数的 38%。[②] 文明书局是 20 世纪初年编译出版教科书的领头羊之一,其势头一度能与商务印书馆比肩。因师范生吴稚晖、杜嗣程当时任职该书局,公学师范生得以加入,使其编译队伍阵容壮大,这也是文明书局能以教科书闻名的一个重要原因。上述师范生编译的 12 种教科书中,标明南洋公学发行 2 种:陈懋治编《初小读本》3 册,朱树人编《高小修身书国民读本》3 册;其余 10 种是朱树人编《文法》《普通新知识》,董懋堂编《珠算》、译《游戏法》,张相文编《中国地理》《外国地理》、合译《家政教科书》,陈懋治编《中国历史》,章乃炜译《卫生》,张景良译《几何画》。同年,张景良编《算术》3 册由商务印书馆出版。上述教科书被学部列入 1906 年小学暂用教科书目。[③] 此外,据不完全统计,师范生及高小教习所编译的教科书还有董懋堂译《伦理教科范本》、[④]张景良编《小学笔算教科书》,[⑤]沈庆鸿编《学校唱歌集》,[⑥]吴廷璜编《吴编算术教科书》、[⑦]张相文译《小学地理教授法》等 5 种,合上述 27 种共计有 32 种,其中 17 种由公学发行。

---

① 毕苑:《中国近代教科书研究》。2004 届北京师范大学博士论文,指导老师:郑师渠。

② 《第一次中国教育年鉴·戊编·教育杂录》"教科书之发刊概况",开明书店 1934 年版。

③ 《第一次中国教育年鉴·戊编·教育杂录》"教科书之发刊概况",开明书店 1934 年版。

④ 日本秋山四郎原著,文明书局 1903 年版。

⑤ 文明书局 1905 年版。

⑥ 文明书局 1904 年版。

⑦ 南洋公学发行,苏新书社 1906 年版。

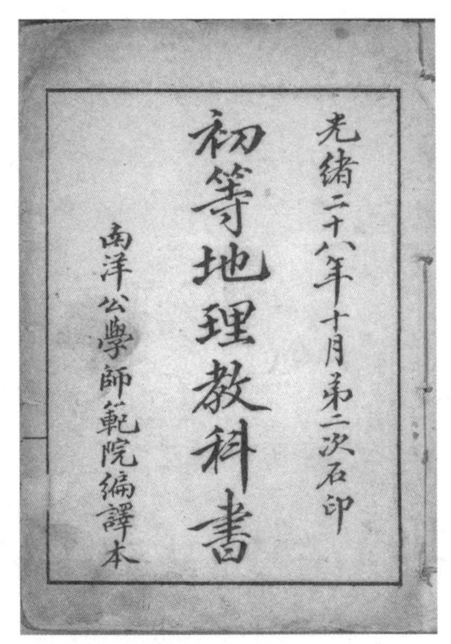
光緒二十八年十月第二次石印
初等地理教科書
南洋公學師範院編譯本

师范生张相文所编《初等地理教科书》（1902年石印本）

光緒二十七年十一月第一次排印
統合教授法
南洋公學師範院譯述本
上海北京路商務印書館代印

1901年，师范院译述的教师用书《统合教授法》

南洋公学所编所译教科书涉及初等教育国文、修身、历史、地理、算学、音乐、美术等各门学科，也包括了诸如《统合教授法》《地理教授法》之类的教师用书。这些教科书不仅让公学一校学生受益，更被当时地方甚至中央教育主管部门定为教科书，从而被很多学校采用，不少书还风行一时。其中影响最大当属被称为“我国人自编教科书之始”[①]的《蒙学课本》。该书最早印行的版本目前已难找到，初版可能始于1898年，分上、下两卷，1899年发行第二次排印本，由上海华洋书局代印；1901年发行第三次排印本，由商务印书馆刊代印，除了个别文字修订外，两次印本基本相同。继由编者补充增订，先刊印《（新订）蒙学课本》（初、二编），后于1901年第一次印行《（新订）蒙学课本》（初、二、三编），从而使该书正式定型。该书虽未注明编者，但据相关资料，基本认定是师范生兼学长朱树人所编，而非过去人们所称由陈懋治、沈庆鸿、杜嗣程等师范生合编。[②] 1903年2月20日，公学提调张美翊致函盛宣怀，要求给因编译过劳而致失明的朱树人发放年金，函中提到：“上海举人朱树人……自开办公学即充领班兼编译教科书，所辑《蒙学课本》等书，海内风行，称为善本。”[③]1898年来校任教的潘绅

① 蒋维乔：《编辑小学教科书之回忆》。张静庐编：《中国出版史料补编》，中华书局1957年版，第138页。

② 持此说者，主要依据是蒋维乔《编辑小学教科书之回忆》中“由师范生陈懋治、杜嗣程、沈庆鸿等编纂《蒙学课本》”，1934年《第一次中国教育年鉴》也采纳此说。实际上，杜嗣程1898年11月才入师范院。

③ 张美翊：《为申请立案体恤劳员酌给年金事》（光绪二十九年正月二十三日，1903年2月20日）。西交档：2316，卷名《南洋公学关于北洋教习、学生发川资的呈报及大理寺少堂盛的批复》（1900—1903）。

在其《补拙随笔》中记道:“予馆公学时,君为学长,相与莫逆。君颇通法文,慨中国旧法读书,儿童每觉其苦,毫无趣味,固略参西法,撰著一书,名曰《蒙学课本》,共三编,由浅入深。”[①]潘绅在公学任教多年,与朱树人私交甚好,所说当属可信。1936年《交通大学四十周纪念刊》也称“本校最初刊物,为师范生朱树人编辑之蒙学课本,外院附属小学均尝取以为国学课本”。由此看来,我国第一本自编教科书《蒙学课本》编者是朱树人。

《蒙学课本》由浅入深,逐编递进,初编为七八岁幼童的入门之书,主要在于识字;二编以段为主的课文,共130课,其中故事60课、物名实字30课、浅说琐说30课、通用便函10课,均取通俗常见物名,语言浅显易懂,符合学生心理特点,便于初学者诵读、理解、记忆。三编130课,包括入塾劝勉及通用书信等内容。每编之前专列“编辑大意”“字类略式”,说明编辑体例和意图,类似于今天的教学参考书。二编编辑大意强调:“泰西教育之学,其旨万端,而以德育、智育、体育为大纲……蒙养之道,于斯为备。”[②]二编60则故事便依德智体分类,

1904年6月,高等小学堂第二届毕业生合影

① 潘绅:《补拙随笔》,1936年铅印本。

② 《蒙学课本二编编辑大意》。舒新城:《近代中国教育史料》第2册,中华书局1928年版,第250页。

属德育者30课，智育、体育各15课，突出德育，兼顾全面。据史料所载，这是我国最早提出将德智体作为教育“三大纲”完整方针的实例。全书仿英美教科书体例，所编故事，大半译自西书，略加删改，除以儒家思想及其行为规范进行修身教育外，对于传统蒙学中所宣扬的某些枯燥乏味的道德说教，一概不收，体现出近代教科书的色彩。《蒙学课本》刊印后，受到普遍欢迎，“此书一出，几欲纸贵，各书肆只能代售，不准翻版，于是有嗜利之徒，改头换面，插以图书，如美华书馆中王亨通之《绘图蒙学课本》是也。而后商务印书馆暨各书局之仿效者，日出不穷。”[①]该书在中国近代教科书史上具有重要地位，被教育史家称为“中国人自编小学教科书的开端”，[②]是“近代我国最早编写的小学语文教科书”。[③]

1899年南洋公学编《蒙学课本》第二次排印本内封

1903年南洋公学第四次印《新订蒙学课本》

公学所编教科书风行海内者还有不少，如张相文所编《本国中等地理教科书》《本国初等地理教科书》，开创了我国近代最早编纂地理教科书的先河，因通俗易懂、图文并茂，风行全国，“两书流行达两百余万部，出乎意料之外”。[④] 编者张相文名声也不胫而走，成为我国著名地理学家。沈庆鸿为高小“乐歌”课程所编《学校唱歌集》初编，大多是用浅显通俗的语言来

① 潘绅：《补拙随笔》，1936年铅印本。
② 陈景磐主编：《中国近代教育史》，人民教育出版社1979年版，第176页。
③ 顾明远主编：《教育大辞典》（第2卷），上海教育出版社1990年版，第312页。
④ 张星烺编：《泗阳张屯谷居士年谱》，1935年铅印本，第8－9页。

教育儿童,让他们体验真善美,这是我国第一本由中国人编辑出版的简谱歌曲集,1904年问世后不及两年,重印多达5次,之后沈庆鸿又推出二、三集,成为我国最早的音乐教材,一时盛极南北各校,沈庆鸿也因此获得"学堂乐歌之父""近现代音乐教育之先驱"的称誉。再如,吴叔厘所编《吴编算术教科书》,不仅在高小使用了几十年,同时期的一些学校也借用进行教学。对于公学教科书在当时产生的社会影响,身为编纂之一的师范生张景良曾有一段精彩的回忆:

(师范生)余时各人出了意思(主意),仿照外国书的法子,编纂教本,从前风行全国的蒙学课本、文义进阶,以及小学用的历史、地理、算术、图画、唱歌等书都是了。现在虽然不见售诸市上,用诸学校,但推本溯源,古时的茅茨土阶,究竟是后世俊宇雕墙的张本。不是我老师范生夸张本班的谎话,要知道教育萌芽的时候,有此一番,南洋公学的招牌,因此便得四远驰名了。[①]

公学在编译教科书的实践过程中,也积累了一些编译经验与思想。一要慎选书目,择定东、西方各国教育部门所颁通用教科书。盛宣怀说选译课本的原则是"专取其文部所定,教员所授之本,尺闻杂学,概不兼收",希望我国"速立学堂课程章程,早日通行"。[②] 二要参酌中西,注重适用。1898年8月,"承命拟择功课书"的师范生白作霖上书何嗣焜,纵论编写课本,对于日本及西方各学课本"不必悉仿其程,要可略师其意"。此外,编译教科书还应注重在教学中检验修正,做到"随译随改,随印随教"。[③] 之后高小章程也将"美备适用"定为编纂课本的要求。

公学编译的教科书,无论从形式还是内容上来说,皆有不尽如人意之处。然而却开创了我国自编教科书风气之先,在我国近代教科书史乃至教育史上占有重要位置,南洋公学也因此被中国近代教育研究者称为"近代教科书诞生的重镇"。[④] 更有教育史专著对公学师范院编撰教科书及其他办学成就与影响予以高度评价:"尽管存在时间不长,但它明确的办学宗旨,把教育科学的有关内容列入学校课程的具体做法,以及让学生在附属小学(外院)担任教学和编写教材等工作的训练方式,对我国近代师范教育的产生和发展具有开创性意义。"[⑤]

---

① 张景良:《旧南洋的旧话》。《南洋大学学生生活》(1923)。

② 盛宣怀:《南洋公学推广翻辑政书折》(光绪二十七年十二月,1902年1月)。《愚斋存稿》第6卷,第18页。

③ 白作霖:《谈课程内容之编写》(1898)。《交通大学校史资料汇编》第1卷,第55、61页。

④ 毕苑:《中国近代教科书研究》。2004届北京师范大学博士论文,指导老师:郑师渠。

⑤ 田正平主编:《中国教育史研究(近代分卷)》,华东师范大学出版社2001年版,第100页。

第三章
中　院

第一节　设立与发展

一、建院目标与招生开学

中院相当于近代中等教育程度，是南洋公学四院建制中承上启下的中间教育阶段。1898 年《南洋公学章程》第二章将公学明确划分为师范院、外院、中院、上院四院，中院列在师范院、外院之后，上院之前，“三曰中院，即二等学堂也”，这是沿用盛宣怀前办天津北洋二等、头等学堂（即北洋大学堂）建制基础上，另设师范院、外院。之所以不称二等学堂、头等学堂而定名“中院”“上院”，是因为盛宣怀采纳了总教习张焕纶的意见。张焕纶认为“头等、二等名欠雅驯”，建议改称“上院”“中院”。[①] 北洋大学堂在我国近代教育史上最早采用二级学制，二等学堂与三级学制中的中学并非完全对应。1895 年盛宣怀亲拟的天津中西学堂（即北洋大学堂）二等学堂章程声明：“二等学堂即外国所称小学堂。”但从学生入学年龄、资格来看，无疑具有中学程度。南洋公学采用近代西方三级学制，中院已与中学相当。

---

① 张焕纶：《南洋公学教育事宜》（约光绪二十二年，1896 年）。盛档：044458 - 4。

公学给中院的定义是“视西国中学校,肄习中西文普通诸学”,[①]“中院系普通学,递升上院,俾习专门之学”,[②]实际上将中院定性为普通中学,并规定其教育目标是使“学生有充分预备而升入大学(即上院)”,也就是说,中院学生只有打好基础知识,才能升入上院肄习专门知识。

1896年公学筹备时期的办学章程——《南洋公学纲领》,当中关于“中院”的具体规划是:

> 考选十三岁以上、十五岁以下,已通小学堂功夫者,挑入中院肄业,俾得早充大学之选。俟风气大开,外间中学较多,即将公学内中学裁停。其考选之法,以身家清白、文理通顺、体壮质颖、性情敦厚者为合,以家长亲友保送为凭。[③]

章程对中院学生的年龄跨度、招收条件、考选办法作了具体的规定,并明确说明中院是为“充大学之选”而设,等到国家中学普设而能提供充足的大学生源时,中院即行裁撤。此外,章程还对学额、习职员编制、课程设置原则等作了原则性规定,学额定在120名,中文课程教习、职员共计25名;仿照日本中小学教授课程,授以修身、读书、习字、算术、物理、地理、历史等,较之小学课程,中学“习其较精较深者”。所有这些都成为中院正式成立时的准则,大体上得以施行。

南洋公学在师范院、外院相继设立后,筹建中院的工作便提上议程。1898年2月4日,何嗣焜向盛宣怀呈报外院开学事宜及所拟规条课程,称外院“一年之后大抵大班可升中院第三四班,即中班内亦有可以挑升者”。[④] 这就是说外院高年级学生肄业一年之后才能挑升中院低班,由此建成中院。可是,盛宣怀于2月8日批文,除了同意外院试办章程外,明文要求赶紧开办中院。该批文主要内容如下:

> 查原奏南洋公学仿照北洋设立头、二等学堂,并附开达成馆,中外皆以观成为快。今议达成止办,头等缓行,皆限于人才一蹴难几。惟二等第四班专取年幼汉文学生,似尚不难。若俟新造房屋完工再行开办,必在光绪二十六年,未免太迟。应即于本年先招四班学生三十名,暂借师范学堂藏书处赶紧开办。树人如树木,早一年好一年,多一人好一人。时事日亟,幸速图之,是所盼望。[⑤]

---

① 盛宣怀:《南洋公学历年办理情形折》(光绪二十八年九月十七日,1902年10月18日)。《愚斋存稿》第8卷,第31页。

② 张美翊:《呈请咨明学务大臣备案并颁给出身文凭》(光绪二十九年六月三十日,1903年8月22日)。西交档:2323。

③ 盛宣怀:《南洋公学纲领》(光绪二十二年七月初三日,1896年8月11日)。盛档:044964-2。

④ 何嗣焜:《呈送外院开办情形及章程》(光绪二十四年正月十四日,1898年2月4日)。上交档:ls3-001。

⑤ 盛宣怀:《批复呈送外院开办情形及章程文》(光绪二十四年正月十八日,1898年2月8日)。上交档:ls3-001。

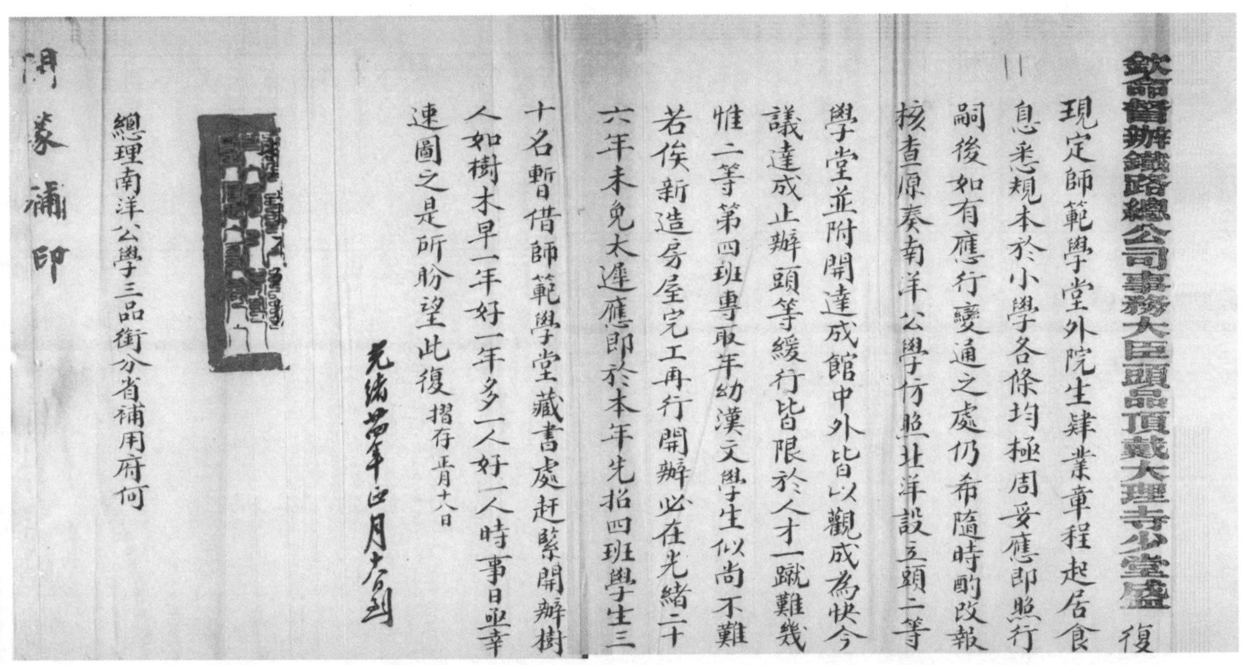
欽命督辦鐵路總公司事務大臣頭品頂戴大理寺少堂盛 復
現定師範學堂外院生肄業章程起居食
息悉規本於小學各條均極周妥應即照行
嗣後如有應行變通之處仍希隨時酌改報
核查原奏南洋公學仿照北洋設立頭二等
學堂並附開達成館中外皆以觀成為快今
議達成止辦頭等緩行皆限於人才一蹴難幾
惟二等第四班專取年幼漢文學生似尚不難
若俟新造房屋完工再行開辦必在光緒二十
六年未免太遲應即於本年先招四班學生三
十名暫借師範學堂藏書處趕緊開辦樹
人如樹木早一年好一年多一人好一人時事日亟幸
速圖之是所盼望此復 摺存 正月十八日
光緒廿四年正月十八到
總理南洋公學三品銜分省補用府何
開篆補印

1898年2月8日，盛宣怀批复呈送外院试办章程，并要求赶紧设立中院

虽然盛宣怀深知培植新式人才“一蹴难几”，须依照外院、中院、上院依次递升，收效皆在十年以后。但在“时事日亟”情势下，他主张育人才“早一年好一年，多一人好一人”，急于培育人才以挽救危亡的心情跃然纸上，同时也考虑到奏设公学培养高端法政人才的声名在外，若不及早设立上院，如何以正朝野视听，只有先开办中院，上院才能及早开设。因此，他主张加快办学步伐，创造条件赶紧开办中院最低班。

何嗣焜接文后即筹备开办中院，首要事宜便是招考学生，除在外院高年级学生中挑选外，对外公开招考。2月12日，公学在《申报》刊登“招考告白”：

> 本公学现拟选取中院四班学生，除外院大班挑充外，尚有缺额多名。凡身家清白，中学通畅，年在十三岁外、十八岁内有志来学者，即赴徐家汇师范学堂报名，至二月初十日截止，十五日传考。录取后即入堂肄业。上年备取外院头、二班范铸、周帱、孙咏曾……顾遂赡亦俟届期一并传考挑补。[①]

“招考告白”连续刊登三日，3月7日（二月十五日）考试如期在师范学堂举行，外院大班、中班生以及备取生也参加了考试。公学将考卷“逐细核阅”后，先

① 《南洋公学招考告白》。《申报》(光绪二十四年正月二十二日，1898年2月12日)。

南洋公學招考告白

古今第一婦科續嗣降生丹

包愈五淋白濁

痔瘡神藥

1898 年 2 月 12 日，南洋公学在《申报》刊登招考中院生告白

行录取裘昌龄、徐兆熊等 20 名，并将初试录取名单榜示于 3 月 11 日《申报》，通知他们 15 日前来复试，若“年齿不符”者不予录取，“学浅年稚”者以备外院之选。经过复试，认为初试 20 人中，除徐兆熊、杨荫杭等公学外院生程度较好外，备取生及其他考生基础较低，难能直接入读中院，结果仅录取数人而已，其余插入外院试读或劝退回家。由于招考不理想，除了不定期续招外，只能依靠在外院高年级学生当中挑选。最后选定外院大班生胡礽泰、杨廷栋等 13 名、次大班胡敦复、卜乃光等 7 名，共计 20 名，作为开设中院四班最初的生源，另外连同录取的投考生，合计不足 30 名。挑升中院的外院生学历程度，据何嗣焜向盛宣怀报称：“各生学有进境，中文多已明顺，其佳者识论颇能通达，西文算学亦均略涉初阶。”①

① 何嗣焜：《呈报中院开馆》（光绪二十四年闰三月十三日，1898 年 5 月 3 日）。上交档：ls3 - 001。

1898 年 4 月 23 日(闰三月初三日),南洋公学中院正式开学授课。到校者为公学外院选出的 20 名学生,其余招考生数人请假未到。何嗣焜与监院福开森开始厘定课程,按班授课,遴派师范生董懋堂、杨志洵充任中文课教习,先行试教,并由师范院教习暂时兼教西文、西学课程。随着中院的开办,相互衔接的小学、中学、大学三级教育制度雏形初显,外、中、上院三级学制连同师范院被确定为公学建制。

对于中院的性质,曾在公学任特班总教习的蔡元培在《记三十六年以前之南洋公学特班》中说:"第三年(即 1898 年,引者注)设中院,其程度如今日之中学。"为此,公学严订修学年限、入学资格、课程设置,并规定中院一级不得逾越,"此普通阶级,无能越组,应永著为例者。"①这些原则在办学过程中得到施行,使中院成为南洋公学最为稳定的一个办学建制。南洋公学外院、中院、上院是西方近代教育三段学制在中国的最早实践,因此有学者认为,公学中院应该是"中国近代教育史上名实相符的中学"。②

1898 年 5 月 1 日,何嗣焜呈报中院开办情形

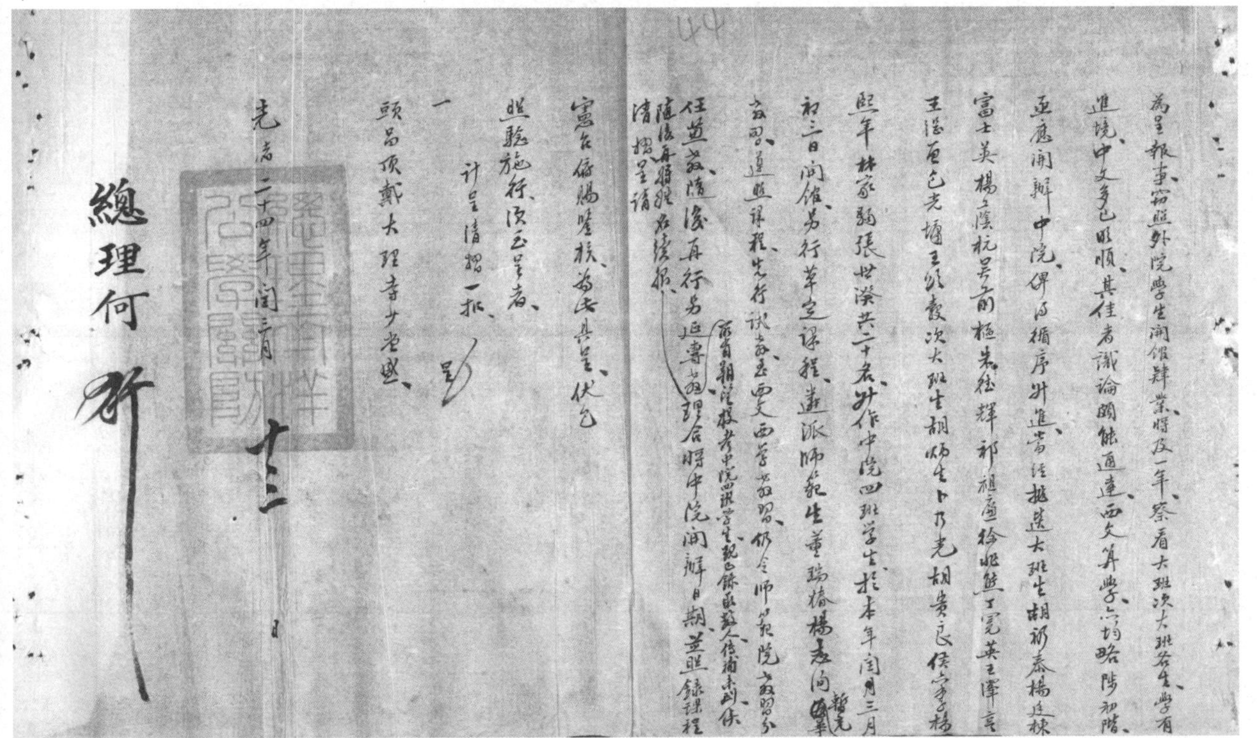

① 《南洋公学宗旨抒陈》(光绪二十八年二月二十一日,1902 年 3 月 30 日)。盛档:116797 - 2。

② 王伦信:《清末民国时期中学教育研究》,华东师范大学出版社 2002 年版,第 17 页。

二、发展概况

1898 年春中院初办时,院址与师范院、外院合在一处,都在公学临时租用的通合丝厂厂房内,具体地点应是盛宣怀催办中院指示函中所称"师范学堂藏书处"。1899 年夏,公学第一幢建筑中院落成,占地 2 313 平方米,有 83 间房,楼高三层,一楼设有中院主任室、教员休息室、化学实验室、化学讲堂、膳厅等;二楼是教室多间,每室可容纳 30 名学生;三楼为宿舍。8 月,中院师生连同师范院、外院迁入中院校舍。1900 年春,上院建筑落成,师范院迁至上院,外院因学生多升入中院而无形撤销,中院校舍遂名副其实,完全成为中院学生学习、住宿之所。

中院初设时,章程规定是学年班级制,即分为四个班级,"岁升一班",相当于四个年级。实际上办理初期,对于学年制并非严格执行,毕业期限也不确定,而是依学生去留为标准。外院因持续不断地为中院提供生源,原定三年学制有所缩短,学生人数一再减少,遂于 1899 年底停办,所剩学生分列外班、留学班,作为中院生源预备,之后分别改称中院五班、六班,如此则中院变为 6 年学制,2 年预备,4 年正科。

但因急于建成中院以升入上院,逐年递升一班的约章也被提前。1898 年初设第四班,次年 8 月,中院四班中 9 人升入二班、10 人升入三班,外院大班升入三班,次大班升入四班,提前建成二、三、四三个班次。1900 年 9 月,各班递升后中院四班齐备,开始遵守"岁升一班"的约章,越级递升的情况得以改变。1901 年,中院首届学生毕业,因"毕业期限并不确定",并未举行毕业典礼,也没有发给学生毕业文凭。[①] 造成中学学制变更不定的主要原因,一是由于公学迫切想要建成中院、上院,而对原先制度有所变通;二是全国学制未定,缺乏外部制度上的监管与约束,这也是新旧教育交替时期的通常现象。

1903 年夏,公学依照清政府 1902 年所颁"壬寅学制"开始正式发给毕业生中西文文凭。1904 年 1 月清廷颁布"癸卯学制",该学制订有《奏定中学堂章程》,对中学的年限、入学资格、毕业出路、课程设置等作了更详细的规定。公学又遵照新颁学制,将修业年限定为 5 年,其中"中院三年,以中院为校舍;高等预科二年,以上院为校舍"。[②] 中院修业完成后,继续升入高等预科,须修毕高等预科方准毕业,称"高等预科毕业",实际上,此时中院正式名称应为"南洋公学高等预科","中院"只是师生之间的惯称。高等预科一直延至 1908 年夏,当年秋季开学时,学校已更名为邮传部上海高等实业学堂,遵照学部定章,改高等预科及中院各级为"附属中学",仍 5 年毕业,中院名称正式废止。民国年间,附属中学分高中、初中两部,各

---

① 杨耀文:《本校四十年来之重要变迁》。《交通大学四十周纪念刊》(1936),第 32 页。

② 杨耀文:《本校四十年来之重要变迁》。《交通大学四十周纪念刊》(1936),第 32 页。

三年毕业。1927 年，学校遵照主管部门交通部专办大学的指令，改附属中学高中部为大学预科，初中部与附属小学脱离学校，合组私立南洋模范中小学（即现上海市南洋模范中学前身）。1932 年，大学预科停办。从 1898 年开办以来，附设中学教育在交大延续 35 年之久。

依照盛宣怀的设想，南洋公学最终要办成一所专事培养高端法政、商务人才的“上院”，开设中院及师范院、外院只是一种过渡，是在师资、生源双重奇缺的条件下，为开设上院作必要的准备。等到上院开设时，全国兴办教育风气或已形成，上院师资生源不再缺乏，中院及附设机构一概裁撤，专办大学。实际上，公学期间，上院始终未能真正成立，而中院非但没有裁撤，反而因师生人数最多、建制相对稳定、教学质量较好，成为公学阶段成绩最显著的办学成果。在高等预科阶段，中院还部分承担了上院的教学功能。公学在上院一时难以办成的情况下，将培养具有普通学科基础的中院生作为教育重点，再将中院毕业生直接派送到欧美各大学留学，逐渐形成以中学普通学科为预备、欧美大学为目标的教育模式。

第二节　教学状况

一、课程设置

中院建立后的前几年，清政府《奏定中学堂章程》尚未颁布，对于课程设置、课时安排、教学要求及教科书选用，都没有统一的规定，中院课程设置与教学计划基本由公学主持人自己决定。中院定位为“肄习中西文普通诸学”，这也理所当然成为中院设置课程的依据。高等预科时期，遵照“肄习中西文普通诸学”的办院宗旨，根据学生学识基础和公学的教学条件，参照中西学校课程要求，不断尝试新课程安排，编译或引进教科书，进行了很多有益的探索。到 1904 年“癸卯学制”施行后，中院所开课程基本与新学制规定相同。

1898 年 4 月，何嗣焜向盛宣怀呈报中院开办情形时，附有一份《草定中院四班课程》，这是中院最初的课程安排，课目名称、授课时间见表 3 - 1。

初定课程将授课时间分为上午、下午、晚上三个时段，上午习中学课程，下午学西学课程，晚上温习中西课程，实际授课时间是上、下午。课程中的“通鉴”大致以《资治通鉴》《御批历代通鉴辑览》为读本，“古文”是选读《史记》《汉书》等古代名家经典之作，另每周六作文一次。西学课程以习英文为主，从读本、文法、书法三个方面来教授，读本采用朗文（Longman）教材，此外兼习算学初步。这种课程安排符合刚刚接触外国语言文字和近代科学知识的中院生现状。

表 3－1 南洋公学中院四班草定课目日程表(1898)

时间		课程名称
上午	7:30—10:00	通鉴
	10:00—11:30	古文
下午	1:00—2:00	英文二本
	2:00—3:00	英文法程
	3:00—3:30	习英字
	3:30—4:30	算学
	5:00	体操
晚上	7:00—9:30	温习各课
	每星期六午前	作文

资料来源:何嗣焜《呈送中院班课程清折》(光绪二十四年闰三月十三日,1898 年 5 月 3 日),上交档:ls3－001。

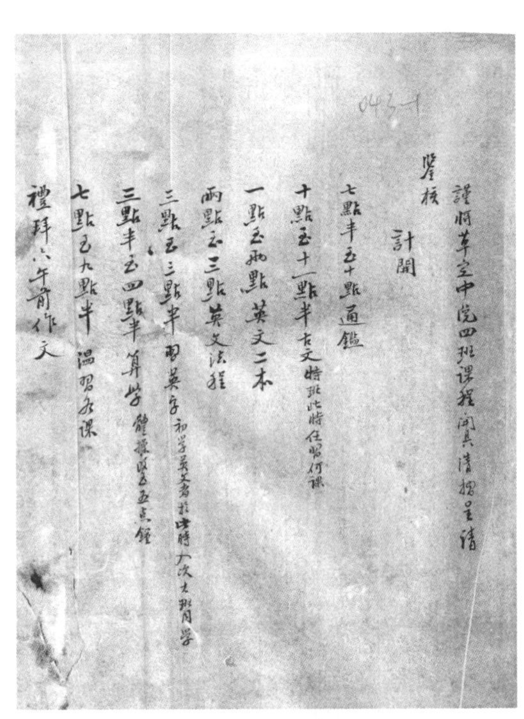
謹將草定中院四班課程開具清摺呈請
鑒核
計開
七點半至十點通鑑
十點至十一點半古文
一點至兩點英文二本
兩點至三點英文法程
三點至三點半習英字
三點半至四點半算学 體操至五點鐘
七點至九點半溫習各課
禮拜六午前作文

1898 年 5 月 1 日,何嗣焜呈报新设中院课程清折

随着班级的增设,中西教习的增聘,中院课程设置有了较大调整。1899 年 9 月 3 日,公学举行第一次相当于教务会议的“掌教聚议”,重新拟定中院二至四班的课程设置,规定授课时间,排定各班课程表,同时议定教习每星期六在中院二班教室聚议一次。新拟中院课程规定,上午习中课,包括学课和文课;下午英文、算学,英文分文法、读本、书法。二班还设外国舆地,即世界地理,四班有“读本带译”课。具体课程、时间安排及任课教习如下表。

表 3－2 南洋公学中院各班课程表(1899)

班次	课程类别	时间		课程名称	任课教师
二班	中课	上午	8:30—10:00	学课	
			10:00—11:30	文课	
	英语算格	下午	1:00—2:00	外国舆地	吴健
			2:00—3:00	文法	[美]薛来西
			3:00—4:00	读本	[美]勒芬迩
			4:00—4:30	书法	黄国英

（续表）

班次	课程类别	时　间		课程名称	任课教师
三班	中课	上午	8:00—10:00	学课	
			10:00—11:30	文课	
	英语算格	下午	1:00—2:00	算学	陆之平
			2:00—3:00	文法	[美]勒芬迩
			3:00—4:00	读本	吴健
			4:00—4:30	书法	胡诒谷
四班	中课	上午	7:00—9:30	学课	
			9:30—11:30	文课	
	英语算格	下午	1:00—2:00	读本带译	颜志庆
			2:00—3:00	算学	陆之平
			3:00—4:00	文法	[美]薛来西
			4:00—4:30	书法	颜志庆

资料来源:《南洋公学掌教第一次聚议》(光绪二十五年七月二十八日,1899年9月3日)。西交档:2323。

这份课程表是首次教务会议所定。1900年2月19日,公学新学期开始时,“中院二班添讲格致,每周三、六上一小时,师范生亦同堂”。下半年,中院各班开始添设地学课。这说明中院课程时常进行局部调整,特别在学期开始时调整较大。课程调整幅度最大的当属1902年“壬寅学制”公布之后,公学遵照新学制关于中学堂设置要求,对课程名称、教学要求、课时安排进行了规范。1903年8月,中院毕业学生分年所习中西学课程“中学则修身、经学、词章、史学、舆地;西学则英文、外国史、外国舆地、算学、物理、化学、图画、体操。皆由中西教习分班讲授,统限四年毕业”。① 计中学课程5门,西学课程8门,合计13门,与学部《奏定中学堂章程》规定的12门课程相比,部定科目将中、外史学,中、外地理各合为一门课程,而中院则分立为4门;部定课程列有博物,而公学所缺,其余课程名称一致,可见中院课程设置已与学部规定大体一致。

上述中院课程分别制订于1898年、1899年、1903年,基本上能够反映整个公学时期中院开设课程的情况。此外,1936年杨耀文在《本校四十年来之重要变迁》中对中院沿革与规制作了专门介绍,其中也提到了课程设置与所用教材,文中写道:

① 张美翊:《呈请咨明学务大臣备案并颁给出身文凭》(光绪二十九年六月三十日,1903年8月22日)。西交档:2323。

> 1898年春设立中院始行厘定课程表,规定学年制,以备逐年增设级数。课程除国学、史、地外,有英文、法文,初期并有日文。数学先用中文本,后亦改用英文本。迨学生级数递增,分别增添世界史地、博物、理化、法制、经济等课,除博物中英本递用外,余概用英文本。

从上可知,外语除英文外,还曾开设过法文、日文课程;中院后期曾开设博物、法制、经济等课,大致是高等预科时所设;西学课程基本使用英文教材。

中西学各有教授宗旨:"其教中学也,略师宋儒经义治事之法,以六经为体,以历代政书如通典通考通礼为用,分门研究,务当实用,不为高远之论……其教西学也,始于西文西语,以渐及于各国法律、政治之精,沿流溯源,务究其旨。"①中学重经学,求实用;西学首重外国语言文字,以立贯通西学之基。

对于各门功课的具体教学要求,杨耀文《本校四十年来之重要变迁》称,中院数学开始用中文课本,后改用英文,学程定为算术、代数、平面几何、立体几何,至平面三角为止。设立高等预科后,增加高等代数。物理、化学起初用英文原本,后又加物理、化学试验一年,试验内容是化学反应及定性分析。英文每日下午4小时,除1小时教授数学外,其余完全为英文,分读本、文法、英语修辞等,学生练习有诵读、解释、默书、造句、会话、翻译、作文、标解字类、分析字句等内容。中课每日上午3小时,国文占全部课程的一半,选读各家文集,由浅入深。

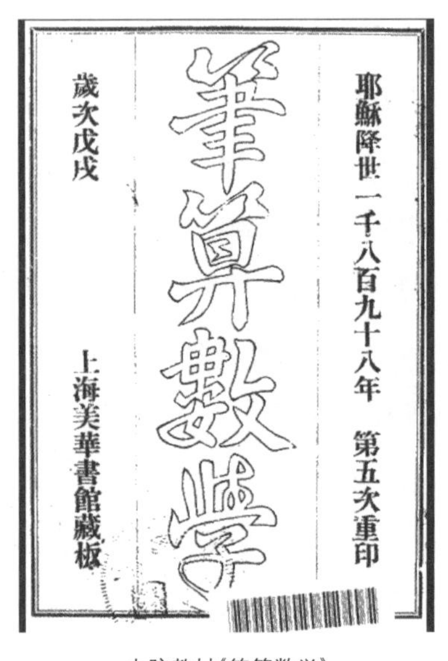

中院教材《笔算数学》

英文格致讀本
卷叁

THE
COMMERCIAL PRESS
SCIENCE READERS
THIRD BOOK
BY
N. GIST GEE M.A.
(Soochow University)

COMMERCIAL PRESS, LTD.
SHANGHAI

中院教材《格致读本》

① 刘坤一、盛宣怀:《请将何嗣焜学行宣付史馆立传折》(光绪二十七年十月,1901年11月)。《愚斋存稿》第6卷,第3页。

入高等预科后，时间稍为减少。本国历史注重历代制度沿革，而不拘泥于纪事本末，教材多采用唐杜佑《通典》、元马端临《文献通考》。本国地理取《方舆纪要》《瀛寰全志》为教材。[①]《瀛寰全志》为清代谢洪赉编纂，公学师范生赵玉森重订，首版于 1903 年，为国内较早的世界地理教科书，因包罗太广，后由教习自行编印史地教材，如张相文编《本国中等地理教科书》、译书院编译《列国史》。译书院还为中院生编译理化课本，如《格致读本》4 册、《化学》11 册、《几何》3 册。

监院福开森日后回忆公学任职情况时说，中院西学课程程度略显浅显，“中学课程系预备性质，故除中文外，所有科目俱从初步着想，当日学生所习之地理、算学，其程度与今日公共学校七八岁儿童所习者略同。”[②]另外，一些中院生在回忆读书生活时也提到了所学内容与教材，1901 年入校的中院生伍特公曾说，有两门“大家都很头疼”的课，一是《大清会典》，又称《清会典》，是专述清朝典章制度的官修史书；二是魏源撰《圣武记》，以纪事本末体记述清朝建立至道光年间的军事历史。一心想求得新学的学生们都很不满意，这也是学生反对教习，酿成“墨水瓶事件”的一个原因。[③] 同年入读中院的俞子夷也曾说，所习算学课本是狄考文编译的《笔算数学》中文本，教师先后是“二陆昆仲”(即狄

1899 年落成的南洋公学中院

① 杨耀文:《本校四十年来之重要变迁》。《交通大学四十周纪念刊》(1936)，第 36－40 页。

② 福开森:《南洋之过去及将来》。《南洋大学三十周纪念征文集》(1926)。

③《南洋公学的 1902 年罢课风潮和爱国学社》(座谈记录)。《辛亥革命回忆录》第 4 集，文史资料出版社 1981 年版。

考文门下陆之平、陆之安兄弟),从第三年起则多用英文课本。在第二年时,见到欧几里得《几何原本》。[①]

综观中院时期的课程设置,具有以下一些特点。一是课目少而教学精。在1903年新学制规定课程之前,中院开设课程数量较少,主设国文、英文、算学,利于学生深入掌握所学内容,从而做到少而精。正如负责制订西学课程的监院福开森后来回忆说:“在确定学习课程时,我们的方针是不给学生从范围较广的课程中取得肤浅的知识,而是把我们自己局限在教几门课程上,使得学生能够透彻掌握知识。”[②]二是课分中西,中西并重。所有课程分为泾渭分明的中学、西学两部,各占半天讲授,开始时上午中课,下午西课,注重打牢中学基础。后来反之,上午西课,下午中课,又开始倾向西学。不过总体看来,中西课程授课时间大致相等,基本体现中西并重的教学原则。三是设课变动大,自始至终都没有形成较为稳定的课程内容和教学计划。

二、教学方针和方法

中院采用学年班级授课制,将中院分为四、三、二、一4个教学班,每班学额30名,超出学额时再在班级下分组。班级相当于近代学制确定后的年级,四班最低,一班(也称头班)最高,每年考核通过后即递升一班,头班毕业后升至上院学习。虽然学年班级制作为一种教学制度在1898年《南洋公学章程》中已经定型,然而初期实施不严,部分西学课与师范生合班上课,学生入班后不及一年就挑升高班。1900年中院4班全部开满后,基本严格执行学年班级制,并且为了使中院新生(即四班生)能够适应教学要求,将外院各班学生编成中院五、六班,作为正式进入中院前的预备,实际上也使中院成为6年学制,即设置六班至一班,头两年是预科,再四年毕业。

具体教学上,如上述中院课程安排表3-1、表3-2所示,中学、西学课程在时间上分开教授,上午中学,下午西学。教学方面略仿书院讲读形式,分设学课、文课两部,学课每日课时约一小时半,以教习讲授为主,辅以学生阅读、师生答疑解难。文课又分讲读、译述,每日约上课45分钟,以学生阅读、译述为主,教习讲解、检查为辅,讲读与译述在一周内交叉进行。这个教学法施行时间较长。代总理沈曾植在1902年1月6日致周家禄函中说:“此间

① 俞子夷:《五十多年学习研究算术教法纪要——一条迂回曲折的道路》。董远骞等编:《俞子夷教育论著选》,人民教育出版社1991年版,第434页。

② 福开森:《南洋公学早期历史》(1931年5月2日)。《交通大学校史资料选编》第1卷,第12页。

1899 年 7 月 28 日，南洋公学第一次教务会记录

有学课、文课之分”，[①]请其就任文课总教习。对于学课、文课的具体讲授方法及时间安排，当时的教习白作霖有较为详细的解释：

> 学课大致判为三节，曰教授、复阅、问答，讲以省其翻检之劳，阅以便其研究之细，问以稽其听阅之娖。一小时二刻五分钟以三十分讲，四十分阅（质疑、问难均在此间），二十分问（日发五问，答者或以石板，或以杂纸，故此节功课至察课时止，有分数无课本）。
>
> 文课日上三刻钟，一星期中亦大致判为两项，曰讲读，曰译述。星期一、四为讲期，二、五为读（下班还讲亦在此日），三为译（由西译中，改正其字句之俗者，若文意之支离者），六为述（或口授一事，令述以文言；或以作意，令成为篇段）。[②]

西文西学教学方面，英文课本虽并不高深，但教员上课时朗读讲解后，多方发问，将字义用途及文句构造举例说明，由浅入深，反复讲解，不厌其详，使学生熟能生巧，运用自如。每学期不过授课十余篇，“但学生获益良多，进步甚速。”[③]算学教学情况，据俞子夷回忆说：“教师先后二陆昆仲，山东人，均山东某

① 许全胜：《沈曾植年谱长编》，中华书局 2007 年版，第 265 页。

② 白作霖：《谨将中院第三班功课钟刻书籍开呈鉴核》（光绪二十五年，1899 年）。西交档：2323。

③ 杨耀文：《本校四十年之重要变迁》。《交通大学四十周纪念刊》（1936）。

教会学校出身,狄考文的学生,教法不多讲,重练习,要求严格。”[①]

中学、西学并重是中院教学活动的指导方针,这也是中院教学上的一个特点。盛宣怀办学思想力主以中学为体,西学为用,所谓“公学所教,以通达中国经史大义,厚植根柢为基础,以西国政治家、日本法部文部为指归,略仿法国国政学堂之意”。[②] 公学前期的校务实际负责人何嗣焜亦持“论西学为用,必以中学为体”观念,坚守“学则中西兼课”的教学原则。[③] 1899年,何嗣焜接受教习白作霖加强中文教学的建议,发布《扣奖加并中文佳者之谕》,以示中西学并重。[④] 盛宣怀又主张在学生不同年龄段,中西学教育应有所侧重,“教西学者,于格化识其精蕴,于政法观其会通,其得力在象勺之年;至于髫龀之初,苟无小学孝经四书预固其根基,成人以后放僻邪侈,流极不知何底。”[⑤]主张在儿童青少年阶段侧重中学,根基既立,则在少年成年阶段专功西学,也即外院(附小)、中院低年级侧重中学,中院高年级、上院侧重西学。

德智体三育并重是中院教育教学又一特点。公学所编《蒙学课本》在我国学界最早倡导德智体三育并重的教学方针,这既是对我国传统教育德育为先的继承,也是最早引入包括德智体三要素的斯宾塞的教育原则。它不仅是公学外院的教育原则,也是包括中院在内的整个公学的教育原则。何嗣焜认为“圣门四科,首列德行,器识文艺,先后□分,身体力行,足以致用”,主张“教学之道,德育至重”,[⑥]将学生品行列入考核范围,经考核,“言行相符,笃志力学,议论平实,不趋浮嚣者”,[⑦]予以升班并优奖。1899 年 8 月 21 日,他评定公学各班学生德行,分为“华年美才、力学敦品”“能知自重、故能寡过”等 6 个等次,分别给予洋银 0.5 至 2 元的奖励,有记过者不能参评,更无奖银,并将考评结合大考和农历二至五月的成绩及预课分数,计算积分,按积分分班排定名次,以课勤惰、励精进。

与师范院、外院一样,中院也有院歌,由师范生沈庆鸿撰词,劝勉师生珍惜读书时光,树立远大志向,穷究学问,奋发向上,早日成为祖国栋梁之才。歌词如下:

佳气兮葱茏,春风光座中;吾曹自到此,学业修普通。自初级以至六级,三年忽一终。学问本无限,毕生研究未易穷!譬如登高山,须到喜马第一峰;又如赴远道,

---

① 俞子夷:《五十多年学习研究算术教法纪要——一条迂回曲折的道路》。董远骞等编:《俞子夷教育论著选》,第 434 页。

②《南洋公学章程》(光绪二十四年四月二十四日,1898 年 6 月 12 日)。《愚斋存稿》第 2 卷,第 19 页。

③ 刘坤一、盛宣怀:《请将何嗣焜学行宣付史馆立传折》(光绪二十七年十月,1901 年 11 月)。《愚斋存稿》第 6 卷,第 3 页。

④ 白作霖:《编译教科书之意见》(光绪二十五年,1899 年)。《交通大学校史资料选编》第 1 卷,第 63 页。

⑤ 盛宣怀:《南洋公学推广翻辑政书折》(光绪二十八年,1902 年)。《愚斋存稿》第 6 卷,第 17 页。

⑥ 何嗣焜:《呈送南洋公学各班学生德行积分列示清单》(光绪二十五年七月十五日,1899 年 8 月 21 日)。西交档:2320,卷名《南洋公学学生考试成绩榜示名单》(1899)。

⑦ 何嗣焜:《南洋公学章程》(光绪二十三年九月,1897 年 10 月)。西交档:2323。

须游地球遍西东。吾同学，有志少年，一得毋自封！须努力奋斗，为国为校争光荣。巍巍乎，光阴如箭，一去不再逢。今日桃李花，他年翠柏与苍松。[①]

在德行考核约束与良好氛围熏陶下，中院学生在立身处世、品格气质方面获得不少进步。1904级中院生蒋梦麟对就读期间自己“发展德育”的收获记忆深刻，曾回忆说：

为了发展德育，就温习了《四书》，同时开始研究宋明的哲学家以及历代中外伟人的传记，希望借此学习他们的榜样，碰到认为足资借鉴的言行时，就把他们摘录在日记本上。然后仔细加以思考，试着照样去做，同时注意其成绩。这些成绩也记载在日记上，以备进一步的考核……从此以后，对于如何立身处世开始有了比较肯定、比较确切、也比较自信的见解，因为道德观念是指导行为的准绳。[②]

与德育一样，体育很早就受到重视。1898年中院成立时，体操就被列入课程，每天下午五点之后锻炼一小时，从此一直列入正式课程。1899年3月7日，学校宣布“体操一事与中西各课一律并重”，还专为学生购置统一的操衣，聘请圣约翰大学毕业的英文教习吴健主持全校体操课程，沿用圣约翰教法。之后，吴佩璋、胡诒谷、陈廷甲等西学教习都曾兼任过体操教习。中院生卫国垣对当年学校重视体操锻炼有一段精彩的回忆：

午后散课，每逢星期一、三、五，须更换操衣加入体操，如点名不到者，均以缺课论，一律记小过一次。当时规定三小过为一大过，三大过即须开除出院。星期二、四、六午后散课，一律须在操场自由运动，不得在课堂自修。届时常有师范生往来课堂巡查，如发现有学生自修者，不论大小，一律驱至操场，即不运动，亦须自由散步，以符 Work while you work or play while you play 之原则。[③]

学校推行“学习时学习，锻炼时锻炼”略带有强迫性，使学生逐渐对于体育活动有了兴趣，并在锻炼过程中增强了体质，认识到体育的重要性。蒋梦麟就称：“学校当局鼓励学生玩足球和棒球，学生们对一般的运动也都很感兴趣。”生来体弱的他，进校后开始体会到“要有高深的学问，必须先有强健的体魄”，体育锻炼成为他在校期间的自觉行为，除了每天的体操和轻度运动之外，他还给自己定了一套锻炼身体的办法：每天六点钟光景练习半小时哑铃，晚间就寝前再练一刻钟，坚持不断地练了三年，“此后身体一直很好，而且心情也总是很愉快。”[④]可见，德智体三育并重的教学原则，对学生心身都产生了很好的影响，也演变成为交大

① 张兆蓉：《佳节良宵——联谊晚会记录》。《友声》第16期，第6－7页。
② 《蒋梦麟自传》，团结出版社2004年版，第85页。
③ 卫国垣：《交大掌故回忆录》。《友声》第10期，1953年4月。
④ 《蒋梦麟自传》，团结出版社2004年版，第85页。

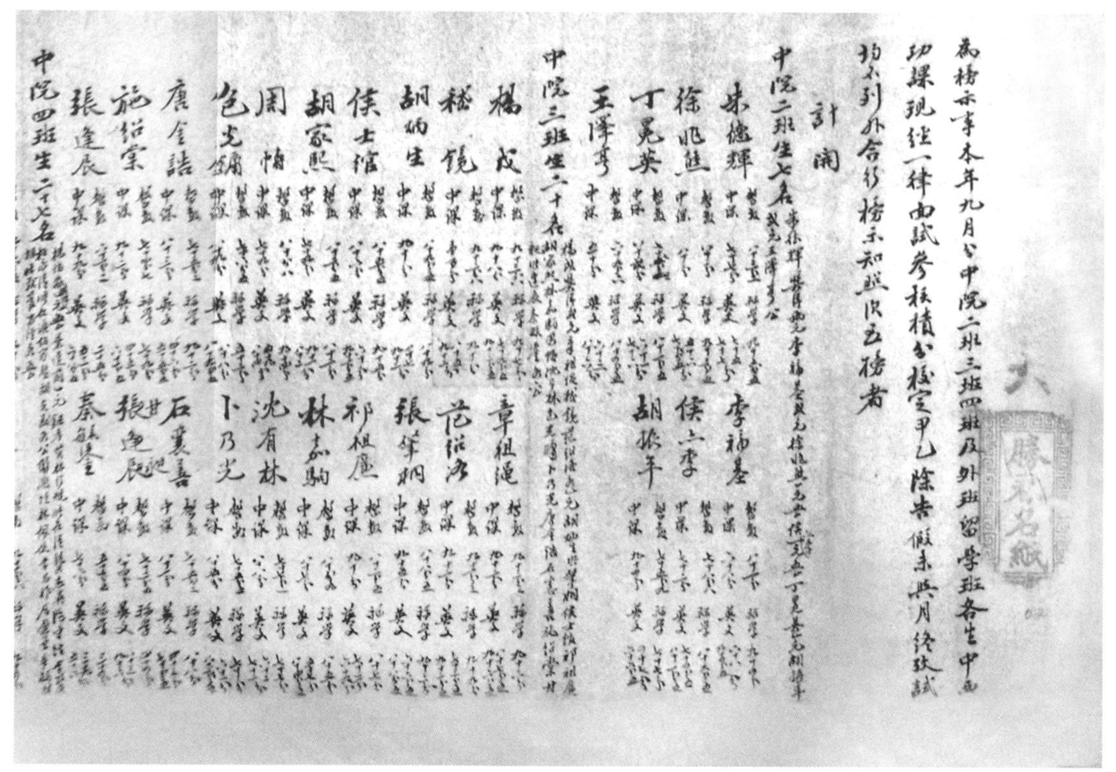

1899 年 10 月中院学生成绩榜示(部分)

的一个教学传统，一直被交大各个发展时期所继承。

严行“月考榜示制”也是中院教学的一个特点。按照 1898 年《南洋公学章程》第四章“考试”规定，每三月小考一次，每年大考一次；年底制订的《南洋公学考试章程》规定，每年暑假开始前进行周年大试。实际上，为及时考核师生所教所学，奖励优秀，督促后进，中院及外院各班实施月考榜示制度，“月有月课，星期记分各随时奖励”①。中院每月对学生各门功课进行考试，结合平时成绩，分别按班级排定名次，对名列前茅者给予奖励，并张榜公示。获奖者以奖金为主，多者可得银洋二三元，少者也可有三五角。记过者无论成绩优劣，不在得奖之列。1899 年 4 月 19 日，何嗣焜总理公布本年(农历)二月份学生中西功课成绩榜，并宣布奖励办法，“视中课、算学、英文三项积分而定。一项不及格者皆不奖”，以督促学生对中西学课程一并重视。每年大考或由盛宣怀亲临考场，或由公学将中院中西各课分班分期出题监试，经各教习将英文、算学、舆地并

① 何嗣焜：《南洋公学章程》(光绪二十三年九月，1897 年 10 月)。西交档：2323。

中课各卷分别批阅，然后呈送盛宣怀，请他照例核定名次，酌给奖赏，以示激励。

第三节 教习与学生

一、中西教习

1896年《南洋公学纲领》对中院中西教习、职员人数有明确规定，即"华人洋文教习四名，帮教习四名；汉文教习四名，帮教习四名；稽察教习一名，稽察副教习二名；管图书院备充教习二名，司事四名"，总计25名，中西教习16名，若算上稽察、兼任教习5名，占绝对多数。到1898年中院建立后，正式规定"华人洋人教习四名，洋文帮教习四名，汉教习四名，帮汉教习四名，稽察教习二名，司事二名，斋夫、杂役十六名"，[①]总数虽增至36名，但是中西教习人数没有变动，增加的是勤杂员工。西学课程全部任用本国教员，这有节约经费的考虑，因为本国教习的薪水要大大低于外国教习，而且本国教习"能以汉文讲授普通，不须借重西国语言文字，然后事半而功倍，费少而用多"。[②] 同时，也可防止年少的中院生在志气未坚时便受外国教习的影响，思想过于西化。中西教习各占8名的规定，也是中院教学中西课程并重的一个体现。

实际上，中院创建时，只有一个班级20余名学生，数名教员即足敷任用，总理何嗣焜在师范院内选任师范生董懋堂、杨志洵充任中学教习，西学教习也临时由师范生担任，这是中院刚成立较为仓促的一个表现。之后，中学教习继续选用师范生为主，西学课程师范生难能胜任，故陆续选聘中外教习来校任教，另有师范院西学教习也兼任中院课程。1899年下半年开学时，中院西学教习已有7名，其中本国教习有吴健、胡诒谷、黄国英、陆之平、颜志庆等5名，美籍教习有薛来西(Leacey Sites)、勒芬迩(Leavenworth) 2名。陆之平、黄国英同时兼任师范院西学课程。此时师范生和中院生的西学程度均显薄弱，有时合班开课，因此存在着西学教习"兼教"现象。随着师范生逐年递减直至裁撤，中院生班级数增加，兼教教习逐步专任中院西学课程，1901年又增聘美国教习乐提摩(Lotimore)。美籍教习陆续聘任来校，突破原定全部任用本国教习的限定。实际上，聘任外籍教习的本意是为开设上院预备师资，这从三位美籍教员学历背景可知："美国博士薛来西，系教理财、商律、公法、私法专科；美国学士勒芬迩，

---

① 《南洋公学章程》(光绪二十四年四月二十四日，1898年6月12日)。《愚斋存稿》第2卷，第26页。

② 汪凤藻：《致盛宣怀函》(光绪二十八年二月九日，1902年3月18日)。盛档：044551－1。

系教商业、历史、地理专科;美国进士乐提摩,系教英法文学专科。”[①]显然,他们适合于专教理财、政治、法律、外交学的上院。只是由于上院一直未办成,三位美籍教习只得改教中院。

1902年3月18日,刚就任的公学总办汪凤藻在给盛宣怀呈报公学事务的信函末尾,附录了一份教习名单,除蒙学(即附小)教习外,其余基本上是中院教习,或者“兼教”教习。名单内开列“西文华教习”潘绅、王建祖等11名;中学分教习张相文、张天爵等14名,其中师范生7名,居其半数。中西两学教习共计25名,若加上薛来西等3名外籍教习,已大大超过原定16名之数,这也是中院教习人数最多的一次记载。1903年冬,南洋公学呈报各教员薪水清单,单列西学教习薛来西、勒芬迩、乐提摩、陈伯涵、冯琦、关应麟、黄国英、胡诒谷、徐兆熊、陈廷甲、程文勋等11名,中学教习虽不详,但相比前述14名肯定有所减少。因为此时公学受到学潮、经费双重危机,学生与规制缩减,教习已经趋于递减。

综合各种资料,将先后在中院担任中学、西学课程的教习情况分别列表如下。

表3-3 南洋公学中院中学教习情况表(1898—1905)

担任课程	姓 名	籍 贯	出 身	任期时间	备 注
国文(后分经学、词章、修身)、本国地理、本国历史	杨志洵	江苏无锡		1898	师范生
	张祖廉	浙江嘉善	举人		
	董懋堂	江苏吴县	副贡	1898—1901	师范生
	傅运森	湖南长沙	举人	1898—1902	师范生
	冯善徵	江苏南通	增生	1898—1902	师范生
	吴稚晖	江苏武进	举人	1898—1901	师范生
	徐兴范	江苏丹徒		1898—1903	师范生
	白作霖	江苏通州		1898—1901	师范生
	赵玉森	江苏丹徒	附生	1898—1905	师范生
	郭振清	江苏如皋	附生	1898—1902	师范生
	张天爵	江苏丹徒		1899—1905	师范生
	张相文	江苏泗阳	廪生	1899—1903	师范生
	钮永建	江苏上海	举人	1899—1900	师范生
	郭镇瀛	江苏如皋	附生	1899—1902	师范生

① 盛宣怀:《请奖南洋公学洋教习片》(光绪三十一年二月,1905年3月)。《愚斋存稿》第11卷,第6页。

（续表）

担任课程	姓 名	籍 贯	出 身	任期时间	备 注
	姚文栋	江苏上海	优贡	1901—1902	学课总教习
	周家禄	江苏海门	优贡	1901—1902	文课总教习
	孙多颐	安徽寿县	附生	1902	师范生
	胡翔青	浙江鄞县	增生	1902	师范生
	林鹤年	福建安溪	举人	1902	
	高粹曾	江苏武进	诸生	1902	
	程一鹤		举人	1902	
	陈望古			1902	
	褚成钰			1902	
	丁同芳			1902	
	蒋尔夔	江苏宜兴		1902	
	余建侯			1902	
	庄尔照			1902	
	杨敏曾	浙江宁波	举人	1903	
	尤 桐	江苏无锡	举人	1904—1907	

表 3-4 南洋公学中院西学教习情况表(1898—1905)

担任课程	姓 名	籍 贯	出 身	任期时间
英文兼教外国史地	李维格	江苏吴县	格致书院，留英	1898—1899
	伍光建	广东新会	北洋水师学堂毕业，留英海军生	1899—1904
	王建祖	广东番禺	北洋大学堂毕业	1900—1902
	颜明庆	江苏上海	圣约翰大学毕业	1898—?
	颜志庆	江苏上海	圣约翰大学肄业，留美生	1898—?
	吴 健	江苏上海	圣约翰大学毕业	1899—1902
	王宠惠	广东东莞	北洋大学堂毕业	1900—1901
	薛来西 (Leacey Sites)	美国人	博士	1899—1907
	乐提摩 (Lotimore)	美国人	进士	1901—1906

(续表)

担任课程	姓　名	籍　贯	出　身	任期时间
	勒芬迩(Leavenworth)	美国人	学士	1899—1906
	程文勋	江苏江都	南洋公学铁路班肄业	1902—1904
	胡诒谷	浙江鄞县	圣约翰大学毕业	1899—1904
	关应麟	广东南海	北洋大学堂毕业	1900—1904
	徐兆熊	江苏武进	南洋公学中院毕业	1901—1904
	王建极	江苏无锡	南洋公学中院毕业	1901—1903
	包光镛	浙江鄞县	南洋公学政治班肄业	
	张世揆	江苏江浦	州同衔	1904—1914
数学 整数 算学	潘　绅	江苏上海	圣约翰大学毕业	1898—1903
	关应麟	广东南海	北洋大学堂毕业	1900—1904
	陈伯涵	福建闽侯	福州船政学堂毕业，留英海军生	1898—1905
	陈锦涛	广东南海	北洋大学堂毕业	1900—1901
	冯　琦	福建闽侯	北洋水师学堂毕业	1902—1908
	陈廷甲	广东南海	南洋公学铁路班肄业	1902—1903
	宋文翙	广东香山	留美幼童	
	吴佩璋	广东香山	江南水师学堂毕业	1903—1905
	陆之安	山东	登州文会馆毕业	1901—1902
	谭天池	广东新宁	北洋大学堂毕业	1902
物理	陆之平	山东	登州文会馆毕业	1898—1902
	徐兆熊	江苏武进	南洋公学中院毕业	1901—1904
化学	黄国英	广东香山	南京汇文书院毕业	1898—1905
	包光镛	浙江鄞县	南洋公学政治班肄业	1903—1904
体操	吴　健	江苏上海	圣约翰大学毕业	1899—1902
	胡诒谷	浙江鄞县	圣约翰大学毕业	1903—1904
	陈廷甲	广东南海	南洋公学铁路班	1902—1903
	吴佩璋	广东香山	江南水师学堂毕业	1903—1905

资料来源：何嗣焜《呈报中院开馆》(光绪二十四年闰三月十三日，1898 年 5 月 3 日)，上交档：ls3-001；《南洋公学掌教第一次聚议》(光绪二十五年七月二十八日，1899 年 9 月 3 日)，西交档：2323；汪凤藻《致盛宣怀函》(光绪二十八年二月九日，1902 年 3 月 18 日)，盛档：044551-1；杨耀文《本校四十年来之重要变迁》，载《交通大学四十周纪念刊》(1936)；《离校教员录》，载《交通大学校友录》(1936)。

中院国文教习、师范生、我国近代著名地理学家张相文

中院国文教习、近代名儒杨敏曾

中院英文教习、近代著名外文家王宠惠

如上两表所示，先后曾任中院的中学教习有29人，西学教习28人，合计57人。中学教习中，师范生15人，约占总数52%。从籍贯上来看，中学教习大多来自江苏，在籍贯可考者23人中，江苏籍占17人，其余浙江3人，福建、湖南、安徽各1人，这基本上与师范生来源省份相一致。中学教习主教国文（开始不分课，后国文分为经学、词章、修身等课程），同时兼教中国地理、历史，教习分任课程不太明显，往往数课兼教，如师范生张相文讲授国文、地理，董懋堂、白作霖讲授国文和历史。这些教习精通国学，已获有科举功名，上表中有功名者20人，其中举人8人，如吴稚晖、张相文、张祖廉、林鹤年、杨敏曾等颇负文名，这是公学重视中学教育在师资上的体现，也是"来自家塾、素攻举业"[①]的中院学生对中学师资提出的要求。

28名西学教习中，除了3人聘自美国外，其余为本国教习，按照省籍划分，广东10人，江苏9人，浙江、福建、山东各2人。广东、江苏两省籍教习最多，这与所聘教习的教育背景有关。本国教习中，毕（肄）业于圣约翰大学、北洋大学堂、南洋公学各5人，北洋水师学堂、登州文会馆各2人，福州船政学堂、江南水师学堂、南京汇文书院、格致书院各1人，早期留美幼童1人。这些来源学校可分为洋务学堂、外国在华教会学校、新式近代大学三类，学生大多来自东南沿海广东、江苏、福建、浙江等地。西学教习最多的来自圣约翰大学、北洋大学堂及公学三校，出身公学的教习都是肄业后留校任教，来自北洋的教习则都是1900年因避战乱而南下的师生，如1899年毕业的首届学生王宠惠、谭天池、王建祖、关应麟4人，另有教习陈锦涛1人，他们多属临时性质。第二年，除关应麟外，全部被派遣留

① 杨耀文:《本校四十年来之重要变迁》。《交通大学四十周纪念刊》(1936)。

学美国。圣约翰大学与公学同在上海,学生所学以英文、西学为主,符合公学西学师资所需,他们之间往往通过同学关系介绍到校任教,如颜明庆受聘来校后,第二年介绍堂弟颜志庆,颜志庆到校不久,闻听圣约翰同学潘绅赋闲在家,“遂荐入南洋”,“嘱教算学班”。[①] 上述出身三校的教习以不同方式来校任教,大体上反映了中院教习聘任的三种途径。从教习来源可以看出,中院西学教习显然受美国教育影响最大,不用说外籍教习全部聘自美国,就是本国教习也大多毕业于美籍人士主导教学的学校,如美国传教士所办的圣约翰大学、狄考文主办的登州文会馆,就是盛宣怀开办的南北洋学堂,也是分别由福开森、丁家立在主持教务。通过师资教育结构分析,就不难理解中院甚至整个南洋公学打上美国教育烙印的原因。

与存在兼课现象的中学教习一样,西学教习也是一身兼教数门功课,如关应麟讲授英文、算学,吴健、吴佩璋兼教体操,英文教习兼教外国史地。西学教习内分提调、教习、帮教习或副教习,提调如李维格、伍光建负有管理西学教习、考核课程之责,教习专管授课,帮教习相当于助教,大多由公学留校生担任,如徐兆熊 1901 年中院毕业后,担任英文、算学副教习。

中院教习的待遇比较丰厚,据 1903 年冬南洋公学呈报各员月薪单记载,西学教习薛来西、勒芬迩各银 240 两,乐提摩 150 两,西文华教习陈伯涵、冯琦各 100 两,关应麟、黄国英、胡诒谷各 80 两;西文帮教习徐兆熊、陈廷甲、程文勋各 30 两;中文教习杨敏曾 100 元。显然,外籍与本国教习、教习与帮教习之间的收入存在巨大差距。外籍教习月薪 240 两,最低也有 150 两,而本国教习最高只有 100 两,最低仅 30 两。本国教习中,教习一般在 80 至 100 两之间,约是帮教习的 3 倍。外籍教习中,乐提摩月薪 150 两,与其余两位教习相差近百两,其原因是 1901 年受聘来校的乐提摩有校外兼差,乐氏“系美国古总领事之中表,由古领事托福开森参赞荐入公学,前因兼办美领使署文件,贴一百元”。加之“薛来西教计学、公法,勒芬迩教政治、史学,皆有博士文凭,故月薪二百四十两,乐教习系教文学,自应稍有轩轾”。1903 年 6 月,乐氏因兼差事竣中止,未等四年合同期满,便向公学代总办兼提调张美翊提出加薪。张美翊同意每月酌加 50 两,但须“今后两年加添功课,一惟公学之命是听”。[②] 公学对外籍教习在管理上既能通融满足其要求,又能约束其工作行为。

中西教习在具体管理上是分开的,分属中文、西文总教习管理。公学初设时,聘张焕纶为华总教习,中院成立时张焕纶辞职,由总理何嗣焜及其继任者兼任;西文教习方面,开始由监院福开森管理外籍教习,提调李维格、伍光建管理本国教习,福开森离校后,提调伍光建兼

---

① 潘绅:《补拙随笔》,1936 年铅印本。

② 张美翊:《致盛宣怀函》(光绪二十九年五月二十四日,1903 年 6 月 19 日)。盛档:044953 - 1。

充西文总教习，管理全校华洋西学教习，稽查一切西学西文课程。对于本国教习特别是中学教习的管理是相当谨慎严格，一旦遇有在学生中倡导平等自由之说的教习，即行辞退。1901年底，代总理沈曾植认为学生动辄私自集会，公开反对校章，是因为部分中文教习在学生中倡导自由革命学说所致，遂向盛宣怀指出，“今日所当整顿，故不在西文而在中文，中文且不在国学而在国文”，[①]并将持平等之说的教习白作霖等辞退出校。“墨水瓶事件”发生后，盛宣怀认为散学学生主要受了中学教习的蛊惑，将整理校务重点放在中学教育方面，“辞退中学教习四人”，[②]甚至暂停中学教学以全面整顿。

相对于中学教习来说，本国籍西学教习所授英文、普通科学课程，对学生思想的直接影响不大，因而很少出现辞退现象。相反，一些西学教习被公学出资派往国外留学深造，如1902年底选派吴健往英国习钢铁，1904年底派胡诒谷赴美习法律，两人都是圣约翰大学毕业，在校教学3年以上。另外还有南北洋毕（肄）业生王建祖、陈锦涛、王宠惠、程文勋、包光镛等5人，任教1年左右先后派出留学。这既是盛宣怀延揽人才的途径，也是对西学教习的一种优待。1905年公学移交商部时，盛宣怀奏请清政府奖励教龄5至8年的中西教员，其中中院本国教习5人，他们是程一鹤、赵玉森、陈伯涵、冯琦、胡诒谷，外籍教习薛来西、勒芬迩、乐提摩3人。[③]

二、学生来源与待遇

中院学生招收名额与外院、上院一样，定在120名，每班30名。1896年《南洋公学纲领》规定“上中两院学生均以一百二十名为额”。1898年《南洋公学章程》正式确定“外院生四班一百二十名，中院生四班一百二十名，上院生四班一百二十名”。学额仅定120名，是受办学经费的制约，1896年的《南洋公学纲领》对此作了专门解释：

> 外国学堂多不定额，以其经费充足，又多收取学生贴费也。中国风气未开，学堂经费既不可赋之于民，亦无盈千累万捐助之款，倡导之初，不但不能收费，且不能不酌给膏奖，筹款既艰，应有限制。上中两院学生，均以一百二十名为额。

章程还对入学资格、考选办法作了规定。依外院、中院、上院三院逐年递升制度，中院生应由外院头班毕业后升入。然而，中院首建时，外院大班生尚未肄业足年，且名额有限，于是除了从外院大班、次大班中挑选20名升入中院外，不足之额对外公开招考补充。考试分初试、复试两场，结果不少考生程度较低，最后仅录取数名学生。此后，中院除收个别插

---

① 许全胜：《沈曾植年谱长编》，中华书局2007年版，第265页。

② 盛宣怀：《致张冶秋、荣华卿函》（光绪二十九年八月二十日，1903年10月10日）。盛档：044186。

③ 盛宣怀：《拟奖南洋公学中西各科教习人员清单》（光绪三十一年二月，1905年3月）。第一历史档案馆军机处录副，档号：7214-35136。

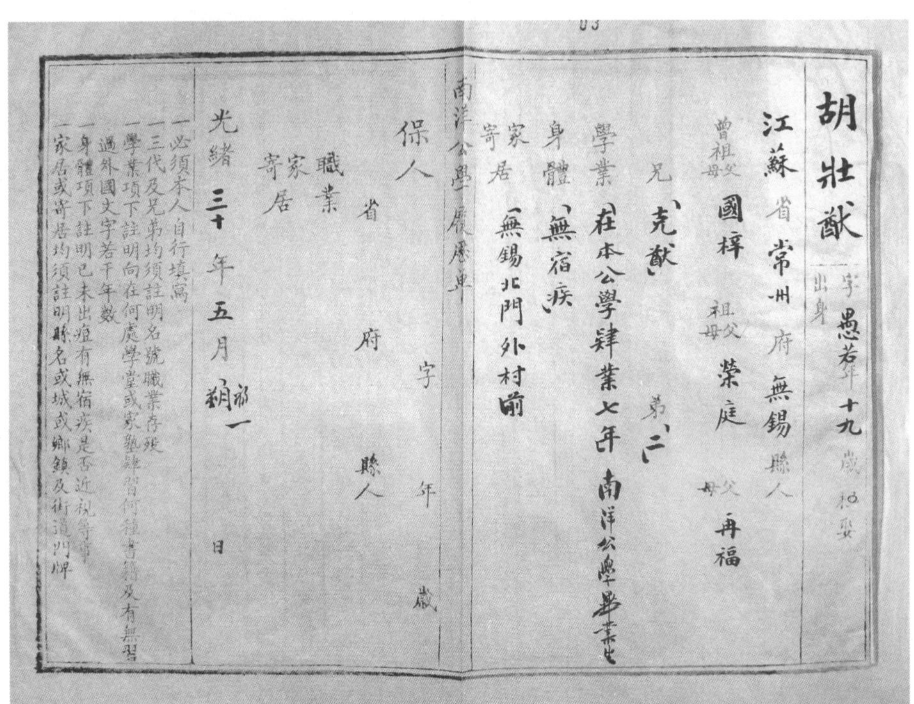

胡壯猷 字愚若 年十九歲 未娶 出身

江蘇省常州府無錫縣人

曾祖父母 國梓 祖父母 榮庭 父母 再福

兄 克猷 弟 二

學業 在本公學肄業七年 南洋公學畢業生

身體 無宿疾

家居 寄居 無錫北門外村前

南洋公學履歷單

保人 字 年 歲

省 府 縣人

職業

家居 寄居

光緒三十年五月初一日

一必須本人自行填寫

一三代及兄弟均須註明名號職業存歿

一學業項下註明向在何處學堂或家塾肄習何種書籍及有無習過外國文字若干年數

一身體項下註明已未出痘有無宿疾是否近視等事

一家居或寄居均須註明縣名或城或鄉鎮及街道門牌

1904 年 6 月，南洋公学中院学生学籍卡

班生外，没有对外公开招考过，其生源由外院肄业一二年后升入中院，外院裁撤后，建立附属小学堂，专为中院输送已肄业高等小学课程的合格生源，是中院最主要生源地，也使外院、中院、上院三级学制得以实现。

中院实际每年在校生情况，因缺少直接资料难以查考，现综合各种资料记载，列成一表，可了解在校生人数的大概情形。

表 3-5 南洋公学中院历年在校生人数表

时间 \ 人数 \ 班次	六班	五班	四班	三班	二班	一班	总计
1899 年 9 月	35	47	29	22	8		141
1900 年 3 月	27	51	29	22	8		137
1901 年春	38	31	38	30	22	9	168
1902 年 11 月	34	23	20	16	24	13	130
1903 年 2 月	各班不详，存总数						125

资料来源：《中院、外班学生考试成绩榜示名单》(1899 年 9 月)，西交档案：2320。《中院、外班学生考试成绩榜示名单》(1900 年 3 月)，西交档案：2321。以上两个时段五、六班称外班、留学班。张元济《追溯四十九年前今日之交通大学》(1949)，《交大周刊》第 60 期。《南洋公学退学名单》，载《苏报》1902 年 10 月 21 日，虽是“墨水瓶事件”中退学名单，但当时为“合学出校”，也大致反映中院在校生人数。盛宣怀《致张百熙函》(1903 年 2 月)，盛档：044179-2。

如表 3－5 所示，连同中院预科性质的五班、六班（或称外班、留学班）计算在内，中院生总人数在 125 至 168 名之间，每班平均 21 至 23 名，总体上少于定额 30 名。若仅计一至四班，不计预科，则在 59 至 99 名之间，每班在 20 至 25 名左右。另外，从低班到高班，学生数大幅度递减，说明学生流失现象较为严重。学生流失的原因主要有三方面，一是转攻举业，或出国留学。当时科举未废，世人大多留恋科举正途，学至半途回归举业者不乏其人。1900 年，入学肄业三年的童世亨，被功名心重的父亲劝退回家，做八股文功课。受其影响，同班好友毛经学也随之而去。[①] 二是染病去世。当时卫生医疗条件有限，学生中时有染病去世者。据吴稚晖《南洋公学记事稿》所载 1899 年至 1900 年近一年内，先后就有曾继寿、卜乃光等 4 名学生因病去世。三是被学校开除。学校订有严格的校规，违犯者记过，合三次大过者即行开除。吴稚晖记事稿 1900 年 4 月 30 日就记载当日开除 2 名学生。

中院生入学年龄，1896 年筹备章程定在 13 岁以上、15 岁以下；1898 年 2 月登于《申报》的招考告示限在 13 岁至 18 岁。因中院生主要来源于外院、附小，其入学年龄应与外院、附小学生的入学年龄有直接关系。外院生入学年龄定在 8 至 18 岁之间，附小初定 7 至 13 岁，而后正式定在 12 岁。依次类推，加上外院、附小三年肄业，中院生入学年龄理论上初期应为 10 至 21 岁，其后为 10 至 16 岁，最后定为 15 岁之内，实际上要大于上述年龄。1901—1905 年中院毕业生 42 人中，毕业时有年龄可考者 38 人，最长者张景尧 26 岁，最幼者胡敦复 16 岁，人均 20.7 岁；若以四年学制计算，入学年龄 12 至 22 岁之间，平均年龄是 16.7 岁。这基本上可以反映中院生入学年龄偏大且差距很大的状况。

中院生的来源地，与其他各院有着共同地缘性，大多来自江苏、浙江两省。据 1899 年、1902 年、1903 年公学开具中院生中廪增附生 44 人的籍贯所知，江苏籍 23 名、浙江籍 19 名，两省合计 42 名，占 96%，其余安徽、江西各 1 名，仅占 4%。[②] 据上述材料，中院生当中有科举功名者 45 名，1899 年有 9 名附生，1902 年有 10 名（含 5 名监生、3 名附生、1 名副贡、1 名廪生），1903 年 26 名（含 15 名附生、7 名监生、3 名廪生、1 名贡生）。如以表 3－5 所示相应年份在校生总人数计算，1899 年有功名者约占总数的 6%，1902 年为 8%，1903 年为 21%。有科举功名者不外乎两类情况，一为入校前专攻举业，即已获取"秀才"，然为风气所动，或绝弃举业倾向新学，或转入新式学堂肄习西学，为在科举改制前获得更高一级功名做准备，因适逢公学招考学生首重中学，这些学生得以顺利进入公学。二是入校前未获功名，然中学根

---

① 童世亨：《企业回忆录》（上）。《民国丛书》第 3 编，第 74 册，上海书店 1991 年影印，第 9－10 页。

② 《南洋公学送乡试册底》（1899、1902、1903）。西交档：2315。另注：各年总数相加实为 45 名，然有 1 名重复出现，故以 44 名计。

基较好,虽然身在新式学堂,心中仍然以获得科名为最佳出路,于是或捐得功名,或科考时请假出校参考获得功名。这是新式学堂在科举制度未废之前存在的一种非正常形态。

对于中院生的物质待遇,公学除了学杂费全免外,按月发给每个学生1至6两的膏火银,以在我国学堂风气未开之时招徕学生。中院开办后,何嗣焜呈请盛宣怀援照京师大学堂奏定章程,将膏火一律裁撤,改发奖赏,即将膏火额银按六折计发,每月查课时分别给奖,以激励学生奋发向学。何嗣焜在呈文中说明裁撤的三点理由,一是外国学校无发给月费的先例,东西各国学生入学读书"皆须备具修金,及一切费用,从无由学堂给予膏火者";二是学生学成各种学问,自己终生受用无穷,不应于膳食之外再领月费;三是若发放膏火,"往往为图微利而无远志者所争趋,大失培植人才之意"。[①] 此议得到盛宣怀的批准,学校除提供中院生食宿、杂费、课本外,停发膏火,每月按照成绩名次发给一些奖银。这一做法,既起到原先吸引学生就学的功效,又能激发学生相互竞争、积极向上的学习兴趣。

1898年9月2日,何嗣焜呈报盛宣怀要求裁撤中、上两院学生膏火

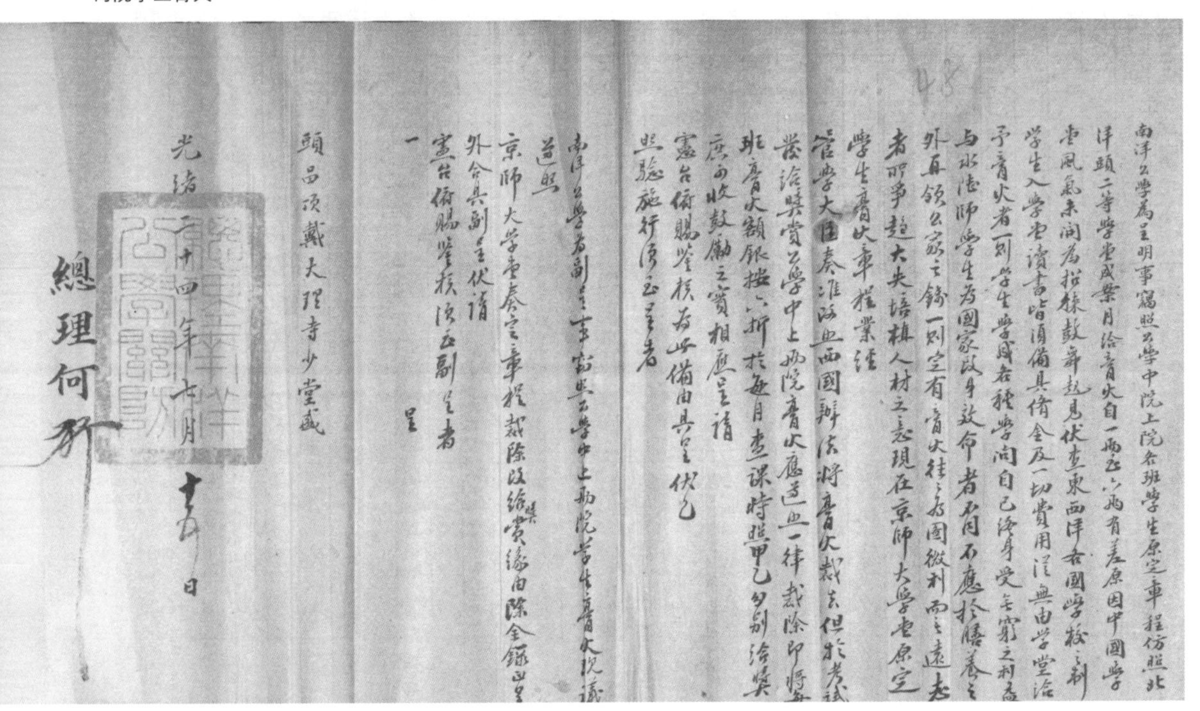

① 何嗣焜:《裁撤中上两院学生膏火》(光绪二十四年七月十五日,1898年9月2日)。上交档:ls3-001。

三、毕业生成就

从1901年起到1905年夏，中院每年均有学生期满考核毕业，共计毕业学生5届，合计42名。每届毕业生人数、名单如下表：

表3-6 南洋公学中院(高等预科)毕业生情况表(1901—1905)

毕业年份	名称	毕业人数	名 单
1901	中院	6	曾宗鉴 胡振平 李复几 王建极 赵兴昌 徐兆熊
1902	中院	10	包光镛 张景尧 朱公钊 林嘉驹 张世揆 周 崻 侯士绾 张逢辰 王继曾 胡敦复
1903	中院	11	张在清 王明照 张保熙 王泽利 胡壮猷 杜永清 杨德森 王寿祺 金颂庚 林宗涛 李昌祚
1904	高等预科	5	徐维震 吴乃琛 邵长光 陈同寿 屠慰曾
1905	高等预科	10	夏孙鹏 任家璧 徐恩元 秦铭博 张 铸 林汝耀 周善同 周承裕 孙家声 沈宏豫

资料来源：《历年毕业生姓名录》，《南洋大学卅周校友录》(1926)。

第一、二届学生毕业时，全国学制尚未颁定，并未发给文凭和举行毕业仪式。从1903年夏第三届起，公学正式颁给文凭。1903年7月13日，公学举行中院生毕业典礼，督办盛宣怀、商务大臣吕海寰、伍廷芳，电政大臣吴重熹莅临并颁奖，盛宣怀及各学长、教习先后致辞，四时，行谒圣礼及谒师礼。该届毕业生张在清等11人经考试合格，准予毕业，发给中英文文凭各一纸，中文文凭填明毕业生年貌、籍贯、履历，西文文凭则由西学各科教员薛来西等签

中院毕业生、后任交通大学沪校主任张铸

中院毕业生、后任浙江大学校长邵长光(邵裴子)

中院毕业生、银行家徐恩元

"南洋公学中院"楼铭如今犹在

字。同时,给包光镛等4名第二届毕业生补发文凭。随后,公学代总办张美翊呈报盛宣怀,称"此次中院毕业生实由上院专门教习、美国进士薛来西等考验,似与高等学堂考验之例大致相合",恳请盛咨明管学大臣援照奏定学堂奖励章程颁给毕业生贡生出身与刊印文凭,并册报礼部在案。[①]以后,每届学生均举行毕业典礼,发给毕业文凭,并请学部颁给毕业文凭,学部却一直没有下文。

中院学生毕业后,应照章升入上院肄业专门学科4年,再派赴外国大学继续深造。然而,整个公学期间上院一直未能真正办成,中院生遂直接派赴欧美各国留学。1901年首届6名毕业生除徐兆熊、王建极2人外,其余曾宗鉴等4人派赴英国留学;1902年第二届包光镛等10人毕业时,升入具有"上院"性质的政治班,后因政治班停办,其中张景尧等3人,连同第三届毕业生8名,派赴比利时留学。第四、五届毕业生15名全部派赴美国、英国留学。中院毕业生公派出国计有30名,若加上通过其他途径出国留学的徐兆熊、包光镛、朱公钊、王继曾、胡敦复等5名,合计35名,占毕业生总人数的83%。中院生出国后,"皆得直入大学校肄习专门,无庸预备",[②]肄业三五年后,大多能够获得学士、硕士甚至博士学位,回国后大多在各自领域中卓有成就。

中院毕业生能够直入欧美大学肄业,这与中院较高的教学水平分不开。在中西学并重、德智体三育并重教学方针指导下,在中西教习严格考核下,中院教学效果和学生培养质量取得了较高水平。1904年7月张美翊向盛宣怀呈称:"查南洋公学开办已逾八年,诸生毕业历有四次,迭经奏明在前,论其学科按之大学堂奏定章程,毕业生实合高等学堂程度。"并转述西文教习薛来西等称"公学诸生出洋堪进大学"之语。[③] 这与上年张美翊呈报中院毕业生"似

① 张美翊:《呈请咨明学务大臣备案并颁给出生文凭》(光绪二十九年六月三十日,1903年8月22日)。西交档:2322,卷名《南洋公学呈送毕业学生清册、文凭考试试卷等文》(1901—1904)。

② 张美翊:《呈报公学历年办理情形》(光绪三十年十一月二十四日,1904年12月30日)。《交通大学校史资料选编》第1卷,第48页。

③ 张美翊:《呈送第四届毕业生清册并请咨明学务大臣明定出身》(光绪三十年六月十二日,1904年7月24日)。西交档:2322。

与高等学堂考验之例大致相合”情况相同，是说中院毕业生已差不多达到高等学堂毕业要求。按当年清政府所颁《奏定高等学堂章程》，高等学堂介于普通中学堂与大学堂之间，学制3年，设于各省省城，是大学堂预备科。盛宣怀对于中院教学水平也相当满意，当1904年京师大学堂监督张亨嘉向公学要求选派回国留学生充任助教时，盛宣怀甚至很自信地推荐中院毕业生吴乃琛、徐维震前往任教。他对吴、徐二生的荐语也能说明中院生的学业程度：

> 今夏中院毕业生举人吴乃琛，浙江石门人，于英文、法学、理财、历史、理化、三角等，皆有门径，中学尤长，今春会试荐而未售，品行纯粹，静气迎人；又生员徐维震，浙江桐乡人，与吴生同班毕业，程度不相上下，人品端正，中学亦颇通鬯，奉该尊函新调学生于西文多未谙习，则该两生似亦可胜助教之任。[①]

蒋梦麟以其自身学习体会，对中院评价甚高，他说：“南洋公学的预科，一切按照美国的中学学制办理，因此南洋公学可说是升入美国大学的最好阶梯。学校里有好几位教授现代学科的美国人。在校两年，在英文阅读方面已经没有多大困难，不过讲却始终讲不好，学校教的英文并不根据语音学原理，我的舌头又太硬，始终跟不上。”[②]除上述公学师生的评语外，校外人士也对中院生有好评。盛宣怀在给当时主管全国教育的张百熙信中，曾转述外界人士对中院的赞誉：“西文算学则程度颇高，论者谈在西人所设约翰中西各书院之上。”[③]就是说公学的西学教学已经超过美国在华教会所设的圣约翰大学、上海中西书院。

中院肄业生、考古学家马衡

中院肄业生、教育家蒋梦麟

---

① 盛宣怀：《复张亨嘉函》（光绪三十年五月十二日，1904年6月25日）。盛档：044934-2。

② 《蒋梦麟自传》，团结出版社2004年版，第84页。

③ 盛宣怀：《致张百熙函》（1903）。盛档：044179-2。

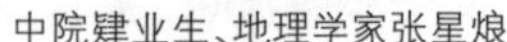
中院肄业生、地理学家张星烺

中院肄业生、教育家俞子夷

中院肄业生、物理学家夏元瑮

上述种种都说明,中院的教学水准已经达到欧美各国高级普通中学的教学要求,能够直接入读大学肄习专门,也使得公学逐渐将中院定位在欧美大学预科,将欧美大学视为中院的“上院”。可见,中院在实际办学中已经突破了专为上院提供生源的设想,将上院部分教学内容,如理财、经济课程纳入中院之中,可以看作把原先中院、上院的办学计划融合在一起。

较高的教学水准,加上受教于全国新学广泛兴办之前,不少学生又有出洋深造的经历,使不少中院毕业、肄业学生能够成就一番事业,成为我国近代社会发展所需的知识力量。派赴海外留学的中院毕业生成绩斐然,如我国第一位物理学博士李复几、民国外交次长曾宗鉴、教育家邵长光等,其余毕业、肄业生中,在社会上做出贡献者也不乏其人。现按毕业、肄业届别,依次列举主要者:

1901 届肄业生林行规(1882—1944),出校后入京师大学堂,后派赴英国伦敦大学学习法律,曾任北京大学法科学长、司法部总长;肄业生梁焕彝留学日本期间,参与创办我国最早的翻译杂志之一——《游学译编》。1902 届毕业生胡敦复(1886—1978),出校后留学美国,曾创办主持上海大同大学,担任交大数学系主任多年,参与成立中国数学会,是我国著名的数学教育家;毕业生王继曾(1882—?),毕业当年就被中国驻法大使孙宝琦带往法国留学,回国后一度担任军机大臣张之洞的秘书,1909 年改任留法学生监督、外务部主事,民国时曾任外交部政务司司长、国务院秘书长;毕业生朱公钊(1883—?),留美归国后参加清末留学生考试,被授予法科进士,选为翰林院庶吉士。肄业生孙锡皋(1880—1912),因学潮退学后返回无锡故里专办教育,任竢实学堂校长,辛亥时率领师生参加无锡光复活动,积劳而终。1904 届肄业生张大椿,学潮退学后入复旦公学,再留学美国学习物理,回国后任教北大,是我国近代早期物理学家;肄业生杨曾询是中国最早的会计师之一;肄业生程良楷,曾任中华民国临时政府教育部佥事；肄业生张星烺（1889—1951），师范生兼教习张相文之子，后改读北洋大学，1906年被选派赴美国留学，著有《中西交通史料汇编》，是现代著名地理学家、历史学家；肄业生夏元瑮（1884—1944），1906年秋进耶鲁大学攻读物理学，3年后毕业，1909年秋又到德国，入柏林大学继续深造，回国后毕生从事高等教育工作，培养了许多物理学和工程技术人才，他和何育杰二人是我国大学物理本科教育的开创者，翻译并出版了爱因斯坦名著《相对论浅释》，为相对论在我国的传播做出了贡献，是我国著名的物理学家、教育家。1905届肄业生马衡（1881—1955），1922年被聘为北京大学研究所国学门导师，1930年代任故宫博物院院长，是我国著名的金石考古学家、书法篆刻家。另外，还有1901年入学、后成为著名教育家的俞子夷，1904年入学、后成为著名教育家的蒋梦麟，等等。总之，得教育风气之先而最先沐浴新学的南洋公学学生，人才辈出，各成翘楚，从历届中院毕业或肄业学生出校后的成就也可见一斑。

第四章
上院与特班

第一节　上院的试建与缓办

一、开设铁路班

南洋公学的设学目标，意在培养经世致用的高端人才，特别是培养革新危局的政治家。1898 年制订的《南洋公学章程》首章“设学宗旨”中，开宗明义地指出：“其在公学始终卒业者，则以专学政治家之学为断。”①南洋公学上院便是实施“专学政治家之学”的最高教学形式。1900 年，南洋公学收容北洋大学堂避乱南下的学生，于 1900 年底开设铁路班，也属于上院性质。

1900 年 6 月，英、法、美、德等组成的八国联军入侵京津一带，北洋大学堂被迫停课放假，师生纷纷逃离天津。因师生大多为南方籍贯，且江南一带局势较为平静，因此南下者居多。北洋大学堂创办者盛宣怀要求轮船招商局、电报局、南洋公学等接应照料南下的师生。经长途跋涉，历尽艰辛，先后抵达上海的约有 60 名师生，其中有教职员陈锦涛等 9 名，头等学堂胡文椿等 23 名，二等学堂林葆恒等 13 名，铁路学堂黄锡兰等 9 名，其他学生 6 名。② 盛宣怀

---

① 《南洋公学章程》(光绪二十四年四月二十四日，1898 年 6 月 12 日)。《愚斋存稿》第 2 卷，第 19 页。

② 何嗣焜：《呈送发给北洋学生川资清册》。西交档：2316。

谕令南洋公学总理何嗣焜收容北洋师生，暂时垫付南下川资，并予以生活补助。至9月26日止，公学共发给北洋来沪师生川资规银1 079.133两，并寄交北洋大学堂总教习丁家立银1 000两。11月12日，盛宣怀照会何嗣焜："北洋学堂被毁，以致各该生分头逃散……所有卢汉铁路学堂头班学生汤绪等十七名、三班学生柏岭等二十名，自应逐名登报，一律招齐，即将该堂移至上海，附入南洋公学之内。"[①]要求公学接办北洋头等学堂内附设的芦汉铁路学堂，召集失散学生，即刻开学，并督饬教习认真授课。

卢汉铁路学堂，系由督办铁路总公司事务大臣盛宣怀于1897年创设，旨在为正在修筑中的卢汉(卢沟桥至汉口)等铁路培养专门人才。铁路学堂附于天津北洋头等学堂之内，由头等学堂总办王修植兼任总办，负责管理校务与经费支配，教务事宜则由总教习丁家立负责。铁路学堂与头等学堂学制一致，均为四年，经费则由铁路总公司天津分局就近按月拨付，大致每月经费在规银650—750两之间。1897年11月29日，铁路学堂开学，至1900年上半年，学堂教学与管理已步入正轨，并在年底将迎来首届毕业生，然而八国联军的入侵使得铁路学堂陷入困境。

何嗣焜收到盛宣怀接办铁路学堂的照会后，随即遵照办理，在报刊上登载《南洋公学招集津堂铁路学堂学生告白》：

> 本公学现开铁路学堂，所有北洋头等学生头、二、三班内工程学生，有愿学铁路工程者，速于十月十五日以前亲至本公学报到，听候查验补额，切勿迟误。[②]

因学生已星散，难以招齐，公学又登报招集北洋头等学堂内习工程的学生前来报到，改习铁路专门。12月9日，何嗣焜呈文向盛汇报，已招回学生近20名，定于3天后开学，并月度经费减至400余两规银，请盛核示。次日，盛宣怀批复同意，并对何"体会时艰，撙惜公款"表示钦佩，令其将所有招回学生姓名上报以备查考。北洋散学师生陆续来校，除将头等学生吴桂灵等人资送出国留学，部分二等学堂学生转至中院就读外，公学于1900年12月设立铁路班。铁路班以新建上院为校舍，学生都是来自北洋头等学堂及铁路学堂，共计18名，他们是：黄锡兰、陈廷甲、吴荣鬯、贺鑫、洪韵、程文勋、朱衍纪、王锡善、杨秉沐、张保熙、祝君舜、王寿祺、方声铣、赵锡思、王文庠、陈廷灼、方涛、瞿佐庭。[③]

---

① 《南洋公学为呈请事呈盛宣怀》(光绪二十六年，1900)。转引自《北洋大学——天津大学校史》(1895—1949)，天津大学出版社1990年版，第51页。

② 《南洋公学为呈请事呈盛宣怀》(光绪二十六年，1900)。转引自《北洋大学——天津大学校史》(1895—1949)，第51页。

③ 《南洋公学铁路班名单》。载交通大学编：《交通大学校友录》(1936)。

南洋公學鐵路班

姓名	入校年月	離校年月	學歷	備註
黃錫蘭	民元前12年9月	民元前10年1月	鐵路班肄業	
陳廷甲	民元前12年9月	民元前10年1月	同上	
吳榮鬯	民元前12年9月	民元前10年1月	同上	
賀鑫	民元前12年9月	民元前10年1月	同上	
洪韻	民元前12年9月	民元前10年1月	同上	
程文勳	民元前12年9月	民元前10年1月	同上	
朱衍紀	民元前12年9月	民元前10年1月	同上	
王錫善	民元前12年9月	民元前10年1月	同上	
楊秉沐	民元前12年9月	民元前10年1月	同上	
祝君舜	民元前12年9月	民元前10年1月	同上	
張保熙	民元前12年9月	民元前10年1月	同上	
王壽祺	民元前12年9月	民元前10年1月	同上	
方聲銑	民元前12年9月	民元前10年1月	同上	
趙錫恩	民元前12年9月	民元前10年1月	同上	
王文庠	民元前12年9月	民元前10年1月	同上	
陳廷灼	民元前12年9月	民元前10年1月	同上	
方濤	民元前12年9月	民元前10年1月	同上	
瞿佐庭	民元前12年9月	民元前10年1月	同上	

1936 年《交通大学校友录》所载南洋公学铁路班名单

上述学生中，除了黄锡兰（原铁路学堂头班）、贺鑫、朱衍纪、杨秉沐（原铁路学堂三班生）外，其余 14 人均是北洋头等学堂各班学生。铁路班由麦基、马贺继续担任教习。刚从北洋大学堂法科毕业的王宠惠，也避难上海，随即被聘为铁路班教员，讲授货币赋税、审计、国际条约等课程，同时，王宠惠还兼任中院英文课程。另一名北洋毕业生陈锦涛被聘为数学教员。应铁路班学生试验所需，公学添置物理仪器及化学药品，将中院下层一间教室作为格致室，成为学校最早的试验室。

铁路班办至 1902 年 1 月时，该班惟一一位专业教习麦基认为“铁路学堂难期收效”，向公学“自请将合同提前作为期满”，解除双方聘约。[①] 获得盛宣怀批准后，麦基提前离校，续赓一年多的铁路班因缺乏专业教员而停办。学生部分由北洋担任经费、公学负责管理派赴国外留学，部分学生如陈廷甲、程文勋调充公学教员，另有中途辍学者，或编入中院高级班。铁路班办理时间虽然不长，且为收容南下避乱的北洋大学堂师生所设，然而这是公学适时利用现实条件开办高等教育的首次尝试，正如当年在校任职的蔡元培日后说：“上院校舍落成，适有北洋大学学生避拳乱来上海者，乃设铁路班以收容之，是为高等教育之发端。”[②]

二、上院缓办

南洋公学于 1897 年设立外院，又于 1898 年开设中院。到 1901 年夏，首届中院学生毕业，照章应升入上院就读。但是，公学校务主持者认为，开办上院

---

① 伍光建：《致盛宣怀函》（光绪二十七年十二月，1902 年 1 月）。盛档：044537－1。

② 蔡元培：《记三十六年以前之南洋公学特班》。《交通大学四十周纪念刊》（1936）。

的条件尚不具备。1901 年 8 月 31 日，刚刚来校担任代总理的沈曾植，以总理劳乃宣的名义呈文盛宣怀，陈述上院无力即刻开设的缘由，呈请暂时缓办上院，建议以筹设上院的经费遣送中院毕业生赴英国大学留学。呈文写道：

窃查本年暑假后开学，原拟将头班学生七名升入上院，其二班、三班以次递升中院一班、二班，办法原属至善。惟开办上院，经费浩繁，美英等国开一上院，所费或至数十万金，又需经营多年乃得就绪，一书不全，一器未备，不敢以教专门，诚恐因陋就简，贻误学者也。查现在头班仅得七名，若因此寥寥数人，而径行举行，大不惜费之事，未为合算。若迁就塞责，徒博虚声，亦负教育之意。且造诣不同，又有未能一气递升之虑。以现在二班比之头班，以功课论，尚差二年；以资质论，亦属不如；虽三班人才较佳，比之二班又差一年功课。……今以各班之造诣资质而论，相去若是悬殊，倘一旦创办上院，诚恐二班、三班未能按年递升，上院几同虚设。未便拘执定章，稍涉迁就，所有开办上院一节，拟请暂缓二年，以免躐等而节靡费。[①]

从呈文中不难看出，暂缓二年开设上院的理由主要有三"缺"：一缺经费设施，二缺办学经验，三缺合格生源。在沈曾植看来，按照欧美大学的一般做法，开设一所大学需耗资数十万金，而公学每年经费 10 万两，除去师范院、外院、中院及附设译书院的日常开支，费用所剩无几。并且，办理大学还要经过多年的酝酿筹备，积累一些管理、教学方面的经验，并非能够一蹴而就。

但是公学在 1900 年耗资 8 万余两，建成一幢规模宏大的上院校舍，并在上院底楼设立藏书楼，置有中西文图书 3 000 余册，并非呈文所述"一书不全，一器未备"；公学的常年经费项下也是年年有结余，若再设法筹措，经费应不属首要难题。至于中国人自办高等教育的经验，在西学风气未大开的 20 世纪初年，确实很缺乏，但可以总结公学办理数年来的办学实践，也可以借鉴北洋头等学堂、沪上教会学校的经验，何况我国高等教育处于开创阶段，一边试验一边实践，也是可行的。

实际看来，缺乏生源才是上院缓办的最大原因。就校内来说，该年中院首届毕业生仅 6 名，寥寥数人，难以成班。而二班、三班学生的功课程度低于头班毕业生，难能按年递升，上院的生源难以为继。再就校外而言，当时国内新学初起，初等、中等程度的学堂刚刚兴办，毕业生极少，符合升入大学的中等程度毕业生微乎其微。

---

① 《南洋公学呈请拟暂缓开办上院先派学生出洋游学》（光绪二十七年七月十八日，1901 年 8 月 31 日）。上交档：ls2－004，卷名《清朝商务大臣和南洋公学关于赴美留学及暂缓开办上院呈批文件》（1901）。

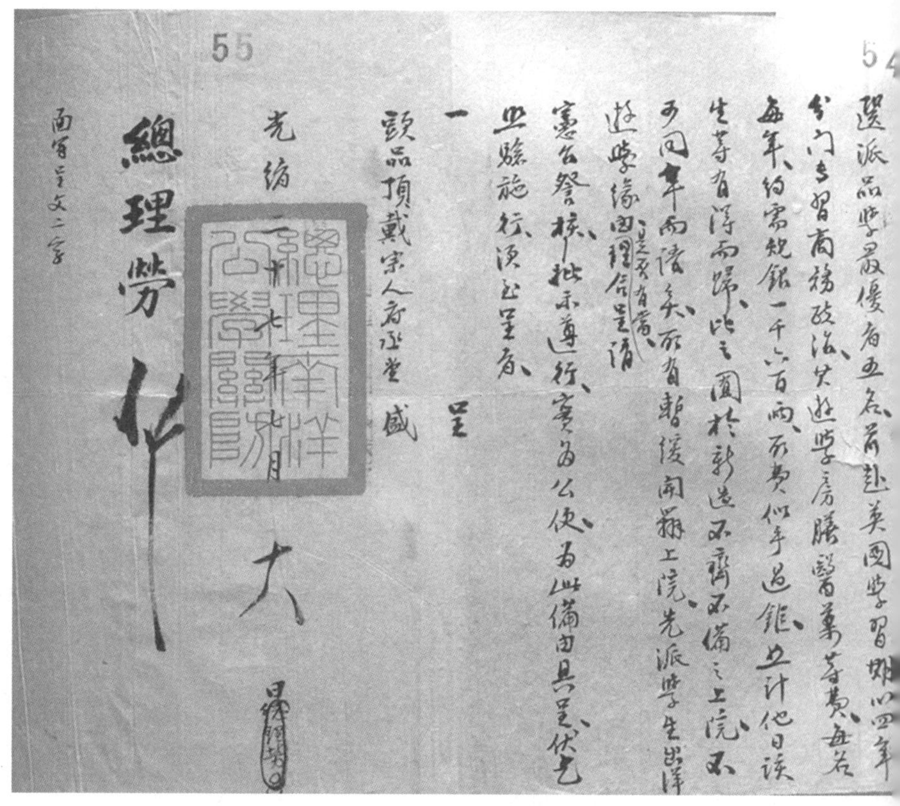

選派品學最優者五名，前赴英國學習，以四年
分門專習商務政治，其遊學房膳醫藥等費，每名
每年約需規銀一千六百兩，所費似乎過鉅，並計他日該
生等自洋而歸，正足以圖於新造不齊不備之上院，不
如同年兩濟矣，所有暫緩開辦上院，先派學生出洋
遊學緣由理合呈請
憲台察核，批示遵行，實為公便，為此備由具呈，伏乞
照驗施行，須至呈者。
一 呈
頭品頂戴宗人府丞堂 盛
光緒二十七年七月 大
總理勞

1901 年 8 月 31 日，南洋公学呈请暂缓开办上院先派学生出洋留学

9月5日，沈曾植再次致函盛宣怀，催促早日批复缓办上院，确定留学生名单，“以定诸生心志”。[①] 盛宣怀便于9月7日批复：“现在中院头班学生仅得七人，二班、三班功课资质又均相去悬殊，未能按年递升，自应如拟暂缓二年再行开办上院，以免躐等。”[②]同意缓办上院，并指派中院毕业生4名留学英国学习专门。9月开学后，上院暂缓开办，集中力量与资源，利用上院校舍成功开设了经济特科班。

当时，专管全国教育行政的学部尚未设立，还没有一套规范全国学校教育层次的学制规定，设立何种层次的教育，是学校主办者自己的事情。也就是说，办不办上院，何时办上院，可以由南洋公学自己依据兴学宗旨和办学条件来决定。开办高等教育层次的上院，培养理财、外交、法政高级人才，是公学设

① 沈曾植：《与盛宣怀书》(光绪二十七年七月二十三日，1901 年 9 月 5 日)。转引自《沈曾植年谱长编》，第 255 页。

② 盛宣怀：《批复暂缓开办上院先派学生出洋游学》(光绪二十七年七月二十五日，1901 年 9 月 7 日)。上交档：ls2－004。

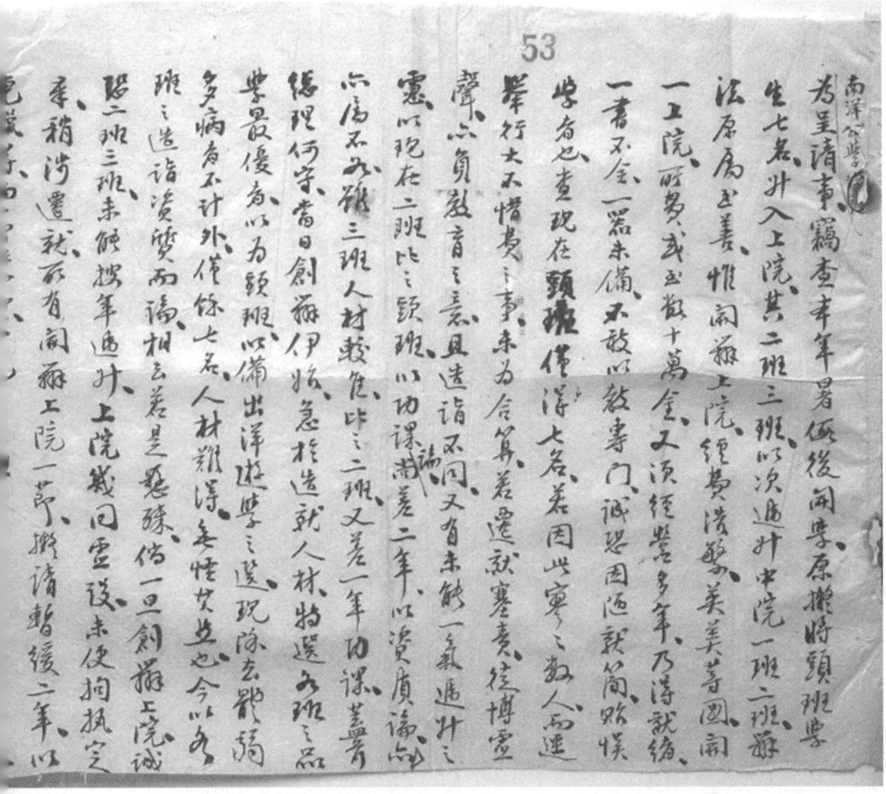
53

南洋公學

為呈請事竊查本年暑假後開學原擬將頭班學生七名升入上院其二班三班以次遞升中院一班二班藉法原屬至善惟開辦上院經費浩繁英美等國開一上院所費或至數十萬金又須經營多年乃得就緒一書不全一器未備不敢以教專門誠恐因陋就簡貽誤學者也查現在頭班僅得七名若因此寥寥之數人而遽舉行大不惜費之事未為合算若遷就塞責徒博虛聲亦負教育之意且造詣不同又有未能一氣遞升之處以現在二班比之頭班以功課論差二年以資質論亦属不如議三班人材較優昨之二班又差一年功課蓋總理何宗當日創辦伊始急於造就人材特選各班之品學最優者以為頭班以備出洋遊學之選現除去體弱多病者不計外僅餘七名人材難得無憾其然也今以各班之造詣資質而論相去若是懸殊倘一旦創辦上院誠恐二班三班未能按年遞升上院幾同虛設未便拘执定章稍涉遷就所有開辦上院一節擬請暫緩二年以……

学的最高宗旨，数年来相继开设师范院、外院、中院、译书院，筹资建筑上院校舍，聘请外籍教员，都是为开设上院作必要的筹备。现在看来，在没有教育行政机关监管和教育法规约束的情况下，公学仍能以高尺度自我要求，自认办学条件不成熟而果断暂缓开设筹备经年的上院。公学主事者认为“一书不全，一器未备”，因陋就简地教授专门学问，会贻误学生终生；如若“迁就塞责，徒博虚声”而一意举办，不仅浪费兴学经费，也有违背教育之本意。他们以“未便拘执定章，稍涉迁就”的态度，不愿降低办学要求，不去徒慕虚名，而是严格把握教育水准，实事求是地对待办学道路上出现的问题。

三、设立政治班

1902 年 7 月，中院第二届学生包光镛等 10 人毕业。9 月，公学总办汪凤藻奉盛宣怀之命特开政治班，以实现早日办成上院的夙愿。当年中院毕业生全部升入政治班肄业，他们是包光镛、张景尧、朱公钊、林嘉驹、张世揆、周畴、侯士绾、张逢辰、王继曾、胡敦复(时名胡炳生)。政治班课程有宪法、国际公法、行政纲要、政治学、经济学、货币、赋税、审计、统计、国际条约等。[①]

政治班相当于大学预科程度，盛宣怀在1902年10月上的奏折中提及该班时称：“上院则以现在生徒卒业者，除已派出洋外，所留无多，先设政治专班为预科，俟随后考升，再行定期开班。”[②]可见，公学仍以审慎态度，考虑到上院生源不足，办理上院不能一蹴而就，暂先设立预科，等学生预科肄业后再行升入上院，届时上院大学部遂能告成。

开学后，公学曾组织过政治班的考试，并对前四名优秀学生予以图书、实物奖励，以促使学生一心向学。奖第一名包光镛《续经世文编》《世界大地图》《温藻绘刻杂志》各一部；奖第二名侯士绾《续经世文编》《世界大地图》《世界绘刻杂志》各一部；奖第三名张景尧《原富》《世界大地图》《达尔文传》各一部，另有洋缎扣带一条、平金扇袋一件、油纸扇一把；奖第四名周畴《原富》《世界新

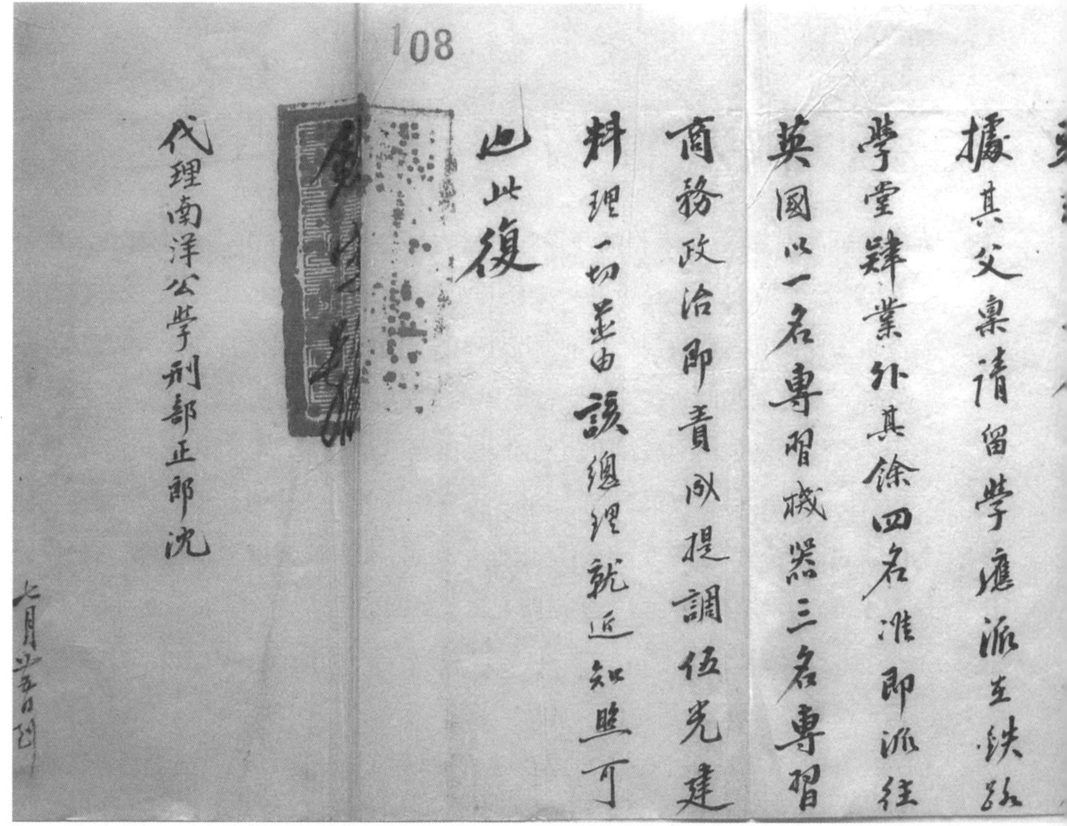
據其父禀請留學應派在鐵路
學堂肄業外其餘四名准即派往
英國以一名專習機器三名專習
商務政治即責成提調伍光建
料理一切並由該總理就近知照可
也此復
代理南洋公學刑部正郎沈

1901年9月7日，盛宣怀批复暂缓开办上院，先派学生出洋留学

① 杨耀文：《本校四十年之重要变迁》。《交通大学四十周纪念刊》(1936)，第33页。

② 盛宣怀：《南洋公学历年办理情形折》(光绪二十八年九月，1902年10月)。《愚斋存稿》第8卷，第32页。

地图》《各国钱币考》各一部，洋缎扣带一条、平金扇袋一件、油纸扇一把。[①]《续经世文编》当为盛宣怀之父盛康辑录的《皇朝经世文编续编》，此书续编魏源辑《皇朝经世文编》，收集晚清经世致用之撰述共计 2 085 篇，分 120 卷。此外，《原富》《世界大地图》等均为译自西方的经济、地理、人物书籍。从奖励的图籍来看，公学希望学生在掌握本国经世之学的基础上，更要关注西方政治、经济、进化论以及风土人情等近世之学。再从扣带、扇袋、纸扇这些生活类奖品来看，公学高班学生在继承传统士子的儒雅气质时，腰间横系的洋缎扣带在不经意间流露出前辈们所没有的“洋气”。

不过数月之后，1902 年 11 月，公学发生“墨水瓶事件”，导致政治班与特班、中院学生同时散学。后经多方劝导，部分离校的政治班学生陆续返校，至 1903 年 4 月，政治班学生仅有侯士绾、张景尧、周畴、张逢辰、包光镛等 5 人。

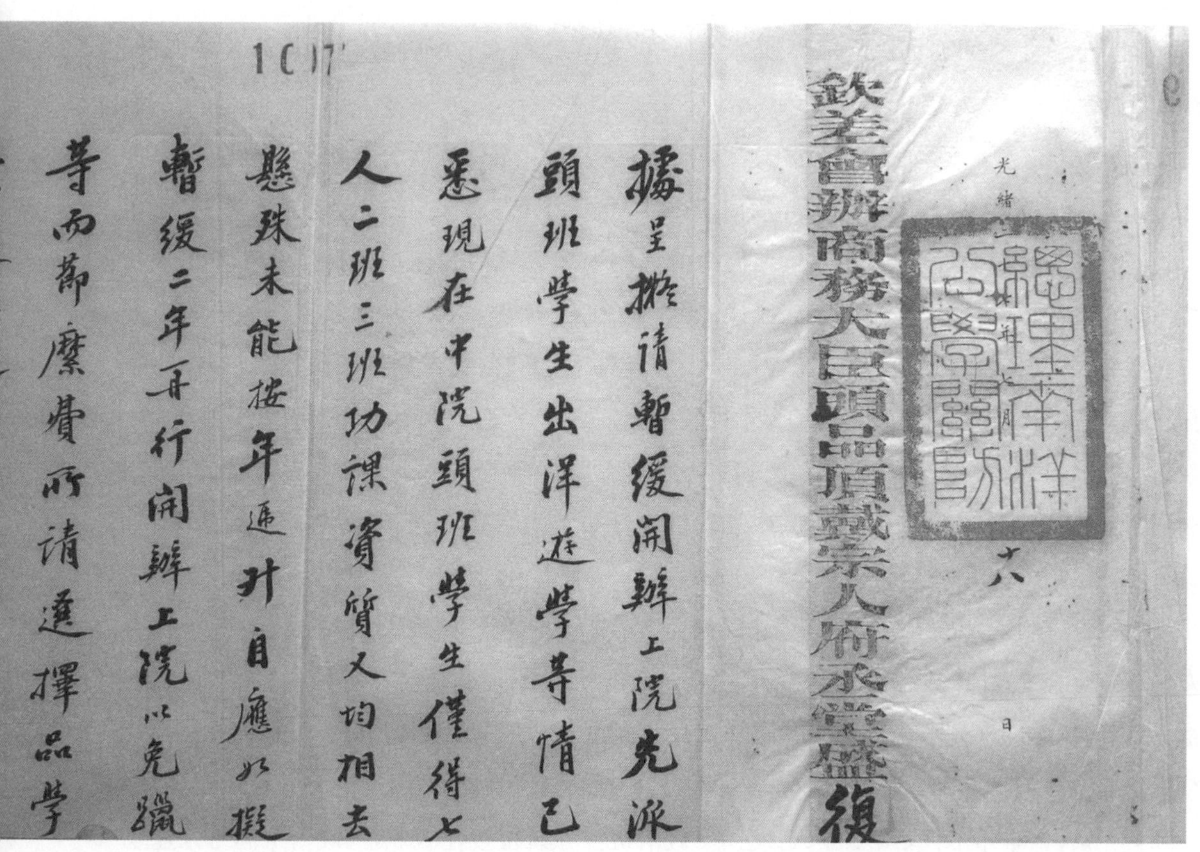
欽差會辦商務大臣頭品頂戴宗人府丞堂盛　復

總理南洋公學關防

光緒　年　月　日

據呈擬請暫緩開辦上院先派頭班學生出洋遊學等情已悉現在中院頭班學生僅得七人二班三班功課資質又均相去懸殊未能按年遞升自應如擬暫緩二年再行開辦上院以免躐等而節糜費所請選擇品學

① 《上海交通大学纪事(1896—2005)》(上卷)，第 37 页。

他们联名禀请盛宣怀酌给经费,派往比利时留学,禀文称:“政治一班本为暂时肄业之计,既无一定课程,且无卒业年限。”要求援照上届毕业生派遣欧洲留学之例,派往留学费用较省的比利时学习铁路、矿学。限于经费原因,盛宣怀一时未能同意所请,政治班学生继续留校就读。6月,中院第三届学生张在清等11名毕业在即,代总办张美翊呈请盛宣怀将他们升入政治班,“拟酌定课程及毕业时期,或添教实业。”同时要求将5名政治班学生“酌派数生差事,俾有出路”。[①] 8月28日,盛宣怀同意将中院11名毕业生升入上院商务学堂学习,同时筹措经费准备将侯士绾等政治班学生派往欧洲。次年,侯士绾、张景尧、周畴三人被公费派往比利时留学路矿,因此1903年9月开学时,政治班实际已经停办。

政治班存在仅一年,这是南洋公学时期时间最短的一种教育形式,其办学目标、课程设置、教学要求、毕业年限等都没有规范,可以说是一种临时的教育设置。不过,政治班的开设再次说明,公学对办理高等教育的目标始终没有放弃,且其性质与原定“专学政治家之学”办学理想相称相符。

政治班学生离校后,大都留学欧美,学有所成,于国家、社会有所贡献,其中以胡敦复、王继曾、包光镛三人较为突出。

胡敦复(1886—1978),江苏无锡人,1897年至1902年先后就读公学外院、中院、政治班。1907年入美国康奈尔大学,两年后回国,受聘北京游美学务处,主持考选庚款留美生。由他经办的三批留美学生共180名,他们中的许多人后来成为我国现代科学教育事业的奠基人。如胡适、梅贻琦、竺可桢、赵元任、黎照寰、张廷金等。1911年胡敦复任清华学堂首任教务长,同年组织立达学社,任社长。1912年与立达同仁在沪创办大同大学,并长期任校长。1925年后又兼任北京女子大学校长等职。1930年到1945年任交通大学数学系教授、主任。1935年参与发起成立中国数学会,任中国数学会董事会主席。曾主持《算学名词汇编》审定工作,为我国早期大、中学教材建设做了大量奠基性工作,是近代数学家、教育家。

王继曾(1881—1955),字述勤,福建闽侯人,1897年入读公学,离校后入法国高等学校及巴黎政法大学。回国后先入张之洞幕,后任清政府驻法、日使馆随员及外务部主事。民国成立后,历任北京政府外交部佥事、政务司司长。1920年9月出任驻墨西哥公使兼驻古巴公使。1924年1月调充国务院秘书长。著有《意大利政治经济财政报告书》等。

包光镛,生卒年不详,1897年入读公学,政治班停办后留校任教职,与政治班同窗张逢

---

① 张美翊:《南洋公学诸事条例》(光绪二十九年闰五月,1903年7月)。盛档:044953-2。

辰合译美国人赖康忒著《最新中学教科书——地质学》，于1905年出版，颇受中等教育界重视。后转入银行界，曾任大陆银行总经理、中孚银行经理。1938年任天津市银行业同业公会常务理事。

第二节　特班的设立与特色

一、筹设特班

缓办上院的同时，南洋公学督办盛宣怀为实现达成馆从速培养人才的教育诉求，在清政府行新政、开特科的催动下，于1901年9月设立经济特科班，简称特班。

实际上，盛宣怀奏准设立南洋公学，开始试行"收效皆在十年之后"[①]的正规教育同时，一直没有放弃在公学校内附设达成馆的尝试。特别在上院缓办的情况下，这种愿望变得愈加迫切。1897年4月师范院开学后，何嗣焜向盛宣怀报告说："第四次考选师范生，投考者至一百三十名之多，佳卷不少，录取足额外，复录备取十八名，初七日开馆。……诸生皆恂恂受范……审察此堂气象，将来或可得二三济时之才，达成馆颇难举行，恐当消纳于师范之中。"[②]报告中隐含着这样一层意思：虽然达成馆一时未能办成，只开办了师范院，但是，新收师范生之中却有达成馆预备所招之才，达成馆或许能够与师范教育同步开展。不过到1901年初，师范生虽专攻西学数年，有所造诣，不乏中西贯通之士，然而只有学生10人，学额过少，也便难以广为造就。中院生源同样缺乏，且难以按年递升，上院也不能照章如期建成，使得盛宣怀产生了通过正规教育体系培养人才过于缓慢的感叹。1898年8月7日，在维新变法处于高潮时刻，盛宣怀致翰林院谭子云函说："朝廷锐意求治，变科举立学堂，如能实力奉行，必有人才辈出。"这是一件好举措，但是国家正处于治国乏术、列强相逼的局势，内政外交亟需人才，"我若坐待学堂后起之英，尚虞缓不济急。"[③]

在正规教育进展缓慢的情况下，达成馆又提上办学议程，公学准备招收已具中西学基础的青年才俊，教以经世济时之类的有用之学，以求在短短数年之内培养出内政外交所急需的人才。上院缓办前后，正逢清政府筹备开设经济特科，此举与南洋公学附设达成馆的本意暗

---

① 盛宣怀：《请设学堂片》（光绪二十二年九月，1896年10月）。《愚斋存稿》第1卷，第11页。

② 何嗣焜：《致盛宣怀函》（光绪二十三年三月二十九日，1897年4月30日）。见王尔敏、陈善伟编：《近代名人手札真迹（盛宣怀珍藏书牍初编）》第2册，香港中文大学出版社，第900－901页。

③ 盛宣怀：《复翰林院谭》（光绪二十四年六月二十日，1898年8月7日）。盛档，《戊戌亲笔函稿》。

合,成为推动经济特科班设立的直接原因。

八国联军入侵之后,清政府意识到必须变革才能挽救危亡。1901 年 1 月 29 日,逃亡西安的慈禧太后颁布上谕,命督抚以上大臣就朝章国政、吏治民生、学校科举、军制财政等详细议奏,标志着清末新政的开始。4 月,成立督办政务处,作为规划新政的机构,在很大程度上重新推行维新变法时期制定的各项变革措施,包括改科举、兴学堂、开特科在内的教育改革。6 月 3 日,清政府正式颁旨,重开酝酿数年之久的经济特科,提出"为政之道,首在得人。况值时局阽危,尤应破格求才,以资治理允宜。敬遵成宪,照博学鸿词科例,开经济特科,于本届会试前举行"。[①]

其实,早在维新运动期间,著名近代教育家、时任贵州学政的严修认为,传统书院也好,新式学堂也好,都不能培养足够的才俊为维新所用。1897 年 10 月,他首次奏请仿照康熙、雍正年间开博学鸿词科的做法,开设经济特科,破格选拔适应革新政治的人才。1898 年维新变法开始,光绪帝颁布上谕,改革科举制度,废除八股考试,开设经济特科。特科拟分内政、外交、理财、经武、格物、考工等事关"经济"六事,每年举行一次考试,考生由各省官员保举。特科一时非常引人注目,广西省巡抚黄槐森等人还力请在新设学堂中以经济六事分门教育。

特科诏令一下,南洋公学师生备受鼓舞。盛宣怀对开特科的做法极表赞同,认为此举"俾天下新设学堂、书院所教有用之学,皆得学成而尽其用,宇内学子莫不争自濯磨"。[②]1898 年 6 月,在给清政府汇报南洋公学办理情况的奏折中,盛宣怀呈明公学学生所学,就是特科六事中的"内政、外交、理财",以后学生大考通过后,当选送参加特科考试。他甚至还认为,公学教习当中不乏体用兼备之士,如果他们愿意参加特科考试,可以推荐给各省学政转送经济特科会试。盛宣怀认为,特科是公学师生仕进晋升之要途,可以使公学师生免受科举功名的诱惑,而能获得相应的身份认同。不过,1898 年 9 月 21 日戊戌政变发生,新法废止,特科停罢,热议一时的特科随着百日维新的失败而不再被人谈及,公学师生寄以希望的"学成而尽其用"的一条重要出路被阻塞。然而时隔不到三年,清政府又于 1901 年夏下诏重开特科,重启公学师生晋升仕途的希望。不过,师范生虽品学兼优,才堪大用,然学额过少,能够举荐参加特科考试的学员微乎其微。于是,盛宣怀在上院缓办前后对人才培养的急迫意愿,转变为筹设经济特科班以"应经济特科之选"的实际办学措施。

---

① 朱寿朋:《光绪朝东华录》,中华书局 1958 年版,第 4668 页。

② 盛宣怀:《筹集商捐开办南洋公学折》(光绪二十四年四月二十四日,1898 年 6 月 12 日)。《愚斋存稿》第 2 卷,第 21 页。

1901 年初春，盛宣怀晤商代总理张元济，谈到朝廷再次主张变法，朝野上下人心奋起，有志西学的明达之士必将与日增多，提议“亟宜于南洋公学设立特班，以待成材之彦”。[①] 关于议设特班的情形，当事人张元济在数十年后撰文回忆说：“盛公志切储才，与余商量暑假后添设特班，招收青年有志者研究法律、政治、文学。”[②]4 月 13 日，张元济呈文要求设立特班，同时将拟具的特班章程十条、预算经费清单一纸，一并呈请盛宣怀批示。4 月 19 日，盛宣怀批复公学“查核所拟办法章程尚属妥协，应准如请”，同意添设特班。批文还就招生学额、师资来源、办理经费、校舍器具等具体问题作了明确规定。如此迅捷且细致的批复，显示了盛宣怀办理特班的急迫心情和审慎态度。不过，他同时强调：“公学设此特等，系本达成馆初意，所取必须品学合格，为将来造就桢干大才之用，断不稍涉泛滥。”[③]并指示张元济“先行等列各报于四月内报名”，届时他将亲临考场监视。

张元济随即精心筹备成立特班。5 月，公学登报招生，他前后两次主持了特班招生考试，共录取黄炎培、邵力子等 40 余名学生。7 月，张元济辞去代总理，劳乃宣接任总理，劳因体弱多病，长期在家休养，公学事务及特班的筹设陷于停顿。8 月暑假结束前，沈曾植担任代理总理后，将筹备特班开学作为首要任务，嘱咐已被盛宣怀奏调来校的翰林院编修费念慈拟定特班课程，准备聘请蔡元培、赵从蕃担任特班专任教员。9 月初开学在即，公学提调、外国教员、中院教师等人事尚难确定，沈曾植坚请盛宣怀，“惟特班蔡、赵宜先发”。[④] 数日后，蔡、赵两教员聘定。9 月 3 日，沈又致函盛宣怀，要求“先定特班功课，而后徐及其它”，[⑤]明确将特班的开学作为新学期琐屑繁重事务中的头等大事。9 月 13 日，特班新生入学，新聘教员蔡元培、赵从蕃到堂授课，筹备近半年的特班如期开学。由此可知，张元济主持了特班的筹备过程，沈曾植又为特班正式成立起到很大的推动作用。

开学前一天，也就是 9 月 12 日，盛宣怀照会公学总理、提调、教习、特班生，重申特班的办学宗旨，声称自己“期望特班极为郑重，断非寻常可比”，要求公学总理及教员严切传谕诸生“格外自重，爱惜声誉，砥砺名节，以副朝廷作育人才之意”，“不得稍有逾越，贻笑外人。”[⑥]可见，盛宣怀为特班的成立呕心沥血，对特班的未来期望甚高。

---

① 张元济：《呈盛督办添设特班文》(光绪二十七年二月二十五日，1901 年 4 月 13 日)，西交档：2325，卷名《南洋公学关于添设特班呈文》(1901)。

② 张元济：《追溯四十九年前今日之交通大学》。《交大周刊》第 60 期，1949 年 4 月 8 日。

③ 盛宣怀：《批复南洋公学设立特班》(光绪二十七年三月初一日，1901 年 4 月 19 日)。西交档：2325。

④ 许全胜：《沈曾植年谱长编》，第 254 页。

⑤ 许全胜：《沈曾植年谱长编》，第 254 页。

⑥ 盛宣怀：《南洋公学添设特班是应经济特科之选》(光绪二十七年七月卅日，1901 年 9 月 12 日)。上交档：ls3－001。

二、特班之"特"

与南洋公学外院、中院以及筹备中的上院比较，特班全在于一个"特"。张元济所拟章程第一条即开门见山写道："于上院、中院之外，特设一班，以待成材之彦之有志西学。此名曰南洋公学特班。"[①]点明"特"的含义：南洋公学拟在中院、上院正规教育体系之外另设一班，两相有别，各不统属，旨在尽快培养出有志西学的"桢干大才"。盛宣怀在批文中明确说："公学设此特等，系本达成馆初意。"既然指明设立特班是切合数年前设立达成馆的初衷，而达成馆有别于南洋公学教育体系，那么特班显然与中院、上院不属同一系列，表明南洋公学办学初期一直坚持正规教育与从速教育并行的办学思路。关于这一"特"性，蔡元培在1936年回忆特班的文章里也说：

> 自外院而中院、而上院，即自小学而中学而高等学校，是为南洋公学正式之系统。所设之师范院，本为例外，而当时尚有一例外之班与师范院相类者，为特班。[②]

特班于1901年9月正式开学，盛宣怀就特班开学情况照会沈曾植，其中对特班设立宗旨有了变化，赋予了某些适应清政府颁行特科的内容："南洋公学添设特班，系为应经济特科之选，以储国家栋梁之材。"直接将设学目的与国家人才选拔考试制度结合在一起，培养方向上也有了明确指向：养成能够参加经济特科考试的人才，并进一步希望借助特科考试之径，"但望学成之后，能如曾、李二星使"，[③]希冀培养历练出曾纪泽、李盛铎那样折冲樽俎的外交名臣。特班筹设之初，清政府的经济特科尚未议定重开，设立特班乃盛宣怀实现从速培养新政人才的愿望。随着清政府经济特科的重新开设，此时特班之"特"，除了有别于正规教学体系之外，更直接和政府改革人才选拔制度的重要措施——经济特科联系在一起，正如盛宣怀在一年后就南洋公学办理情况所上奏折中对特班的表述：

> (特班)变通原奏速成之意，专教中西政治、文学、法律、道德诸学，以储经济特科人才之用。[④]

很明显，特班融合了原来筹设达成馆的本意和应经济特科考试的两层考虑，很好地将内在办学需求和外部制度改革结合起来，他们在总结反思办学得失的基础上，结合国家社会对人才的急需，在特科重开之前即筹设特班，才有了与经济特科所需之才的暗合。特班先得一筹，体现了办学者在把握国家社会变革与教育发展之间关系时所具有的前瞻性和主动性。

---

① 张元济：《拟设南洋公学特班章程》(光绪二十七年，1901)。《交通大学校史资料选编》第1卷，第64页。

② 蔡元培：《记三十六年以前之南洋公学特班》。《交通大学四十周纪念刊》(1936)。

③ 盛宣怀：《南洋公学添设特班是应经济特科之选》(光绪二十七年七月卅日，1901年9月12日)。上交档：ls3－001。

④ 盛宣怀：《南洋公学历年办理情形折》(光绪二十八年九月，1902年10月)。《愚斋存稿》第8卷，第31页。

1901 年 4 月，张元济向盛宣怀呈送所拟特班章程

特班筹设之初，张元济即按照盛宣怀的要求拟定《拟设南洋公学特班章程》，成为特班设学总的指导。开学后，蔡元培又依据教学任务与内容，以及学生学习、生活特点，先后拟定《南洋公学特班学习办法》《南洋公学特班游息规则》，对特班的教学和学生管理作了规范与细化。

《拟设南洋公学特班章程》订于 1901 年春，4 月 13 日得到盛宣怀的批准。章程共计十条，全文如下：

第一条　于上院中院之外，特设一班，以待成材之彦之有志西学，此名曰南洋公学特班。

第二条　凡学识淹通，年力健强者，均可入学，有无出身勿论，曾习西文否勿论。

第三条　愿入学者限于四月内觅保向南洋公学报名（有嗜好者、喜便逸者、有家事须治理者，勿来报名），候有成数，即由督办（招商、电报局）大臣示期考试，录其优者入学肄业。

第四条　功课分为前后两期，前期为初级功课，后期为高等功课，各限三年卒业，已习西文有年者，届期分别教授。

初级功课：

英文（写诵、文法、章句），算学（数学、代数、几何、平三角），格致、化学（手演）。

高等功课：

格致、化学(阐理)，地志，史学，政治学，理财学，名学。

第五条　师范生应倡守之规约及应独得之优礼，特班从同，惟不给膏火，至购买星革纸墨及一切零用，悉当自备。

第六条　月终岁终，本教习试之。夏季大考督办(招商、电报局)大臣亲试之，以定黜陟。

第七条　西课余暇，当博览中西政事诸书，以为学优则仕之地，督办(招商、电报局)大臣以时试之。

第八条　功课不及格，抑不守规约者，随时辞退。

第九条　非有紧要事故，并由保人证明者，不得告假，以免旷课，违者辞退。

第十条　自请出学，非经本公学核准者，应加倍偿还修膳等费，如有延欠，由保追缴。[①]

特班章程周详细密，它对设学宗旨、入学条件、招生程序、师生教学、日常

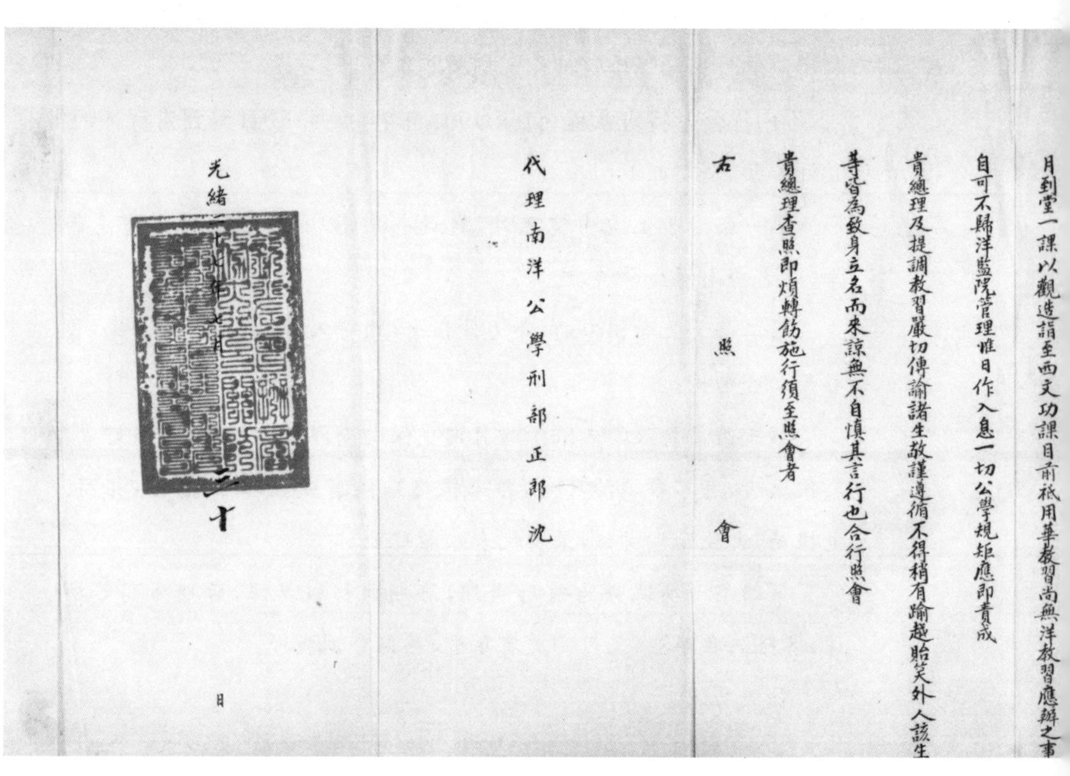
月到堂一課以觀造詣至西文功課目前祇用華教習尚無洋教習應辦之事
自可不歸洋監院管理惟日作入息一切公學規矩應即責成
貴總理及提調教習嚴切傳諭諸生敬謹遵循不得稍有踰越貽笑外人該生
等旨為致身立名而來諒無不自慎其言行也合行照會
貴總理查照即煩轉飭施行須至照會者
右　照　會
代理南洋公學刑部正郎沈
光緒二十七年七月二十　日

1901 年 9 月 12 日，盛宣怀就特班开学事宜给南洋公学的照会

① 张元济：《拟设南洋公学特班章程》(光绪二十七年，1901)。《交通大学校史资料选编》第 1 卷，第 64－65 页。

管理等都作了全面规定，特别是对学生学习与管理方面更是细致入微，举凡功课内容与程度、学习年限、在校费用与待遇、考核办法、课外学习、惩戒办法，均有明文约定。章程中三次出现“督办（招商、电报局）大臣”盛宣怀，一是“示期考试”，即确定入学考试时间，主持录取事宜；二是要“亲试”“夏季大考”，主持年度考试；三是以时政来检验学生平时“博览中西政事诸书”情况。盛宣怀在章程中的三次“出场”，应是他本人和张元济会商达成的共识，也是盛宣怀“期望特班极为郑重，断非寻常可比”的真实写照。章程的订立，对特班的筹设与教学具有实际指导作用，除了授课内容有所变更外，诸如招生入学、考核方法、学生待遇等基本上都是照章办理，成为特班办学过程中的纲领性文件。

特班的办理经费，张元济在呈文中作了概算：“至学生伙食、月奖、仆役工资一切杂用，如以三十人为额，约计每岁所费不过二千银元之谱。”[①]“不过”两字说明，在张元济看来，特班经费对于学校来说只是个小数字。当时南洋公学派遣学生出洋留学，每名学生年需约二千元，派一名留学生费用抵得上 30 人规模的特班开支。呈文附件中还专列一份预算经费清单，对分项细账进行具体

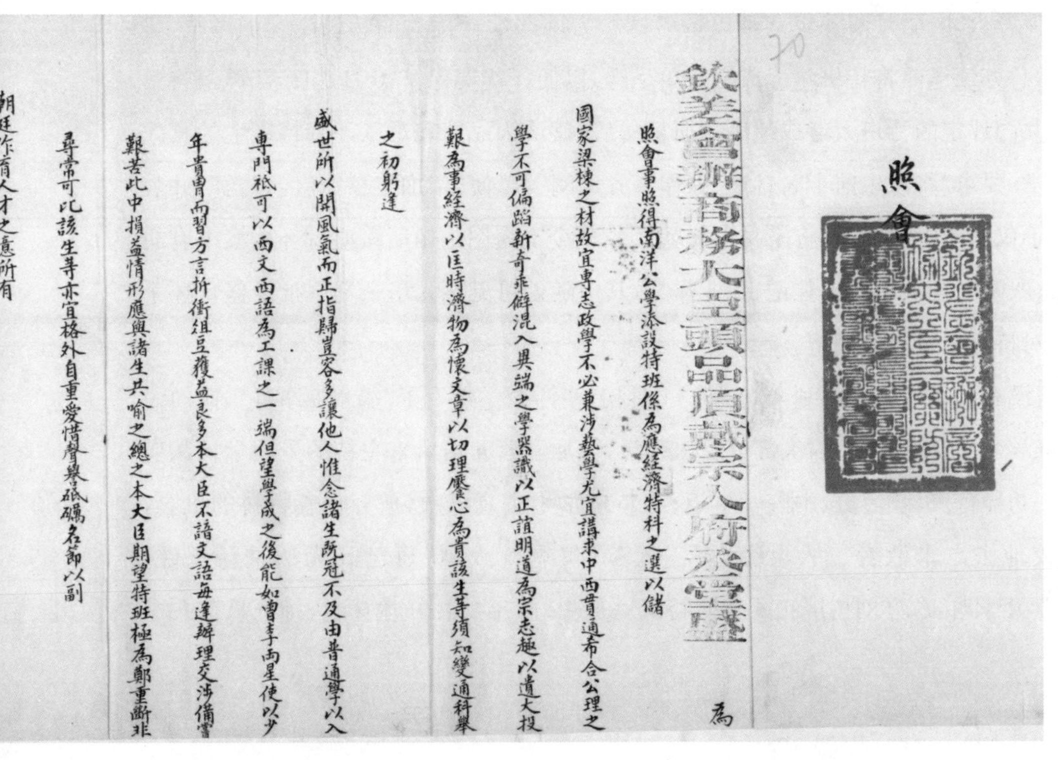
照會

欽差會辦商務大臣頭品頂戴宗人府丞盛　為

照會事照得南洋公學添設特班係為應經濟特科之選以儲

國家梁棟之材故宜專志政學不必兼涉藝學尤宜講求中西貫通有合公理之

學不可偏蹈新奇乖僻混入異端之學器識以正誼明道為宗志趣以遠大投

艱為事經濟以匡時濟物為懷文章以切理饜心為貴該生等須知變通科舉

之初躬逢

盛世所以開風氣而正指歸豈容多讓他人惟念諸生既冠不及由普通學以入

專門祇可以西文西語為工課之一端但望學成之後能如曾李兩星使以少

年貴胄而習方言折衝俎豆獲益良多本大臣不諳文語每逢辦理交涉備嘗

艱苦此中損益情形應與諸生共喻之總之本大臣期望特班極為鄭重斷非

尋常可比該生等亦宜格外自重愛惜聲名砥礪名節以副

朝廷作育人才之意所有

① 张元济：《拟设南洋公学特班章程》（光绪二十七年，1901）。《交通大学校史资料选编》第 1 卷，第 65 页。

核算,其中包括:伙食费,学生30人,每生每月洋3元,计90元,一学年10个月共计900元;每年学生奖金,援照师范生待遇,每学期250元,全年计500元;听差4人的工费计240元;茶水灯火、月课誊纸杂费,每月30元,共计300元。数项合计共洋1 940元。盛宣怀在同意设立特班的复文中,很干脆地批下了这笔为数不多的经费:"岁需奖赏伙食一切经费二千元,即就南洋公学捐款内随时匀拨。"[①]

在实际办理过程中,所需费用要超过预算。全年日常开支约计1 900元,但预算当中没有包括不菲的教员薪金,1901年下半年,特班教习薪金共支740.13两,1902年共支1 562.842两,[②]全年薪金平均在1 500两(约合洋2 019元)左右,因此特班的常年经费应在洋4 000元左右。

特班常年费用中也没有计入校舍设施费,这是因为特班利用了新建上院校舍与器具。特班顺利开设的一个推动因素,是新建上院校舍竣工而上院又一时无法成立。张元济请设特班呈文中提到:"现在上院未开房屋,大半扃锁,器具亦有闲余,将来均可借用。"盛宣怀批复同意暂行借用。1901年9月开学时,特班新生在总教习蔡元培、监督赵从蕃的督率下,进入装饰一新的上院校舍,开始了面向"应经济特科之选"的教读生活。

1902年4月,也就是特班开设不到一年之际,清政府政务处通知各省,将于年底举行特科考试,要求保荐人才,腊月前齐集京师以备考试。为挑选学行优秀的特班生参加考试,盛宣怀要求公学总办汪凤藻将特班年考成绩开单呈送,以便择优奏保。10月3日,汪凤藻将蔡元培、王舟瑶共同评定的特班大考成绩表一册呈送后,盛认为成绩表难以评判特班生的真才实学,复函公学,要求"将该生前十名日记、课作备齐送阅",以便"亲加鉴核,择优咨送",并表示"此次保荐不仅盼望中式,亦求将来材堪造就"。[③] 现今上海图书馆所藏盛宣怀档案中有胡仁源、黄炎培、殷崇亮等人的读书札记、课业作文,其中随处可见蔡元培亲笔眉批及盛宣怀手批,显示出他对特班生极高的期望。

然而事情没有预料的那么顺利,1902年11月初,南洋公学爆发了"墨水瓶事件",倾向民主思想的特班学生抛弃功名仕途,大部分退出公学,参加了蔡元培后来主持的爱国学社。盛宣怀派员分头劝导特班、政治班、中院学生返校,特班学生去意已决,放弃保荐特科的机会,绝大多数离校他去,"未散者三人,续到者三人",[④]仅剩6人,特班已经无法重新开课。1903年春公学开学时,总办刘树屏正式裁撤特班。从1901年9月开学算起,特班只存在了

① 盛宣怀:《批复南洋公学设立特班》(光绪二十七年三月初一日,1901年4月19日)。西交档:2325。
②《南洋公学收支总册》(1897—1903)。西交档:2278。
③ 盛宣怀:《致汪凤藻函》(光绪二十八年九月,1902年10月)。盛档:044511-2。
④《南洋公学收支总册》(1897—1903)。西交档:2278。

一年半。此时，距1903年7月首次特科考试尚有半年，特班生无一人参加，盛宣怀"盼望中式"的愿望也就无法实现。

第三节　特班师生与课程

一、学生来源与构成

1901年4月议定的特班章程中，专门规定了招生对象、要求、考试程序。第二条规定，凡是学识淹通，身体健强者，不论有没有科举功名，也不管是否习过外国语言文字，都可以报考。第三条除了规定考试程序外，另对报考学生的品行、家庭有所限制。首先报考者需要找担保人，这是当时新式学堂入学的一项基本要求；其次规定"有嗜好者、喜便逸者、有家事须治理者，勿来报名"，算是特班入学的特殊条款。

5月，公学举行特班招生考试，前后两次。报名应试者不详。但据蔡元培5月18日日记载"所保应南洋公学特科试学生题名"，[①]共保举浙江籍学生9人参考，结果只有林祖同（即林大同）、林文在（即林文潜）叔侄两人被录取，足见考试竞争之激烈，报考人数当不在少数。实际考选中也比较苛求，据特班生彭清鹏回忆：

> 招考二次，每次各取二十人，初试在南洋公学，复试在盛宅。所试皆国文，复试题为"明夏良胜中庸衍义书后"及"请建陪都议"，与试者大都不知第一题的出处，由监视员检示四库全书提要，才勉强完卷。[②]

所述考题全为中学，不考西学。中学试题分理学、词章二科目，重在考察学生的中学功底。黄炎培在回忆同班同学李叔同（时名李广平）的文章里说，当年李叔同考入特班时，"理得40分，词得35分，以总分75分位居第12名被录取"。[③] 入学前，已在津沪两地小有文名的李叔同，只考列十名之后，也可见特班入学考试竞争激烈之程度。上述考题"明夏良胜中庸衍义书后"，是要求学生评论明朝太常寺少卿夏良胜撰述的《中庸衍义》，目的是考察学生对儒家经典及其阐释的理解。"请建陪都议"是一道时政性很强的策论考题，在列强坚船利炮之下，濒临津海的京师安全常受威胁，甚至在1860年、1900年两次被列强军队攻陷，皇室仓皇逃离，统治权威大受影响，迁都或建陪都成为朝野上下的热门话题。如果学生只读圣贤

---

① 蔡元培研究会编：《蔡元培全集》第15卷，浙江教育出版社1998年版，第335页。

② 蔡元培：《记三十六年以前之南洋公学特班》。《交通大学四十周纪念刊》(1936)。

③ 黄炎培：《我也来谈谈李叔同先生》。《文汇报》1957年3月7日。

书，充耳不闻国政时事，不了解迁都舆论的背景和时评，是交不出满意答卷的。

对于这次考试，特班生黄炎培的回忆中有两个生动细节，一是“外国人点名”：

考试那天，我吃了一惊。大堂点名给卷时，一个身材高大的西洋人直立着，西洋人自然穿西装了，奇怪的是西装的帽子上加一粒蓝色的顶珠。中国的学校考试，怎么有西洋人参加呢？可见得清朝末期一切措施的情况了。后来知道这西洋人是监院，名福开森。

二是“张元济口试”：

缴了试卷后口试，口试我的一位，后来知道是张元济。至今还记得他当时问我：你信宗教没有？信哪种宗教？我答：什么宗教都没有信。他说：好！[①]

代总理张元济、监院福开森均参加了特班生的招考，加上复试考场设在盛宣怀寓所，盛亲临考场，说明公学对特班招考极为重视。

这次招考之后，一直到停办为止，特班没有再进行过公开招考。到第二学期有些零星插班生选入。蔡元培日记1902年3月18日载：“得林少泉书，言萨幼实(君陆)附学于特班。”[②]林少泉即蔡之知己、著名近代报人林少白，来函介绍学生插入特班。后来萨君陆如愿入学。公开招考录取的学生数额，加上插班生，便是先后就读特班的学生总数。关于学生人数，当年校史档案、蔡元培日记等一手材料中，并无确数记载。从历年所载有关特班学生信息中，大抵可以获知某个特定时期的大致学生人数，最少24名，最多39名，大致在30名之间。据蔡元培手书的1901年9月至11月及1902年1月四个月特班生月考积分表可知，1902年1月前特班学籍人数是35名。又根据参加开课后首月月考的得分人数，[③]基本认定招考录取人数至少为32名。

特班师生的回忆中对于人数的说法也很不一致，上述彭清鹏说“开学以后陆续报到者三十八人”。蔡元培自己的历次回忆也前后不一，口述《传略》(上)谓“招生二十余人”，[④]《我在教育界的经验》中又说“40人”，[⑤]而在1936年4月所撰《记三十六年以前之南洋公学特班》一文中，根据特班生林大同的回忆，结合自己和黄炎培共同认定，“特班生实为四十二人”，并列有全部名单和简介。黄炎培之后也采此说，在《吾师蔡孑民先生哀悼辞》一文中云，特班“全

① 黄炎培：《八十年来——黄炎培自述》，文汇出版社2000年版，第53-54页。

② 《蔡元培全集》第15卷，第389页。

③ 蔡元培：《南洋公学特班月课积分表》(1902年1月)。《蔡元培全集》第15卷，第374-375页。

④ 《蔡元培全集》第15卷，第389页。

⑤ 高平叔编：《蔡元培全集》第7卷，中华书局1989年版，第195页。

班四十二人”。[1] 1936 年交大校方编印的《交通大学校友录》中，除收录 42 名外，又添加潘尧奎、洪元祥 2 名，共计 44 名。其中，潘尧奎名列《光绪二十八年送乡试册底》(1902 年 6 月)“特班生”，应属 1902 年入学；洪元祥即洪允祥，属重复统计。经过多名特班师生考证和交大校方的确认，前后就读特班的学生应为 43 名。为避免以讹传讹，并为了考察学生籍贯、简况起见，现将蔡元培《记三十六年以前之南洋公学特班》一文中学生名录信息摘录如下：

王世澂，莪孙，福建闽侯人，治法学。

王世谦，号鸣宇，世澂之弟。

文　光，字耀斋，浙江旗籍，曾为新疆省委员。

文永誉，字公达，江西萍乡人，服务新闻界。

方彦忱，字仲斐，安徽桐城人。

田　溓，字毅侯，贵州都匀人。

朱履龢，一名宝奎，字啸山，浙江秀水人，留学英国，治法学，曾任司法部次长。

吴宝地，字叔田，江苏上海人，律师。

李广平，字叔同，浙江平湖籍，生长天津，曾留学日本，初为美术家，书画篆刻，无不精工；并参加春柳社，后皈依佛教，改名宏(弘)一。

贝寿同，字季眉，江苏吴县人，留学德国，治建筑术，在司法部任技正甚久。

邵闻泰，字仲辉，后改名力子，浙江绍兴人，善为文，努力革命，现任陕西省政府主席。

周恩绪，原名光庭，号赞庭，浙江杭县人，曾为县长。

林松坚，原名坚，号鲁生，福建闽侯人，曾在教育部服务。

林文潜，字洲髓，浙江瑞安人。

林大同，字同壮，浙江瑞安人，洲髓之侄，曾在杭州办水利局多年。

范　况，字彦矧，江苏南通人，长于文学。

胡仁源，次珊，一字仲毅，浙江吴兴人，善为文，富哲学思想，留学英国，治工程，曾任北大工科学长，并代理校长。

洪允祥，号樵舲，浙江慈溪人，长于诗文，为慈溪三诗人之一。

殷洪亮，字次伊，江苏常熟人，在特班时富革命思想，善为文，散学后未久，于归途中失足坠水卒。

---

① 重庆《中央日报》1940 年 3 月 24 日。

程志姚,号俪笙,安徽黟县人。

唐忠行,号镜岩,江苏吴县人。

张承樾,字荫阁,江苏宝山人。

徐敬熙,字惺初,江西湖口人,在教育部服务有年。

项　骧,号谓臣,又号微尘,浙江瑞安人,治财政学,曾在财政部服务。

陈锡民,号永蕃,浙江杭县人。

黄炎培,号楚南,旋改韧之,后又改任之,江苏川沙人,在清季秘密组织革命团体,后在江苏教育界服务甚久,创设中华职业教育社及人文图书馆等。

黄大钧,福建永福人。

陆梦熊,原名征瑞,字渭渔,江苏崇明人,曾留学日本,在交通界服务甚久,现任交通部专员。

郭　弼,字奇远,浙江瑞安人。

彭清鹏,原名清栋,字彦颐,今字云伯,江苏吴县人,在司法部任秘书甚久,现任司法行政部科长。

穆湘瑶,号杼斋,今号恕再,江苏上海人,曾在警察上服务,现营实业。

单毓年,字耆仲,江苏泰县人。

费毓桂,字梓怡,江苏武进人。

刘伯渊,号渊士,江苏阳湖人,经营工商业。

潘承锷,原名钰,字砚孙,江苏吴县人,律师。

钱诗桢,字复三,江苏太仓人。

钟观诰,字衡臧,浙江镇海人,精化学。

钟　枚,字卜岑,浙江杭州人,曾在浙江行政上服务。

谢　澄,字希范,一字无量,四川乐至人,善为文,现任监察院监察委员。

储桂山,字馨远,江苏泰县人。

魏斯炅,号阜欧,江西金溪人,曾任江西财政厅长及国会议员。

萨君陆,字幼实,福建闽侯人,曾在中央观象台服务。①

又据学校呈报的《光绪二十八年送乡试册底》,特班生潘尧奎为江苏苏州人,1878 出生。这样,我们就可以统计出 43 名特班生的生源地:江苏 17 名、浙江 14 名、福建 5 名、江西 3 名、

---

① 蔡元培:《记三十六年以前之南洋公学特班》。《交通大学四十周纪念刊》(1936)。

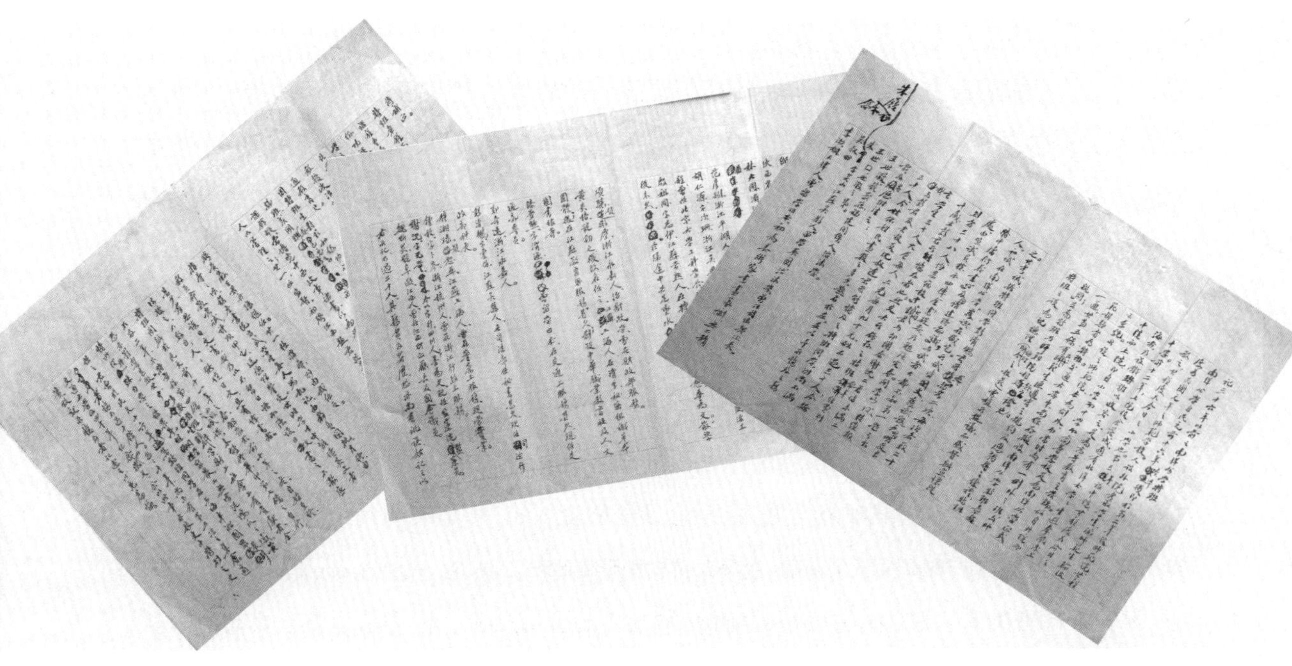

蔡元培手稿《记三十六年以前之南洋公学特班》(部分,1936)

安徽2名、贵州1名、四川1名。生源全部来自长江以南地区,且主要集中在临近沪滨、文风厚重的江浙两省,两省合计31名,占总数72%。

特班生入学时年龄偏大,且年龄差距悬殊。计有32名特班生可查考具体出生年份(见表4-1),年龄最大的是储桂山,1901年入学时已39岁,比33岁的特班总教习蔡元培还要大6岁。最小的是17岁的谢澄(即谢无量),与最长者储桂山相差竟22岁。平均年龄约23岁,正好与当年招考入校的东文学堂学生人均年龄相同。若按照所定章程,入学后各读三年初级、高级课程,能够顺利毕业,也已近而立之年。

表4-1　南洋公学特班生入学年龄表

年龄(生均23岁)	17	18	20	21	22	23	25	26	28	39
学生数(32)	1	2	2	4	5	8	3	3	3	1

资料来源:《光绪二十八年送乡试册底》(1902)。西交档:2315。

1902年5月,公学将全校师生愿意参加乡试的廪增附监姓名、年籍及入学捐监年份造具清册,呈请盛宣怀鉴核。其中,特班廪生文光、潘尧奎等4名,增生穆湘瑶、唐忠行2名,附生黄炎培、胡仁源等18名,监生李广平、邵力子等5名,共计29名,都是入学前获取的功名。从上述愿应乡试的特班生可知,特班中具有"秀才"身份的学生至少有29名,可谓"秀才班"。不少人入学前即已精通经学,才学出众。浙江袁惠常撰《洪先生传》说,特班生洪允祥入学前,“受毛诗、文选、汉书、通鉴之学,已能融会贯通。下笔为文,千言立成,若夙构者。”[①]正如后来校友所称:“来学者均为当世绩学,群英聚于一堂,一时人材之盛。”[②]从中也可以说明,在实际招生过程中,公学比较看重学生是否获得过科举功名,是否具有较为深厚的传统文化功底,而并不似章程所称“有无出身勿论”,这与盛宣怀及公学主持人特别注重学生中学水平有关,更和创设特班旨在应特科考试是分不开的。

为造就“桢干大才”,公学给予特班生比较优厚的待遇。特班章程第五条规定,凡是师范生享受的待遇,除了不给津贴,学习用具、零用自备之外,特班生均可以享受。也就是说,可以食宿全免,且有奖学金;此外,可借阅图书册数较多,出行也较自由。特班常年经费预算中的学生伙食、奖金,便是援照师范生做法,每生月给伙食 3 元,月奖人均约 1.7 元。据南洋公学历年收支清册,到 1902 年 11 月前,特班伙食费开支 983.348 两,发放奖励金两次共计 450 两。[③] 关于特班生的住宿条件,据黄炎培回忆同窗李叔同时提到:“南洋公学特班宿舍有一人一室的,有二人一室的。他独居一室,四壁都是书画,同学们很乐意和他亲近。”[④]

二、聘定良师

特班教员分专任、兼任两类。专任教员 2 名,一掌教学事务,称教习、教授或指导;一专事日常事务、学生生活管理,称监督或学监。据蔡元培回忆:特班“特设教员二人以管理之;其一任监督,初聘江西赵君从蕃任之,赵君辞职后聘黄岩王君舟瑶继任;其一任指导,则由我任之。”这里蔡元培称自己任“指导”,而在《自述》中称:“我充教授,而江西赵仲宣君,浙江王星垣君,相继为学监。”仲宣即赵从蕃、星垣即王舟瑶。1936 年 5 月 15 日,蔡函询交大黎照寰校长特班情形时自称曾任“讲授”。交大历史档案也是记载不一:1901 年 9 月,公学代总理沈曾植在致盛宣怀函中称聘蔡为特班“教习”;1902 年 10 月 3 日,公学总办汪凤藻为呈送特班生成绩给盛宣怀的函中称蔡元培为“总教习”;1917 年《交通部上海工业专门学校廿周纪念刊》“退任职员姓氏录”称蔡“教员”;1926 年《南洋大学卅周纪念校友录》称其“主任教员”;1936 年《交通大学校友录》称“特班总教”。综上,这里采用“总教习”之称谓。

蔡元培主持特班之前,就与南洋公学有过多次联系。他在 1898—1900 年担任绍兴中西学堂总理(即校长)期间,曾专函公学译书院主事张元济,请其“抄严侯官杂著及购公学所

---

① 干人俊编纂:《民国慈禧县新志稿》,1947 年,第 128 页。

② 杨耀文:《本校四十年来之重要变迁》。《交通大学四十周纪念刊》(1936)。

③《南洋公学收支总册》(1897—1903)。西交档:2278。

④ 黄炎培:《我也来谈谈李叔同先生》。《文汇报》1957 年 3 月 7 日。

编书”，[①]即抄录严复译作、著述书目，代购公学编译的教科书。及至蔡元培辞却绍兴中西学堂职务来沪，又曾于1900年11月20日专程观瞻南洋公学。[②] 1901年5月，蔡元培应上海澄衷学堂总理刘树屏（葆良）之请，协助办理澄衷学堂，并代理该堂总理月余。期间，蔡元培与张元济、沈曾植、刘树屏、汪康年、蒋智由等人频繁往来，交往圈中或为同乡，或为从前知己，或为同科进士，关系甚密。特别是其中不少人参与南洋公学的校务管理，如沈曾植为总理，张元济为译书院主事，刘树屏之后也曾任总理，这对于蔡元培后来就职南洋公学颇有影响。

南洋公学时的蔡元培

当刘树屏将蔡元培引荐给公学时，公学代总理沈曾植慧眼识珠，随即向盛宣怀推荐蔡元培来校任职。在举荐函中，沈曾植称“鹤庼书锐敏可喜……此君于东文学堂最相宜，特班教习尤为借径耳。”[③]认为蔡元培才堪主持一所新式学校，聘为特班教习尤为胜任。盛宣怀于9月8、9日接连约见蔡元培，并亲往蔡的住处晤谈，最后同意聘任。之后，沈曾植分别与蔡元培、赵从蕃面订聘约，聘蔡为总教习，赵为学监，“薪修均告以百番”，也就是两人的月薪均为规元100两。

同时聘为学监的赵从蕃，号仲宣，江西南丰人，与蔡元培、张元济为1892年同科进士，曾任工部员外郎，1899年5月入南洋公学师范院，未及满月即离校。任特班学监期间，赵从蕃思想开放，善于吸收世界新知，又兼“性情平粹，办事少龃龉，少阻力”，[④]深得代总理沈曾植嘉许。1902年1月19日，即将赴京外务部任职的沈曾植在给盛宣怀的函中，举荐赵从蕃代理其职。1902年2月，赵被

① 《蔡元培全集》第15卷，第235页。
② 《蔡元培全集》第15卷，第280页。
③ 许全胜：《沈曾植年谱长编》，第256页。
④ 许全胜：《沈曾植年谱长编》，第273页。

清政府任命为京师大学堂副总办(1902 年 2 月至 1903 年 1 月在任),[①]旋即离校北上。在校期间,他同张元济、蔡元培、杜亚泉等创办旬报《开先》,后改为《外交报》,其宗旨是使朝野"周知世界,免遭物竞之惨",是我国最早介绍国际动态和知识的刊物。民国年间,赵曾任浙江盐运使、江西省长等职,为官著有声望。

1902 年 5 月,王舟瑶接任学监。王是浙江黄岩人,近代史学家,生于 1858 年,卒于 1925 年,字玫伯。曾入杭州诂经精舍,为晚清有影响的学者俞樾赏识。1889 年中举人,与蔡元培为浙江省同年。1900 年赏内阁中书衔。特班解散后受聘为京师大学堂经史教习,后任两广师范学堂监督,著有《中国学术史》《中国通史讲义》等。

专任教员之外,特班另有兼任教员及听差数人。兼任教员来自中院,具体人数、任教科目、教学内容等不详。依据蔡元培 1901 年 9 月 19 日日记载"晤吴纯之、冯玉帆,特班生英文教习也",[②]可知至少有两名中院教习任教特班。当时中院吴姓西文教习只有吴治俭一人,后改名吴健,江苏宝山人,号慎之,"纯之"很可能是"慎之"的误记。1902 年底吴健被派往英国习矿冶,归国后长期任职汉冶萍公司,是我国近代著名冶金科学家。1927 年曾被任命为第一交通大学校长,未到任。日记中所载"冯玉帆",又极有可能是中院数学教习兼英文教习冯琦,冯琦号玉蕃,与"玉帆"谐音。中院数学教习陆之安兼任特班的算学教习。另外,特班还设听差数人,办理日杂事务,服务教员的工作与生活。按照特班经费预算,有一项"听差四人工费",可知预设听差 4 人,但开办后实际人数、名单、分工均不详。

综上可知,特班开设期间,先后有 3 名专任教职员,并辅以至少 3 名英文、算学兼任教员,1 名听差。专任教职员聘任审慎,待遇丰厚,要求较高,两名进士,一名举人,均为学养精深,且具有现代思想的知识分子。还有一点值得注意,盛宣怀在 1901 年 4 月 13 日同意设立特班批复中,指示教员由"中院既有已聘未到之洋教习"兼任,用不着另外聘任专门教员,以便节省开支。到 9 月正式开学时,师资来源有了根本性的改变,不仅高薪聘任 2 名专任教员,代替外国教习兼任的设想,就连西文功课"目前只用华教习",[③]由中院的本国教习兼任西方普通知识的外语、数学科目的教学。这种改变,一方面顺应了清政府开经济特科对师资的要求,另一方面体现出怀着"中体西用"思想的办学者们十分注重特班生儒家文化功底的训练,坚守他们先中学而后西学的办学理念。

---

① 赫平:《北京大学创办史实考源》,北京大学出版社 1998 年版,第 327 页;萧超然等:《北京大学校史》(1898—1949),上海教育出版社 1981 年版,第 15 页。

② 《蔡元培全集》第 15 卷,第 356 页。

③ 盛宣怀:《南洋公学添设特班是应经济特科之选》(光绪二十七年七月卅日,1901 年 9 月 12 日)。上交档:ls3 - 001。

三、课程设置

特班课程分为中文(包括译本)、西文两大类。中文课程大致涵括伦理、政理、哲学、文词、历史等;西文课程有英文、日文、算学、物理、化学等。中、西文课程每日各习三小时,一般自早上八点至十一点半为西文课,下午一点至四点半习中文课程,另外有一小时的自修时间,每日上课七小时。这与黄炎培的回忆大致吻合:“当时读书方式分两部,一为中文,下半天上课,一为外国文,上半天上课。”①

为实现特班“应经济特科之选,以储国家梁栋之材”②的培养目标,盛宣怀与公学主持者在课程设置方面做了周密细致的设计安排,并在实施过程中针对学生知识基础、所习情况以及清政府经济特科选拔要求,作了一些因人适时的灵活调整。

张元济在筹备设立特班章程第四条中规定,特班课程分为前后两期,每期肄习三年;前期为初级课程,后期为高等课程。其中初级课程有英文、算学、格致化学三门。英文侧重写诵、文法、章句,算学需习数学、代数、几何、平三角等内容,格致化学侧重实验操作。到了高级阶段,课程有物理化学、地志、史学、政治学、理财学、名学,共计 6 门。英文、算学毋庸再习,物理化学继续开设,偏重概念原理。如此课程设计用意正如蔡元培所说:“在以英文教授政治、理财等学,养成新式从政人才,而于初级中补受数理化普通教育也。”③

此外,章程第七条规定,“西课余暇当博览中西政事诸书,以为学优则仕之地”。④ 要求学生广泛阅读中西方时政类书,以此作为“正课”之外的自修课程。章程还严定课程考核办法,有月考、年终考、学年大考三种形式,大考由盛宣怀亲自主持,就是连自修课程,盛宣怀也拟以中外时事考核学生,丝毫不予放松。若学生考试不及格,随时责令退学。

整体上来说,课程设置重在西学,既有涵括学习西方文明不可或缺的语言,奠定西方近代文明基础的普通科技知识,更有以西方文化为主的地理历史学、政治学、经济学、逻辑学等,这与特班“以待成材之彦之有志西学”设学主旨是一致的。同时,我们也不难看出,初级与高级课程侧重是有所不同的,初级课程几乎全部用于语言、近代普通科学知识的训练,属于“西语”“西艺”层面的知识,高级课程则显然重在“西政”知识,两者之间又能相辅相成、层层推进。西语是基本门径,不谙熟外语,原汁原味的西学无从谈起。西方的政治经济学又是以近代科技知识为前提的,因此要掌握西政,必先习数学、物理、化学基础知识原理。

---

① 黄炎培:《四十年前在校求学之所得》。中华职业教育社编:《黄炎培教育文集》第 4 卷,中国文史出版社 1994 年版,第 57 页。

② 盛宣怀:《南洋公学添设特班是应经济特科之选》(光绪二十七年七月卅日,1901 年 9 月 12 日)。上交档:ls3-001。

③ 蔡元培:《记三十六年以前之南洋公学特班》。《交通大学四十周纪念刊》(1936)。

④ 张元济:《拟设南洋公学特班章程》(光绪二十七年,1901 年)。《交通大学校史资料选编》第 1 卷,第 65 页。

1901年4月13日,盛宣怀在同意设立特班批复中,对所拟章程及课程予以肯定,强调课程上要"以西学功课为重"。9月12日,盛就新设特班照会师生,再次认为"所有贵总理拟呈课约悉中事理",要求将课程、考核办法刊印后分发给师生,告诫师生照章教读,"勿畏难,勿躐等,勿蹈习故,勿矜奇立异,嗣后所造深浅,当不难于日记中考核。"[①]照会还特别申明了特班所习功课的指导原则:"故宜专志政学,不必兼涉艺学;尤宜讲求中西贯通希合公理之学,不可偏蹈新奇乖僻混入异端之学"。[②] 明确课程要以政治学为核心,无须兼学属科技知识的"艺学",尤其要钻研适用中国政情时务、合乎世界普遍法理的学问,切忌新奇乖僻的异端之学。这里所指异端之学,大致可以理解为倡导个性自由、民主革命的民权思想。通过传授政学,使学生达到从事新政事业所具备的如下素养:"器识以正谊明道为宗,志趣以遗大投艰为事,经济以匡时济物为怀,文章以切理餍心为贵。"[③]提示以西汉大儒董仲舒倡导的"正谊明道"为最高人生理想,形成能够担纲重任的勇气,培养挽救动荡局势的本领,锤炼出切合事理而令人悦服的文风。循着中体西用的人才观,盛宣怀唯恐特班生专志西方政学课程之时,蹈入反专制求民权的"异端"之学,叮嘱特班生"只可以西文西语为工课之一端",仍应加强传统儒家文化的修养。这也是上述从原意聘任外国教员转为改聘学贯中西的本国教员的一个重要原因。

特班开设后,总教习蔡元培参照特班章程原定课程,遵照清政府经济特科要求和盛宣怀关于特班功课的指导原则和教学目标,在实际教学中拟订了新课程。1901年11月11日,蔡元培手订特班课程具体安排,载于他当天日记中。兹抄录全文如下。

表4-2 蔡元培手订南洋公学特班功课表(1901)

	初 级	高 级
伦理	孝经 伦理 曾子十篇	二戴记(大学中庸在内) 孟子 伦理史(如孝友传、独行传之属)
政理		万国公法 国正[④]
政治史	国政大纲	三通典 纪事本末 外国新史 中国外交史
地理		
哲学		学案 哲学概论(和文可译)

① 盛宣怀:《南洋公学添设特班是应经济特科之选》(光绪二十七年七月卅日,1901年9月12日)。上交档:ls3-001。

② 盛宣怀:《南洋公学添设特班是应经济特科之选》(光绪二十七年七月卅日,1901年9月12日)。上交档:ls3-001。

③ 盛宣怀:《南洋公学添设特班是应经济特科之选》(光绪二十七年七月卅日,1901年9月12日)。上交档:ls3-001。

④ 国正:似应为"国政"或"国法"。

（续表）

	初　级	高　级
算术		
博物	矿物学　植物学教科书并备标本　动物学	矿物　用和文　植物学译讲　动物
物理		
化学		
卫生	生理学启蒙	
外国语	英文	和文汉读法　英文
文词学	诗经　文选　诸子及道学家、政治家之文	

资料来源：中国蔡元培研究会编：《蔡元培全集》第15卷，浙江教育出版社1998年版，第364－365页。

与张元济所拟特班章程的课程相比，这份课程安排表除有所继承前者外，更多地是对前者的增减。在数量上，前者初高级合计9门，后者合计12门，多出3门。在分类上，仍分初级、高级两期，不过从蔡元培给学生布置课题内容来看，初级与高级课程并非前者所定各限三年学程，而是同时进行的，对于高级课程有所侧重，至于初级功课，安排在中院上课补修。在课程名称上，初级课程除了前者英文、算学、格致化学之外，新增伦理、政治史、地理、博物、卫生、文词学等至少6门；高级课程开设物理、化学、伦理、政理、哲学、博物、外语等科，与前者格致化学、地志、史学、政治学、理财学、名学相比，名称变异较大，科目增减较多。在内容上，前者只列有科目，基本未说明课业内容，但明定设课原则以"西学功课为重"。后者列有大多数科目的具体内容，从中可知其仍重西学之外，增加了大量儒家经典内容，这也是特班设立宗旨在课程上的体现。

蔡元培日记所载课程是手写稿，正式施教的课程略有变更。依据蔡元培手订课程表之后的日记内容，可以基本认定课程是在不断修订之中。1901年12月10日、1902年5月分别载有理财学、教育学课题，此为新增课程内容。1901年12月14日日记："为仲宣定初级、二级学堂文科、伦理科、地理科、历史科课程。"当中"历史科"是原章程确定课程，而为蔡元培手订课程所无，此时又重新开设。从上述蔡元培为学监赵从蕃拟订课程的记述，也可以大致获知赵除了学监事务外，还兼任文词学（文科）、伦理、地理、历史课程的教学。另外，黄炎培曾回忆说"中西文功课之外，有体操"。[①]

① 《黄炎培教育文集》第4卷，第58页。

1902年10月3日,特班开设一年之际,公学总办汪凤藻将特班年终大考成绩表呈送盛宣怀鉴核,以便择优咨送京城参加经济特科考试。该成绩表"由特班总教习蔡鹤卿太史、王玫伯孝廉会同考覆",[①]记录了胡仁源等35名特班生的学业文行。据这份成绩表可知,特班初办第一年实际开设专研科、文词、算学、英文、日本文等5门课程,并将"行仪"也就是品行列入成绩表考察,体现学行并重的育人方针。文词、算学、英文、日本文属于必修性质的普通学课程,专研科门类较多,由学生选定一门深入钻研,成绩表中所列每位特班生选定的专研科门类有哲学、外交学、法律学、政治学、理财学、理化学、行政学、文学、教育学等9个门类。[②]

1902年10月3日,南洋公学向盛宣怀呈报特班学年大考成绩表

第四节 蔡元培与特班

一、倾心特班

1901年9月13日,特班正式开学,蔡元培正式到堂就任;18日,移寓公学,与特班生朝

---

① 汪凤藻:《致盛宣怀函》(光绪二十八年九月二日,1902年10月3日)。盛档:044551-1。

② 《南洋公学特班生成绩表》(光绪二十八年九月二日,1902年10月3日)。上海图书馆编:《上海图书馆藏盛宣怀档案萃编(下)》,上海古籍出版社2008年版,第438-441页。

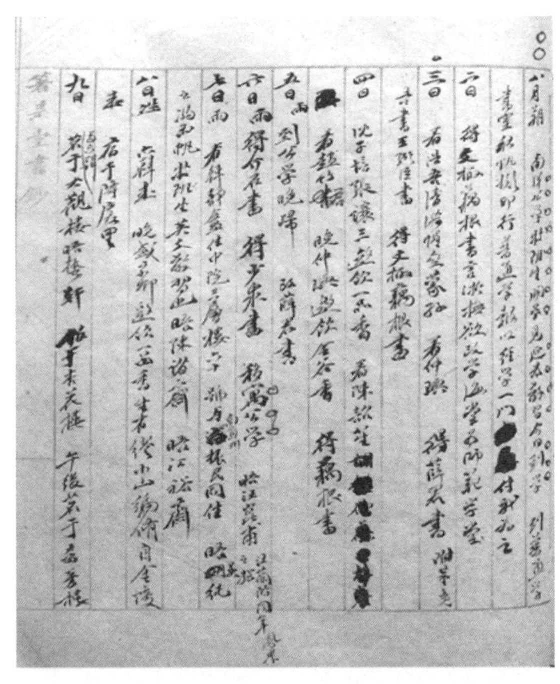

1901 年 9 月，蔡元培日记所记任职特班情形

夕相处。到 1902 年 11 月特班解散离校，前后任职一年有余。这是他离开绍兴中西学堂后服务的另一所新式学堂，也是其投身教育后的第一所新式高等学府。特班专任教员只有蔡元培、赵从蕃两名，分掌日常教学、训导管理。1902 年春，赵离职他去，后聘王舟瑶继任，实际上，特班由蔡元培主持。

蔡元培对特班生倾心施教，他负责中文大部分科目的教学任务，定期开列选习课题，任学生依照兴趣认定，参阅相关图书写出札记，交由蔡元培批阅。月末，蔡元培命定课题，进行全班考试。数月成绩合计后得出学期均分，排定名次，不及格者随时辞退。黄炎培对教学过程有一段细节性的回忆：

> 国学则由蔡老先生担任，第一天，开出哲学、文学、政治、外交、经济等约二三十门，叫大家认定一门，第二天揭示：如读哲学的，读什么书，看什么书，就像胡适之先生所主张，分精读和略读，图书都向藏书楼借阅，读书时每人每日写札记，写好后给蔡先生看，明晨发还，眉上加批，对的单圈双圈，不对的加点。①

黄炎培说的国学，就是成绩册所列“专研科”，由蔡元培开列哲学、外交等门类的课题，任特班生依照兴趣各选一门。通过蔡元培给学生所出各种类型的课题，可以了解其教学内容、

① 《黄炎培教育文集》第 4 卷，第 57 页。

具体科目、课程特点。当时蔡元培在日记里记下了部分课题名称及其类型,列表如下。

表 4-3 蔡元培所出南洋公学特班中文课题表

日　期	课 题 名 称	所属分类
1901 年 10 月 4 日	论史事为人类进化之资藉 读道学家书分德行与性理两类说 原法	政治史 伦理、哲学 法律
10 月 18 日	记周士爱国(国指父母国) 我国折狱,不设陪审员,而不免绅士请托,试详其流弊 宋襄公不重伤、不禽二毛之言合于公法否 宋儒论学□以近禅相抵公理与抑门户之见欤	政治史 法律学 公法学 道德学
10 月 25 日	论土耳其受保护于英之利弊 论罚锾 论英国保护土耳其之得失 日本维新名士多出于阳明学派说	政治史 法律学 公法学 道德学
10 月 31 日	论信陵、平原、孟尝、春申四君与其国之关系 律有自首免罪以公理证明之 拟外务部大臣移葡萄牙外务部长书 宋明道学家同出孔子,而有宗教质性与哲学质性之不同,试概论之	政治史 法律学 公法学 道德学
11 月 11 日 (10 月课题)	论秦汉重农抑商 论刑逼招供之非理 论法人占土耳其弥低偏海岛 说恕	政治史 国法 公法学 道德学
11 月 18 日	宋儒论性有义理气质两种然否 评英特之争 游侠平议 殷法刑弃灰于道辨	道德学 政治史 伦理学 公法学
11 月 29 日	论监禁与放流两刑用意之异同 程正叔论寡妇再醮之非,谓饿死事小,失节事大,然再醮即失节乎?以公理断之 俄皇大彼得遗训十五条为彼国二百年来外交政策之方针,其中有已实行者,试条举以证之	法律学 道德学 外交学
12 月 10 日	论者谓民智未开不能设议院然否? 外人目我为君权无限辨 揭唐律今律之大不同而有关系者评其得失 论国家彩票富签票之弊并陈筹还外债之策 论强国对弱国不守公法之关系 希腊苏格拉第有知即德之说试申引 论教育之关系	宪法学 行政学 法律学 理财学 外交学 哲学 教育学

（续表）

日 期	课 题 名 称	所属分类
12月21日	拟中国地方自治之制 论绅权之关系 论监禁罪犯当有以教之 欲以孔子之说组织一祖先教，试条其大义 论小学校当注重理科	宪法学 行政学 法律学 哲学 教育学
1902年 3月29日	不详 不详	伦理学 词学
5月7日 （4月课题）	《新民丛刊》“公民自治篇”举广东人自治之成绩，合依体例，以所居本省之事证之 论改定盐法及抵制洋盐进口之策 斯宾塞尔言谬误事中自有真理，试以所知之事证明之 论立法、司法两权分立之理 《宪法精理》著人民权利十三条，以我国现行法制比较其违合之度 论国际公法之性质可以国家学中之民约论证明之 普之胜法，毛奇将军归其功于小学校教育	行政学 理财学 哲学 法律学 宪法学 外交学 教育学

资料来源：中国蔡元培研究会编：《蔡元培全集》第15卷，浙江教育出版社1998年版，第358、362、364、366－369、394页。

尽管日记所载并非全部课题，且1902年5月7日之后日记中断，但也可以从中看出蔡元培实施教学的一些情况。1901年10至12月之间的命题记载比较全面，大致可知出题的间隔一般在7至11天之内，每次出题最少3题，最多7题，平均4题。基本上每月出一次月题，作为学生月考成绩备案。表中所列共47题，按照出题多少依次是法律8题，政治史、道德各6题，公法5题，哲学4题，外交、伦理、行政、宪法、教育各3题，理财2题，词学1题；内容涉及12类。对照表4－2特班功课表，对应5门学科：伦理、政理、政治史、哲学、文词学，也就是说蔡元培担任了5门课程的教学任务，加上教授日文，占到全部12门课程中一半。这也成为蔡元培实际主持特班的一个佐证。全部选题中，专论本国学术文化的有16题，专论西方文化的有9题，中西交叉的有3题，一般通论性质的有20题。出题范围宽，覆盖的知识点多，总体上侧重于法学、政治学、伦理道德三个方面；内容上中西兼顾，古今通融，在讲求济世致用之学时，注重以传统文化中的有益成分来砥砺学生的品行。

授课之余，蔡元培对特班的教学管理、学生生活颇为重视。曾手订《特班生学习方法》《特班生游息规则》，指导学生培养良好的学习方法和习惯，规范日常言行举止。如1901年11月11日拟订的《特班生游息规则》规定：

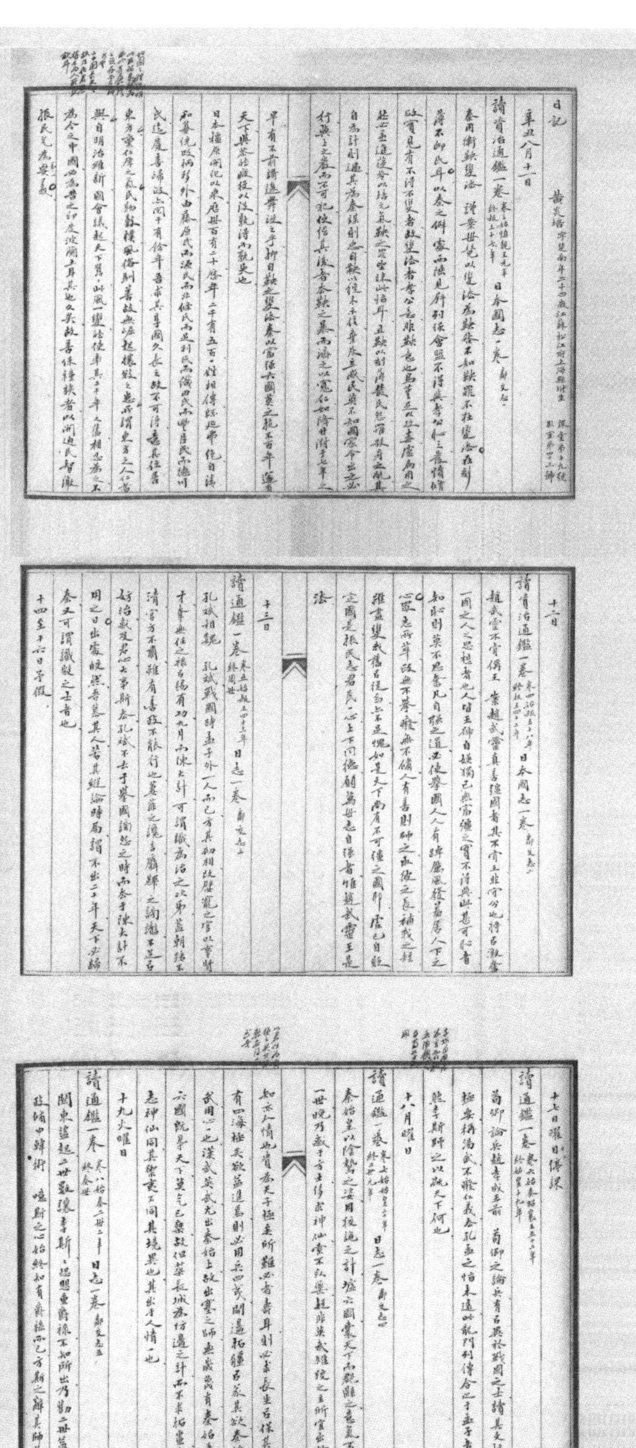

黄炎培在校期间的课业,眉批为特班总教习蔡元培的批语(1901)

一、学生游息虽有一定之时,然须有一定之地。如抛球、竞走等事,只准在体操场为之;其因雨、因寒不得至体操场,则只能于饭厅游廊等处游步,不可结队蹴舞,以妨他人。

一、学生于出入饭厅、体操场时,皆当整齐,不可争先乱走。

一、学生寻常走路时,皆当有步骤,不得冲突他人。

一、学生即在游息之地,亦不得于同学有笑谑忿詈之事。①

此外,还鼓励特班生设同学恳亲会、日文研究会、演说会,以交流学习心得,联系师生情谊。1902 年 4 月 12 日,蔡元培在日记中略记了恳亲会的设立及活动时间:“始设同学恳亲会,议定每日午后四点半至五点半钟。”②

蔡元培于特班职责之外,还参与公学其他校务,他经常到公学译书院,与主事人、挚友张元济晤谈,也曾协助拟定待译书目。1901 年 10 月,译书院附设东文学堂对外招考新生,蔡元培参加了 327 名考生的招生、阅卷工作。1902 年 4 月,蔡元培还向盛宣怀推荐师范生沈庆鸿赴日留学,专习师范教育,获得批准。沈庆鸿于当年赴日留学,以后成为我国著名的音乐教育家。

在公学期间,蔡元培与公学教职员及校

① 《蔡元培全集》第 1 卷,第 375 页。

② 《蔡元培全集》第 15 卷,第 392 页。

外人士一起，参与不少社会事务，如参与创办《外交报》，与叶翰、蒋智由等发起成立中国教育会，并创办爱国女学。还出版教育专著《学堂教科论》，就国内外教育制度及学校课程等问题作了详细的研究。

1902 年 11 月，公学爆发了被称为中国学运史上“一声霹雳”的“墨水瓶事件”，全校学生不堪忍受守旧教员的无理压迫，毅然离校，掀起了学界反封建专制的先声。蔡元培深表同情，向公学当局力争无效后，愤而辞职。

二、任教特色

19 世纪末、20 世纪初的蔡元培，刚刚投身于教育，他是维新运动前后成长起来的具有广阔视野的新型知识分子，有着深厚的旧学功底，同时广泛涉猎西方现代文化知识，加上培养新式人才以挽救衰世的抱负，使他在任教南洋公学特班期间形成了吸纳中西之长的教育特色。

首先是尊重个性、强调自学的教育方法。蔡元培 17 岁中举后，开始借阅图书，自由阅读，学问大进，后来又考中进士，离开绍兴中西学堂后，一度担任嵊县剡山书院、诸暨丽泽书院院长。任职公学后，他将书院自由教学、注重个性的教学方式引入特班。在忆及特班教学时，蔡元培说：“指导之法，稍参书院方式，学生每人写札记由教员阅批，月终由教员命题考试，评次甲乙，送总理鉴定。”[①]

这种自学方式看似宽松，学生可根据自己的性情、知识背景任意选题，实际有着相当严格的规定。1901 年 9 月 21 日，蔡元培手订《特班生学习办法》，对学习时间安排与内容、自学方式、怎样做札记，都作了细致而明确的约定。学习方法如下：

> 一、中文书（赅译本）课程，每日自一点钟起至四点半钟止，凡七小时（其午后进英文课堂者，自八点钟至十一点半）。
>
> 一、每日以三小时课编纂，三小时课讲义，一小时为修辞之学。
>
> 一、编纂为探迹之学。凡所看记叙之书（日本人所谓历史的）皆属之。札记之例：一稽本末（即因果，凡下论断，必先推其前因后果），略如纪事本末之属。一比事类，略如赵氏札记之属（此即论理学归纳之法，谓于杀散殊别中，抽出共同公理以贯之）。一附佐证，略如商榷考异之类（本书不详，别引书证明之，或援以比例时事，惟不可涉于琐屑）。

---

① 蔡元培：《记三十六年以前之南洋公学特班》。《交通大学四十周纪念刊》(1936)。

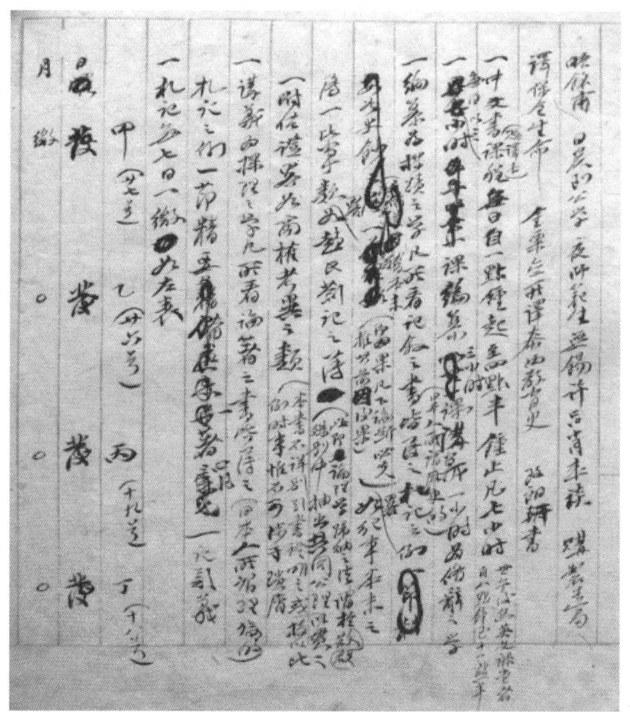

1901 年 9 月 21 日,蔡元培订立特班生学习方法七条(草稿)

一、讲义为探理之学,凡所看论着之书皆属之(日本人所谓理论的)。

一、札记之例,一节精要,一著心得,一记疑义。

一、札记每七日一缴,如左表(略)。

一、讲堂七小时外,随意看书,有心得疑义,可别录,与札记同缴。[①]

考核规定也是比较严,学生的数月成绩合计后得出学期均分,排定名次,不及格者随时辞退。严格管理的同时,蔡元培言传身教,注重对学生进行启发诱导,每夜召集两三个学生个别谈话,或发问,或令学生口述学习心得,或谈时事感想。谈话时,“无疾言,无愠色,无倦色”,与学生握手请坐,情同家人父子,学生“皆大悦服”。[②]

在他倡导的自学模式下,学生充分发展自己的兴趣,培养独立治学能力,给学生个性发展提供了很大空间,教师因材施教的理念也因此有了用武之地。这种尊重个性、尊重兴趣的教风,正是现代教育不同于死记硬背传统教育的魅力所在。在南洋公学的教学实践,表明蔡元培是现代教育方式的先行者。

---

① 《蔡元培全集》第 1 卷,第 328 页。

② 黄炎培:《吾师蔡孑民先生哀悼辞》。重庆《中央日报》1940 年 3 月 24 日。

其次是教学内容中西融通。特班主要是培养"有志西学"的桢干之才，西学自然是特班生的主修课目，蔡元培也极力引导学生接触西学，他曾对学生说："今后学人，须具有世界知识，世界日在进化，事物日在发明，学说日新月异。"[①]为使学生尽快获得西方先进思想和科学知识，他首重外语教学，认为日语与汉语文字上接近，易于学会，日本明治维新以来又大量翻译西学，从日文书中也可以接触西学。他以自己不会读日文照样能看懂日文书籍的经验，"以和文汉读法"授以学生，教学生如何看懂和翻译日文。在蔡元培手订课程安排表中，和文汉读法便已列入高级课程计划，正式授课是 1902 年 3 月 26 日。当日，他在日记中记道："学生有愿习和文汉读法，是日始课之。嗣后于月、水、金日为常课。"[②]月、水、金日即星期一、三、五。到 4 月 28 日，"全班学生始学和文汉读法"。在向往接触世界新知的特班生主动要求下，蔡元培开始将日文课定为必修课，每周三次，全班学生参加学习。"和文汉读法"的效果较佳，据 1902 年 10 月呈给盛宣怀的"特班生成绩表"所载，"日本文"成绩获得甲等有胡仁源、邵力子等 11 名，乙等有李叔同等 8 名，并标注甲等者能够"通和文汉读法，看和文书(除通俗书)十解其九"，并称最优者如邵力子四人，读日文书"疑难不过百分之二三"。[③] 蔡元培以后也在回忆中写道："不数日，人人能读日文，且有译书者。"[④]李叔同便利用所授"和文汉读法"，翻译了《法学门径书》《国际私法》两本日文书籍。

之后，蔡元培还和黄炎培、邵力子等学生一起，向住在公学南首土山湾的马相伯学习拉丁语，进一步培养学生语言能力，为学生架起一座通向西学西艺的桥梁。1935 年 10 月 30 日，九五老人马相伯曾撰《蔡孑民先生与二十四个学生学拉丁文》专载此中佳话。现录其大略如下：

> 当时蔡孑民先生在南洋公学(即现在之上海交通大学)任教职，要跟我学拉丁文，我告诉他：拉丁文在西洋已成为骨董，大学而外，各学校都不大注意，中国学者更没有学习的必要。无奈孑民先生执意要学，说拉丁文为欧洲各国语文之根本，各国语言多源于拉丁，西洋一切古代文化，若果不通拉丁语文，那就无从了解。……当时我在徐家汇慈母堂前一排的楼上(楼下就是大门)，孑民先生每天早上五点就来敲门。我有时还未醒，便被他从梦中叫醒，但是事情总不能如人意，我每天早上要祈祷。……我就向孑民先生提议，最好由他在学校中选择一些较优秀一点的青

① 黄炎培：《吾师蔡孑民先生哀悼辞》。重庆《中央日报》1940 年 3 月 24 日。

② 《蔡元培全集》第 15 卷，第 390、393 页。

③ 《南洋公学特班生成绩表》(光绪二十八年九月二日，1902 年 10 月 3 日)。《上海图书馆藏盛宣怀档案萃编(下)》，第 441 页。

④ 蔡元培：《记三十六年以前之南洋公学特班》。《交通大学四十周纪念刊》(1936)。

> 年学生到我这儿来学,更为有意而切于实际。孑民先生深以为然,于是就派了二十四个学生来学。我起初还是不打算教他们拉丁文,但他们和孑民先生一样,拿定主意要我教他们,我没办法,只好教了。当时在我们徐家汇教会中的法国人都在背后笑我们,以为中国人如何能以学得好拉丁文?……四个月后,经过考试,他们都居然写得出,说得出来(发音自然有些不确),从前笑话我们的外国人,也不能不钦佩我们的青年学生的努力。……我教他们,除了拉丁文外,还有法文和数学……后来我又教他们学哲学。[①]

马相伯被蔡元培以及24位学生求教诚意所打动,不仅教授拉丁文,还有法文、数学、哲学等知识,俨然成为特班的"特聘教授",并与他们结下深厚的师生情谊。当特班因风潮散学后,马相伯收留蔡元培介绍的项骧等部分学生,加上钦慕马相伯之名而来的各地求学者,遂于1903年租用徐家汇老天文台余屋,创办震旦学院。

尽管如此,蔡元培并不迷信西学,而是将西学与中国实际结合,从他给学生设定的课题中,可以窥见其融合西学的某些思路。在1901年10月4日的课题中,有"论史事为人类进化之资藉""原法";10月25日的课题有"日本维新名士多出于阳明学派说";11月11日的课题有"论刑逼招供之非理"等。另外在各次课题布置中,可以看到他试图阐扬传统文化有现实意义的若干题目,比如"论信陵、平原、孟尝、春申四君与其国之关系""论秦汉重农抑商""宋儒论性有义理气质两种然否""揭唐律今律之大不同而有关系者评其得失"等,都具有相当明显的现实针对性。应该说,蔡元培在借鉴西学进行教育时,显得清醒而务实。在蔡元培的眼里,西学要和中国传统思想结合在一起,实现本土化的改造,才能用来指导现实。

在教学时随时随地渗透民主与革命教育,也是蔡元培在特班任教时一个最显著的特色,它体现于各个教学环节和组织课外生活中。当时蔡元培开始接受西方民权平等思想,感到清政府已无希望,决心投身教育,培养革新人才,推动中国的变革。在教学中,他潜移默化地向青年学生传播民权思想与革命哲学。在给学生开列的课题中,多有启发爱国主义思想的内容,如"记周士爱国""论强国对弱国不守公法之关系"等。他还介绍学生阅读《新民丛刊》等进步书报,让他们接触新思想,每天写读书日记和心得。他在"日记及课文评语中,多提倡民权之说"。[②]

在课外,他组织成立的演说会也渗透爱国思想、平等学说。在指导学生成立演说会时,

---

① 引自《复旦大学百年志(上)》,复旦大学出版社2005年版,第10页。

② 蔡元培口述、黄世晖记:《蔡孑民先生传略(上)》,商务印书馆1943年版。

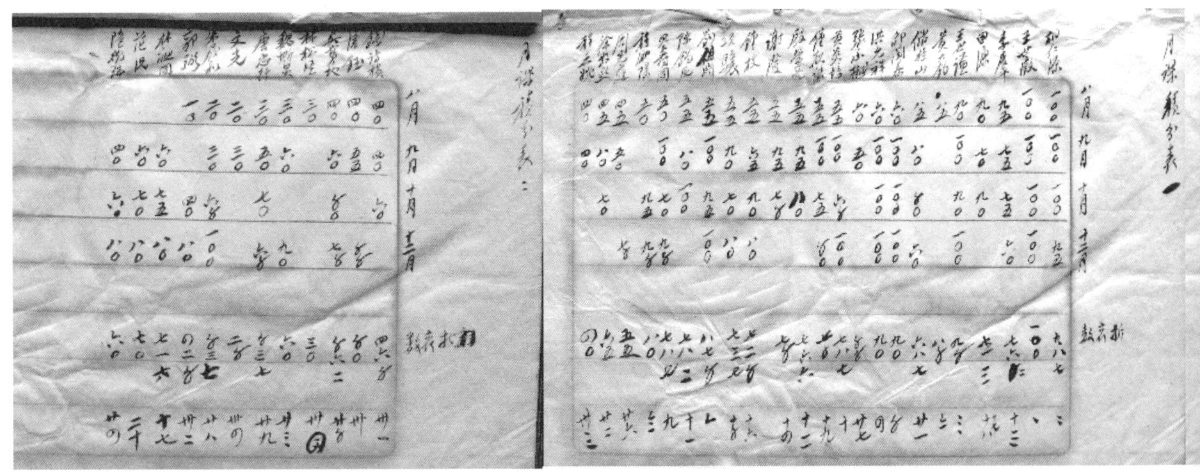

蔡元培手书特班生月课积分表（1902 年 1 月）

他说明它的社会意义："中国国民在极度痛苦中，还没有知道痛苦的由来，没有能站立起来，结合起来，用自己的力量解除痛苦，这是中国的根本弱点。你们将来出校，除办学校之外，还要唤醒民众，开发民智。这固然可以靠文字，但民众识字的少，如能用语言，效用更广。你们大家要多练习演说罢！"[①]在演讲题目选择上，也重在激发学生的爱国热情，第一次讲题是《世界进化，道德随而增进乎》，学生依次登台，或侃侃而谈，或旁征博引，或激烈论辩，莘莘学子的救国激情被激发起来。

黄炎培曾说，蔡元培之教人，其主旨"在启发青年求知欲……千言万法，一归于爱国"。"不惟课文训语有然，观出校后，手创学社曰爱国学社，女学曰爱国女学，吾师之深心，如山泉有源，随地涌现矣。"[②]黄炎培以其亲身经历和事后感受，恰如其分地讲述了蔡元培在教育中随时渗透爱国主义教育的做法，这也是蔡元培利用新式学堂宣传革命思想的写照。

三、特班生成就

特班可视为当时南洋公学试办的达成馆，这在全国新学初期时尚属凤毛麟角。蔡元培为探索交大早期高等教育，为交大初创时期引进先进教育理念和人才培养模式做了有益尝试，也为我国早期高等教育做出了有益的尝试。他在教学中充分考虑学生个性，因材施教；以自学为主要教学方法，循循善诱

① 黄炎培：《八十年来——黄炎培自述》，文汇出版社 2000 年版，第 56 页。

② 黄炎培：《吾师蔡孑民先生哀悼辞》。重庆《中央日报》1940 年 3 月 24。

的启发式教学，注重教学相长；以开放的教育视野，引进西学，注重中西学贯通；手订各种管理办法，使学生有章可循。蔡元培视学生为手足，又能尊重个性，平等相待，营造了融洽和谐的师生关系。“特班学生，每晚总有二三人到蔡先生房中谈话，蔡先生握手请坐，客气的很，谈学问时，旁征曲引，还关心到起居饮食，如家人父子。”①

1943 年 1 月 25 日，黄炎培在重庆九龙坡交大演讲稿《四十年前在校求学之所得》

① 黄炎培：《四十年前在校求学之所得》。《黄炎培教育文集》第 4 卷，第 57 页。

还在授业期间，特班生就已经以其中西融汇的现代知识在同时代青年中脱颖而出，成为社会才俊中的佼佼者。1902 年，29 名特班生参加乡试，当年乡试已改八股文为策论，纵论时政实务本为特班生所长，最后有 12 名中举人。黄炎培曾分析中举特班生说："特班同学分别在他本省应试，中选的十二人，中间有一个共同的优越条件，过去考试都叫人做八股文，这年开始改八股为策论。许多人做惯八股，不会做散文，这一群特班学生，散文得锻炼，经过一年半，当然没有什么困难。而我个人还有一点，江南乡试有一个试题：《如何收回治外法权》……一般人不尽正确分析，研究过万国公法，当然能信笔直书，我就在这上边得了便宜"。[①] 那次在浙江杭州参加乡试的邵力子，写了一篇题为《振兴实业论》的策论，阅卷考官以"理论新颖，采纳他系学派"录为全省第 67 名举人。[②]

知识传授之外，蔡元培倡导的爱国主义、民主思想教育对特班生影响深刻，打开了公学学生的心扉，助燃了革命热情。特班学生在蔡元培的精心教育和启蒙下，多数并没有成为曾纪泽、李盛铎式的人物，而是走上了资产阶级民主革命的道路，不少人成为辛亥革命的骨干力量，如邵力子、黄炎培、李叔同、胡仁源等，深受蔡元培教育影响的黄炎培甚至说："当时这种教育，可以说就是国民革命之伏线。"[③]并情深意切地称蔡是其思想的引路人："最初启示爱国者，吾师；其后提挈革命者，吾师。"[④]邵力子说蔡元培是"四十年来最有影响的两位老师之一(另一位指马相伯)"。[⑤] 蒋维乔在《民国教育总长蔡元培》一文中也称特班生"得先生之陶冶，益晓然于革命大义"，[⑥]道出了蔡元培对特班生思想启蒙的影响。

在任南洋公学特班总教习期间，蔡元培通过各种形式向学生宣传民主启蒙思想，激发其爱国热情，"散播革命种子"，[⑦]"不知不觉中为全校青年领袖"。[⑧] 这种爱国主义教育在学校影响很大，当"墨水瓶事件"发生，特班生置前程不顾，毅然离校，当时校内就有人指责学生受"孑民平日提倡民权之影响"。[⑨] 可以说，蔡元培的爱国与民主思想教育，不仅使不少学生离校后成为民主革命的斗士，而且在一定程度上促使交大成为 20 世纪初年学界风潮的中坚力量，站在了反对封建压制，追求民主时代潮流的风口浪尖。

---

① 黄炎培：《八十年来——黄炎培自述》，第 57 页。

② 朱顺佐：《邵力子传》，浙江大学出版社 1988 年版，第 17－18 页。

③ 黄炎培：《四十年前在校求学之所得》。《黄炎培教育文集》第 4 卷，第 57 页。

④ 黄炎培：《痛悼我师蔡孑民先生联》。《国讯》第 230 期，1940 年 3 月 25 日。

⑤ 邵力子：《我所追念的蔡先生》。重庆《中央日报》1940 年 3 月 24 日。

⑥ 蔡元培口述、黄世晖记：《蔡孑民先生传略(上)》，第 31 页。

⑦ 孙德中：《一位大教育家》。孙常炜编：《蔡元培先生全集》，(台湾)商务印书馆 1977 年版。

⑧ 黄炎培：《四十年前在校求学之所得》。《黄炎培教育文集》第 4 卷，第 57 页。

⑨ 蔡元培口述、黄世晖记：《蔡孑民先生传略(上)》，第 32 页。

特班生、艺术家、教育家李叔同

特班生、民主革命家、教育家黄炎培

特班生、政治家邵力子

特班学生入校前的学识基础本来就很好，经过蔡元培、赵从蕃、沈曾植这样的名师循循善诱的教导，以及他们相互间的切磋相长，所以后来特班学生大都成为社会俊彦，民族精英。据1926年统计的特班生职场分布情况，“全班四十二人中，二十五年来，除下世者十一人外，其在政界内而部长部员，外而县知事，以及财政、税务、教育、工商业、水利、律师、工程师、新闻家、外交家、美术家、诗人、名僧均有，独未有武人。”①就是说，特班生已经大多在政界、实业界、文教界等领域崭露头角。根据各种文献资料，除王世谦、田溓、陈锡民、唐忠行、钱诗桢、潘尧奎等6人离校后情况不详外，37位特班生离开南洋公学后的简况附录如下。

表4-4 南洋公学特班生出校后履历表

姓名	生卒年份	生平简况
王世澂	1876—?	1903年中进士，后留学英国，毕业于林肯法律专门学校。任北京大学法科学长，袁世凯秘书，不久辞职，转入新闻界，任北京《京报》主笔。译有《中国外交关系史略》。
文　光	1875—?	曾任奉天锦县知事。
文永誉	? —1933	文廷式之子，工诗文，著有《天悦室集》，属晚清国粹派。
方彦忱		举人，1909年京师大学堂毕业，任凤阳师范校长。
朱履龢	1877—1945	留学英国，治法学，任外交部司长、司法部次长、立法院立法委员等职。

① 《南洋公学特班生园游会纪事》(1926年)。上交档：ls2-109，卷名《交大历任校长一览表，师范班、特班调查表及唐校长工业教育传略》(1926—1935)。

（续表）

姓名	生卒年份	生平简况
吴宝地	1878—?	律师，1913年任上海市政厅副议长。
李广平（叔同）	1880—1942	留学日本，初为美术家，书画篆刻无不精工，并参加春柳社，后皈依佛教，改名弘一，是我国新文化运动先驱之一，近代著名艺术家、教育家、文学家。一生对音乐、美术、诗词、书法、教育、哲学等均有建树。
贝寿同	1875—1945	1910年留学德国，毕业于夏洛顿檗工业大学建筑系。1915年起在司法部、司法行政部任技正，曾执教于苏南工专、北京大学和中央大学，为著名建筑师贝聿铭从叔祖。
邵闻泰（力子）	1881—1967	近代教育家、政治家。清末举人，早年参加同盟会。1921年加入中国共产党。1925年任黄埔军校秘书长。1926年退出中国共产党。后任国民革命军总司令部秘书长，中国公学校长，陕西、甘肃省主席，国民党中央宣传部部长。新中国成立后，任政务院政务委员，全国人大、政协常委，民革中央常委。
周恩绪		1916年代理无锡县知事。
林松坚		曾在教育部服务，与鲁迅同事。
林文潜	1878—1903	留学日本，曾译日文本《论邦国与人民之自助》，编著《寄学速成法》。又曾与孙诒让创立浙江瑞安演说会、师范研究会。
林大同	1880—1936	留学日本北海道帝国大学，习土木。1909年回国，参加清政府留学生考试，中式工科举人。次年殿试一等，授内阁中书，不就，监督施工杭州第一座火车站，促成浙赣铁路兴建。1925年后任浙江水利委员会主任兼技正、钱塘工程局局长、浙江水利局局长等。善书法诗文，曾介绍李叔同至灵隐寺受戒。
范　况		1906年被交大派往日本留学。长于文学，著《中国诗学通论》。
胡仁源	1883—?	留学英国，治工程，曾任交通大学教授，北大工科学长、代理校长，文治大学校长。善为文，富哲学思想，译有康德《纯粹理性的批判》、萧伯纳《圣女贞德》等，著《造船》《投影几何》。
洪允祥（洪元祥）	1874—1933	留学日本，专攻师范教育。曾任《天铎报》主笔，北京大学等校教授。工诗文，擅书法，有“三北第一才子”“慈溪三诗人之一”称谓。著有《悲华经舍诗存》《工余谈艺》等。
殷崇亮	1878—1903	在校时即富革命思想，善为文，创中国教育会常熟分会。合译《东洋文明史》。
程志烑		曾任职北京中国银行。
张承樾		举人，1906年被交大派往日本留学，1912年任宝山县副议长。
徐敬熙	1876—?	在教育部服务多年。民国初任《藏文白话报》总编纂。

(续表)

姓名	生卒年份	生 平 简 况
项 骧	1880—1944	离校后转入震旦学院。1905年赴美国哥伦比亚大学深造,获政治经济学硕士学位。1909年参加留学生考试,得殿试第一名,誉为"洋状元",授翰林编修。1912年任财政部首席参事,1923年任财政部次长。著有《浴日楼诗文稿》《太平天国史》,译著有《布尔什维克主义》。
黄炎培	1878—1965	民主革命家、教育家。清末加入同盟会,1912年任江苏教育司司长。1917年5月,与蔡元培等人创立中华职业教育社。1917～1931年,先后参与筹建南京高等师范学校、上海商科大学、厦门大学等。1939年11月,参与组织统一建国同志会、民主政团同盟,先后任常委、主席,反对国民党一党专政。新中国成立后,任政务院副总理兼轻工业部部长、全国人大副委员长、全国政协副主席等职。著有《学校教育采用实用主义之商榷》《中国教育史要》等。
黄大钧	1883—?	1905年与陆康华合译《降妖记》(今译为《巴斯克维尔的猎犬》)。
陆梦熊	1881—1940	1904年入早稻田大学学习,获商学士,后参加殿试,授商科进士。1912年任北洋政府交通部首席参事。曾任北京邮电学校校长,交通大学校长。曾译《政治地理》。
郭 弼	1876—1941	1903年著《仁仁学》,纵论谭嗣同《仁学》。辛亥革命以后,任瑞安和黄岩县民政、财政、实业等科务。著作有《松陵集》《郭氏说文》,译有《论理学》等。
彭清鹏		任民国司法部秘书甚久,后为司法行政部科长。著《实际教育学》《微积分学》。
穆湘瑶	1874—1937	1902年中式举人,后任上海警务长,创上海德大纱厂,近代实业家。合译《近世之怪杰》《苏格兰独立志》。
单毓年	1876—?	著《西藏小识》4卷。
费毓桂	1876—?	清代学者费念慈之子,1902年中式举人,善书法。
刘伯渊	1879—?	南洋公学总办刘树屏之子,经营工商业。
潘承锷		日本法政大学毕业,民初任大理院推事,我国早期法学家、律师。著《中国之金融》《裁判所构成法》,译著《国际民商法论》。
钟观诰	1875—?	1912年参与组建中华民国工党,任副会长。精化学,编《新中学初级混合理科教科书》,著《衡臧韵言》,译著《演说学》。
钟 枚	1879—?	1926年任浙江印花税会办,建国后为杭州市政协委员。
谢 澄(无量)	1884—1964	清末任成都存古学堂监督,民初任孙中山大本营秘书长、参议长,后从事教育和著述。新中国成立后,任中国人民大学教授、中央文史研究馆副馆长,于学术、诗文、书法造诣精深。著有《中国大文学史》《中国哲学史》《诗经研究》《佛学大纲》《楚辞新论》等。

（续表）

姓名	生卒年份	生 平 简 况
储桂山	1862—？	编《皇朝经世文新编续集》30 卷。
魏斯炅		中式举人，后留学日本，追随孙中山参加革命。民国后任江西财政司司长，北洋政府参议员。
萨君陆	1879—？	1903 年任福州北城小学堂堂长，1912 年作为福建省视学官赴南洋各地视察华侨学校，曾在中央观象台服务。合译《东洋文明史》。

主要资料来源：徐友春主编：《民国人物大辞典》，河北人民出版社 1991 年版；《上海南洋公学特班同学调查表》（1926 年 9 月）。

特班生、文学家谢无量

特班生、教育家胡仁源

表中所列著名者有民主人士、教育家黄炎培，国民党元老邵力子，文学家谢无量，爱国高僧李叔同，北大校长胡仁源，建筑师贝寿同，财政专家项骧，法学家王世澂等。虽然蔡元培自谦说："其中多数特班生卒能在社会上有贡献者，全恃此后特殊力学之结果耳。"[①]然而，蔡元培以新颖的教育内容、教学方法以及人格感化，对于特班生知识素养、人生价值观的影响无疑是巨大的，这从上述黄炎培、邵力子等受业弟子满怀深情的追忆中不难看出。盛宣怀特别寄予厚望的特班，在蔡元培等人的精心培育下，大多数人能顺应时代潮流，成为中国近代社会的"桢干之才"，为民族进步、文化发展做出了各自的贡献。

① 蔡元培：《记三十六年以前之南洋公学特班》。《交通大学四十周纪念刊》（1936）。

第五章
遣派留学生

第一节 选派留学生

一、选派学生留日

从1898年底到1905年初的6年间，公学不惜巨资、接连不断地遣送学生，分赴日本、美国、英国、比利时等国留学，从思想根源上来说是缘于盛宣怀和公学对留学教育的高度重视。公学创办者盛宣怀将派遣学生出洋历练视为人才培养的重要途径，甚至看作国家能否实现自强的关键之举。还在1883年秋冬，他与日本人冈千仞、冈千濯进行笔谈时，就十分关注日本自明治维新开始，派遣世家子弟、青年才俊负笈欧美的举措，一再追问："贵国亲王游学英、普，系何年去？何年可归？……亲王为今王何人？岂世子乎？抑兄弟乎？"并实事求是地预告对方："此一节已见贵国之自强，必在敝国之先。"[①]筹设南洋公学时，他便已计划从上院毕业生中挑选成绩优异者，"仿日本海外留学生之例，给官费就学外国或就试于各国大学堂"。[②]认为若要学成源于欧美的西学西艺，就必须让学生置身于科技先进、教育发达的西方环境之

---

① 夏东元:《盛宣怀年谱长编(上)》，第220页。

②《南洋公学纲领》(光绪二十二年七月初三日，1896年8月11日)。盛档:044964－2。

中,“躬验目治,专门肄习,乃能窥西学之精,用其所长,补我之短。”[①]这样学生的学习质量定能优于国内,人才培养水平较高,学成归国后任用于各要政部门,可以达到“渐可不借材异地,授柄外人”的目标。在这种思想认识指导下,公学一直“以派遣出洋尤为要著”,[②]从1898年开始大力选派学生出国留学。

1894年甲午一役,一向不被中国人放在眼里的日本把清朝海陆军打得大败。经受巨大创痛的中国人不得不检视自己:同样是学习西方以求自强求富,何以中国以洋务衰,日本以洋务兴?经过痛苦的反思,他们认为,日本人是全面向西方学习,包括工业、财经、文化、军事和法制,而不像我国洋务派所理解的那样,只是坚船利炮的军事和工业。于是,人们得出结论,“日本人向西方学习有成效,中国人也想向日本人学。”[③]清政府也开始重新掂量西方文化和科技,先后发起维新运动和实施新政。推行各项新政,要以熟悉时务的新式人才为先决条件,而向日本、西方广派留学生是造就新人才的重要途径。这样,清政府顺应时变,推行了一系列鼓励留学的政策,奖励各督抚选派留学生。1896年4月,清政府驻日公使裕庚带领13人到日本留学,这是我国近代留日活动的开始。

在清政府实行鼓励留学政策的同时,日本政府也试图扩大对华思想文化的影响。正如日本驻华公使矢野文雄在给外务省大臣的函件中所称:“如果将在日本受感化的中国新人才散布于古老帝国,是为日后树立日本于东亚大陆的最佳策略。”[④]同时为了消弭中国人民在甲午战争后产生的仇视情绪,改善发展中日关系,因此对我国留学生采取了积极吸引的政策,推动了中国留日运动的兴起。当首批留日生到达后,日本外务大臣兼文部大臣西园寺公望责成专人承担这项教育任务,很快办理了入学手续。1898年5月,日本驻华公使矢野文雄以国家的名义邀请中国派遣留日学生,人数以200人为限,日本方面将大学、中学变通以接收中国留学生,并承担除了常年生活费之外的一切费用。我国维新派人士闻知喜出望外,监察御史杨深秀立即奏请接受邀请。

1898年7月2日,总理衙门咨奏《遵议遴选生徒游学日本事宜片》,除在所辖北京同文馆选派学生外,并咨行经济文化相对发达的南北洋、两广、两湖、闽浙等地的督抚,挑选若干学生留学日本。8月18日,清政府准奏,发布上谕:

---

① 盛宣怀:《资送学生出洋游学片》(光绪二十八年九月,1902年10月)。《愚斋存稿》第8卷,第35页。

② 盛宣怀:《南洋高等商务学堂移交商部接管折》(光绪三十一年二月,1905年3月)。《愚斋存稿》第11卷,第2页。

③ 毛泽东:《论人民民主专政》。《毛泽东选集》第4卷,人民出版社1991年版,第1470页。

④ 田正平:《中国教育史研究(近代分卷)》,华东师范大学出版社2001年版,第149页。

着各省督抚，就学堂中挑选聪颖学生，有志上进，略语东文英文者，酌定人数，克日电咨总署核办。①

两江总督兼南洋大臣刘坤一接到上谕后的第二天，即 8 月 19 日，向上海江南制造局发来电谕，除了饬令该局迅速在所属广方言馆内挑选数名学生预备留日外，要求该局总办林志道与铁路督办大臣盛宣怀尽快接洽，询问“南洋公学各堂学生能否选派”。② 盛宣怀获知后，责成公学总理何嗣焜，在师范院、中院内挑选合格学生数名留学日本。

9 月 17 日，何嗣焜向盛宣怀推荐师范院、中院“年少质颖志趣远大，中学已有根柢，英文亦颇精进者六人”赴日游学，计划学法律、政治两科。这 6 名学生姓名、年龄、籍贯分别是：

师范生二名

雷奋，年二十岁，江苏松江府华亭县附生，习英文。

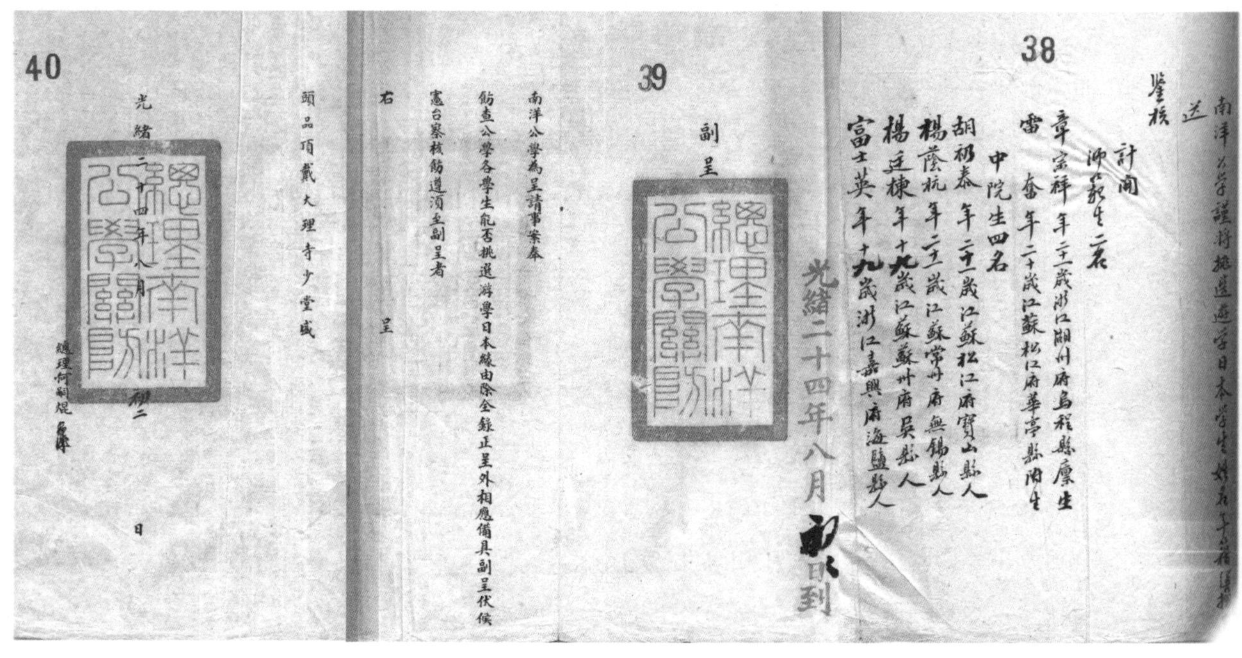
38
南洋公學謹將挑選遊學日本學生姓名年籍繕摺
送
鑒核
計開
師範生二名
章宗祥 年二十一歲浙江湖州府烏程縣廩生
雷奮 年二十歲江蘇松江府華亭縣附生
中院生四名
胡礽泰 年二十一歲江蘇松江府寶山縣人
楊蔭杭 年二十一歲江蘇常州府無錫縣人
楊廷棟 年十九歲江蘇蘇州府吳縣人
富士英 年十九歲浙江嘉興府海鹽縣人
光緒二十四年八月初 日到

39
副呈
總理南洋公學關防
南洋公學為呈請事案奉
飭查公學各學生能否挑選游學日本緣由除全錄正呈外相應備具副呈伏候
憲台察核飭遵須至副呈者
右 呈
頭品頂戴大理寺少堂盛

40
總理南洋公學關防
光緒二十四年八月初二日
總理何嗣焜

1899 年初，南洋公学首次选派学生留学日本的呈文及学生名单

① 《德宗景皇帝实录》第 423 卷，第 1 页。《中国近代教育史资料汇编·戊戌时期教育》，上海教育出版社 2006 年版，第 57 页。

② 《南洋大臣刘坤一电谕制造局林道台》(光绪二十四年七月初三日，1898 年 8 月 19 日)。西交档：2310，卷名：《南洋公学关于学生出洋留学日本和有关单位联系文件》(1898—1899)。

章宗祥，年二十一岁，浙江湖州府乌程县廪生，习英文。

中院生四名

胡礽泰，年二十一岁，江苏松江府宝山县人，习英文。

杨荫杭，年二十一岁，江苏常州府无锡县人，习英文。

杨廷栋，年十七岁，江苏苏州府吴县人，习英文。

富士英，年十六岁，浙江嘉兴府海盐县人，习英文。①

盛宣怀审核名单后，咨送两江总督兼南洋大臣刘坤一。刘坤一将与公学同期呈报的上海广方言馆6名学生，江南储材学堂7名学生，江南水师学堂1名学生，合计20名，一并开单咨送总理衙门。

不过，这年秋天发生了戊戌政变，清政府对留学事宜颇为迟疑，批准时间一再推迟。直到12月25日，公学才接到盛宣怀照会，称南洋公学选派游学日本的学生已经总理衙门获准，须备齐常年留学经费，并传谕6名学生刻日治装待发。1899年1月2日，公学将6名学生造具清册，正式呈送刘坤一鉴核。接着，根据日本驻上海总领事小田切万寿之助的建议，备齐常年留学经费每生每年300元，合计1 800元，连同名册一并送交小田切，由他转交日本外务、文部两省。1月13日，公学6名学生随同其他各生登上“萨摩丸”启程，小田切总领事委派翻译野岛金八郎同舟伴行。至此，长达半年之久的选派事宜宣告结束。

因新式学堂极少，且风气未开，不少地方官员对留学持观望态度，结果只有两江、两湖、浙江等地在开明督抚刘坤一、张之洞等主持下，一共选派了48名留日生，离日本提出的200名相差较远。选派学校虽屈指可数，人数也不多，却成为20世纪初年我国以留日为中心的全面留学活动之先声，这批留日学生也因此被称为“中国留日学生之始”。② 南洋公学与上述其他学校共同开启的一代留学风气，成为中国近代留学史乃至中外文化交流史上的一个里程碑。

留日学生抵达日本后，先进入日本教育部门专为中国留学生开设的预备学校，从速补习日语和基础科学，为正式进入专门学校和高等院校打基础。当时的预备学校主要有“文武两校”：一是1898年6月由高楠顺次郎创办的日华学堂，接纳准备升入诸如法政、工科类大学的“文学生”；一为日本参谋本部同年创办的成城学校，接纳拟进入士官学校习军事的“武学

① 《公学第一次选派六名学生留日呈文盛宣怀》（光绪二十四年八月初二日，1898年9月17日）。《交通大学校史资料选编》第1卷，第59－60页。

② 周予同：《中国现代教育史》，福建教育出版社2007年版，第236页。

生”。公学6名学生全部进入日华学堂学习。[①]

日华学堂肄业后,除了胡礽泰由公学改派赴美国留学外,其余5名学生分别于1899年9月升入高等院校攻读专门学科。章宗祥入日本最高学府——东京大学(时名东京帝国大学),专攻外交、法律;雷奋、杨荫杭、杨廷栋、富士英转入日本最负盛名的私立大学——早稻田大学(时名东京专门学校),攻读政治、法律、理财等专业。雷奋等入读早稻田大学时,日本外务省、文部省以“本国政府督察各该学生等学业长进与否各事诸多不便”为由,阻止他们入读私立大学,要求盛宣怀“饬令各生在官立学校肄业”。[②] 雷奋等人不为所动,执意进入早稻田大学就读。

1902年5月,雷奋、杨荫杭、杨廷栋获得早稻田大学所颁政治、理财科毕业文凭,先期回国,被盛宣怀安排到译书院从事翻译工作。杨荫杭又于1906年9月再入早稻田大学研究科,专研法律,次年7月毕业后赴美国留学,获法学硕士学位。同在早稻田大学的富士英学行优异,在获得“校外生文凭”及“校内生十全文凭”后,写信请求公学允许他延期一年并加倍发给学费。10月9日,盛宣怀发文给公学,对富士英的勤学表示嘉许,同意延期留学,仍然照常拨给学费。富士英入帝国图书馆研习财政、外交等学。1903年8月,富士英获得早稻田大学经济学学士学位。而转学明治大学的章宗祥则获法学学士。清政府留日学生监督汪大燮在给盛宣怀的信中,给予两人高度评价:

> 章宗祥长于国际公法、行政法、刑法、裁判法。富士英长于经济、理财。该二生平日潜心考究,素有根底。在东五六年,绝无旁骛。历届学校考验成绩颇优,性情均极平实,学问各有专长。[③]

9月,章、富两人学成归国。盛宣怀令公学总办对他们进行考验、奖励,并分别推荐到京师大学堂、外务部任职。至此,南洋公学首批派遣的留学生,除了胡礽泰转赴美国留学外,其余5人完成学业归国服务。

首批留日学生派遣后,一直到1905年初南洋公学结束前,学校每年都要公费选派学生出洋留学,但自1901年留学生选派转向欧美各国大学后,没有再向日本选派过公费留学生。

公派之外,为数更多的南洋公学在读学生、教员,或自费,或受各方资助,先后扶桑东渡,融入20世纪初年中国留日热潮中。

---

① 参见舒新城:《近代中国留学史》,上海文化出版社1989年影印本,第26页。

② 松村贞雄:《致盛宣怀函》(光绪二十五年七月二日,1899年8月7日)。盛档:000766。

③《盛宣怀饬札南洋公学游日学生章宗祥、富士英学成回国》(光绪二十九年七月七日,1903年8月29日)。上交档:ls2-003,卷名《清朝大理寺少堂、工部左堂关于赴日留学照会》(1899—1903)。

留日师范生、近代教育家范源濂

留日外院生、爱国军事家蔡锷

先是1899年7月，公学外院学生蔡锷、唐才质、李炳寰及师范生范源濂，接到流亡日本的梁启超来函相召，又得到唐才质之兄唐才常资助，遂东渡日本求学，先入东京大同高等学校补习日语，后分入各专门学校肄习。蔡锷先后就读于横滨东亚商业学校、成城学校；1903年11月毕业于日本士官学校。范源濂赴日后，就学东京高等师范学校，专门研习教育学，1905年毕业于法政大学。李炳寰、唐才质于1900年回国参加自立军起义，李炳寰不幸牺牲，唐才质亡命日本，在东京参与创办《国民报》月刊，继续宣传反清革命。

1899年12月，湖北举行留日官费生考试。师范生兼教习钮永建虽为上海县人，但其来公学前曾肄业于湖北武备学堂，遂有资格报名参加考试，结果以第一名入选。翌年赴日留学军事，于1904年归国。与钮永建同年赴日留学的还有师范生王植善，王在留日期间加入同盟会，归国后在上海创办私立南洋中学。

1901年4月，与钮永建结为终生至交的师范生兼国文教习吴稚晖，请求公学总理张元济补助旅费赴日本留学。获允后即于5月与公学教习孙揆均同道赴日，学费由无锡人廉南湖开办的上海文明书局资助，吴稚晖入东京高等师范学校就读。同年8月，中院湖南籍学生梁焕彝接受湖南巡抚选派，作为该省最早的2名官派留日学生之一，赴日本学习军事和矿务。此外，中院肄业生张肇桐、嵇镜也先后赴日留学。

1901年附小建立后，公学先后派出陈懋治、沈庆鸿、林康侯等教员赴日本留学考察师范、小学教育，学习日本办理初等教育的经验。附小教员汪荣宝也曾于1902年赴日本留学，先后入早稻田大学和庆应义塾，在东京加入国民义勇军。

还有一些曾在南洋公学就读或任教过的师生，也在20世纪初年相继留学日本。如1897

年曾在校就读的师范生汪有龄,当年即以浙江蚕学馆官派生身份赴日学习新技术,后奉浙抚廖中丞改派东京学习法律,毕业于日本法政大学。1898 年进入中院学习的秦毓鎏,1901 年离校考入南京江南水师学堂,次年入读早稻田大学,1904 年学成归国。

在紧张的专业学习之余,先期赴日的公学留日生积极参与组建自治社团,以各种方式号召国内青年投入留学潮流,帮助留日学生完成学业,为他们岁月峥嵘的留学生活增添许多色彩。1902 年 2 月 12 日,正是中国传统春节的第三天,来自日本各地的中国留学生 200 余人汇聚东京欢度新春,并发起成立留学生自治组织——清国留学生会馆,随后选举产生领导机构,会长为驻日公使蔡钧,副会长钱恂,是两湖留日学生监督兼南洋公学留学监督;在当选的 12 位首届干事人员中,范源濂、蔡锷、章宗祥 3 人来自公学,他们和其他干事是会馆的实际负责人。会馆是留日学生的综合机关,对内可以团结约束中国留学生,对外可为留学生争取合法权利,中国人称之为"留日学生的大本营"。[①] 章宗祥、范源濂两人又以各自方式,对推动清末留日运动产生了一定作用。1901 年,章宗祥以留学界老前辈资格撰写《日本游学指南》,向国内青年介绍留学须知,号召留学。1904 年 5 月,日本法政大学开设法政速成科,聘请在该校就读的范源濂为召集人兼翻译员,进行速成教学。[②] 到 1908 年止,毕业的速成法政科留学生,就达到了 1 070 名,有力推动了留日学生学习法政的热潮,为当时中国急需实行社会政治改革培养了大量人才。

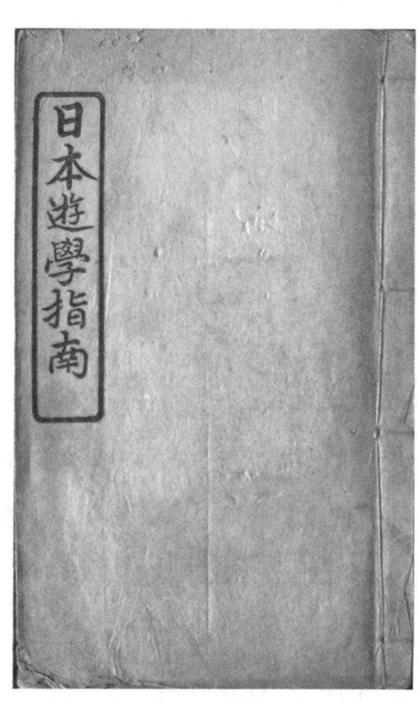

1901 年,留日师范生章宗祥编著《日本游学指南》

创办刊物,译述西方先进科技和资本主义文化,是公学留日学生孜孜以求的事业。1900 年 12 月 6 日,以江浙籍留日学生为主体在东京创办《译书汇编》,主要成员

① 董守义:《清代留学运动史》,辽宁人民出版社 1985 年版,第 233 页。
②《清代留学运动史》,第 210 页。

共 14 人，其中公学留日生就占 7 人，他们是王植善、雷奋、杨荫杭、杨廷栋、富士英、章宗祥、汪荣宝，杨廷栋、杨荫杭、雷奋三人还是该刊的主要编辑者。这是我国留学生中创办最早的杂志，主要译载欧、美、日等国资产阶级政治、经济、法律、社会新思潮等方面的著作，为我国近代法政专门刊物之鼻祖。大多数留日学生一边学习，一边译述所习专业的著述，译作颇丰。重要译作有：章宗祥译自日本岸崎昌、中村孝著《国法学》，参与编译的《政法类典》4 巨册；杨荫杭译自日本加藤弘之的《物竞论》，杨廷栋重译法国卢梭的《路索民约论》（今译《社会契约论》），译自日本加藤弘之的《政教进化论》，等等。

公学留学生在日本接触了“天赋人权”“自由、平等、博爱”等西方近代民主思想，目睹日本通过明治维新由弱变强，反顾祖国仍旧积贫积弱，处于封建专制统治之下，他们感慨忧愤，悟出挽救的根本办法在于进行反封建反帝斗争。他们和其他留日学生一起，组织各种爱国组织和革命团体，进行了多次反封建反帝斗争，一些倾向革命的留日生，如蔡锷、李炳寰还与孙中山有过接触，成为资产阶级民主革命的斗士。

1900 年春，由部分留日学生组成的第一个爱国团体励志会在东京成立。该会以“联络情感，策励志节”为宗旨，初期倾向维新，又与孙中山革命党有所接触。戢翼翚、沈翔云等任干事，会员 30 余人。杨廷栋、杨荫杭、雷奋、章宗祥、富士英、蔡锷等 6 名公学留日学生均为成员。1901 年夏，杨荫杭利用暑假回无锡探亲的机会，在家乡鼓动一批进步青年组织励志学会，借讲授新知识之机，宣传反清革命，入会者有 40 余人。1901 年底，东京励志会分化解体，当中的激进派成员于 1902 年冬在东京发起组织“中国青年会”，这是留学生中最早的革命团体，发起人共 20 余人，以早稻田大学的学生居多，其中有秦毓鎏、汪荣宝、张肇桐、嵇镜等公学留日学生。秦毓鎏、汪荣宝、张肇桐等江苏籍学生还于 1903 年 4 月创办《江苏》，成为一份宣传反清革命的重要刊物。

吴稚晖等人领导的“成城入学事件”是留日学生界影响较大的反封建压制斗争。1902 年 7 月，吴从国内返日时带去了 26 名留学少年，他请求驻日公使蔡钧批准其中 9 名自费生进入成城学校习陆军，却遭到拒绝。吴稚晖与孙揆均率领学生赴使馆与蔡钧争论，相持一星期之久。蔡钧恼羞成怒，竟叫日本警察以“妨害治安”罪名，驱逐吴、孙二人出境。吴稚晖气愤异常，写下了绝命书，投水自杀，幸被警察所救。吴、孙二人被迫乘轮回国，正在日本考察的公学特班总教习蔡元培闻讯，登轮护送他们回国。吴、孙离日后，秦毓鎏等人给蔡钧写了一封长信，抗议他引日警干涉留学生活动的粗暴做法。最后，清政府妥协，取消蔡钧监管留学生的权力，专门设置留日学生总监督，钱恂被任命为此职，9 名自费生也如愿入读成城学校，吴稚晖等人领导的“成城入学事件”取得了胜利。

"游子乡关,情何以堪",[①]身处异国他乡的留学生,对于孱弱的祖国遭到帝国主义侵凌有着高度的敏感,公学留日学生经常和其他留学生一起,为维护祖国和民族的尊严进行不屈不挠的斗争。1903年春,秦毓鎏和其他几位留学生参观大阪博览会时,看到我国福建省展品被陈列于台湾馆中,而台湾当时已沦为日本殖民地,这就等于把福建省也视为日本殖民地。他们认为有辱国权,随即向主办方抗议,又请参会的清政府官员前往交涉。清政府官员竟畏日如虎,一再推诿。秦毓鎏等仍行抗争,致电东京留学生会馆,请求声援,同时面见博览会主办者,义正辞严,要求将福建省陈列品撤出,声明若不采纳,"吾等当敲碎玻璃橱,自动移出。"日方妥协,只好接受撤除的意见。[②]

在留日学生界发起的声势浩大的拒俄运动中,公学留日学生钮永建始终参加,是运动的重要发起者和斗争者。1900年俄国出兵我国东北,遭到我国人民的坚决反对,被迫答应撤军。但到1903年俄军仍没有撤走。中国留日学生为此奔走呼号,研究对策。钮永建率先倡议组建留学生拒俄义勇军,开赴东北前线。一时响应者群起,报名参加者130余人。5月,钮和汤尔和两人被推选为特派员,回国向北洋大臣袁世凯请求对俄一战。后遭到清政府镇压,转入地下活动,秘密从事反清革命。公学留日学生,特别是自费留学生在日本求学期间,思想活跃,通过各种途径,从事大量爱国活动,成为他们留学生涯中一个显著特色。

二、选派学生留美

继1899年初首派留日学生后,向海外选送留学生成为公学的定例,基本上每年都要遣派中院毕业生及教习出洋留学。不过,受到盛宣怀力主留学欧美的影响,公学选派的留学生转向欧美各国大学,甚至个别已经派在日本就读的学生也改派美国。

1900年12月,公学总理何嗣焜遵照盛宣怀的授意,决定出资选派"志气坚定、学求深造"的师范生章宗元、留日学生胡礽泰,远赴美国留学。章宗元为留日生章宗祥胞兄,1897年11月入读师范院,成绩优异,英语娴熟,精于算学。12月18日,公学咨请江海关道余联沅发给章、胡两生护照。月底,章宗元从上海乘轮出发,到日本横滨会合胡礽泰(赴美后更名胡鹏运)同轮赴美。1901年1月25日,章、胡行抵旧金山,先就读"克来忙埠之朴穆那书院",[③]后胡鹏运因故于1902年中途归国;章宗元进入加利福尼亚州伯克莱大学,专习商务,于1907年学成归国。

在选派章宗元、胡鹏运留美的当年,公学还将北洋大学堂南下寄入学生择优资送赴美,

---

① 清国留学生会馆编:《清国留学生会馆第一次报告》(1901),第2页。

②《清代留学运动史》,第234页。

③《有关学生出洋肄业章程、留美有关照会等》。西交档:2309,卷名《有关学生出洋肄业章程、留学美国照会护照等文》。

并代为管理学费、学业、考核等一切事宜。1901 年 6 月，在盛宣怀的督促下，公学代总理张元济与北洋大学堂总办王修植商定，拟委托来华游历返美的美国加利福尼亚大学华文总教习傅兰雅为留学监督，将因北方战乱未及留洋的该堂学生王宠惠、王宠佑、张煌全、胡栋朝、陆耀廷、吴桂灵、严锦荣等 7 人，以及英文教习陈锦涛共计 8 人，带往美国留学。所需经费，由该堂拨存公学之款支给，分两次交傅兰雅收管，每年以规元一万两为限，至多可以选派 10 人。盛宣怀与傅兰雅会商数次，当面订立留学章程，商定肄业大学与专业，拟派“四名习铁厂工夫，四名之中又分专门，一铸铁，一炼钢兼炼熟铁，一机器工程，一化学，其余拟派三名专习律例，以商律为主，派一名专学矿务，以采煤铁为主。”[①]1901 年 7 月间，陈锦涛等 7 人先行赴美，陆耀廷则于 12 月抵美，后加上北洋学生薛颂瀛赴美补充学额，共计选派 9 名。

赴美后，除王宠惠、张煜全入耶鲁大学分习法律、政治外，其余先入伯克莱大学，陈锦涛学铁厂工艺，王宠佑学采矿工程，胡栋朝、吴桂灵学机器工程，陆

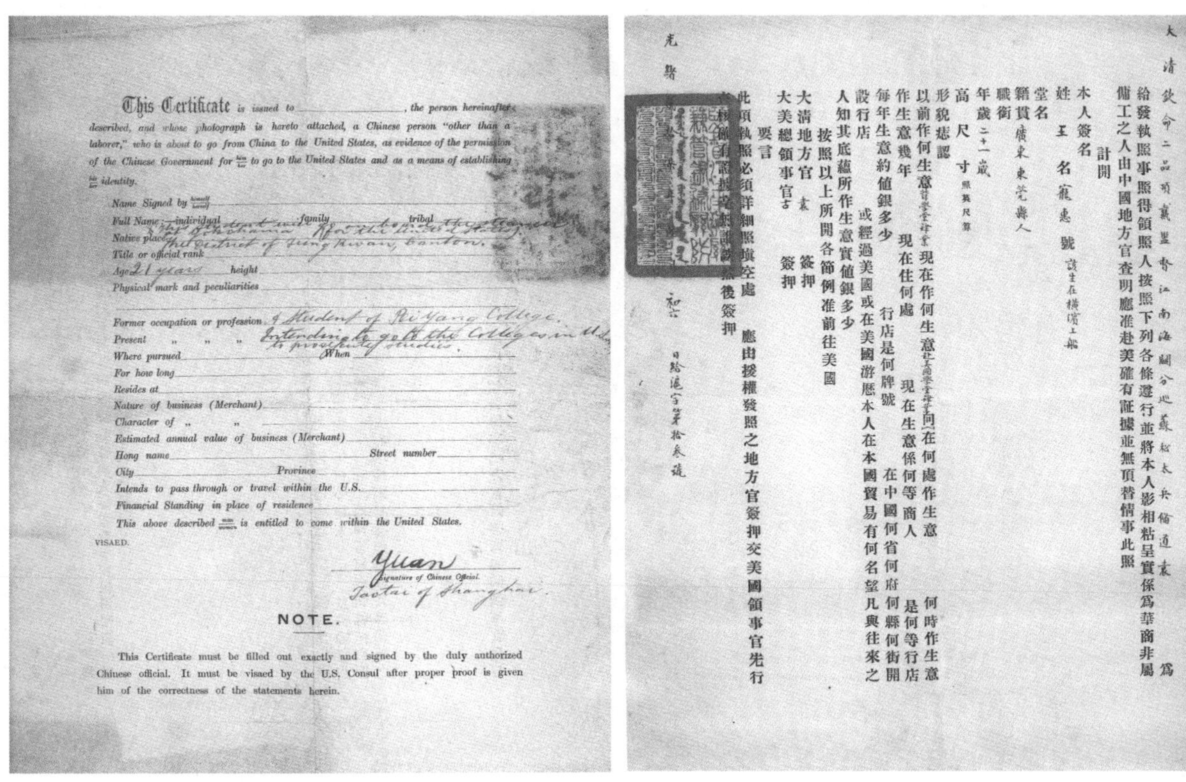

This Certificate is issued to ______, the person hereinafter described, and whose photograph is hereto attached, a Chinese person "other than a laborer," who is about to go from China to the United States, as evidence of the permission of the Chinese Government for him/her to go to the United States and as a means of establishing his/her identity.

Name Signed by himself/herself
Full Name:—individual　family　tribal
Native place the District of Tung Kwan, Canton.
Title or official rank
Age 21 years　height
Physical mark and peculiarities
Former occupation or profession A Student of Pei Yang College.
Present　"　"　"
Where pursued　When
For how long
Resides at
Nature of business (Merchant)
Character of　"　"
Estimated annual value of business (Merchant)
Hong name　Street number
City　Province
Intends to pass through or travel within the U.S.
Financial Standing in place of residence
This above described man/woman is entitled to come within the United States.

VISAED.

Yuan
Signature of Chinese Official.
Taotai of Shanghai.

NOTE.

This Certificate must be filled out exactly and signed by the duly authorized Chinese official. It must be visaed by the U.S. Consul after proper proof is given him of the correctness of the statements herein.

大清欽命二品頂戴監督江南海關分巡蘇松太兵備道袁　爲
給發執照事照得領照人按照下列各條遵行並將本人影相粘呈實係爲華商非屬
傭工之人由中國地方官查明應准赴美確有證據並無頂替情事此照
計開
本人簽名
姓　王　名　寵惠　號　該生在橫濱上船
堂名
籍貫　廣東東莞縣人
職銜
年歲　二十一歲
高　尺　寸　照英尺算
形貌痣認
以前作何生意　前學堂肄業　現在作何生意　赴美國學堂肄業　向在何處作生意　何時作生意
作生意幾年　現在住何處　現在生意係何等商人　是何等行店
每年生意約值銀多少　行店是何牌號　在中國何省何府何縣何街開
設行店　或經過美國或在美國游歷本人在本國貿易有何名望凡與往來之
人知其底蘊所作生意實值銀多少
按照以上所開各節例准前往美國
大清地方官　袁　簽押
大美總領事官　古　簽押
要言
此項執照必須詳細照填空處　應由授權發照之地方官簽押交美國領事官先行
然後簽押
光緒　初六　日給滬字第拾叁號

1901 年，王宠惠赴美留学的中、英文护照

① 盛宣怀:《派遣留学生咨文》(1901)。盛档:044569 - 2。

耀廷学桥梁工程,薛颂瀛学商务,严锦荣学政治。所习专业不仅与原定专业有所变动,且有数位学生转到其他大学就读。1902 年 3 月 8 日,领班生陈锦涛致函公学,认为自己因年长体弱,很难继续学习铁厂工艺,请求改习教育、理财。经盛宣怀批准,陈锦涛入耶鲁大学,专攻经济学,1906 年夏获博士学位,成为最早获得美国经济学博士学位的留学生之一。一直在耶鲁大学就读的张煜全于 1904 年获得耶鲁大学硕士学位并得大奖。王宠惠于 1903 年获法学学士。在接受耶鲁大学学位典礼上,王宠惠代表全校 4 000 余名学生讲话,此举被梁启超称作"实祖国第一名誉也"。1905 年他又以优异成绩获得民法学博士学位,是第一个在美国获得民法学博士的中国人。毕业后呈准盛宣怀仍然由公学承担资斧,赴欧洲继续研究法学,后经费不支,曾获张謇、孙中山等人的资助。在欧洲三年,王宠惠"以真正学者之态度,终日孜孜为学不辍",最后在英国取得律师资格,在当时留学界"声誉极隆","外人亦钦佩"。[①]

1903 年 9 月,在加州的陆耀廷、胡栋朝、吴桂灵、严锦荣、王宠佑、薛颂瀛从伯克莱大学毕业后,除薛颂瀛获得商科学士赴德国游学,其余都获得盛宣怀的批准分别转入其他大学深造,陆耀庭、胡栋朝、吴桂灵转入康奈尔大学学习并赴各大工厂实习,次年 3 人获得工程硕士学位;胡栋朝又留美实习一年,1905 年回国。吴桂灵又转入斯坦福大学学电机。严锦荣、王宠佑改入哥伦比亚大学,于 1904 年均获硕士学位。严锦荣又赴德国铁路部学习 2 年,于 1907 年回国;王宠佑获矿业和地质学硕士学位后,被选为美国矿冶工程学会会员,获准延期实习,转赴欧洲以及印度、非洲等地矿场实习考察,于 1908 年回国任职。

自从 1881 年首批我国官派留美幼童提前撤回后,到 1900 年长达二十年的时间内,我国未向美国遣派官费留学生,只有外国在华所办教会学校选送十余名学生。1900 年、1901 年公学选派学校和北洋大学堂学生共计 11 名留美,可以视为继幼童留美之后我国派出的最早留美学生,它重新启动了我国留学美国的事业,成为 20 世纪初留美运动之先导。并且,与留美幼童不同的是,这些学生出国前已接受多年的基础或专业教育,具备直接就读外国大学的学力,在留学效果上的优势是不言而喻的。

之后,由于公学选派留学生转向英国、比利时等欧洲国家,直到 1904 年才派出第三批留美生,这也是公学期间选派的最后一批留学生。1904 年 7 月 15 日,在公学举行的第四届中院生毕业典礼上,盛宣怀给吴乃琛、徐维震、邵长光、陈同寿、屠慰曾等 5 名毕业生颁发了中西文凭和奖品,并当众宣布资送他们赴美留学。[②] 之后,盛宣怀还批准上届中院毕业生胡壮

---

① 朱和中:《欧洲同盟会纪实》。《辛亥革命回忆录》第 6 集,文史资料出版社 1963 年版,第 16 页。

②《清朝商务大臣和南洋公学关于赴美留学及暂缓开办上院呈批文件》。上交档:ls2 - 004。

1902 年 2 月 24 日，王宠惠等留美学生致函盛宣怀希望转学

猷同行出国。胡壮猷在上半年准备留学比利时时，因父亲患病需照料未能成行。又有在公学担任西学教习 6 年之久的胡诒谷也申请公费出国，获得批准，并委任其为本届留学生的领班。经过张美翊等人的数月筹备，1905 年 1 月 11 日，胡诒谷、胡壮猷、吴乃琛等 7 人和学校具结画押后，起程赴美留学。他们到美后均入伯克莱大学，但只有专习商科的吴乃琛一人在伯克莱读至 1909 年毕业回国，其余都转学其他大学肄业，胡诒谷、徐维震改入哈佛大学学法律，屠慰曾改入伊利诺大学习铁路工程，邵长光改入斯坦福大学专攻经济学，胡壮猷改入耶鲁大学习矿学，他们均于 1909 年获得学士文凭后如期归国。陈同寿改入威斯康星大学，于 1911 年获铁路工程学士回国。①

除了上述三批公费选派的留学生之外，公学或资助自费留美生，或推荐学生参加各省的留学考试，扩大了公学留美学生队伍。1904 年 6 月，盛宣怀与美国留学生监督傅兰雅妥订自费留学生奖励章程，规定由公学每年津贴 5 名自费留美学生各 500 两银，分两次发给，至毕业为止。获得资助学生“回华听候宫保差委，给以公道薪水，如无位置，乃准向别处觅事”，如学生违约，“应向追赏从前领过各赏格”。②

首批获得留学奖金的有北洋大学堂肄业学生谭天池、江顺德、王建祖、温其濬、濮登青等 5 名。同在伯克莱大学习商学的公学中院肄业生嵇芩荪来美一

① 邮传部:《本部赴东西洋各国留学生表》(1909)。盛档:044945。

② 《留美学生谭庆获奖证书》(光绪三十一年二月十日，1905 年 3 月 15 日)。盛档:044732 - 3。

年后,学费已竭,“欲留则势有不能,欲归则徘徊不舍”,[①]10 月,当获知盛宣怀在该校设立奖励章程,遂向盛宣怀申请奖励,当年即被批准,每年获得规元 500 两的资助,成为公学的半公费生,使他能够如期完成学业,于 1907 年获商学学士后回国。

自 1901 年清政府下令施行“新政”以来,各省将派遣留学生作为“新政”的重要内容之一,一些经济文化相对发达的省份开始筹资考选本省籍学生出洋深造,这为来自各省籍的公学学生打开了留学门路,公学也竭力推荐学生参加各省举行的出国选拔考试。1904 年初,两广宣布举行出国考试。公学随即致函两广学务处,举荐原铁路班粤籍学生陈廷甲、温应星两人前往报考,经查验合格后获得允准。陈廷甲是广东番禺人,为陈锦涛胞弟;温应星是广东新宁人。他们是北洋大学堂二等学堂的同学,1900 年南下上海,进入公学铁路班学习,1902 年铁路班停办后,陈廷甲留校担任数学、英文教员;温应星到粤汉铁路任实习工程师。陈、温两人通过考试,于 1904 年赴美留学,先入维吉尼亚军校,次年转入西点军校学习军事。当时就西点是否能接纳中国学生的问题,美国国会还特别通过法案批准。1909 年两人以优异成绩毕业,成为最早毕业于西点军校的中国人。

由于隔洋过海,相距万里,先不言留学费用较巨,就是赴美旅资也是耗资不菲,加上 20 世纪初年留学风气初开,且留学潮涌向路近费省的日本,所以除了公费派遣之外,很少有公学学生自费赴美或欧洲留学。据 1904 年 5 月出版的《美洲留学报告》,当中记载了留学美国各大专科学校的中国学生姓名、本国肄业学校、费用来源等详细情况,来自公学的自费生只有嵇芩荪一名。该书编者章宗元、嵇芩荪、濮登青等人或为公学学生,或为公学资助学生,当不会对来自母校的学生有所遗漏。据此可以认定,公学期间的自费留美生屈指可数,绝大多数是公费生。

正是这种以公费生为主体的公学留美生结构,决定了他们在美的学习生活和回国出路保障无忧,加上多数留学生学习工程技术,受各种政治思潮的影响较小,因此他们总体上都能埋头苦读,以学业功课为主,很少介入政治活动,这与倾向各种政治活动的留日学生有着很大差别。即便极个别人曾一度涉入政治活动,也是以声援为主,并不以牺牲学业为代价。1904 年,孙中山抵达美国纽约,宣传革命,筹募经费,曾与广东籍学生王宠惠、陈锦涛、薛颂瀛等商议过革命进行中的外交、经济问题;王宠惠还协助孙中山起草《第一次对外宣言》(即《中国问题的真解决》),争取国际上对中国革命的同情和支持,减少革命的阻力。[②]

---

① 《嵇芩荪致盛宣怀函》(光绪三十年九月初六日,1904 年 10 月 14 日)。盛档:026806。

② 刘宝东:《王宠惠与孙中山》。《史学月刊》2002 年第 7 期。

在留美的公学学生(包括代管的北洋学生)生活中值得一提的事是,1902年以他们为骨干力量发起成立了中国留美史上最早的学生会组织——美洲中国留学生会(The Chinese Students Alliance of America)。9月16日,留学旧金山的胡栋朝、吴桂灵、薛颂瀛、章宗元等23人,发起成立美洲中国留学生会,其宗旨是"联合中国学生,互相劝勉,以求学问,兴中国",[①]选举陈锦涛为首届总理(即会长),成员大多来自伯克莱大学的公学留美生。1903年梁启超驻留旧金山时,对他们的学习和组织生活很是赞赏。该学生会后发展为西美中国学生会。

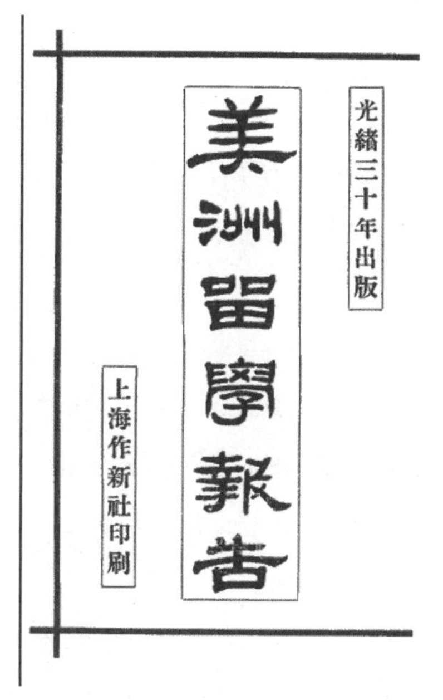

1904年发行《美洲留学报告》

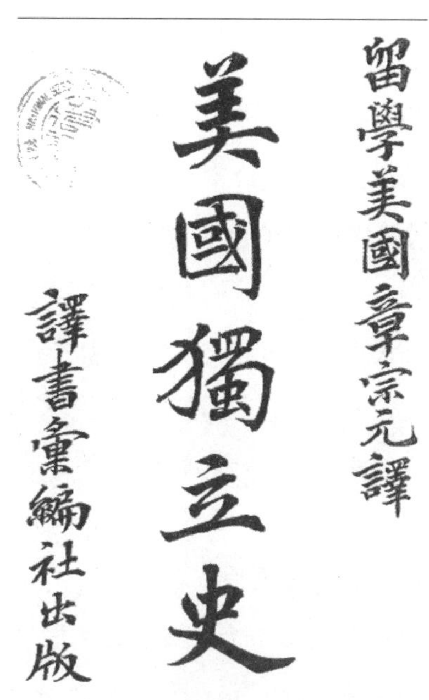

章宗元译《美国独立史》

和留学日本的学生一样,亲历西方先进科技和制度文明之后,公学留美生纷纷通过译述介绍西方文明,且成果颇丰,影响深远。据《美洲留学报告》所载著述目录,到1904年5月为止,已出版著述6种:严锦荣著《进化要论》,王建祖译《英国文明史》《欧洲上古史》,章宗元译《美国宪法》《美国独立史》《美国纪事本末》;待出版著述8种:王宠惠著《中国外交史学》,薛颂瀛著《美国游学指南》,章宗元著《计学家言》、译《物种志》,嵇芩荪译《美国总统罗斯佛政见书》,王建祖著《银行论》、译《俄国变革考》,濮登青译《十九期欧洲政治史》。所列著译者全为公学留美生,著述、译著多偏重政法、历史、外交,不少著述在当时使人耳目一新,影响颇大。

---

① 《美洲留学报告》,开明书店、作新社1904年发行。

如章宗元译《美国独立史》14 卷,由译书汇编社出版后,很受欢迎,百日之内即再版重印,风行一时。此外如章宗元的《美国宪法》《美国民政考》,使很多人了解美国宪法及其"独立的好处",[①]前者还是目前所知第一部美国宪法的中译本。

三、选派学生留欧

继 1901 年 1 月派遣学生赴美留学后,公学又于当年 10 月向英国选派了曾宗鉴等 4 名留学生。这是公学的首批留欧生,拓展了公学留学地域与学科范围。

首批留欧学生的选派,是公学主办者在权衡人才培养宗旨和现实办学条件之间矛盾后折中的结果。1901 年夏,首届中院学生 6 名毕业,照章应升入上院肄业 4 年,上院毕业后再择优资送出洋,进入各国大学深造。但是,当年中院毕业生寥寥数人,上院难以成班,加上经费设施缺乏,公学决定暂缓开设上院,先资送中院毕业生出国留学。1901 年 8 月 31 日,代总理沈曾植在给盛宣怀缓办上院的呈文中,一并提出了选派中院生留学英国的设想与规划:

> 现在头班学生为公学一时之杰出,志气远大,不安小成,每以不得出洋游学为憾。今既缓开上院,未便阻其向学之诚,拟请选派品学最优者五名,前赴英国学习,期以四年,分门专习商务、政治。其游学、房膳、医药等费,每名每年约需规银一千六百两,所费似乎过巨,然计他日该生等有得而归,比之囿于新造不齐不备之上院,不可同年而语矣![②]

沈曾植在明确不惜巨资选送中院生出洋留学外,对留学名额、国度、学年、专业、经费等都作了一番筹划。9 月 5 日,沈再次函催盛宣怀予以批复,确定留学生名单,"以定诸生心志"。[③] 9 月 7 日,盛宣怀批准所请,并安排了选派留学生事宜:

> 所请选择品学最优,派赴英国学习专门之头班生五名,内除徐兆熊一名,据其父禀请留学应派在铁路学堂肄业外,其余四名准即派往英国,以一名专习机器,三名专习商务、政治,即责成提调伍光建料理一切,并由该总理就近知照可也。[④]

---

① 李喜所:《近代留学生与中外文化》,天津教育出版社 1992 年版,第 187 页。
②《南洋公学呈请拟暂缓开办上院先派学生出洋游学》(光绪二十七年七月十八日,1901 年 8 月 31 日)。上交档:ls2-004。
③ 沈曾植:《与盛宣怀书》(光绪二十七年七月二十三日,1901 年 9 月 5 日)。《沈曾植年谱长编》,第 255 页。
④ 盛宣怀:《批复暂缓开办上院先派学生出洋游学》(光绪二十七年七月二十五日,1901 年 9 月 7 日)。上交档:ls2-004。

被盛宣怀委以专责留英事务的提调伍光建，是 1886 年李鸿章选派的第三届海军留英生，曾在英国学习 3 年，熟悉英国教育及留学事务，他聘定自己留学英国时的老师蓝博德为留学监督，负责接待，安排入学等事务。公学原定留学生 5 名，除徐兆熊因其父要求转入铁路学堂学习，直到 1904 年才赴英国伦敦大学留学外，最终确定首批留英生 4 名：李复几（时名李福基）、曾宗鉴、胡振平、赵兴昌。考虑各人所长与志愿，指定李复几专习机器，曾宗鉴、胡振平 2 人专攻政治，赵兴昌学习商务，学习年限 4 年。10 月 4 日，盛宣怀同意拨给 4 名留学生川资、治装费银 2 516 两，第一年常年经费银 3 330 两，合计 5 846 两。并将公学选派留欧生一事，分别呈报南洋大臣、清政府出使英国大臣。至此，公学选派留欧生诸事皆备，只等择日待发。

1901 年出国留学前夕，李复几（右）与其叔李维格合影于上海

1901 年 10 月 12 日，李复几等 4 名首批公学留欧生从上海登轮，远赴英伦。经过 53 天的漂洋过海，于 12 月 4 日抵达伦敦。他们手持伍光建的亲笔信，找到了亲往泰晤士河码头迎接的蓝博德夫妇。当日，蓝氏夫妇引导参观伦敦市容，午后抵达格林威治，租屋两间暂作安顿。[①] 一个月后，蓝氏安排他们先进入伦敦国王学院（King's College London）学习语言。之后，曾宗鉴、胡振平、赵兴昌三人进入伦敦大学学习，曾、胡习法政，赵习经济。1905 年夏，胡振平、赵兴昌分获法政学、经济学学士学位，如期学成回国。曾宗鉴获得法政学士后，呈准展期两年入剑桥大学深造，1907 年获法学博士学位后归国。李复几先入芬斯伯里学院（Finsbury College），专习机械工程，后入伦敦机械工程师研究所实习 1 年。之后再入伦敦大学习机械，1904 年毕业后前往德国得司道克的汉尼尔理（Haniel）机器厂实习。1905 年呈准公学延期两年，进入德国波恩大学，师从著名物理学家、大气中氦的发现者 H・凯瑟尔（Heinrich Kayser）从事光谱学

① 李复几：《辛丑游学之经过》。《南洋大学三十周纪念征文集》（1926）。

研究,1907 年被授予高等物理学博士学位,成为中国第一位物理学博士。

首批遣派的留欧生,是公学因上院缓办而对不能照章升学的中院毕业生采取的权宜之举。等到 1902 年夏第二届中院生毕业时,公学筹备设立了具有"上院"性质的政治班。9 月,该届毕业生包光镛等 10 人,全部升入政治班。但是,公学向欧美选派留学生事宜并未停止,暂无学生可派,便转向选派教习。1902 年 10 月 23 日,盛宣怀照会总办汪凤藻,公学英文教习吴健因无力自筹留学费用,一直未能出洋,现在乘李维格赴欧美考察铁厂之机,随同前往英国学习钢铁厂机器工艺,学费及整装、川资费等由公学开支。吴健,又名吴治俭,字任之,上海县人,早年在圣约翰大学就读,1901 年 1 月起担任公学英文教习。1902 年底,公学按照盛宣怀的要求,资派他到英国留学,就读于谢菲尔德大学(Sheffield University),学习冶金。1908 年吴健学成归国,任汉阳铁厂工程师,是中国第一位钢铁冶金工程师。

从 1903 年开始,公学办学经费发生困难,勉强可以支付已赴欧美的留学生费用,对继续派遣留学生感到力不从心。4 月 21 日,政治班学生张景尧、张逢辰、包光镛、侯士绾、周畴等申请公费赴比利时学习路矿,并愿意自备部分学费。公学代总办兼提调张美翊同意所请,请示盛批准。盛宣怀在北京就此事会晤比利时驻华大使姚士登(Jostens M),得到热情支持,并称比利时实业发达,学费又低,高等商业学校课程,尤其是铁路、矿务、铁政颇为完善,答应可以照料留比学生的一切事宜,并于 5 月来公学商定留学具体事务。盛宣怀决定选派学生留学比利时,专习商务、路矿、铁政。1904 年6 月 4 日,留比学生张景尧等搭坐德国邮船,由上海启程前往比利时。[①] 留比学生中,除原政治班学生张景尧、侯士绾、周畴 3 名外,还有上届中院毕业生王寿祺、王

留学英国的教习
吴健(吴治俭)

① 盛宣怀:《奏为遣派学生前赴比国学习商务路矿铁政实业折》(光绪三十年,1904 年)。盛档:015365。

泽利、张保熙、杨德森、金颂庚、王明照、林宗涛、李昌祚等 8 名，加上教员兼留学生领班程文勋，共 12 人。这是公学时期派遣留学人数最多的一批，也是公学时期向欧洲选派留学生的最后一次。他们到达比利时后，进入蒙斯大学肄业专门，侯士绾学商务，张景尧、王泽利和林宗涛学矿学（后张、林改习铁路，王改习电机），其余 8 人均习铁路工程（后程文勋改习矿学），后习铁路工程者转入谷恒铁路专科学校。留比学生“成绩甚高，名誉亦好”。[①] 张景尧于 1909 年率先学成归国，其余也于 1910、1911 年分期归国，留学年限大致在 6 年左右。[②]

据上所述，南洋公学从 1901 年开始向英国、比利时共选派 3 批留学生，并资助公学自费留英生 1 名，合计 18 人，其中包括 2 名西文教习，16 名中院毕业生或政治班学生。留学专业以工程实业为主，有铁路、矿务、电机、机械等，另有少数几人习商务、政法专业。学习年限也比较长，少则四年，多则六七年。

除公费派遣之外，还有一些公学学生通过各种途径远赴欧洲留学。如特班生王世澂、朱履龢两人在 1903 年初特班解散后赴英留学，就读伦敦林肯法律专门学校，均获法学学士文凭；政治班学生包光镛，先入伯明翰大学习商务，继入伦敦经济学校习铁路会计，获硕士学位；1903 年，盛宣怀同意中院三班学生庄裕荪、胡诒芳两人自费留学英国的请求，并咨请出使英国大臣随时加以考察监督。两人赴英后，在爱丁堡大学习工程。后公学获知庄裕荪学费不济，给予每学年银 500 两的补助款，直到 1908 年夏季毕业。同年 11 月，盛宣怀推荐 8 名江苏籍公学学生到南京参加两江学务处主持的出国留学考试，卫国垣、钮孝贤 2 人考取，其中卫国垣被派赴英国格拉斯哥大学习船政。除自费英国之外，中院生王继曾于 1902 年毕业后随同盛宣怀姻亲、驻法公使孙宝琦赴法留学，先毕业于法国高等商学，又入汇理银行，学习 1 年，再入法国帝国大学转习财政毕业，1909 年回国后，经学部奏派赴法监督留学生。[③] 另有中院肄业生范绍濂，于 1905 年留学英国，1911 年获得剑桥大学学士学位归国。中院肄业生林行规 1901 年入读京师大学堂译学馆，1904 年考取官费留学，就读英国伦敦大学伦敦政治经济学院，获得法学学士学位，再入林肯大学法学院继续深造，1911 年被授予大英帝国大律师执照，就职于林肯思皇家律师事务所，回国后曾任司法部部长。

公学留欧生和留美生情况比较一致，公费学生较多，以习理工科为主，他们将大部分

---

① 《张美翊致盛宣怀函》（光绪三十二年正月初八日，1906 年 2 月 1 日）。盛档：026499。

② 邮传部：《本部赴东西洋各国留学生表》（约宣统元年，1909 年）。盛档：044945。

③ 《王继曾履历单》（宣统二年四月初四，1910 年 5 月 12 日）。盛档：063985 - 1。

留学德国期间的李复儿

精力投入专门知识的学习，重学业而轻政治。他们的留学生活与组织活动比较丰富，如李复儿留学期间交游广泛，热心服务，参加了一些学生组织和社会活动，曾为伦敦中国协会会员、伦敦中国联谊会会长；在欧洲期间，又曾任巴黎佛教俱乐部名誉主席、欧洲中国 Duc Tsch Tsih 布道团志愿者。[①] 后来留学法国的张乃燕曾笑称李复儿是"和尚会"的会长。

四、留学生综述

以上分别考察了公学出资选派学生留学日本、欧美的一般情况，包括派往各国留学生的选派过程、人数、经费、学习及生活情况；同时也兼及自费或其他途径前往各国留学的公学师生。为了对公学出资派赴或资助的各国留学生有一个整体概貌的了解，现综合上述内容，列出以下简表。

表 5－1 南洋公学资派留学生简况表(1899—1904)

国别	姓名	籍贯	出国前学历	出国年龄	出国时间	回国时间	留学院校	学习专业	获取学位	备注
日本(6)	雷奋	江苏松江	师范生	20	1899	1902	早稻田大学	法政	学士	
	章宗祥	浙江吴兴	师范生	21	1899	1903	明治大学 东京帝国大学	政治法学	学士	
	杨廷栋	江苏吴县	中院生	17	1899	1902	早稻田大学	法政	学士	
	富士英	浙江海盐	中院生	16	1899	1903	早稻田大学	政治经济	学士	
	杨荫杭	江苏无锡	中院生	21	1899	1902	早稻田大学	法政	学士	
	胡礽泰	江苏宝山	中院生	21	1899	1900	日华学堂	法政		

① 戴念祖:《李复儿和他的博士论文》。中国物理学会:《物理》第 25 卷，1996 年 11 期。

（续表）

国别	姓名	籍贯	出国前学历	出国年龄	出国时间	回国时间	留学院校	学习专业	获取学位	备注
美国（24）	章宗元	浙江吴兴	师范生	21	1900	1907	加州伯克莱大学	商科	学士	
	胡鹏运（胡礽泰）	江苏宝山	留日生	23	1900	1902	加州伯克莱大学	商科		中途回国
	陈锦涛	广东南海	教习	28	1901	1906	加州伯克莱大学 耶鲁大学	铁路 经济	学士 博士	1904年曾回国
	王宠惠	广东东莞	教习	20	1901	1911	耶鲁大学	法律	博士	
	王宠佑	广东东莞	北洋生	22	1901	1908	加州伯克莱大学 哥伦比亚大学 欧洲留学、游历	采矿 地质 矿学	学士 硕士 博士	
	张煜全	广东南海	北洋生	21	1901	1904	耶鲁大学	政治	硕士	
	胡栋朝	广东广州	北洋生	26	1901	1905	加州伯克莱大学 康奈尔大学	机械 土木	学士 硕士	
	陆耀廷	广东高要	北洋生	28	1901	1905	加州伯克莱大学 康奈尔大学	桥梁 桥梁	学士 硕士	
	吴桂灵	广东新安	北洋生	19	1901		加州伯克莱大学 康奈尔大学 斯坦福大学	机械 机械 电机	学士 硕士 博士	
	严锦荣	广东南海	北洋生	23	1901	1907	加州伯克莱大学 哥伦比亚大学 德国铁路部	政法 政法	学士 硕士 博士	1905年赴德国留学
	薛颂瀛	广东香山	北洋生	23	1901	1903 1908	加州伯克莱大学 德国柏林大学	商科 经济	学士	
	江顺德	广东新安	北洋生	18	1901	1905	加州伯克莱大学	矿学	学士	1904年起公学资助
	王建祖	广东番禺	北洋生	23	1902	1906	加州伯克莱大学	商学	硕士	同上
	谭天池	广东新宁	北洋生	25	1902	1906	加州伯克莱大学	农学	学士	同上
	温其濬	广东鹤山	北洋生	22	1902	1906	加州伯克莱大学	工程	学士	同上
	濮登青	浙江嘉兴	北洋铁路学堂	25	1903	1907	加州伯克莱大学	工程	学士	同上
	嵇芩荪	江苏常熟	中院生	21	1903	1907	加州伯克莱大学	商学	学士	同上

(续表)

国别	姓名	籍贯	出国前学历	出国年龄	出国时间	回国时间	留学院校	学习专业	获取学位	备注
	胡诒谷	浙江慈溪	教习	28	1904	1909	加州伯克莱大学 哈佛大学	法律	学士	
	徐维震	浙江桐乡	中院生	22	1904	1909	加州伯克莱大学 哈佛大学	法律	学士	
	陈同寿	江苏吴县	中院生	24	1904	1911	加州伯克莱大学 威斯康星大学	铁路 行政	学士 硕士	
	屠慰曾	江苏吴县	中院生	19	1904	1909	加州伯克莱大学 伊利诺大学	铁路	学士	
	吴乃琛	浙江嘉兴	中院生	23	1904	1909	加州伯克莱大学 威斯康星大学	商科 经济	学士 硕士	
	邵长光	浙江杭州	中院生	21	1904	1909	加州伯克莱大学 斯坦福大学	商科 经济	学士	
	胡壮猷	江苏无锡	中院生	19	1904	1909	加州伯克莱大学 耶鲁大学	矿学 矿学	学士	
英国(6)	胡振平	江苏无锡	中院生	20	1901	1905	伦敦大学	法政	学士	
	曾宗鉴	福建闽侯	中院生	19	1901	1908	伦敦大学 剑桥大学	法政 法学	学士 博士	
	赵兴昌	江苏丹徒	中院生	20	1901	1905	伦敦大学	经济	学士	
	李复几	江苏吴县	中院生	20	1901	1907	伦敦大学 德国实习 波恩大学	机械 物理	学士 博士	1905年赴德国留学
	吴治俭	江苏上海	教习	29	1902	1908	伦敦城市技术学院 谢菲尔德大学	冶金	硕士	
	庄裕荪	江苏常州	中院生		1903	1908	爱丁堡大学	工程	学士	1904年起公学资助
比利时(12)	侯士绾	江苏江都	中院生	23	1904	1911	蒙斯大学	商务	学士	
	张景尧	江苏海州	中院生	28	1904	1911	蒙斯大学 谷恒铁路专科学校	铁路	学士	
	周 岐	江苏江浦	政治班	22	1904	1911	蒙斯大学 谷恒铁路专科学校	铁路	学士	
	王泽利	江苏镇洋	中院生	22	1904	1911	蒙斯大学	电机	学士	

（续表）

国别	姓名	籍贯	出国前学历	出国年龄	出国时间	回国时间	留学院校	学习专业	获取学位	备注
	林宗涛	江苏娄县	中院生	20	1904	1911	蒙斯大学 谷恒铁路专科学校	铁路	学士	
	王寿祺	江苏吴县	中院生	25	1904	1910	蒙斯大学 谷恒铁路专科学校	铁路	学士	
	张保熙	江苏江都	中院生	21	1904	1910	蒙斯大学 谷恒铁路专科学校	铁路	学士	
	杨德森	江苏吴县	中院生	21	1904	1909	蒙斯大学 谷恒铁路专科学校	铁路	学士	
	金颂庚	江苏南汇	中院生	20	1904	1910	蒙斯大学 谷恒铁路专科学校	铁路	学士	
	王明照	江苏上海	中院生	20	1904	1910	蒙斯大学 谷恒铁路专科学校	铁路	学士	
	李昌祚	江苏定海	中院生	20	1904	1911	蒙斯大学 谷恒铁路专科学校	铁路	学士	
	程文勋	江苏江都	教习		1904	1910	蒙斯大学	矿学	学士	

留美学生王建祖、濮登青

据上列表,大体上可以获知公学所派留学生(包括由公学资派的北洋大学堂学生和接受资助的南北洋自费生)的总体情况。在派出的 47 名学生中(其中一名先派往日本,再转派美国),留学日本有 6 名、美国 24 名、欧洲 18 名,欧美留学生合计 42 名,明显体现出公学以欧美为主的留学教育特色。

从留学生的省籍来看,江苏籍学生有 25 名,广东有 13 名,浙江有 8 名,福建 1 名。江浙闽三省籍学生来自公学,广东籍来自北洋,这是南北洋学堂相对集中的生源地在留学教育上的反映。留学生出国当年年岁可考者有 45 名,平均年龄约 22 岁,年龄偏大者大多为教习,如 29 岁的教习吴治俭是其中最长者;年龄较小者大多是中院生,如 16 岁的中院肄业生富士英。最长与最幼相差 13 岁之多,年龄差距是显而易见的。公学学生年龄本身就有不小的差距,加上相对大龄的教习加入选派队伍,是留学生整体年龄偏大且差距较大的原因。

除了由公学出资选派的留学生之外,还有不少公学学生和教习受到校内外留学思潮的影响,通过各种途径留学日本、欧美各国大学,共同构成了清末留学潮初起阶段一支最重要的留学队伍,南洋公学因此成为清末留学生派出的主要基地之一。加上公学留学生遍及日本、欧美各国,大多起点程度较高,能够直接入读大学,获得学士、硕士甚至博士学位,在国外大学中屡获佳评,因

右優學生皆已學成名立其餘派赴美國游學生另具
留學報告至赴歐洲者公學計有十八人赴比生現極窘皆學
級甚高已習專門又有去冬十二月公學赴美生七人承
詢吳振麟字止敕嘉興人係浙江所派閻沈子培便悉
頃查北洋大學堂卷高等生除派赴游學惟有關應麟
梁鉅屏現充公學教習皆品學兼優諸生翕服
又查北洋鐵路學堂卷計有四十人除濮登青赴美國
黃錫蘭在萍鄉外大半不知所往此則何眉老過分畛
域之故惜哉
胡棟朝著有中國鐵路指南首繪
宮保小像專述工程不尚空論知其宗旨端正日後開
辦浙路擬借此材原書呈 覽應請多購數部發交工
程處參考可藥空疏之病
王寵惠寵佑兄弟本奉 諭游歷歐洲代省聽庶務長
之言一概未准今由張季直劉澄如擔認已滙美金一
千五百圓此材恐為所用

1905 年初,张美翊向盛宣怀汇报南洋公学、北洋大学堂留学生情况

而被誉为我国早期“留学生的摇篮”。[①]

第二节 留学生经费与管理

一、留学生经费

留学生经费问题主要涉及公学出资派遣的留学生，以及接受公学资助的自费生，自费留学或受各种资助出洋的公学学生经费来源情况复杂，难以统计，不在叙述范围之内。根据现存资料，可以大致统计出1898年到1904年公学留学生经费支出情况（见表5－2），1905年公学改属商部管理后，公学期间派遣的留学生经费改由直辖部门支出，也不在统计之列。

表5－2 南洋公学历年留学经费（1898—1904）[②] 单位：规元

年度	按国别留学经费、当年人数						合计
	日本	人数	美国	人数	欧洲	人数	
1898	1 977.12	6					1 977.12
1899	2 102.35	6					2 102.35
1900	1 959.00	5	1 848.71	2			3 807.71
1901	2 107.88	5	21 073.37	10	5 979.48	4	29 160.73
1902	998.61	2	1 134.98	11	12 064.63	5	14 198.22
1903	455.65	1	11 077.82	10	9 771.89	4	21 305.36
1904	365.00	1	27 340.00	23	36 557.27	17	64 262.27
合计	9 965.61		62 474.88		64 373.27		136 813.76

通过上述经费表，我们可以获知很多有关留学生经费的信息。从每年经费支出来看，首派留学生的1898年只支出不及2 000两，到1901年以后每年支出都是数万元，到1904年已多达6万余两，说明随着留学生数量的增加，留学生基数的扩大，且留学方向转向费用相对高昂的欧美，留学经费也呈直线增加。从留学所在国的费用来看，留学欧美的人均费用显然高

① 金大陆主编：《上海青年志》，上海社会科学院出版社2002年版，第1024页。

② 资料来源与说明：1898年至1903年经费是根据《南洋公学收支清册》（1897—1903）中“派遣游学生支款项下”详列每年留学经费细目的合计数据。其中，1902年留学美国11生费用仅1 134.98两，实际是公学章宗元1人费用，北洋学堂9人费用1901年已预支。1904年经费则依据该年派遣留比、留美实际支出，已派出洋学生常年经费，以及批准拨发公费自费留学生请款数目，同时参照1908年9月学校所造《历届出洋留学生姓名经费全表》（ls2－143）综合统计而成。另：留日学生1899年1月成行，而经费开支则始于1898年。

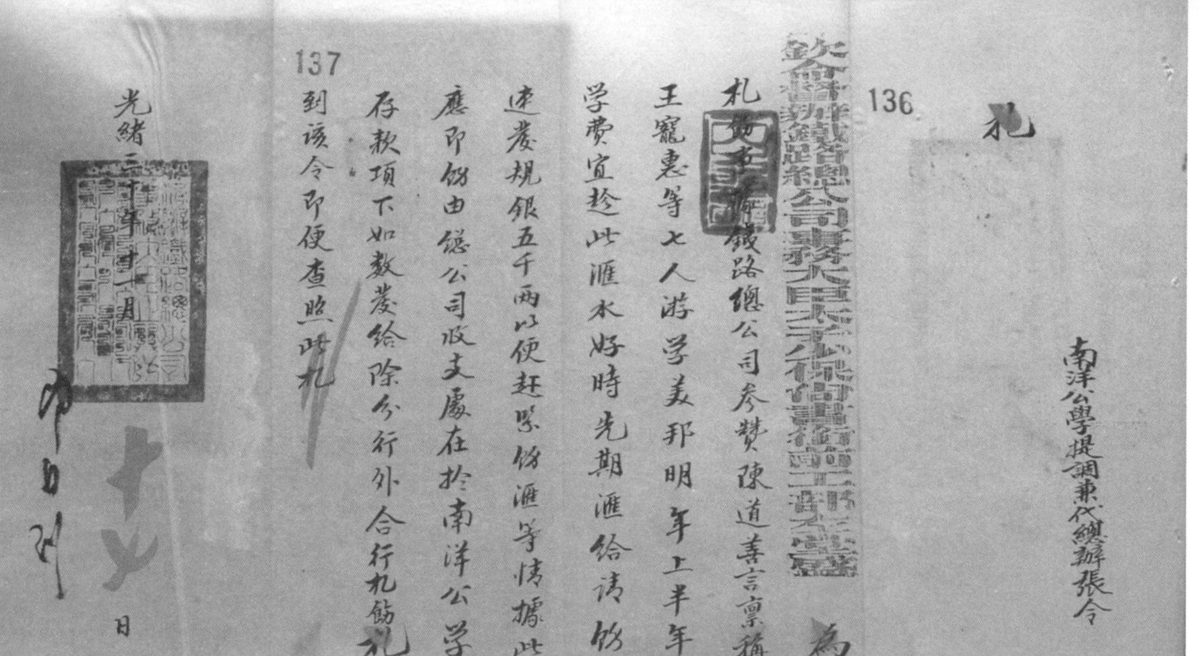

札

南洋公學提調兼代總辦張令

為

札飭事據鐵路總公司參贊陳道善言稟稱
王寵惠等七人游學美邦明年上半年
學費宜趁此滙水好時先期滙給請飭
速發規銀五千兩以便趕緊飭滙等情據此
應即飭由總公司收支處在於南洋公學
存款項下如數發給除分行外合行札飭
到該令即便查照此札

光緒三十年十一月 日

1904 年 12 月，盛宣怀札饬南洋公学拨付留美学生学费

于日本，而留欧费用又几乎倍高于留美费用。以 1903 年实支留学费为例，留学日本的人均费用是 455.65 两，美国为 1 107.78 两，欧洲为 2 442.97 两；又以历年人均耗资为例，留学日本人均为 383.29 两，美国为 1 135.91 两，欧洲则多达 2 145.76 两。这与 1902 年 10 月盛宣怀向清政府奏陈《资送学生出洋游学片》中预估的留欧费用相一致，该奏片说，留学欧洲须以四年为期，“每人每年约需银二千两，连川资书籍，造就一人非万金不办。”[①]

实际上，公学的留学生特别是留欧、留美学生留学年限大多不止四年，学成所费超过万两。最后，从留学总经费来看，1898 年到 1904 年 6 年多共支出 136 813.76 两，在公学常年经费开支中所占比例很高，仅据公学经费收支可考的 1898 年到 1903 年可知，6 年中公学常年经费共计 428 474.833 两，其中留学经费 72 551.49 两，约占 17%。经费的巨大投入，是推动留学教育的主要举措，足以证明公学重视留学教育的程度。

留学生的经费可以分解成若干组成部分，包括学费、食宿生活费、监督费等常规费用，还有川资、治装费、杂费等临时性费用。例如，1901 年遣派李复几等 4 名留欧学生所支费用项下开列：学费（含监督费、食宿生活费）3 435.39 两，治装费 887.52 两，船费杂用费 1 623.42 两。[②] 此外，留学教习如陈锦涛、程文勋充任留学生领班生，可以获得额外补贴，如陈锦涛每月便可领取 35 两。在留学经费管理上，公学一年分两期，即于每学期开始前汇给留学生监督收管，留学监督除交学费外，按月发给留学生生活费，此项生活费因此称作月费。留学

① 盛宣怀：《资送学生出洋游学片》（光绪二十八年九月，1902 年 10 月）。《愚斋存稿》第 8 卷，第 36 页。

② 《南洋公学收支清册》（1897—1903）。西交档：2278。

监督每年需将实际费用收支情况呈报公学存案。

因留学费用颇巨，筹措经费一直是公学面临的一大难题。早在1898年6月尚未派遣留学生时，公学就为此着手筹划，以作长远打算。从1898年底到1902年底向日、英、美派遣留学生的数年内，公学所派学生人数不多，费用还可以应付裕如，留学生经费由原拟开办上院的费用中支取，北洋学堂留学经费由该堂拨存公学款项中支给。随着留学人数的日益增多，且留学阵容大有继续扩大的趋势，公学已感到力不从心，着手另筹款项。1902年10月，盛宣怀奏陈《资送学生出洋游学片》，说他派遣或资助31名留学生之后，公学内外学生闻风而起，申请留学者不乏其人，"惟臣已无款可筹，以后如有学业可期造就而资斧实在难筹者，容臣咨商各督抚，设法酌量资送。"到了1903年初，公学经费告急，陷入停办关门的境地。公学在压缩办学规模，节省开支的同时，对于留学教育却一如既往，宁可停拨其他各项办学经费，也要竭力争取留学经费的来源。1903年2月3日，盛宣怀电请袁世凯，要求将原拨给商务、东文学堂的经费改充留学经费。电文如下：

> 惟津沪两堂学生在英美等国肄业者十五六名，岁需经费约三万两，查轮、电两局原拨公学每年十万两，本年起遵即停拨。又船局另捐二万两，电局另捐二万两，原奏系充商务学堂、东文学堂各经费，拟请暂准照拨改充出洋肄业经费，使卒业诸生不致半途而废，皆出公赐。可否准行，伏候电示。[①]

袁世凯复电，同意轮、电两局每年共捐4万两，专充公学的留学经费。此项经费一直延续到辛亥革命前夕，为公学留学教育的继续开展提供了经济保障，未使一位公学留学生因经费困难而致中辍学业。

1903年之后，公学将办学重点放在留学教育上，意欲续派留学生，扩大留学规模。盛宣怀认为关键在于筹措经费，"若欲添派学生，必须设法另筹，方能资遣。"[②]为此，他多方筹措，使留学生不但能够维持原先规模，反而在公学经费最为紧张的1904年选派2批共19人出洋留学，成为公学选派留学生最多的年份，还资助自费生6名，留学经费也猛增至6万余两。具体的经费来源上，除吴乃琛等7名留美生由公学留学专款支付外，其余程文勋等12名留比生经费，则由盛宣怀"饬商卢汉、汴洛、正太铁路各公司，岁出学费法郎一万八千法郎克"，[③]又要求宁沪铁路公司岁拨规银五千两，再加上公学每年贴银440两，合计每年支付规银

① 盛宣怀:《复袁世凯函》。《愚斋存稿》第59卷，第31页。

② 盛宣怀:《复溥伦亲笔函告》(光绪二十九年十二月，1904年1月)。盛档:026358。

③ 盛宣怀:《奏为遣派学生前赴比国学习商务路矿铁政实业折》(光绪三十年，1904年)。盛档:015365。次年各公司岁拨加至9 000法郎，计27 000法郎，合规银8 000两。

13 440两。此外,经盛宣怀协调,从1903年下半年开始,留英教习吴治俭的费用改由汉阳铁厂认捐,一直到1908年吴治俭学成归国。由上可知,1903年可作为公学留学经费来源的分水岭,此前全部由常年经费支出,此后半出自留学专款,半出自盛宣怀所辖实业部门认捐。

二、留学生资格

处于19世纪末20世纪初的南洋公学,是我国教育从传统科举向近代教育转型期间具有代表性的学校,教学、管理、考核等各项制度处于起步阶段,派遣留学生出国留学具有很强的探索性质。在留学生出国选派、在外监管和回国录用方面,尚没有形成一定的规范。公学在留学政策与管理上进行了一系列开创性尝试,为建立我国近代留学教育制度积累了可贵的经验。

选派留学生是留学管理的首要环节,选派什么样的学生出国留学直接事关留学教育的成效。盛宣怀和公学主持者认为,要想获得理想的留学效果,必须在"筹给经费"和"挑选学生"上下功夫,且后者难于前者,是留学教育的首要问题。盛宣怀在《资送学生出洋游学片》中总结了数年来选派留学生的经验,认为:

> 臣深知学生出洋游历之益,一则学堂工夫须有七八年,普通学已成或将成者方能得益,而甚难其人。一则经费每人每年约需银二千

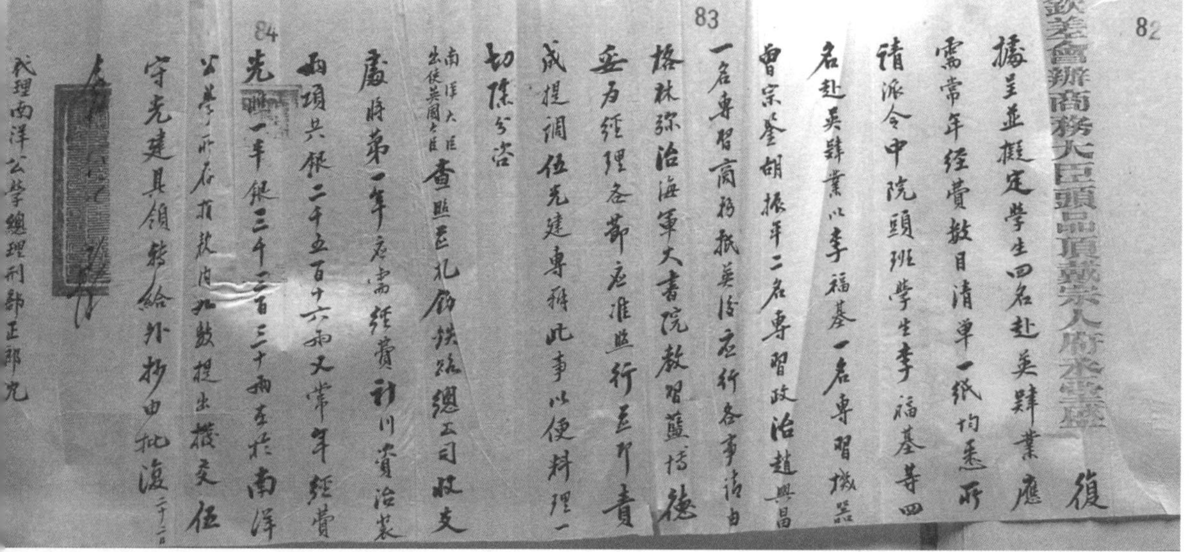
欽差會辦商務大臣頭品頂戴宗人府丞盛
復
據呈並擬定學生四名赴英肄業應需常年經費數目清單一紙均悉所請派令中院頭班學生李福基等四名赴英肄業以李福基一名專習機器曾宗鑒胡振平二名專習政治趙興昌一名專習商務抵英後行各事請由格林弥治海軍大書院教習藍博德妥為經理各節應准照行並即責成提調伍光建專辦此事以便料理一切除分咨南洋大臣、出使英國大臣查照並札飭鐵路總公司照支處將第一年應需經費計川資治裝兩項共銀二千五百十六兩又常年經費先一年銀三千二百三十兩在於南洋公學常款內如數提出撥交伍守光建具領轉給外抄由批復
二十二
代理南洋公學總理刑部正郎沈

1901年10月4日,盛宣怀就李复几等四生赴英留学事宜复南洋公学代总理沈曾植

两，连川资书籍，造就一人非万金不办。如普通学未成，难入其高等学堂，而以一人赴外洋肄业之费，可资中国学堂数人之费，是以选择学生更难于筹给经费也。

在盛宣怀看来，出国学生须具备七八年普通学基础教育，也就是说接受过相当于中等程度的教育，才能和外国高等院校对接，直接升入其中肄习专门，学有所成。要是选派的学生不具备普通学基础，出国后就不能直入大学，而要先入外国中学甚至小学补读，这样徒费巨资的留学是很不合算的。但是，当时新式学堂寥若晨星，中学程度的生源极少，因此盛宣怀有“选择学生更难于筹给经费”的感叹。其实，在公学筹备和初办的数年内，对于选派留学生的条件还要更高，计划在“上院四年学成”的毕业生中“择其优异者”，“给官费就学外国或就试于各国大学堂，以扩才识，而资大用”。[①] 就是在1898年首次选派学生留学日本之前盛宣怀上奏的公学章程中，还是将留学生资格定在成绩优异的“上院卒业生”。在20世纪初年留学潮涌动的背景下，加上上院缓办而又亟待人材的内部原因，才将选派要求降低为具有“普通学已成或将成”的学生。公学前后四届中院毕业生全部资送出国，因基础学科厚实而能够就学于欧美各大学，逐渐形成以中学普通学为预备，欧美“上院”为目标的留学教育。此点诚如《清史稿》所言：“上院毕业生，择优异者咨送出洋，就学于各国大学。意谓国内大学猝难设置，以公学为预备学校，而以外国大学为最高学府。”[②]

从公学期间正式选派的47名公学及北洋大学堂师生学历可知，中院肄业生7名，毕业生12名，西文教习5人，师范生3名，政治班肄业生11人，北洋大学堂毕（肄）业生9人。出国学生以中院、专科毕（肄）业生为主体，中院四届毕业生几乎全部选派出国，此外兼有西文教习和师范生。他们年龄在20岁左右，有着较强的求学欲望和生活适应能力，具有中学或专科程度的专业基础知识，起点程度较高，待遇较丰厚，因而出国后大多专心求学，获得高级别学位，显示出不同凡响的留学效果。张美翊在总结公学留学教育时说：“凡毕业诸生，派赴东西洋各国游学生，皆得直入大学校肄习专门，无庸预备。”[③]在20世纪初我国留学界，所派学生能够直接入读大学是凤毛麟角。1903年梁启超游历美洲大陆时，对我国留美学生进行了细致调查，将留学生的姓名、籍贯、所在学校、专业等情况汇成一表格。表中所列50名学生中，仅有15名大学肄业生，北洋大学、南洋公学留学生有14名之多，[④]成为留美学生界的一枝独秀。对此，1904年《美洲留学报告》也指出：“来美游学成材之迟速，全视乎在本国学

① 《南洋公学纲领》（光绪二十二年七月初三日，1896年8月11日）。盛档：044964－2。

② 《清史稿·志八十二·选举二》，中华书局1997年，第3125页。

③ 张美翊：《呈报公学历年办理情形》（光绪三十年十一月二十四日，1904年12月30日）。《交通大学校史资料选编》第1卷，第48页。

④ 梁启超：《新大陆游记》。转引自董守义：《清代留学运动史》，第251－252页。

堂时根柢之厚薄,今留美诸君在大学者,自土生外,大都从北洋大学堂、南洋公学、上海约翰书院来者,他几无所闻。”

三、留学生管理

公学开始向西方、日本选派留学生的时候,清政府在留学生管理上并没有设立专门机构,由派出学校或省份自行管理。公学对于留学生学习生活上的监督管理,是通过聘请留学监督来负责帮助留学生联系学校、实习工厂和指导老师,监督学习和纪律,管理学费,向公学汇报学业成绩等事务;作为回报,公学按期支付留学监督一定数量的报酬;公学所聘留学监督都是兼任性质,或为所在国大学教员,或我国其他省份所派留学监督。此外,公学还在各批留学生当中挑选一名学生作为领班生,作为留学监督的辅助管理者;有时也因特殊情况呈请驻该国的使臣予以照料。

但是,因留学国别较多和留学生数量多寡等因素导致了管理上的差异性。1899 年初,章宗祥等首批 6 名留学生赴日后,开始并无随行派往留学监督,而是由盛宣怀托付驻日公使李盛铎对留学生予以关照。8 月 7 日,日方因雷奋等四生不理会他们转入公立院校的建议而执意进入私立早稻田大学,致信盛宣怀要求加强管束。公学由此感到应需加强对学生监管,遂于 9 月间聘请候选知府钱恂兼任南洋公学留日学生监督,每月给津贴 50 日元。钱恂(1853—1927),字念劬,浙江湖州人,早年曾随薛福成出使欧洲各国,回国后为张之洞办理洋务和自强学堂,1898 年派赴日本,任湖北留日学生监督。钱恂是一个开明的知识分子外交官,与留日学生相处融洽,素有威望,曾被推选为“清国留学生会”副长。1903 年 4 月,钱恂从日本转赴俄国,兼任留学监督一职交与他的继任姚煜。

在派往美国的三批留学生中,管理形式各不相同,并无统一规范。1900 年底第一批留美生章宗元、胡鹏运赴旧金山入学时,盛宣怀相继致电驻美使臣伍廷芳、驻旧金山总领事何祐申,请予随时照料。伍廷芳、何祐申均回复表示“理当照料”“随时导护”。之后,何祐申为章、胡二人的入学做了安排。到了 1904 年 11 月,公学派出第三批胡诒谷等 7 名留美生,也未聘任留学监督,而是委任教习身份派遣的胡诒谷担任领班生,负责各生学习品行的监管。只是 1901 年选派第二批北洋大学堂陈锦涛等人时,恰逢来华游历的傅兰雅返美,盛宣怀便聘其充任留学监督,将陈锦涛等 8 人带往美国。傅兰雅此时担任加利福尼亚大学的东方语言文学教授。行前,盛宣怀还照会傅兰雅,说明所应担负的各项监督职责,大略如下:

> 所有该学生在美肄业及住食起居大小一切事务归其专责。该学生力足径进大书院者固善,倘其间有未能径入者须在外馆暂行习读,听候补入。……查该书院每

年六月至八月给放暑假，其时或因游历，藉拓识见，或因安置在夏令学堂暂读，任由傅总教习择善从长，毋使旷间为宗旨。所有经费每年八名共限规元一万两为率……分两次先期汇去，每六个月一次，交傅总教习收管，以备支应，订明各事务宜从廉。因此系培植人才之捐项，数目无多，所备每年万两之项，如有余账，当即归入下年进数，按期具报，以凭查核。远方负笈，为日绵长，不能不预备数年的款，方不致有肄业中辍之虞，本大臣有感于此，特筹备专款四万两，具立案，据以足四年之用，傅总教习当体本大臣之苦衷，加意栽成，学业固期精粹，品谊尤贵端卓。倘有身体或欠坚强，资质实难造就，与及偭规越矩诸弊，难望成材，应即商酌遣发回华。其学业进境情形，及支理费用数目，按六个月一届，由傅总教习备具报册，寄送本大臣察阅。学生在美读书一应巨细之事，悉听傅总教习主裁……该学生须谨遵训诲，西学余暇兼习汉文，使勿忘本。右列各事，系本大臣切托傅总教习料理之重责，总期能体斯意，相与有成，俾毋负作育之至意。照会所订各节，即视作合同，以坚信任。[①]

照会就在美入学安排、经费支取、暑期实习、操行表现、身体状况、定期呈报学习经费等，与傅兰雅作了专门约定，强调傅兰雅有监管留学生一切事务的权利，虽无明确将职责条文化，然确如盛宣怀所称“照会所订各节，即视作合同”，可视为一份留学监督的约章。这也是公学期间最详尽的一份留学生管理办法的文件。除了聘请傅兰雅任留学监督，盛宣怀还札委陈锦涛为领班生，辅助管理该批派遣学生，每月领取薪水银 35 两。傅兰雅在加州大学任教，留学监督是兼职，但他忠于职守，勤于管理，爱护学生。当陈锦涛、张煜全等人要求转学美国东部大学就读时，他并未阻拦，并将前往东部的 5 名学生监督权交予陈锦涛。1902 年，他商准盛宣怀在加州大学设立资助，奖励北洋大学堂、南洋公学自费留学生，并拟定资助章程，使江顺德等 6 名学生获得资助。在经费管理方面也很严格，由于对经费支取存有争议，傅兰雅与陈锦涛等人发生过冲突。1905 年初，接受资助的自费生温某返国归乡，要求傅兰雅将资助款寄至广东家乡，遭到傅兰雅的断然拒绝，可见傅兰雅始终忠于职守。

派往欧洲的学生主要在英国、比利时留学，管理办法也有所不同。1901 年选派李复几等四人赴英时，通过提调伍光建的联系，公学聘请英国人蓝博德为留学监督，每年支付薪水 100 英镑。蓝氏为英国格林威治皇家海军学院（Royal Naval College of Greenwich）物理教授，是严复、伍光建等留英海军生的授业老师。蓝博德充任监督，负责联系学校、管理留学经费、督察学业品行、与公学联络等事务。次年吴健赴英后，也归蓝博德管理。派赴比利时

---

① 盛宣怀：《派遣留学生咨文》（光绪二十七年，1901 年）。盛档：044569－2。

南洋公学留学比利时十二名学生合影(约 1904)

留学生虽有 12 名之多,但并没有聘请留学监督,而是“咨行出使比国大臣随时考察约束”。[①] 时驻比利时大臣杨晟热心留学事务,曾于 1904 年上奏,称留学比利时学费较低,要求清政府饬令各省遣送留学生,自愿派员担当“稽察功课、监视起居,兼司支应”[②]等事。此外,委任其中留学教习程文勋为领班生,代为约束各生的学业纪律。

四、留学生任用

留学生的任用犹如指挥棒,预指了留学生的前途,是留学生学习的精神动力之一,对此,公学也很重视。早在 1896 年 8 月拟订公学筹备章程时便指明,上院学生毕业后“给官费就学外国或就试于各国大学堂,以扩才识,而资大用”。[③] 同年 11 月盛宣怀在《请设学堂片》中就如何“大用”留学生作了规定:“内而总署章京,外而各口关道、使署、参赞皆非是不得与。资望既著,即出使大臣、

① 盛宣怀:《奏为遣派学生前赴比国学习商务路矿铁政实业折》(1904)。盛档:015365。

② 杨晟:《奏比国学费较廉请饬各省分遣游学折》(光绪三十年,1904 年)。《中国近代教育史资料汇编 · 留学教育》,第 285 页。

③《南洋公学纲领》(光绪二十二年七月初三日,1896 年 8 月 11 日)。盛档:044964 - 2。

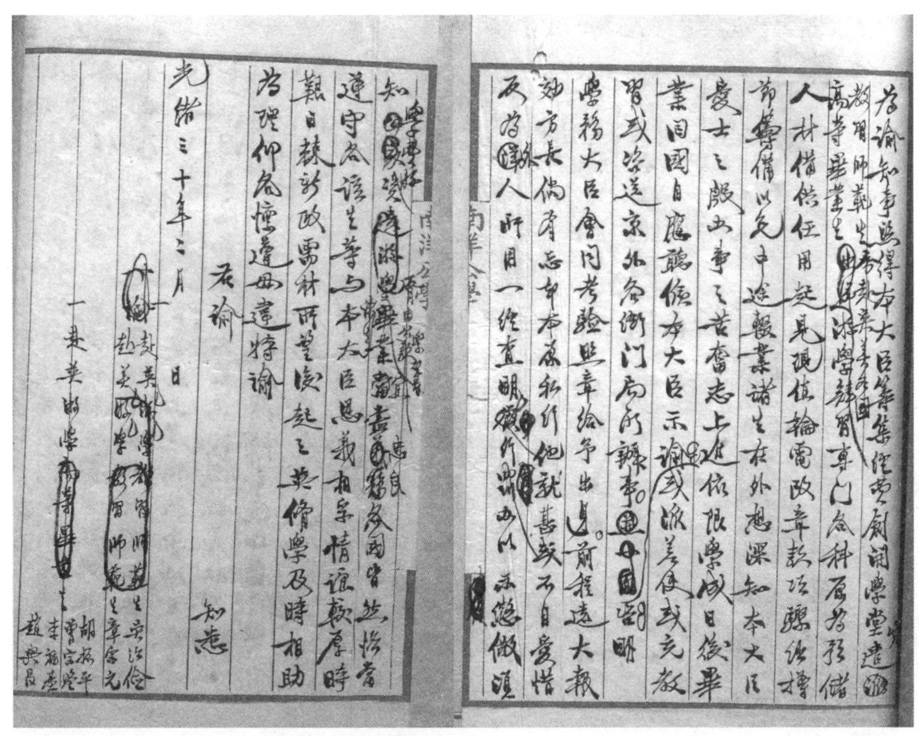

1904 年 3 月，盛宣怀谕知留学生学成回国勿为外人所用

总署大臣之选也。”虽然此处留学生指的是达成馆毕业生，但因公学与达成馆人才培养目标一致，也可视为公学留学生的归国任用前途，这便是充任外交、各部行政官员。各批留学生相继遣派出国后，盛宣怀于 1904 年 3 月分函章宗元、李复几等英美留学生，说明筹资创学、资遣学生留洋的目的在于“预储人才备供任用”，叮嘱他们学成回国后，“自应听候本大臣示谕，咨明学务大臣会同考验，照章给予出身，或派差事，或充教习，或咨送京外各衙门局所办事，前程远大，报效方长”，[①]同时告诫留学生，如私行他就甚至为外人所用者，一经查明，将严行惩办。这里“外人”因改自信函底稿“洋人”，可知系指外国人，并非指盛宣怀之外的人。

这种恩威并施的留学前景设计，对于当年派遣留学生来说，则成为一份正式的契约。1904 年 11 月胡诒谷等 7 人赴美前，每人和公学订立一份款式相同的具结，内容与上述盛宣怀给已在国外的留学生劝勉信相一致。以下是邵长光依照格式填写的具结书：

学生**邵长光**为具结事，窃学生肄业南洋公学，已于光绪**三十年六**

---

① 盛宣怀：《谕知学成回国由本大臣派差勿为外人所用》（光绪三十年二月，1904 年 3 月）。上交档：ls2－004。

月**高等**[①]毕业。今蒙督办大臣盛宫保筹定官款派赴**美**国学习专门**实学**，限年毕业，届时回国，听候盛宫保示谕，遵照章程分别考验，奏请给予出身，或派差使，或充教习，或咨送办事，一切祇遵。倘有中途无故辍业，及毕业以后私行他就等，情愿甘罚缴学费，照例惩儆，合具甘结，一式两纸，分呈行辕/公学备案。须至甘结者

一学生**邵长光**，字**培之**，**浙江**省**杭州**府**钱塘**县人，现年**二十一岁**，现住**杭州下板儿巷**。

曾祖**熙**，祖**观**，父**鸿**。游学生**邵长光**　押

光绪**三十**年**十二**月　日[②]

对留学生来说，这是一纸既充满憧憬又具有很强依附性的契约。具结明确规定了留学生归国后，由盛宣怀奏请奖给功名，派定各种差使，留学生尽可在外安心攻读，不必担心出身与出路。不过，这一切要听从盛宣怀的

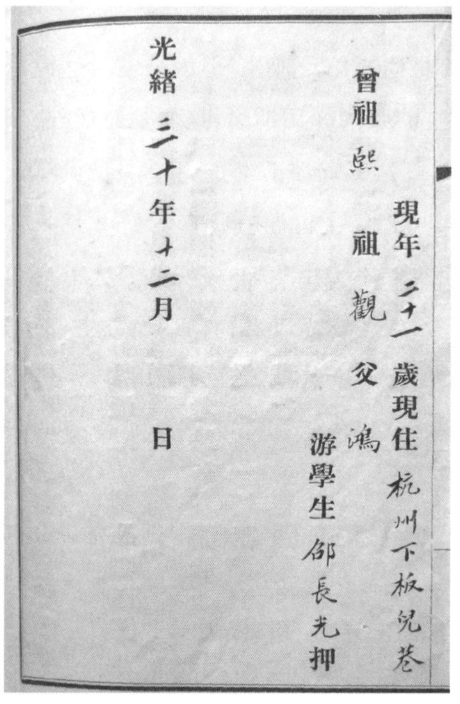

學生邵長光爲具結事竊學生肄業南洋公學已於
光緒三十年六月普通（高等）畢業今蒙
督辦大臣盛宮保籌定官款派赴美國學習專門
實學限年畢業屆時回國聽候
盛宮保示諭遵照章程分別考驗　奏請給予出身
或派差使或充教習或咨送辦事一切祇遵倘有中
途無故輟業及畢業以後私行他就等情願甘罰繳
學費照例懲儆合具甘結一式兩紙分呈行轅/公學備
案須至甘結者
一學生邵長光字培之浙江省杭州府錢塘縣人
現年二十一歲現住杭州下板兒巷
曾祖熙　祖觀　父鴻　游學生邵長光押
光緒三十年十二月　日

1905年1月留美学生邵长光（邵裴子）出国前与公学所立具结

① 此处原纸印成“普通”，邵氏在旁手书“高等”。

②《南洋公学出国留学生具结经费》。上交档：ls2－143。黑体字为邵长光所填写内容。

安排，所谓“一切祗遵”，若读书期间无故半途而废，或归国后不听候派遣，就要追缴所有学费，以此督促学生按期完成学业，服从就业安排。当然，由公学出资培养的留学生由公学尽先任用也在情理之中，正如盛宣怀在派任杨荫杭等留日学生到译书院时称：“本公学资遣该生出洋，所费不赀，学成回华自应尽先留用，以资造就。”①由于到 1905 年初公学改属时，历年所派留学生完成学业归国者寥寥可数，实际任用情况虽难以全面考察，但亦可以从改属前归国留学生任职情况窥见一斑。此前有三批 6 人学成归国，任用情况诚如盛宣怀所称：“迭派毕业生游学外洋肄习专门，今学成而归者，或充京师大学堂教员，或在北洋、广东办理学务外交，其余分赴江苏、浙江、山东、云南充当教员者，不一而足。”②

实际情况是 1902 年 5 月首批出国学生雷奋、杨荫杭、杨廷栋 3 人学成归国，被安排到译书院充当编译员。1903 年 9 月，章宗祥、富士英回国后，被调往北京，章被管学大臣张百熙聘为京师大学堂仕学馆教授，富士英供职于外务部。同年，陈锦涛回国后，被借调到两广办理全省学务。他们均担当教育、编译、外交方面的重任，这些都是清末新政中的急务之一，就是说，他们并没有被盛宣怀或公学所留用，大多反被中央及各直省所延揽重用。

第三节　留学生的特点及成就

一、留学生特点

公学派遣留学生之时，正处于留学风气初开阶段，但因科举未废，新式学校初办，留学高潮尚未到来，还没有形成规范的留学教育制度。公学在开展留学教育过程中，根据人才培养宗旨、学生特点、专业要求，不断摸索总结，初步形成了一些卓有成效的经验和做法，大致有以下数端：

在留学国别上不限于一国，所派留学生分赴日本、欧洲、美国各大学，而以欧美为中心。除 1898 年底在刘坤一的督促下派遣学生留日外，公学再未公费向日本选派学生，之后全部留学生都派往欧美，这与当时我国以留学日本为主的趋势不同。公学以欧美大学为主要仿照对象，聘请的是美国教习，以英文为外国语言；同时又以科技留学为主，

① 盛宣怀：《致汪凤藻函》（光绪二十八年六月二十八日，1902 年 8 月 1 日）。西交档：2311。

② 盛宣怀：《致端方函》（光绪三十二年十月六日，1906 年 11 月 21 日）。盛档：057737。

而科技以欧美最为发达,留学方向自然倾重欧美。1902 年,盛宣怀上奏清政府:“伏查近年游学日本诸生,计由官给资及自备资斧前往者,不下七八百人,而远涉欧西寥寥可数。虽人情囿于近便,实亦道远费多,措资匪易,遂致观望不前。”[①]表明他对于 20 世纪初年留学潮涌向日本而绝少留学欧美状况的洞察,他认为:“论者谓取材日本或较泰西为易,不知求东文普通亦须二三年,且通商不止一国,何如竟讲西文西学更为直接。”[②]就是说,若要通过日本求得西学,也须耗费二三年时间学习日语和普通课程,不如直接去欧美学习西方语言与科学技术;况且与我国做生意打交道的不止一个国家,这就需要放眼世界,不应倾向一国。

从留学年限上来看,公学一般规定以 4 年为期,读完本科获得学士文凭后即回国任用。实际上,各批留学生学习时间很多超过了 4 年,不少人获得学士后,呈请照常提供学费,延期攻读硕士、博士学位,都获得批准。延期学生少则一年,如章宗祥、富士英;多则二三年,如曾宗鉴、李复几。延期最长要数王宠惠,1904 年他获准延期 3 年,获博士后又到欧洲游历 3 年,实际到 1911 年才返回中国,其时他已成为欧美法学界小有名气的律师。为使学生学有所成,学业专精,盛宣怀和公学要求学生必须依限学成,循序渐进,从不因公学缺乏师资而调回充任教习,也不因经费紧张而使学生中断学业,还曾多次抵制了各地督抚征调公学留学生回国重用的请求。1903 年两广总督岑春煊拟调粤籍学生陈锦涛回国办理学务,盛宣怀以该生已进入耶鲁大学学习,来年即可获得博士学位为由拒绝所请,并强调说:“从前派出学生百余人,从未有一人毕业考得博士者。瓜不待熟而生摘,殊感可惜。”并电告岑说:“敝学堂立法,必欲期满考得毕业文凭,所以杜学生躁进之心,免浅尝辄止之诮,不徒为虚糜经费也。”[③]1904 年 6 月,京师大学堂首任监督张亨嘉请调公学留学生 4 名担任教习,盛宣怀复以各留学生“约须一二年后方能陆续回国,急切实难其人”,[④]没有调回一名留学生。较长的学习时间以及恪守期满毕业方能回国的规定,是公学留学教育成效卓著的重要原因。

在留学专业上,涉及的学科较为集中,主要在工程、商务、法政、经济四大类,具体分习人数如下表所示:

---

① 盛宣怀:《资送学生出洋游学片》(1902 年 10 月)。《愚斋存稿》第 8 卷,第 35 页。
② 盛宣怀:《致张百熙函》(光绪二十九年八月廿四日,1903 年 10 月 14 日)。盛档:044187。
③ 盛宣怀:《寄粤督岑云帅》(光绪二十九年九月十一日,1903 年 10 月 14 日)。《愚斋存稿》第 61 卷,第 27 页。
④ 盛宣怀:《致张亨嘉函》(光绪三十年五月二十日,1904 年 7 月 3 日)。盛档:044934 - 2。

表 5－3　南洋公学留学生所习科目及人数[①]

科目	人　数	科　目	人　数
铁路工程	15	电机工程	2
法政	10	机械工程	1
商务	8	物理	1
矿冶工程	5	农学	1
经济	4		

其中以铁路、矿冶为主的工程类为多，合计有 23 名之多，反映出公学重视科技留学，兼及法政、商务、经济的特点，这既不同于甲午战争之前的海军军事留学，也有别于同期以法政、军事为主要科目的留学潮。从所习科目的时段上看，公学早期所派学生以习法政为多，如首批派往日本 6 人全部习法政、经济；后期以工程、商务为主，如 1904 年派往比利时的 12 人全部习铁路、矿冶。这种明显的转向，既与公学办学方向由法政转向商务实业有关，也与盛宣怀对工程商务类人才的急切需求相一致。公学期间，盛曾任督办铁路大臣、会办商约大臣，同时主管汉阳铁厂、萍乡煤矿以及轮、电两局诸实业，急迫地需要培养自己的高端科技人才，摆脱长期受制于人的局面，取得科技上的独立地位。为此，他在选派学生时，多次指定学生所习专业，所定科目大多为工程、商务两类。

公学派遣学生远赴欧美是为了“躬验目治”，研求专门学问，回国后直接到厂矿、银行、外交、内政等部门担当重任。因此，除了强调在大学中肄习专门，依限获得文凭，掌握必要的学理知识外，公学很重视学生在外国考察实习、社交游历等实践活动，认为只有两者相结合才能培养出“真才”。除了规定在校肄业年限外，公学另安排学生利用暑假或毕业后延期实习、游历。例如 1901 年陈锦涛等留美生出国前，盛宣怀给监督傅兰雅咨文中特别指出：“除游历时候不计外，至少亦须四年，冀可毕业，如工学生并须派在就近铁厂历练工夫，总期回华即可充当工师，方为完全。律学生、矿学生亦如此。”还对暑假时间做了安排，即请傅兰雅代为安排学生游历“藉拓识见”。[②] 在前述盛宣怀函复张亨嘉请调留学生回华任教时，提及对即将毕业的留英生曾宗鉴等四人的安排，“约明夏尚得赴各国厂矿游历二年回华毕业”。[③] 当富士英、王宠佑、王宠惠、胡栋朝、严锦荣、李复几、曾宗鉴等人获取文凭

---

① 不少学生所习专业有过更改，本表则以最后获得学位的专业为准。

② 盛宣怀：《派遣留学生咨文》(光绪二十七年，1901 年)。盛档：044569－2。

③ 盛宣怀：《致张亨嘉函》(光绪三十年五月二十日，1904 年 7 月 3 日)。盛档：044934－2。

后，先后提请延期赴各国实习或攻读更高学位时，公学均予以批准。1904 年 12 月 10 日，盛宣怀还在同意王宠佑延期实习的批示中说："矿学、地学只有学堂功夫，时见终浅，必须赴各矿阅历。"由此可知，公学留学教育不仅仅限于学校教育，还包括校外的社会实习，注重的是理论知识和实践能力相结合。

公学留学教育的特点与做法，区别于同时期留学界总体趋势，甚至可以说是独树一帜的。20 世纪初年，我国留学生绝大多数赴日本，而公学则以欧美为主要派出国；当社会政治亟需变革，法政成为留学热门的时候，公学则以科技实业为主；当新政急需人才而致速成留学风靡一时的时候，公学则不为所动，坚持按照学业所需年限学成毕业回国，且又注重学理、实践相结合，留学期限往往五六年之久，甚至更长。现在来看，这些做法是正确的，观念也是超前的。辛亥革命前后直至民国时期，我国留学教育逐渐由日本向欧美、法政向实科、速成向正规过渡转换，公学在这个过程中起到了引领风气的作用。从人才培养角度来看，公学学生直接派赴西学本原地，经过规范的基础理论学习和广泛的社会历练，有利于培养出高端专门人才，使得公学留学教育成绩显著，人才辈出。

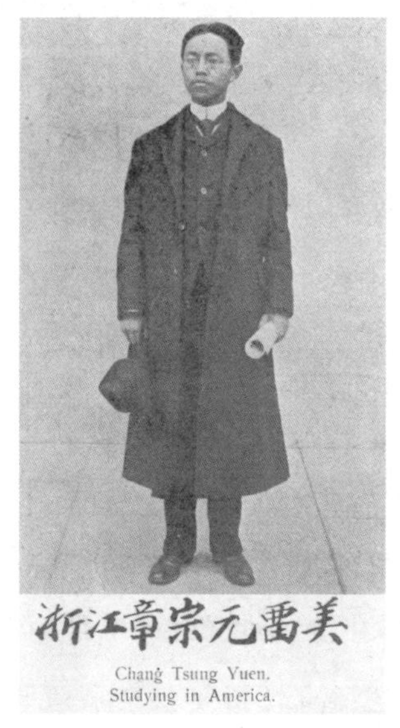

留美学生章宗元、嵇芩孙(荪)(约 1904)

二、留学生成就

公学派往各国的留学生大多学习科技和实学科目，学风优良，刻苦励学，成绩优秀，能够直接入读大学并获得学士或者更高学位。据表 5－1 可知，除 1 人中途退学外，其余都完成学业，取得学位，其中获得博士学位的 8 名，硕士学位 6 名，学士学位 32 名，这为他们回国后有所作为、成就事业打下了必要的知识和阅历基础。实际上，还在留学期间，盛宣怀等人就流露出对留学生必将能够建功立业的预期。1904 年，盛宣怀在复驻日公使杨枢函中意味深长地说："近年派赴日、英、美、比游学各生寄来课程，日有进步。区区之心，甚望匠成翘秀。国有人才，则朽腐无用之躯，他日乞恩归隐，庶非忘情也。"[①]公学留英自费生刁承祖出国后，在对我国欧美留学生做了一番考察后，不无自信地告诉盛宣怀："以南洋而论，欧美留学者不下数十，类皆刻苦励学，志趣不凡，较之别处学生其声价不言而喻，将来成就安可限量。推其源，非大人开风气于先，安克征此中国一线生机。"[②]

"将来成就安可限量"的预言，还在公学留学生陆续归国之初就显露锋芒。从 1905 年到 1911 年清王朝覆亡，学部先后举办 7 届归国留学毕业生奖励科名出身考试，录取的留学生当中，欧美生往往位居上等；而在录取的欧美生中，又以公学所派留学生最为优秀。除了未见公学留学生参加首届考试外，其余连续 6 次考试均有公学留学生参加，且成绩突出，并每每拔得头筹，高中"洋进士"。据表 5－4 显示，公学留学生考中最优等并被授予进士者多达 14 人，尤其以第二、三、六次考绩为优。陈锦涛、章宗元分获 1906、1907 年考试最优等第一名；1910 年吴乃琛、杨德森又分获最优等法政、商科第一名。并且 1906 年录取 9 名最优等中，公学留学生占到 3 名之多；1907 年 7 名最优等中，公学又居其三。

表 5－4　南洋公学资派留学生参加学部游学生考试录取名单

参加年份	次别	录取姓名	等级名次	授予功名
1906	二	陈锦涛	最优等第一名(共 9 名，不分科)	进士
		张煜全	最优等第八名	进士
		胡栋朝	最优等第九名	进士
		胡振平	中等第五名(共 18 名)	举人
		富士英	中等第十四名	举人
1907	三	章宗元	最优等第一名(共 7 名，不分科)	法政科进士
		王建祖	最优等第二名	法政科进士
		嵇芩荪	最优等第七名	法政科进士
		吴桂灵	优等第三名(共 15 名)	工科举人
		谭天池	优等第八名	农科举人

① 盛宣怀：《复杨枢函》，(光绪三十年二月十四日，1904 年 3 月 30 日)。盛档：001864。

② 刁承祖：《致盛宣怀函》，(光绪三十一年十二月十一日，1906 年 1 月 5 日)。盛档：036809。

(续表)

参加年份	次别	录取姓名	等级名次	授予功名
1908	四	江顺德	最优等第七名(共 15 名)	工科进士
1909	五	濮登青	最优等第六名(共 13 名)	工科进士
1910	六	吴乃琛	最优等法政科第一名(共 10 名)	法政科进士
		杨德森	最优等商科第一名(共 3 名)	商科进士
		徐维震	优等法政科第五名(共 19 名)	举人
		邵长光	优等法政科第六名	举人
1911	七	陈同寿	最优等第十八名(共 59 名)	进士
		张保熙	最优等第二十二名	进士
		王寿祺	最优等第二十三名	进士
		王明照	最优等第五十六名	进士

资料来源:中国第一档案馆《宣统二年归国留学生史料》,载《历史档案》1997 年第 2 期。《政治官报》光绪三十四年九月十四日、宣统元年九月九日、宣统二年八月十六日、宣统三年八月十三日。

虽然留学生考试以科举方式来考验近代学堂学生水平等次的做法显得有些错位,但在很大程度上可作为检验留学生水平的标尺。通过考试,公学留学生的才学得到验证,得到社会认同,使他们获得了"中国式"的功名和实职,为他们施展才华、建功立业创造了机遇与空间。

要评估公学留学教育的效果,就必须对全部留学生作生平追踪,了解他们的详细经历、重要任职和贡献,才能得出比较正确的评价。根据已有材料,整理出一份公学留学生生平任职简况表。

表 5-5 南洋公学资派留学生回国后经历

姓名	任职简历	任职领域
雷　奋	清末任江苏省谘议局议员,民初任江西省检察厅长,农商部、财政部参事。	司法、行政
章宗祥	清末任京师大学堂教习、法制院副使;民初任袁世凯总统府秘书,后任司法总长、农商总长、驻日公使、北京通商银行总经理。自 1916 年起参与多起中日交涉谈判,被视为亲日派。	外交、司法、教育、银行、行政
杨廷栋	曾任北京政府众议院议员。	行政
富士英	清末任学部、外务部主事,俄文专修馆馆长;民初任驻朝鲜总领事、外交部参事。	外交、教育
杨荫杭	历任江苏、浙江高等审判厅厅长,京师高等检察厅检察长,司法部参事。	司法

（续表）

姓名	任职简历	任职领域
胡礽泰	民政部员外郎、驻日本长崎领事。	行政、外交
章宗元	清末任外务部主事、翰林院编修、财政学堂监督；民初任财政部次长、唐山工业专门学校校长、南洋公学同学会会长。	外交、经济、教育
陈锦涛	清末任学部一等谘议官、度支部副大臣，后历任南京临时政府财政总长、北京政府外交总长、清华大学教授。	教育、经济、外交、行政
王宠惠	民国期间曾任外交总长、国务院总理、北大教授、司法部长、教育部长、司法院院长、中央研究院首届院士等。	外交、司法、教育、行政
王宠佑	曾任大冶铁矿总理、汉阳铁厂矿师、农矿部技正、中国地质学会会长。	厂矿
张煜全	清末任邮传部交通传习所监督，民国后任总统府秘书、外交部参事、清华大学校长等。	教育、外交
胡栋朝	先后任川汉铁路工程师、邮传部上海高等实业学堂教务长、广九铁路管理局局长、铁道部技正等，著《中国铁路指南》。	铁路、教育
陆耀廷	清末任川汉铁路铁路工程师。	铁路
吴桂灵	民初任筹办全国煤油矿事宜调查员。	厂矿
严锦荣	曾在宪政编制局供职。	司法
薛颂瀛	中华银行首届董事，1912 年任中国银行副监督，复旦大学教授，1919 年任上海合作银行行长。	经济、教育、银行
胡振平	外交部条约司帮办、墨西哥公使随员。	外交
曾宗鉴	曾任外务部主事，驻澳洲总领事，驻挪威、瑞典公使，外交部次长。	外交
赵兴昌	清末任商约大臣西文秘书、度支部制币局稽核处总办，民国后任汉冶萍公司襄理。	厂矿、经济
李复几	清末任上海高等实业学堂教习，民初任萍乡煤矿制造处长、汉口工巡处工程师、复旦大学教授。	厂矿、工程、教育
谭天池	曾任广东造币厂厂长、农学济灾会负责人。	实业
江顺德	湖南炼铅厂总理工程。	厂矿
王建祖	曾任清政府度支部秘书，北京大学法科学长、燕京大学教授、司法院秘书。	经济、教育、司法
温其濬	交通大学铁路科教习。	教育
濮登青	历任浙江铁路局技师、署理沪杭甬铁路总理、中国技师会会长。著《铁路财政论》。	铁路
嵇芩荪	曾任外交部主事、驻美使馆参赞、苏州关监督、北京大学教授。	外交、教育

(续表)

姓名	任 职 简 历	任职领域
吴 健	曾任汉阳铁厂厂长、工商部工业司长、中国工程学会副会长。	工程、厂矿
庄裕孙	不详。	
侯士绾	京汉铁路机务处段长。	铁路
张景尧	北京市政厅技师。	工程
周 峙	陇海铁路副管工。	铁路
王泽利	陇海铁路电务处。	铁路
林宗涛	陇海铁路营业处。	铁路
王寿祺	京汉铁路局工务处处长。	铁路
张保熙	京汉铁路局工务处处长。	铁路
杨德森	天津交通银行经理。	银行
金颂庚	不详。	
王明照	交通大学教员。	教育
李昌祚	历任汉阳铁厂工程师、吴淞江水利协会工程师、沪淞督办公署建筑科长。	工程
程文勋	淞沪商埠督办公署工务处长、平绥铁路管理局总务处长、淮南煤矿总经理。	铁路、厂矿
胡诒谷	曾任职邮传部参议厅，京师大学堂教员，上海工业专门学校中学科长，大理院民庭庭长。	教育、司法
徐维震	曾任山西高等法院院长、上海公共租界临时法院院长、嘉定县县长，北京大学、东吴大学教授。	司法、教育、行政
陈同寿	历任交通部技正、铁道会计司科长、路电调查员。	铁路
屠慰曾	曾任沪杭甬铁路工程师、交通大学土木科教员、铁道部技正。	铁路、教育
吴乃琛	历任财政局泉币司司长、北京大学商科学长、中国银行副总裁。	经济、教育、银行
邵长光	先后任北京大学文科教授、财政部司长、浙江大学校长。	教育、行政
胡壮猷	南洋大学教员、北京大学化学系教授兼主任、浙江高等学堂(浙江大学前身)校长。	教育

主要资料来源:①樊荫南:《当代中国名人录》,上海良友书局1931年;②南洋大学编:《南洋大学三十周纪念校友录》(1926)。

据表可知，公学留学生服务的领域，尽管存在着明显的一人多行现象，但还是相对集中在实业(含铁路、厂矿、银行)、教育、外交、司法四大领域，曾在实业部门任职的有24人，教育部门19人，外交部门9人，司法部门8人。其中任职教育部门人数虽然位居其二，体现了近代教育的急迫发展对以留学生为主体的师资的巨大需求，但多为短期任职或兼职，比如有 8 人因受出国前与公学订有“具结”的影响，毕业后来校担任过短期专业教员，然后转赴其他部门，真正以教育作为终生职业的人数微乎其微。因此，公学留学生主要服务领域应是实业、外交、司法方面。这种职场分布与公学留学生以科技、法政为主的学习专业是相一致的，说明他们学有所成之后大多数能够做到学有所用，也反映了公学派遣留学生的学习专业预见性地适应了社会发展的需要。

近代中国要实现由传统向现代的转换，融入世界发展潮流，实现国富民强的愿望，离不开实业、外交、司法、教育等事业的革新与进步，而这些事业的发展又取决于具备现代科学专门知识的人才，得风气之先的公学留学生从清末回国开始，就在推动民族工业进步和科技发展、财政经济制度建设、外交司法制度的建立等方面作出了很多贡献。

在工业技术方面，王宠佑创建中国第一家采用近代方法炼锑的工厂，长期从事有色金属冶金研究，著有《锑》《钨》，是我国现代炼锑技术的开拓者，也是世界上最早研究粉末冶金的专家之一，为我国近代钢铁及有色金属工业的发展作出了重要贡献。另一位业绩卓著的是吴健，他主持了第一次全部由我国技术人员独立完成的、当时亚洲最大的钢铁冶金企业——汉阳铁厂的修复和投产工作，组织了汉阳铁厂鼎盛时期的生产和扩建工作，因而被称为我国“第一位钢铁冶金工程师，钢铁冶金界的先驱”。[①]

在财政经济领域，章宗元、陈锦涛、薛颂瀛颇有建树。章宗元著有《计学家言》，是国内第一本系统阐述经济理论的专著，是继 1902 年严复译著《原富》出版后中国经济学的又一个里程碑。[②] 陈锦涛长期在中央政府经济部门担任要职，是南京临时政府首任财政总长，主持成立中国银行，制订了许多银行法规。薛颂瀛，后人多称薛仙舟，他致力于宣传合作思想，著有《中国合作化方案》，被誉为“中国合作运动之父”。

在司法外交方面，成就最突出的是王宠惠，他在宪法、刑法、民法、国际法等领域都有精深的造诣，著有《宪法刍议》，译著《德国民法》，是中国第一位在海牙国际法庭担任正法官的法学家，参与制订联合国宪章，堪称近现代中国法学的奠基者之一，是蜚声国际的法学家。此外，富士英、杨荫杭、曾宗鉴、徐维震等人在司法、外交界也颇有盛名。

清末民初，不少公学留学生在各自领域担任重要职位，有的成为近代中国风云一时的人物。47 名留学生中，王宠惠曾为国务总理；王宠惠、陈锦涛等 3 人曾任外交、司法等部部长；

---

① 中国科技协会编：《中国科学技术专家传略》（工程技术编 · 冶金第一卷），中国科学技术出版社 1995 年版。

② 上海《东方早报》2004 年 12 月 14 日。

章宗元、曾宗鉴2人曾任次长职务;章宗元、张煜全、邵长光3人曾任大学校长;雷奋、杨荫杭、徐维震3人曾任省级司法部门负责人;王宠佑、吴健任职于民族企业并成为著名的工程专家。此外,还有很多虽默默无闻却在我国近代化建设中作出许多贡献的工程师,厂矿、银行等部门的管理者。当年刁承祖对南洋公学留学生前途的预言"将来成就安可限量",经过历史的检验无疑得以实现。

第六章
译 书 院

第一节　译书院的设立

一、设立缘起

1898年6月12日，盛宣怀在呈奏《筹集商捐开办南洋公学情形折》中特附一份“附设译书院片”，奏请在南洋公学内设立译书院。附片前大半段篇幅说明了成立译书院的缘起：

> 时事方殷，需才至亟，学堂造士由童幼之年层累而进。拔茅连茹，势当期以十年，欲速副朝廷侧席之求，必先取资于成名之人，成材之彦，臣是以有达成馆之议也。顾非能读西国之籍，不能周知四国之为。而西国语言文字，殊非一蹴可几，壮岁以往始行学习，岂特不易精娴，实亦大费岁月。日本维新之后，以翻译西书为汲汲，今其国人于泰西各种学问皆贯串有得，颇得力于译出和文之书。中国三十年来，如京都同文馆、上海制造局等处，所译西书不过千百中之十一，大抵算化工艺诸学居多，而政治之书最少，且西学以新理新法为贵，旧时译述，半为陈编，将使成名成才者皆得究极知新之学，不数年而大收其用，非如日本之汲汲于译书，其道无由矣。现就南洋公学内设立译书院一所，广购日本及西国新出之书，延订东西博通之士择要翻译，令师范院诸生之学识优长者笔述之，他日中上两院俊才，亦可日

南洋公學附設譯書院片 光緒二十四年四月
再時事方殷需才至亟學堂造士由童幼之年層累而進拔茅
連茹勢當期以十年欲速副
朝廷側席之求必先取資於成名之人成材之彦是以有速
成館之議也顧非能讀西國之籍不能周知四國之為而西國
語言文字殊非一蹴可幾壯歲以往始行學習豈特不易精嫻
實亦大費歲月日本維新之後以繙譯西書為汲汲今其國人
於泰西各種學問皆貫串有得頗得力於譯出和文之書中國
三十年來如京都同文館上海製造局等處所譯西書不過千
百中之十一大抵算化工藝諸學居多而政治之書最少且西
學以新理新法為貴舊時譯述半為陳編將使成名成才者皆
得究極知新之學不數年而大收其用非如日本之汲汲於譯
書其道無由矣現就南洋公學內設立譯書院一所廣購日本
及西國新出之書延訂東西博通之士擇要繙譯令師範院諸
生之學識優長者筆述之他日中上兩院隽才亦可日分晷刻
輪遞從事以當學堂繙譯之課獲益尤多譯成之書次第付刻
倘出書日多即送蘇浙各書局分任刊印以廣流傳所需譯書
院經費即在公學捐款內通融撥用並歸總理公學之員一手
經理以專責成謹附片陳明伏乞
聖鑒謹

盛宣怀附奏《南洋公学附设译书院片》(1898年6月12日)

分晷刻轮递,犹可以当学堂翻译之课,获益尤多。[①]

由上可知,成立译书院有以下几个缘由:

一是公学培养西学人才亟需西学译本。公学要培养出具备西学知识的新式人才,必须研读大量西学典籍,所谓“顾非能读西国之籍,不能周知四国之为”。欲通西籍,必晓外语;而外语并非短期内可以掌握,特别对年龄稍大的速成科学生,习外语不仅耗费时日,且不易娴熟,最好的途径是直接为他们提供西学的中译本,作为参考书或课本。但当时译书机构寥寥数家,译书量极少,重要者如京师同文馆、上海江南制造局翻译馆等所译西书“不过千百中之十一”,且偏重自然科学和工程技术类书籍,极少有公学培养“政治家”所需的社科法政类书籍,自设译书院从事此类书籍的译印,正可供学生研读。

二是学生翻译课程需要训练和出版场所。上、中两院设有翻译课程,学生可以轮流入院从事翻译,既能锻炼实际翻译能力,也能弥补翻译人才的缺乏。早在1896年8月制订的公学章程中,就对翻译课程与译书院关系作了专门规

① 盛宣怀:《南洋公学附设译书院片》(光绪二十四年四月二十四日,1898年6月12日)。《愚斋存稿》第2卷,第27-28页。

定:“上、中两院学生皆有翻译洋文功课,应择各国法律、交涉诸书,先行课令翻译,次及理财、商学、农学诸书,翻译成册,教习校核精审,随时交译书院印行,定价发售,取售书之资,供译院之费,各书流行日广,则不入公学之士子能通知西法者,自日多矣。”[①]这里虽未直接说设立译书院,但从师生译书发售后以书款“供译院之费”,实现经费自给,并推广西学教育可知,还在公学筹设过程中,就有设立译书院的规划蓝图。

三是借鉴日本通过译书以兴学育才的成功经验。附片认为,日本维新之后国民西学素养的提高、教育程度的普及,皆得力于翻译西书,我国若要尽快培养精通西学之士,除了仿效日本以译书为急务的做法外,别无他法。

上述译书院设立的三个缘由,与公学培养目标、办学模式、课程设置紧密相连,归结到一点,就是译书院是因办公学的实际需要而设立的,是辅助学校教育的重要机构。译书对于学校教育的重要性,诚如盛宣怀后来所称:“兴学为自强之急图,而译书尤为兴学之基址。”[②]学堂兼办译书机构是我国近代教育早期阶段的一个特点,稍后建校的京师大学堂、山西大学堂都曾于 1902 年附设译书院(局),更早的京师同文馆也一直以译书为急务,这从一个方面反映了新式学堂初起时译书与近代学校相伴而生、相辅相成的状况。

除了公学办学实际所需外,设立译书院还有其他推动因素。

甲午战争之后的盛宣怀,因成功经营洋务企业而受到清政府重用,委以高官,成为一名官僚型绅商。随着身份的转换,他对西学的认识有了深化和拓宽,从经营洋务企业开始转向了制度层面,认为要实现自强,不仅要学习西方先进技术,更要学习与之相关的政治、军事、经济制度,作为获取西学捷径的译书活动,因此受到盛宣怀的极大关注。虽然当时译书风气较盛,但广学会、江南制造局、格致书院等大都以翻译制造、兵器类自然科学书籍为主,以至当时有“教会之书多医家言,局译之书多兵家言”的说法。盛宣怀不满足于“大抵算化工艺诸学居多,而政治之书最少”的译书现状,所以想自办一所译书机构。

译书院成立前后,正是维新变法进入高潮之际,维新派通过办报译书宣传维新思想。康有为、梁启超就是译书的鼓吹者,在给光绪帝的屡次上书中,康有为多次强调译书的作用,梁启超也指出“国家欲自强,以多译西书为本”,并撰《论译书》,鼓吹大量翻译西学,以开民智。维新派们还身体力行,在上海、北京创办译书局,以开译书风气。受此影响,国内先后出现了不少译书机构,且译书内容多转向西方政治制度方面,严复、汪康年、罗振玉等一批学贯中西之士也积极从事翻译活动。这股译西书、讲西学的潮流,为公学设立译书院营造了良好的外

① 《南洋公学纲领》(光绪二十二年七月初三日,1896 年 8 月 11 日)。盛档:044964 - 2。

② 盛宣怀:《南洋公学推广翻辑政书折》(光绪二十七年十二月,1902 年 1 月)。《愚斋存稿》第 6 卷,第 15 - 19 页。

部环境,也成为盛宣怀“适应政治上求新的表现之一”。[①]

二、发展沿革

1898年7月7日,“附设译书院片”奉朱批“着照所拟办理”。8月,译书院正式成立,公学提调李维格兼管院务,聘日本大尉稻村新六、汉学家细田谦藏为译员,郑孝柽、孟森、杨志洵为校订,编译有关日文军事书籍。

1899年4月,盛宣怀聘张元济为译书院总校兼代办院事,[②]负责译印、财务、管理等具体事宜。在张元济的精心主持下,扩充译书院,是年秋迁院址于提篮桥。译书数量和范围不断增加扩大,译稿题材和来源也趋于多样化,从翻译兵书为主转而扩大到政治、经济、商务、法律、教育各个领域,从以翻译日文书为主转向东西文并重。1901年3月,张元济担任公学代总理,译书院由黄元吉负责。6月,张元济辞去总理职务,重回译书院,专心译务。

1901年清政府开始推行“新政”,盛宣怀鉴于“新政”施行后亟需政治、法律诸书,筹备再度扩充译书院,并奏请清政府在全国普设译书机构。8月,他将译书院已译成的13种书装箱送往军机处,并上《呈进南洋公学新译各书并拟推广翻辑折》,阐明译书对于育才救国的重要,建议各省书局改为译印书局,由政务处电令出使各国大臣,广为采购国外有关书籍,拟订目录,分发各省翻译印行,以期能够像日本一样,“上而将帅公卿,下而贩夫走卒,皆于西学有所取裁”,而后实现国富民强。公学译书院因他自己主管商务,拟专门翻译“各国赋税度支,以及商务矿山银行各章程”。1902年1月,盛宣怀再向清政府上《南洋公学推广翻辑政书折》,就译书规范、宗旨、译名、编译教科书等问题提出建议,为规范译书建言献策。

由于译书院的服务范围已经扩大,非仅为公学一校所需,而是全国范围内兴学育才的译书机构;也并非盛宣怀一人关注西学所需,而是服务于新政时期经济商务事业。正如盛宣怀在《南洋公学历年办理情形》中称,译书院“专译东西国政治教育诸书,以应时需及课本之用”,[③]供国家社会“时需”已列于公学“课本之用”之前,成为译书院首要的办理目标。1901年8月盛宣怀在《呈进南洋公学新译各书并拟推广翻辑折》后附“请调沈曾植、费念慈委用片”“请设东文学堂片”,都得到批准,前者意在增加管理人员,后者在于培养翻译人才,这是扩充译书院的两个具体措施。

经过扩充,译书院管理得法,译员队伍整齐,译书数量明显增多,到1902年11月,已译

---

① 夏东元:《求新探新与不自觉地突破保守倾向——纪念盛宣怀创建南洋公学译书院100周年》。《上海交通大学学报》(社科版)1999年第1期。

② 张元济:《南洋公学译书院乙亥年总报告册》(光绪二十五年,1899年)。盛档:044621。

③ 盛宣怀:《南洋公学历年办理情形》(光绪二十八年九月,1902年10月)。《愚斋存稿》第8卷,第31-34页。

图书近60种，刊印的严复译作《原富》等书在当时知识界影响很大。清廷政务处、地方督抚以及各地新设学堂纷纷来函来人索取译书。1902年8月13日，译书院总校费念慈致盛宣怀函说，京师大学堂来函，“索新译书，为编课本书之用。”[①]后来京师大学堂在上海设立译书分局时，也一度准备和公学译书院合办，译书院声名鹊起。

可惜，发展渐佳的译书院遭受经费危机，1903年初，公学两大供款部门轮船、电报局被袁世凯所夺，大幅削减对公学的拨款。2月，公学遵照盛宣怀缩减规模的意见，仅留中院6个班学生200余人作为根基，将译书院、东文学堂及特班、师范班全部裁撤。但实际上，在遣散译员、停拨经费后，译书院并未停办，1903年2月底，“译书院各类汇总移交公学归并办理”，[②]3月初，公学设立售书处，打折批发销售库存译书，此外还译印过《英国文明史》等6种图书，直到1903年底，译书院才正式停止业务。

三、机构与译员

译书院自1898年成立到1903年3月归并公学为止，一直附设于南洋公学，是一个专门从事翻译、刊印西学书籍的机构，译书院因公学教学、盛宣怀推广西学所需成立后，与公学保持着依附又相对独立的地位，两者关系也因时而异。1898年6月，盛宣怀奏请在南洋公学内附设译书院，“所需译书院经费，即在公学捐款内通融拨用，并归总理公学之员一手经营，以专责成。”[③]明确经费出自公学，管理也由公学总理一手经营，这便是译书院初创时期的管理形式。当时公学总理何嗣焜和提调李维格直接监管译书院事务，所以盛宣怀在1901年奏调沈曾植、费念慈管理译书院时，称“译书院原设在南洋公学之内，经臣奏派知府何嗣焜倡率好学知名之士试办有年”。不过，到1899年4月张元济担任“总校兼代办院事”[④]全权负责院务后，何嗣焜不再过问译书院具体事务，译书院成为一个相对独立的机构，以至福开森后来忆及译书院时，说它是个“独立的机构，与学院无关，由张菊生先生负责管理这个处”。[⑤] 虽然以后历任公学总理有监管译书院的责权，如1902年1月14日盛宣怀批准公学总理改称总办时，规定的权限中就有“管理译书院及东文学堂”之语，实际上只是名义上的管理，只是盛宣怀与译书院之间的信息传递者。这年2月14日，即将离去的公学代总理沈曾植写信告诉罗振玉说：“东文学堂公专主，译书院菊生专主，孝章、芝房并与言明。”[⑥]称他已经和盛宣怀、汪

① 费念慈：《致函盛宣怀》（光绪二十八年七月十日，1902年8月13日）。盛档：044651-1。

② 张美翊：《致张元济函》（约1903年夏）。西交档：2312，卷名《清代前工部左堂盛、南洋公学严复、张元济有关严复所著“原富”一书版权分利及取缔翻印等来往函件》（1903—1904）。

③ 盛宣怀：《南洋公学附设译书院片》（光绪二十四年四月二十四日，1898年6月12日）。《愚斋存稿》第2卷，第27-28页。

④ 张元济《南洋公学译书院乙亥年总报告册》（光绪二十五年，1899年）。盛档：044621。

⑤ 福开森：《南洋公学早期历史》（1931）。《交通大学校史资料选编》第1卷，第14页。

⑥《沈曾植年谱长编》，第270页。

凤藻协商一致,罗振玉专管东文学堂,张元济则专管译书院。1903年3月译书院归并成为公学全权管理下的一个机构。

作为把舵公学办学方向的"督办"盛宣怀,抱着"为学之根本尤在译书"的信念,特别重视译书院,倾注很多的精力和神思,举凡筹备设立、人员聘用、译印书目、经费管理、版权交涉,事无巨细,一一过问,盛宣怀应是译书院最高负责者。盛宣怀之下便是译书院主事(有时称总理、总办),何嗣焜、李维格、张元济、黄元吉、费念慈都曾任此职,以张元济任职时间最久。译书院专职人员分为两类,一类是技术性的译员,一类为事务性的职员。从张元济1902年5月所拟译书院撙节办法后面所附"人员支薪清单"中,可知当时有总校2名,即费念慈和张元济,分校8名,日文翻译1名,合计译员11名;有司账1名,书记5名,听差4名,厨丁2名,合计职员12名,全院总计有23人。拟辞退职员6名、译员3名,尚余14人。① 单从人数上看,当时译书院的规模已属不小。表6-1详细开列了译书院全体人员裁减前后的每月薪水,是了解译员、职员待遇的第一手材料。

表6-1 南洋公学译书院每月支付薪水比较数目表(1902.5) 单位:规元两

领薪者	原薪水数	拟减后薪水数	备注
总校费	140		
总校张	140	100	
分校郑	40	30	
分校徐	24	20	
分校褚	24		
分校徐	24		辞退
分校陈	16		
分校朱	16		
分校马	16		辞退
分校王	12		辞退
东文翻译唐	22	22	
司账	14	7	
书记(5人)	6	6	裁3人
听差(4人)	4.5	4.5	裁2人
厨丁(2人)	3		裁1人

资料来源:《译书院支款比较数目》(光绪二十八年三月三十日,1902年5月7日)。上交档:ls3-005。

① 张元济:《译书院支款比较数目》(光绪二十八年三月三十日,1902年5月7日)。上交档:ls3-005。

如表6-1所示，译书院人员的待遇分为三个层次，差距悬殊，第一层是总校，为100至140两；第二层是分校、译员，在12至40两之间；最后是职员，在3至7两之间。最高140两与最低3两之间相差40多倍。

译书院的翻译人员大体上分为三类，一类是专职译员，一类是兼职的公学师生，如提调李维格、伍光建，教员陈诸藻、黄国英以及部分师范院生，都曾兼职翻译；三是少数"包译"者和投稿者，包译者如叶瀚，外来投稿者有吴文聪、王鸿年及日人古城贞吉、山根虎之助等人。[①]译书形式主要有三种："一是本院译员逐日译稿，二交承译人领回代译，三收买私译书籍。"[②]

译书院主要以专职译员为主，设立初期以日本译员为主，本国译员为辅，后来基本使用精通中西文的本国译员。最早的专职译员是聘自日本的汉学家细田谦藏。1898年6月22日，盛宣怀与细田谦藏签订了为期1年的聘用合同，聘为译书院翻译兵书顾问。聘任合同如下：

立受聘约章

今因大清国督办铁路总公司事务大臣大理寺少卿盛，欲聘请南洋公学译书院办理翻译东文事务一员，商由大日本国驻札上海总领事官小田切举荐充当，兹已荐到细田谦藏。所有议订各条开列于后：

一、受聘之人必须认真从事，聘东亦应以客礼相待；

二、受聘之人每月由聘东给与薪水洋银一百五十元，火食仆役一切在内，不准另行开支。每月薪水逢西历一号，须由聘东发给；

三、受聘之人以一年为试办期限，限内无故彼此不得辞退，一年期满之后，如办有成效，可以另立合同展限；

四、受聘人来华川资由聘东给一个月薪水，一年期满，所有回国川资仍由聘东给发洋银一百元；

五、受聘人住房及房内床铺桌椅由聘东拨给，至其余屋内所用一切零星各件，须由受聘人自行添购，聘东不管。住房如不能备妥，则需另行酌给每月津贴若干，以备来回车马之费；

六、受聘人除每逢两国大节及礼拜日一律停歇，每逢礼拜六、日办事半日外，其余每日翻译工夫以六点钟为律，惟遇有紧急事务，可以由聘东商同受聘人，通融办理；

---

① 杨耀文：《本校四十年来之重要变迁》。《交通大学四十周纪念刊》(1936)。

②《续工业专门学校时期沿革》。《交通大学校史资料选编》第1卷，第140页。

1898 年 6 月，盛宣怀与细田谦藏签订《立受聘约章》

七、此约写立三纸，一存铁路大臣之处，一存日本总领事署，一交受聘人收存。

受聘充当南洋公学译书院办理翻译东文事务细田谦藏

大日本国总领事小田切

大清国铁路大臣盛

大清国光绪二十四年五月初四日

大日本明治三十一年六月二十二日[①]

聘约共 7 条，简洁明了地写明受聘期间双方在薪水、生活安排、工作时间方面的约定，公学给予的待遇应属优厚，包括月薪、供给住房及房内床铺桌椅等。当年 11 月 5 日，盛宣怀添聘日本陆军大尉稻村新六为翻译兵书顾问，与细田谦藏一样聘期 1 年，月薪洋 150 元。1899 年 6 月，细田合同期满回国；稻村期满后续聘 1 年，于 1900 年 11 月离院。两名日籍译员一通中文、一通兵书，正说明译书院设立之初以翻译日本军事书籍为主的事实。

除 2 名日籍译员外，译书院还聘请了才识兼备、倾向西学的郑孝柽、孟森、杨志洵任校订，组成一支精干的译员队伍。郑孝柽（1863—1946），字稚辛，福建闽县（今福州）人，郑孝胥之弟，1891 年考中举人，清末曾在驻日本神户总领事馆管理留学生事务。民国时闻其兄郑孝胥任伪满洲国总理，忧愤填膺，杜门不出，以保晚节。生平善诗，有《稚辛诗存》存世。郑孝柽从 1898 年到 1903 年初译书院整个办理期间，一直担任校订，校对过数十种译书，深受张元济的信任，

---

① 《聘日籍教师合同》（光绪二十四年，1898 年）。上交档：ls3 - 005，卷名《盛宣怀关于南洋公学译书院经费开支、聘日籍教师合同的照会及三江师范学堂函件》（1898—1903）。

两人曾合作编订了译名规范。孟森(1868—1937),字莼孙,号心史,江苏武进人,著名史学家,著有《明史讲义》《清史讲义》等。1898年3月入读师范院,当年选入译书院任校订,同时参加日文书籍的翻译,因"译笔渐进",被张元济荐任翻译,译有《日本陆军学校章程》等3种。1901年离开译书院赴日本东京法政大学留学。杨志洵,号景苏,江苏金匮(今无锡)人,1897年4月入校,为首批师范生,1898年7月调入译书院,先任校对,后改任译员,译有《军队内务书》等。孟森、杨志洵是我国最早翻译日文书籍的译者。

1899年开始,译书院经过数次扩充,译员队伍有所扩大,卢永铭、黄元吉、樊炳清、沈纮、葛胜芳、陈昌绪、周仲玉等相继聘为译员,到1902年5月,包括总校、分校、翻译在内的专职译员已有11人。后因经费原因辞退3名译员,8月盛宣怀又派自日本留学归国的杨廷栋、杨荫杭、雷奋3人入译书院充当译员。由此可知,译书院译员一般保持在5-11名之间。

四、院址与经费

盛宣怀在呈请开设译书院的奏折中说,"现就南洋公学内设立译书院一所",可见其欲将译书院选设在南洋公学校内之意。可是,1898年8月正式设立译书院时,却设在上海西北角的虹口谦吉里。推其原因,一是当时公学在徐家汇是租屋办学,校舍刚刚动工兴建,第一幢教学楼——中院到1899年才落成;二是徐家汇当时是一片乡野,往返需乘乡间木船,译书院因业务需要常与外界联系,交通十分不便;三是虹口谦吉里交通便利,临近苏州河、黄浦江,便于业务往来,且区域内住有大量日本侨民,有利于日文书籍的获取和翻译,对细田谦藏、稻村新六两名译员的生活起居也较方便。

译书院初设时,在虹口邓脱路(今丹徒路)谦吉里租屋,1899年秋,译书院"扩充范围,迁院于提篮桥"。[1] 1901年1月间,张元济在给盛宣怀的信中提到:"译院房屋业已退去,所有书籍器具均移庋鄙寓。"[2]此时译印兵书已告一段落,因"译务疏简"而暂时退去房屋。随即新政兴起,译书院再度在虹口租屋,扩充办理。

译书院常年经费由南洋公学拨付,这在开设译书院的奏折中即已规定:"译书院所需经费,即在公学捐款内通融拨用,并归总理公学之员一手经理。"[3]常年经费的数额,据张元济

---

① 杨耀文:《本校四十年来之重要变迁》。《交通大学四十周纪念刊》(1936)。

② 张元济:《致盛宣怀函》(光绪二十六年十二月,1901年1月)。盛档:044627-2。

③ 盛宣怀:《南洋公学附设译书院片》(光绪二十四年四月二十四日,1898年6月12日)。《愚斋存稿》第2卷,第27-28页。

1899 年底提交给盛宣怀的译书院年度总报告册中称,"每年定额一万两"。[①] 实际上绝大多数年份支出都要低于额定数。译书院历年实际支出经费参见下表 6-2。

表 6-2 南洋公学译书院历年经费支出表(1898—1902) 单位:规元两

年份	1898	1899	1900	1901	1902
支出	3 149. 601	7 794. 380	5 688. 998	7 733. 680	10 007. 100
合计	34 373. 759				

资料来源:南洋公学收支总册(1897—1902)

从 1898 年到 1902 年,译书院总计支出 34 373. 759 两,平均每年 6 874. 752 两,约占额定数的 2/3。历年具体开销情况,限于资料难以一一查考,但从 1899 年底张元济呈给盛宣怀的该年度译书院总报告经费部分,可以大体窥见经费收支使用情况,见表 6-3。

表 6-3 1899 年南洋公学译书院经费收支明细表 单位:规元两

时间	收款		支出		
	项目	数量	项目	数量	备注
正月至二月	公学拨发	约 800		约 800	张元济接任前开支
三月至十二月	公学拨发 售书费	6 040 57. 95	东文翻译薪水 法文英文帮翻译薪水 总分校薪水 司事书办薪水并听差工食 包译费 绘图抄书 印书 买书 房租并巡捕捐 伙食 添置器具并灯油茶水等 纸张笔墨等 售书告白费	约 2 218 290 约 1 508 约 199 约 160 约 18 约 1 029 约 68 约 182 约 92 约 68 约 14 约 17	左列共 5 863 两由本院付出
	公学拨发	1 258	栗林薪水 购《原富》译稿 购《日本近政史》《万国通商史》译稿 纸张并抄书费	约 131 1 000 约 117 约 10	左列共 1 258 两由公学付出

① 张元济:《南洋公学译书院乙亥年总报告册》(光绪二十五年,1899 年)。盛档:044621。

（续表）

时间	收　款		支　出		
	项目	数量	项目	数量	备注
合计		8 155. 95		约 7 921	
结存	应存银约 234. 95 （实际除零取整存银 228. 39 两）				

资料来源：张元济《南洋公学译书院乙亥年总报告册》（光绪二十五年，1899）；盛档：044621。

从表 6－3 可以获得以下几点信息：①译书院经费几乎全部由公学拨付，当年售书收入只有几十两，以售书款实现自给的设想几乎难以实现。到 1902 年 5 月时，售书收入共计 1 480 余两，此后销路渐广，归并公学后的 1903 年赢利 1 万元左右，在经费基本能够实现自给的良好情况下惜因故停办。②从 1899 年 4 月到 1900 年 1 月（即三月到十二月）具体支出费中，以译职员薪水付出最多，约 4 346 两，其余购稿、包译费约 1 247 两，印书、抄书、纸张笔墨费合计月 1 139 两，房租及杂费约 359 两。③译稿来源主要有本院自译、包译、购稿三种形式。④译书院并未添置印刷机器，译书全部交商务印书馆、美华书馆承印，说明译书院专事翻译而并不印书。

第二节　译印图书及其影响

一、译印图书总览

译书院开办期间究竟翻译了多少种西学书籍，又印行了多少种？长期以来说法不一。具体种数已无确载，但从译书院后期呈送书目清册、年度报告、来往函件中，可以略知其译印图书的种数及类别。

1902 年 5 月 7 日，盛宣怀在给总办汪凤藻的照会中，转述了张元济关于译书院历年来译印情况，“译书院自开办以来已成书 34 种，印行 21 种。”①

1903 年 6 月 21 日，苏松太兵备道袁树勋发布谕禁告示，严禁翻刻译书院译印各种书籍。告示援引南洋公学售书处职员江绍墀禀称，译书院“现在计有铸版、排版、石印及已译待印诸书共六十余种”，告示后开列书目 54 种。这份告示及书目另刊登于《原富》（1902 年 11 月第一次全本版）、《英国文明史》等书的扉页。

① 盛宣怀：《据张主事呈拟译书院撙节办法除行知外请查照》（光绪二十八年三月三十日，1902 年 5 月 7 日）。上交档：ls3－005。

1903 年 10 月 12 日,公学代总办张美翊在向盛宣怀呈报归并后的译书院业务情况的信函中称:“今年译书院新译书六种,大率关系财政商务者居多。”[①]并附录新印 6 种图书目录。

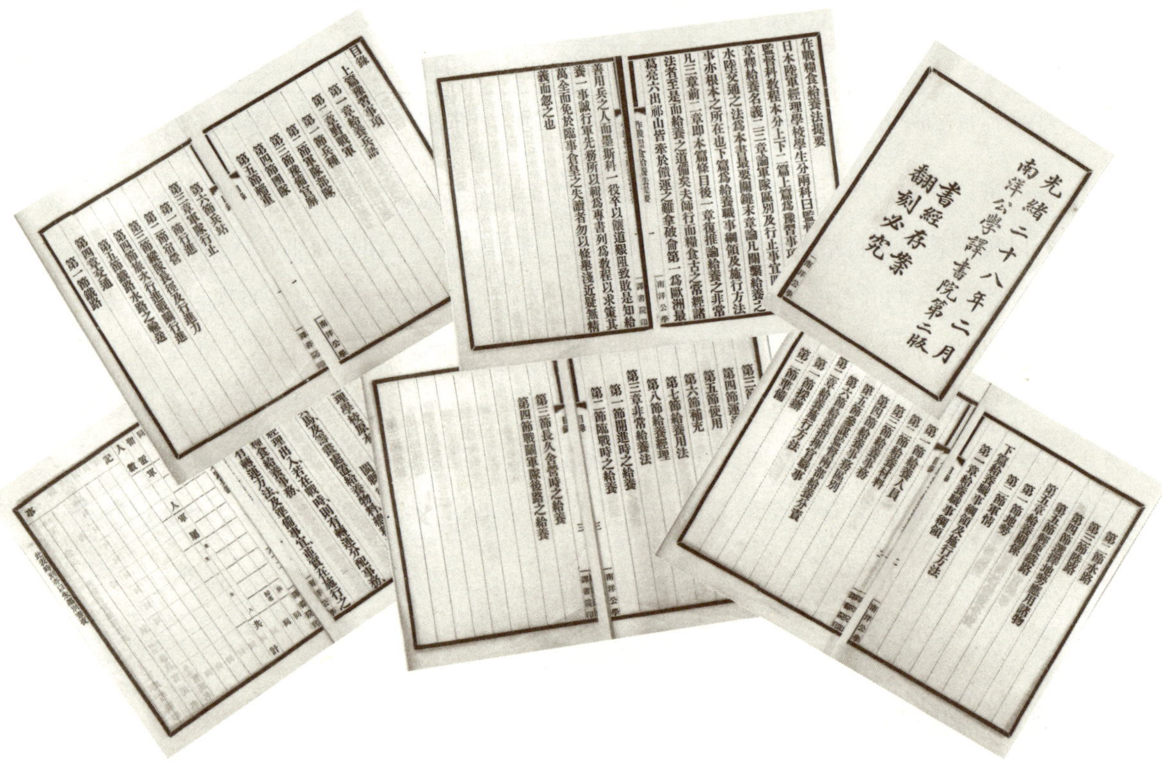
光緒二十八年二月
南洋公學譯書院第二版
書經存案
翻刻必究

1902 年,译书院译印《作战粮食给养法提要》及目录

从上面零散记录中可以获知,公学译印图书的确数尚无原始资料记载,但到 1902 年 5 月止,译书院已译成 34 种,印行 21 种。至于 1903 年 5 月张美翊报告中称已印行 30 种,这与 1903 年 6 月袁树勋告示所称已译 60 余种图书并附 54 种书目一样,包括了南洋公学师范院的译述,这部分图书如《蒙学课本》《统合教授法》《英国枢政志》等的译著者为公学师生,出书经费由公学开支,版权页注明“南洋公学”,而译书院所印图书均注明“南洋公学译书院印”,两者都属于南洋公学,但应从内部分开看待。这则告示发布时,公学专设售书处,统一管理译书院和公学师生的售书业务,可能是为了维护版权上的便利而将不应归入译书院译书的公学译著也纳入其中。综合各种资料,上述公学师生的译著不计外,译书院存在期间共译书约 60 余种,印行至少 30 种,译印图书的具体情形如表 6 - 4。

① 张美翊:《致盛宣怀函》(光绪二十九年八月二十二日,1903 年 10 月 12 日),盛档:044993。

表 6-4 南洋公学译书院译印图书一览表

序号	书名	册数	文种	原著者、版本	译者	校订	复校	译印时间
1	日本军政要略	2	日	日本陆军经理学校	[日]细田谦藏	[日]稻村新六	郑孝柽 孟　森	1899
2	战术学	4	日	日本士官学校本	[日]细田谦藏			1899
3	作战粮食给养法	1	日	日本陆军经理学校	杨志洵	[日]稻村新六	郑孝柽	1899
4	军队内务书	1	日	日本陆军省	杨志洵	[日]稻村新六		1899
5	美国陆军制	1	英	[美]无名氏	葛胜芳	李维格	郑孝柽	1899
6	日本军队给与法	1	日	日本陆军成规类军聚本	杨志洵 孟　森	[日]稻村新六	郑孝柽	1899
7	日本陆军教育摘要	2	日	日本陆军省	卢永铭			1899
8	日本陆军学校章程汇编	2	日	日本陆军省	孟　森	[日]稻村新六	郑孝柽	1899
9	日本宪兵制	1	日	日本宪兵章程	孟　森	[日]稻村新六	郑孝柽	1899
10	支那教案论	1	英	[英]宓克	严　复			1899
11	步兵工作教范	1	日	日本陆军省	樊炳清	[日]稻村新六	黄元吉 郑孝柽	1900
12	万国通商史	1	日	[英]琐米尔士原著，日本经济杂志社译	[日]古城贞洁重译	孟　森	郑孝柽	约 1900
13	步兵操典	2	日	日本陆军省	孟　森	[日]稻村新六		1901
14	步兵射击教范	2	日	日本陆军省	[日]山根虎之助	[日]稻村新六		1900
15	野外要务令	4	日	日本陆军省	卢永铭	[日]稻村新六	郑孝柽	1902
16	步兵各个教练书	2	日	[日]稻村新六	孟　森	[日]稻村新六	郑孝柽	1902
17	步兵部队教练书	1	日	[德]阿屋土记原著，[日]稻村新六辑补，日本户山学校编译	孟　森			约 1902

(续表)

序号	书名	册数	文种	原著者、版本	译者	校订	复校	译印时间
18	步兵战斗射击教练书	2	日	日本陆军户山学校原本	[日]山根虎之助	[日]稻村新六	黄元吉 郑孝柽	约1902
19	骑兵斥候答问	1	日	日本陆军教导团	王鸿年	[日]稻村新六	郑孝柽	1902
20	步兵斥候论	1	日	日本陆军教导团				约1902
21	步兵部队战斗教练	2	日	[日]稻村新六	孟　森	刘世行		1902
22	原富	8	英	[英]亚当·斯密	严　复			1902
23	政群源流考	1	英	[美]韦尔生	李维格 伍光建			1902
24	计学平议	2	英	[美]兰德	陈昌绪			1903
25	英国财政志	3	英	怀尔森	未署名			1903
26	英国文明史	5	英	[英]巴克尔	未署名			1903
27	亚东贸易地理	1	日	[日]永野耕造				1903
28	商业实务志前编	4	日	[日]佐佐木信夫				1903
29	日本矿业条例	1	日	[日]后藤本马				1903
30	欧洲商业史	5						1903
31	筑城学	2	日	日本陆军户山学校原本	樊炳清	黄元吉	郑孝柽	1900年已译,未印
32	射击学教程	2	日	日本陆军户山学校原本				1900年已译
33	日本宪法	1	日		[日]细田谦藏			1899年已译,未印
34	日本法规大全	80	日	[日]内川义章				1902年初译,1907年商务印书馆印行
35	法学通论	1						未印
36	英律释义	2	英					未印
37	英国会典考	1	英					未印
38	列国史(世界通史)	1	英	仿中学校课本汇集英文本编译				未印
39	教育法程		法	[法]里盎				

（续表）

序号	书名	册数	文种	原著者、版本	译者	校订	复校	译印时间
40	教育制度		日	［日］寺田永吉				未印
41	新撰大地志	1						未印
42	科学教育学讲义	3	日					未印
43	格致读本	4	英	［英］莫尔显	朱树人			未印
44	几何	3						未印
45	化学	11						
46	代数设问	7						
47	欧洲各国水陆商政凡例通议	4	法	［法］愣康				未印
48	经济学评论（经济通论）		日	［日］持地六三郎				1901 年已译，1903 年商务印书馆出版
49	商业提要	4						未印
50	英国商务提要		英	［英］花纳				
51	商业开化史		日	［日］永田健助译英国原本	陈　衍			
52	商业博物志	6	日	日本文部省	陈　衍			未印
53	社会统计学	7	日	［日］吴文聪				未印
54	日本近政史	4	日					未印
55	五洲地志	6						未印
56	欧洲全史	4						未印
57	意大利独立战史	7	日	［日］涩江保				1901 年已译，1903 年上海作新社出版
58	美利坚独立战史		日	［日］松井广吉				
59	美国纽约省民兵章程	1	英					

主要资料来源：①《南洋公学译书院所译书目表》（约 1900 年铅印本），盛档：044699－2；②《南洋公学译书院所译书目表》（1901 年 9 月），盛档：044889；③《钦命二品顶戴江南分巡苏松太兵备道袁为给示谕禁事》“计开书目”（1903 年 6 月），载译书院 1903 年印行《英国文明史》扉页；④《南洋公学师范院编译图籍广告》，载南洋公学师范院译述《统合教授法》（1901 年排印本）扉页；⑤《交通大学图书馆图书目录》第一辑“善本”（1934）；⑥《申报》光绪二十五年五月二十六日（1899 年 7 月 3 日）。

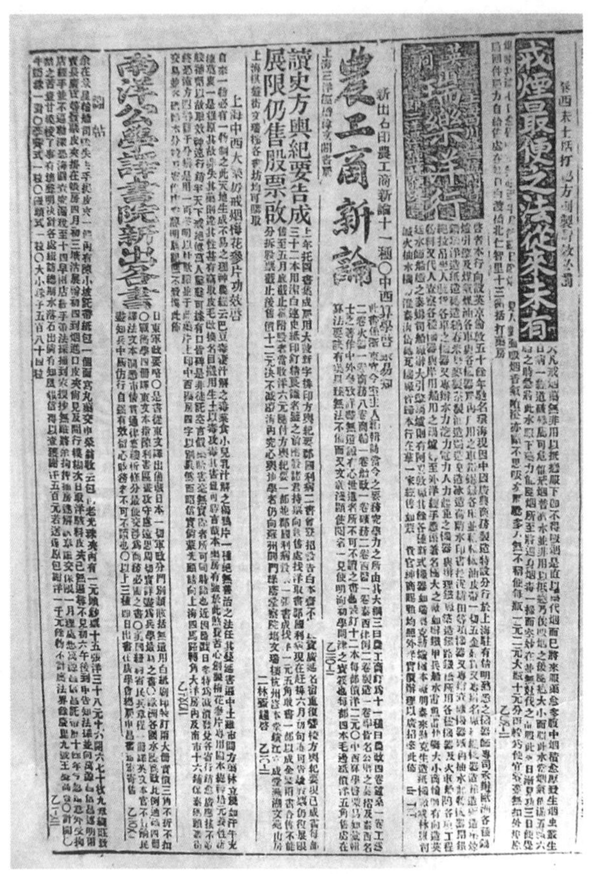

戒煙最便之法從來未有

瑞樂洋行

農工商新論

讀史方輿紀要告成 展限仍售股票啟

南洋公學譯書院新出各書

1899 年 6 月,《申报》刊出译书院新书广告

从译印图书的分类看,59 种译成图书中,兵政 22 种、商务经济 14 种、史地 8 种、政法 6 种、教科书 4 种、教育学 3 种、社会学 1 种、宗教 1 种;已刊印 30 种图书中,兵政 19 种、商务经济 7 种、史地 2 种、宗教 1 种、法政 1 种。译印图书以兵政最多,其次是商务经济,另涉及史地、法政、教育、社会、宗教等门类,选题范围广泛且注重应用性。从译印时间上看,译书院显然开始以兵政类为主,1901 年前译印多至 14 种,之后转向商务经济、史地、教育等方面,很少再译印兵书,甚至已译成的也搁置起来,不再印行。译书内容的转变,一则和张元济主持院务后,以翻译社科类图书为主有直接关系,二则与清政府 1901 年开始施行新政,亟需西方法政、商务、经济、教育等方面的典籍作为参照有关。另外,盛宣怀 1902 年担任商务大臣后,需要了解西方商务、商律,对译书院后期以翻译商务经济书籍为主产生了很大的影响。

二、主要译书介绍

译书院设立初期,主要译印日文军事类书籍,这是有别于同期其他译书机构的一个显著

译书院部分译印图书

特点，给人留下了译书院主译兵书的印象。1902年3月，顾燮光在论及当时各种译书机构的译书特点时说："兵家言南洋公学译之，商务书江南、湖北两商务报译之……"[①]但其实所译军事书籍影响仅限于军政界，而在当时社会各界和近代西学传播史上产生广泛影响的还是译书院后期译印的经济、商务、法律等社科类图书。

在译书院所有译印图书中，社会影响最大的当属严复译《原富》。《原富》亦译作《论国家财富的性质和原因》(An Inquiry into Nature and Causes of the Wealth of Nations)，是英国经济学家亚当·斯密(Adam Smith 1723—1790)所著的一本重要的资产阶级经济学经典作品，原书出版于1776年。该书从阐述劳动分工着手，考察了通用货币、商品价格、劳动工资、股票利润、地租以及金银价值的根源，对生产性劳动和非生产性劳动作了区分；在介绍欧洲文明发展史的基础上，批判了欧洲各国的商业政策和殖民主义政策。《原富》是近代经济学科的奠基之作。

最早将《原富》译成中文的是严复。这是继《天演论》之后的第二部严译名著，初译名为《计学》，分为5篇。严复从1898年开始翻译，到1900年底基本完

① 顾燮光：《〈增版东西学书录〉叙例》。见熊月之主编：《晚清新学书目提要》，上海书店出版社2007年版，第6页。

成。还在翻译过程中,译书院主事张元济就以独到的眼光,向挚友严复购得译稿,从1900年12月开始陆续由译书院分部出版,到1902年11月第一次全本(5部8册)出齐。《原富》译本的出版引起了知识界高度重视。当分册译出尚未印出时,很多遇到严复的人,每每相见,都要向他索书。严复曾自称:“人来访我,言次必索《原富》。”[①]维新人士孙宝瑄曾专门坐车到南洋公学“购得严先生译《原富》”,归来后仔细阅读,并在他的日记里写下了部分摘要和心得,认为从书中可以看出,“西国民权之所以能日振者,其功皆在农工商贾。”[②]晚清著名文学家吴汝纶读了《原富》后,致信严复,称此书“理趣甚奥缋,思如芭蕉,智如涌泉,盖非一览所能得其深处”,并赞叹严复的“雄笔”,认为该书有利于改变中国传统“求义不求利”的经济思想。《原富》出版之际,正逢清政府在政治、经济、文化教育上推行新政,亟需参考西方经济学说和制度,该书正合时需,于是风行一时,不断加印,据1903年底南洋公学售书处清单显示,这一年3月到12月销售《原富》全书8 237部,计银14 900两,而同期销售兵书及课本等书只得银2 521两,不及《原富》售价的零头。《原富》成为译书院最成功的译书,译书院也因《原富》而声名鹊起。

译书院出版的另一本严复译作《支那教案论》(Missionaries in China)也有较大的影响。该书为英国人宓克(A. Michie)1892年所撰,出版后李鸿章即命严复译成中文。1899年春,张元济刚接手译书院事务,即给严复写信,要求出版该书,严复表示同意。该书分4篇,对中国教案问题所持立场较为客观,作者一反当时外国人对中国民众与西方传教士之间迭起的教案冲突偏见,认为是传教士处置失当,特别是借助兵力、条约,激起中国人的仇恨。该书有助于当时中国知识阶层了解西方人士对教案问题所持态度。

除《原富》《支那教案论》外,《计学平议》也是一部在经济学领域影响较大的译作。该书原名《近代经济学大旨》,1903年出版,译者是公学教员陈昌绪,原著者是美国人C·兰德,介绍了英国的亚当·斯密及大卫·李嘉图等经济学家,以及德国学派李斯特等人的经济学说。该书是最早系统介绍西方资产阶级经济学发展史的译作,其出版反映了西方资产阶级经济学在中国已经引起了人们的重视。

在有限的几种史地类书籍中,1903年印行的《英国文明史》(History of Civilization in England)曾在我国史学界产生过广泛影响。该书是英国新史学先驱托马斯·巴克尔(Thomas Buckle, 1821—1861)的代表作,共有2卷。书中以很大篇幅讨论了史学理论和方

---

① 王栻主编:《严复集》第3册,中华书局1986年版,第546页。

② 孙宝瑄:《忘山庐日记(上)》,上海古籍出版社1983年版,第357页。

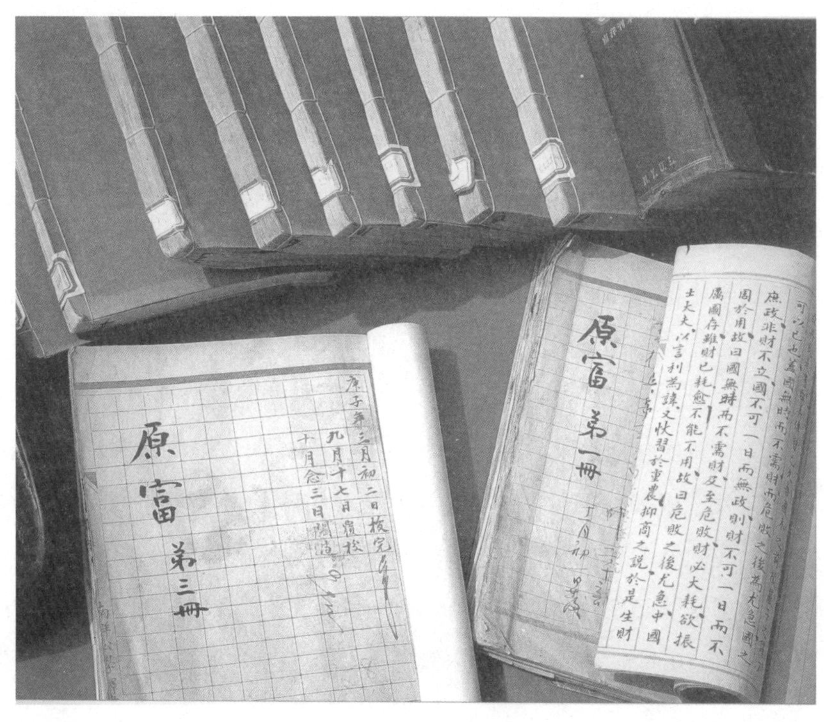

《原富》译稿，现藏西安交通大学档案馆

法，认为人类历史同样受到自然规律的支配，探寻历史本身规律是史学家的任务。20世纪初年我国新史学思潮兴起时，该书受到学术界重视，先后出现了4种中译本，而以译书院译本最早，1901年9月译书院开列的“所译书目单”中，署“英国白克尔著”的《英国文明史》便列于“现译”目录之中。[①] 1903年6月该书第一次活字排印出版，共有5册，由汤寿潜署检，译者不详。译书院对译印该书倾注心力，希望能够同《原富》一样广开销路。公学代总办兼提调张美翊为呈送《英国文明史》等书给盛宣怀的信中评价该书说：“原书既佳，译笔亦好，又经职酌定，将来可与《原富》并开销路。”[②]该书在中国史学界广为传播，对史学研究的科学化具有一定的借鉴价值。当时京师大学堂史学教习陈黼宸读到此书后推崇备至，并运用巴克尔提倡的统计方法研治史学。

在政法类图书中，要数工程浩大、耗资巨大的法律丛书《日本法规大全》最有价值和影响。倡议翻译这套丛书的是张元济、沈曾植。据张后来回忆，1901年秋冬之际，他曾与公学代总理沈曾植纵谈朝廷变法之诏，认为“我国变法不

① 《南洋公学译书院所译书目单》(光绪二十七年八月，1901年9月)。盛档：044889。
② 《张美翊致盛宣怀函》(光绪二十九年八月二十二日，1903年10月12日)。盛档：044993。

能无所师,求师莫若日本。法律之学,探本穷原,非一朝夕之事,欲亟得师,莫若多译东文书,先条件而后理论”。[1] 曾任刑部主事的公学总理沈曾植极表赞同,称此书为“海内经济家所愿望而不可得者”。盛宣怀闻知后极力支持,将译书计划上奏清政府,“冀经供朝廷取裁,士民研究,阴为变法之预备”。[2] 于是,翻译《日本法规大全》遂成定论。因译书院人少事杂,张元济求助驻日本使馆参赞兼留学生监督夏偕复,在日本组织留学生翻译此书。1902 年译成初稿有 240 万字,不过文字多直译,盛宣怀深虑“翻译不精,贻笑柄务”,[3]即责令张元济会商东文学堂监督罗振玉,在学堂挑选数名学生精心翻译核对,同意拨付专款七至八千两。次年译书院归并时译事停顿。1904 年 12 月,盛宣怀建议来访的张元济,将已“成书十八”的《日本法规大全》由商务印书馆续译出版,作为条件,南洋公学应酌分余利,并仍应署南洋公学译书院名。张元济毅然引为己任,说服商务印书馆总经理夏瑞芳,组织留日学生刘崇杰等人接续翻译,并于 1907 年初出版,署名初译者“南洋公学译书院”,补译校订者“商务印书馆编译所”。这套

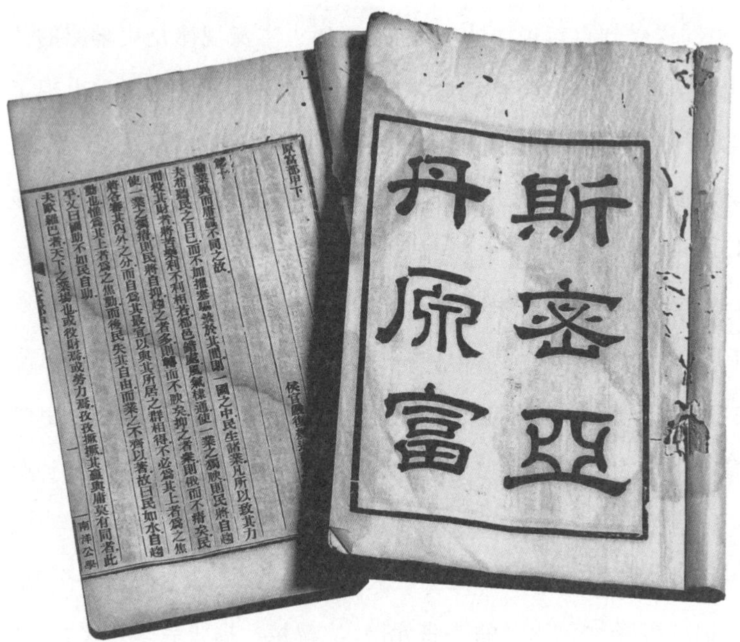

1902 年 11 月译书院出版全本《原富》

① 张元济:《新译日本法规大全》序,商务印书馆 2007 年版,第 1 卷第 22 页。

② 盛宣怀:《新译日本法规大全》序,商务印书馆 2007 年版,第 1 卷第 20 页。

③ 盛宣怀:《据张主事呈拟译书院撙节办法除行知外请查照》(光绪二十八年三月三十日,1902 年 5 月 7 日)。上交档:ls3 - 005。

大型法律丛书共分25类80册，400万字，包括民法、商法等在内的几乎日本近代所有法律都汇编在内。当时中日政界、学界的名人，如袁世凯、盛宣怀、大隈重信等12位要人为之作序。出版时正逢清政府宣布“预备立宪”，尽管每部定价洋25元，但不及半年，预约及门售已达3 000余部。此书为清末规模最大的外国法律汇编译作，是我国近代学习外国法律体系的规范蓝本之一，为促进我国法制的近代化进程，普及西方法治理念发挥了不可低估的作用，其中很多法律术语沿用至今，被誉为“西方法律传入中国的桥梁”。[①] 2007年，《日本法规大全》出版100周年之际，商务印书馆组织人手对该书进行整理点校，予以重版。

译书院译印的图书在晚清知识界、军政界产生了很大的影响。当时，上至中央政务处，下至地方督抚、练兵机构纷纷前来索要、预购译书，各省各地学校，如京师大学堂、三江师范学堂也来函来电索取译书。不少书风行一时，在政治经济思想、法律制度、教育文化和学术领域影响颇大，对中外文化交流和我国出版文化事业作出了贡献，对于民主思想的传播也起到了一定的作用。

三、推动近代出版

译书院的译书不仅有利于近代西学的传播，而且在译印西学书籍的实践过程中，形成了一些编译和出版发行经验，有益于近代翻译的规范化和版权制度的建立，为推动我国近代翻译出版事业做出了较为重要的贡献。

晚清时期，近代翻译出版事业刚刚起步，各地翻译机构虽如雨后春笋般建立起来，但是各自为政，译书重叠，缺乏统一的管理机构，更没有形成诸如译名、译字等共同规范。对此现象，盛宣怀称：“译政渐兴，公私并举，漫无统摄，窒碍弥多。”[②]为避免各类译书机构盲目译书，促使全国形成统一协调的译书格局，盛宣怀在向光绪皇帝进呈译书院书籍之际，建议清政府，“可否请饬下各省官书局改为译印书局，并由政务处电令出使各国大臣，将东西文政学新理有用之书，广为购备，斟酌极要次要，随时拟定目录，分饬各省，克期翻译刊印，一则筹款众擎易举，二则成书不患重复，三则纸板可免参差。”[③]同时申明译书院应承担起自己职司“商务”范围内西学书籍的翻译。盛宣怀的倡议得到清政府批准。译书院总校费念慈、张元济于是共同拟订一份列有49种译书的目录，刊登于《中外日报》等报，以代广告，更免与其他译书机构重复，在全国率先作出开拓翻译出版事业的行动。

---

① 邹振环：《影响中国近代社会的一百种译作》，中国对外翻译出版公司1996年版，第216页。

② 盛宣怀：《致任道榕函》(光绪二十七年，1901年)。盛档：044310。

③ 盛宣怀：《呈进南洋公学新译各书并拟推广翻辑折》(光绪二十七年六月，1901年7月)。《愚斋存稿》第5卷，第35页。

通过一段时间的译书实践，译书院在翻译技术上也积累了一定的经验，这些经验集中体现在1903年初盛宣怀所上《南洋公学推广翻辑政书折》。该折除了指出译书要服从新政需要，“凡有关乎学校、科举、理财、练兵之政治法律诸书，均待取资，势不容以再缓”，更陈述了翻译工作的四条纲要：一是“先章程而后议论”，二是“审流别而定宗旨”，三是“正文字以一耳目”，四是“选课本以便教育”。第一、二项是说要按照清政府维新和立宪的需要，选择日本、德国君主立宪之法的书籍加以翻译。第四项是要按“中体西用”的方针选择小学、中学乃至大学课本，以备各省新设学堂购用。第三项“正文字以一耳目”，是说“译本要在同文”，才能便于读者阅读。针对当时译名混乱的现象，盛宣怀建议清政府颁令统一译名：

> 惟西国专门之学，必有专字，门类极繁，东人译西文先有定名，中国译东西文尚无定名，则译字互异，阅者易滋迷误，亟宜将各国舆地、官职、度量权衡及一名一物，撰拟名目类表，以求画一，嗣后官译私著，悉依定称。①

这些颇有见地的议论和建议，不只是盛宣怀一人所识，应是译书院在翻译出版中形成的见解，而由盛宣怀首次发出统一译名的倡议。译书院也曾努力践行倡议，在《原富》编辑出版过程中，张元济和郑孝柽一起细致地编订了中西编年、地名、人名、物义诸表，载于该书第一册，计9页，便于学者考订参酌。这是中国译名第一次统一规范化。这一倡议反映了当时翻译界的呼声，在翻译界产生了不小的影响，1902年出版的《增版东西学书录》即将此“译名规范表”作为该书“叙例”的一部分，甚至连文字也未作改动。

译书院对近代出版事业的贡献，还在于在译印、出版、发行图书的过程中，以实际行动推动了近代版权、版税以及稿酬制度的建立。译书院成立之时，以上海为中心的东南沿海地区，文化出版事业呈现出新的繁荣和生机，西方输入的先进技术设备迅速提高了印刷的生产能力和效率，书刊印刷有利可图，使得一些不法书商专事翻刻牟利。当时的书林风气正如盛宣怀所言：“上海一隅，铅印石印书坊林立，每一书出，争先翻印，往往校勘草率，讹脱滋多，不堪卒读，且恐翻刻小本夹带入场，于朝廷录取真才之意尤有关碍。”②为了维护译书院的切身利益和声誉，1898年7月13日，盛宣怀咨呈江南苏松太道蔡钧，以“查向章校订书籍，翻刻必究，西国尤严”为由，要求援照“同文书馆、制造局所刻诸书，俱示禁翻刻”的先例，给示谕禁，“嗣后凡南洋公学刻印各书，毋许任意翻印，抑或改换名目，巧取射利，如违即行饬县查明，从重究罚，请查照立案，并迅速出示转饬上海县、英法租界委员一体遵照办理等。”③蔡钧准允所

① 盛宣怀:《请专设东文学堂片》(光绪二十七年六月，1901年7月)。《愚斋存稿》第5卷，第38页。

②《收大理少堂盛照会文》(光绪二十四年六月二十三日，1898年8月10日)。西交档:2311。

③《收大理少堂盛照会文》(光绪二十四年六月二十三日，1898年8月10日)。西交档:2311。

请，发布禁止翻刻译书院译印图书的告示。译书院还将告示登于报纸，广而告之。可见，盛宣怀在译书院刚成立时就已经具有版权意识，采取保护版权的措施。

在防止书商盗印牟利的同时，译书院对图书的著译者、原出版方的权利比较尊重，出巨资购买出版权限。1899年4月25日，盛宣怀鉴于日本书籍“非得官本参考，易滋疑误，而版权有属，往往入市难求”，函托驻日使臣李盛铎出面，商请日本外务部惠赠“各省官印一切典籍”各一份。[①] 同年，张元济主持院务后，先后出资2 275两购买了《原富》《日本近政史》《万国通商史》三部书的出版权。当时严复将《原富》的译出部分已交北洋书局，而该书局“悠缓延宕，殆无成期”，张元济获知后，以为“译笔亦独精到，如此文字，之后恐不易多得”，[②]遂商得何嗣焜、盛宣怀同意，以2 000两高价购其译稿，“归公学译书院专享版权。”[③]

译书院译印图书出版后销路颇广，尤以《原富》最为畅销，另有公学师范院编辑的《蒙学课本》等教材也深受新设学堂师生的欢迎，于是各地书商纷纷盗印《原富》《蒙学课本》等书出售，严重侵害了译书院、公学的声誉和利益。为此，公学不断访查翻印事件，并呈请地方官员予以打击，保护译书院的权益。

1901年8月，公学查得上海江南书局出售翻印的《原富》和《蒙学课本》初编、二编，“存书甚多，需用若干部均可如数交兑”，[④]便立即呈请上海县速派人查明实情，严厉惩办，然而最终未有结果，导致盗印成风。1902年7月，公学发现上海古香阁、正记书庄、理文轩、广益书局等有翻印的《蒙学课本》初、二、三编销售，且存货甚多，销量颇广。经追查，得知由文池堂书坊、墨润堂书坊私刻木板翻印批售。公学再提请上海县予以严究，并将私刻印板销毁，“以示惩儆，而重版权。”[⑤]随着《原富》等书影响愈广，盗印也愈盛，开始由上海一地蔓延至全国各省。1903年，浙江、湖南、广东各省均发现书坊盗印《原富》牟利。12月5日，张美翊向盛宣怀汇报说：“湖南木刻计有三副，广东石印计有五副，其书四开、六开、九开大小不等，并封面题签与译院原本一式。”[⑥]盗印严重侵害了译书院的实际利益，“七月份销数尚旺，八九两月甚属寥寥”，其中最大的原因是“《原富》销路尤为翻版所夺”。[⑦]

---

① 盛宣怀：《致李盛铎函》（光绪二十五年三月十六日，1899年4月25日）。盛档：044216。

② 张元济：《南洋公学译书院乙亥年总报告册》（1899）。盛档：044621。

③ 张美翊：《致盛宣怀函》（光绪二十九年六月二十四日，1903年8月16日）。西交档：2311，卷名《清代大理寺少堂盛、南洋公学有关设立译书院朱批照会及聘任日本顾问来往文件》（1898—1903）。

④ 沈曾植：《移请差提江南书局店主严究翻印原富及蒙学课本来源》（光绪二十七年七月一日，1901年8月14日）。西交档：2311。

⑤ 南洋公学：《移请将翻印蒙学课本各书庄一并差提严究》（光绪二十八年六月九日，1902年7月13日）。上交档：ls3－459，卷名《南洋公学奏设译书院和清朝督办盛宣怀的照会（复印件）》（1898—1903）。

⑥ 张美翊：《呈请转咨湖南、广东两省严禁翻印原富》（光绪二十九年十月二十七日，1903年12月5日）。西交档：2312。

⑦ 张美翊：《致盛宣怀函》（光绪二十九年十月十九日，1903年12月7日）。盛档：044656。

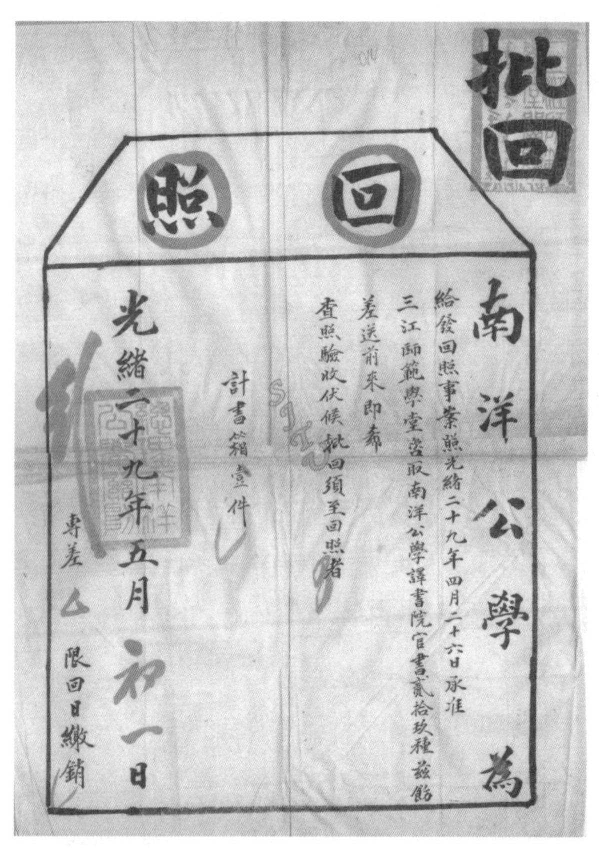
批回

回照

南洋公學　為

給發回照事案照光緒二十九年四月二十六日承准

三江師範學堂咨取南洋公學譯書院官書貳拾玖種茲飭

差送前來即希

查照驗收伏候批回須至回照者

計書籍壹件

光緒二十九年五月初一日

專差　限回日繳銷

1903年6月,南洋公学为给三江师范学堂咨取译书院图书的回执

当时盛宣怀身任商约大臣,正与美国、日本等国议定版权律例,译书院又事关切身利益。于是,他一面呈请各省严行查禁,一面派员赴浙江杭州查办了翻印3 000部《原富》的事件;之后,译书院在所印各书封面上明确声明"书经存案,翻刻必究",以保版权;又请苏松太兵备道袁树勋出示布告,将公学所出或已译将出的54种书目公布于众,"凡译书院译印官书均不许他人翻刻,以符奏案而保版权",[1]若一经查出,将从严惩办。虽然在缺乏全国性版权保护法的条件下,上述禁止翻刻的措施难以奏效,但是公学长期不懈的查禁,打击了不少不法书商的翻刻、销售行为。1903年下半年,上海不少书商虽然从湖南、广东贩进廉价的盗版《原富》,"缘公学查禁甚严,未敢出售。"[2]公学在维护版权的过程中,从初步具备版权意识到提出"保版权"的概念,并为此付出努力,这些都为近代版权意识的形成,乃至对1910年我国历史上第一部版权法——《大清著作权律》的出台起到了积极的推动作用。

在译书院为维护版权不断打击翻印者的同时,《原富》译者严复也不愿译书院独享厚利,提出了分享销售利润(也就是版税)的要求。深受西方思想文化影响的严复有着明确的版权、版税意识,早在1900年2月《原富》全稿即将译毕之时,他给张元济写信,除去原定的购稿费,即版权2 000两,又提出翻译版税问题:"此稿既经公学贰千金购印,则成书后自为公学之产,销售利益应悉公学得之;但念译者颇费苦心,不知他日出售,能否于书价之中坐抽几分,以为著书者永远之利益。此于鄙人所关尚浅,而与后此译人所劝者大,亦郭隗千金市骨之意也。"[3]重酬之外,再要抽取版税,这在一般人看来,一定以为过分,但张元济毕竟是维新

① 张美翊:《请出示严禁翻印官书》(光绪二十九年五月,1903年6月)。西交档:2311。
② 张美翊:《致盛宣怀函》(光绪二十九年十月十九日,1903年12月7日)。盛档:044656。
③ 严复:《与张元济书》。《严复集》第3册,第537-538页。

人士，思想进步，目光远大，深知译书之艰难，亦知译书于国于民的巨大作用，遂就此事与何嗣焜商议，两人同意了严复重酬之外再抽版税的请求，决定每销售一部《原富》，送给严复洋0.35元。之后，严复再致张元济书，请将所允版税事给予凭据，"以免以后人事变迁时多出一番唇舌"，又建议版权年限最长为20年，后10年可分一成利。

《原富》陆续付印后，译书院遵照既定版税办法，按期给严复汇寄版税。1902年11月《原富》全书出版前，译书院销售分册数量不多，1901、1902年两年共汇寄版税洋335元。全书付印后，销量剧增，盈利颇丰。公学虽然遵从售出一部给予0.35元(每部实价2.8元，版税率是12.5%)的版税，按季度给严复汇寄余利，并自1903年8月份起将每销售一部的版税加至0.5元(税率17.9%)，但对严复隐瞒了实际销售数量。1903年春，公学代总理张美翊告诉即将赴京的盛宣怀："到京如晤严又陵观察，询及《原富》译稿，请宪台告以菊生铸板不精，尚须校对，销售不广。如询及著书余利，请答以按照何眉翁定章办理。"[①]而实际上，春季阴历二、三月实销达1 144部，张美翊却向严复报称381部，每部给以0.35元，共给余利133.35元；实际少报763部计少给267.05元。年底，张美翊给盛宣怀关于售书处财务报告中，就专门谈到《原富》版税的实际情况：

> 若照售书处实销数目，计二月起至十一月止，共销去(《原富》)全书八二三七部(每部银五角)，应付实在余利银四一一八元五角，乙丙部七部，应付实在余利银七角，丁戊部一二一部，应付实在余利银二四元二角，以上三项共计应付实在余利银四一四三元四角，今将上开报销项下计付出银一七五一元，实计节省余利银二三九二元三角充入盈余项内。理合声明。[②]

照上看来，公学应付给严复版税4 143.4元，而实际只给了1 751元，不及严复应得一半的款项。远在北京的严复虽然无从知晓《原富》具体销售数量，却从外界对该书的好评声中隐约感觉到公学瞒报销数。1903年春，译书院归并时，严复函请张元济转告张美翊，要么赎回《原富》版权，要么增加版税比例。赎回版权未蒙盛宣怀允许，增加版税也被张美翊婉拒，只是答应"俟之年底酌量再议"。[③] 同年秋，严复闻听"有人相告《原富》销售数千万部之多"，即于11月4日、11月23日两次致函张美翊，质询印书售书实数，未得回复。12月13日，严复委托他的学生伍光建来公学要求查账，遭到张美翊的断然拒绝，严复遂重提赎回版权，又

① 王尔敏、吴伦霓霞合编：《盛宣怀实业朋僚函稿(上)》，香港中文大学出版社1997年版，第20页。

② 张美翊：《南洋公学售书处实销及著书余利清单》(光绪二十九年十一月，1903年12月)。盛档：044929－2。

③ 张美翊：《致张元济函》(光绪二十九年，1903)。西交档：2312，卷名《清代前工部左堂盛、南洋公学、严复、张元济有关严复所译〈原富〉一书版权分利及取缔翻印等来往函件》(1903—1904)。

未蒙盛宣怀的同意,双方矛盾开始公开化。

1904年4月,严复上书给学部大臣张百熙,直陈版权立法保护作者经济和精神权利的必要,并以《原富》一书为例,提出具体的操作方法:"一、可以限年数。外国著书,专利版权本有年限,或五十年,或三十年;今此书译者分利,得二十年足矣。二、二成分利,如嫌过多,十年之后尚可递减;如前十年二成,后十年一成,亦无不可。"实行版税制度时,他主张订立版税合同,并在他的《社会通诠》出版时得到了实现。这些主张是严复在和公学产生版税纠纷的过程中提出来的,为我国版税制度的建立作了有益的尝试。

第三节 张元济与译书院

一、结缘译书院

张元济(1867—1959)是中国近代著名的出版家,他从事出版活动的起点当在南洋公学译书院。从1899年初被聘为译书院总校兼代办院事,后任主事,主持译书院,到1903年3月离开译书院,张元济在这里工作了大约4年,基本与译书院的历史相始终。译书院在中国近代教育和出版史上的诸多贡献,大多离不开张元济的推动和参与;张元济在译书院的编译实践和经验,帮助他实现了从翰林到近代出版家人生的转变,也成为他从事近代出版事业的起点。

张元济原籍浙江海盐,出生于广东,1892年中进士后,在京城任翰林院庶吉士,不久被任命为刑部贵州司主事,后进入总理衙门担任章京。张元济前半生的科举和仕途虽然一帆风顺,但是对于晚清政局内外交困、中华民族屡遭列强凌辱的现实一直忧心忡忡,特别是甲午战争中国战败后,睁眼看世界、学习西方的思想开始在他心中孕育,并付诸实践,成为维新变法运动的参与者。在这一过程中,他通过参加"健社"、筹办新式学堂"通艺学堂"等活动,自学了英文,读了不少西学新书。在总理衙门工作时,他的一项职责是为光绪皇帝选介"新书",这些与西方新书密切相关的活动和工作,无疑为张元济以后主持译书院打下了基础。对于上海翻译西学兴盛的情况,他在北京已略有所闻,曾在信中问上海《时务报》经理汪康年:"卓如来书云藏书楼可成,又设局译东文书,甚善甚善。然学堂尤宜亟举,已于卓函言之,请取阅。贵馆闻已译成书,何尚未印成?盼切盼切。"[1]对译书事业的关切由此可见一斑。

---

① 张元济:《致汪康年信》。《张元济书札》,商务印书馆1981年版,第21页。

张元济在南洋公学留影(约 1901)

1898 年 9 月,维新运动遭到失败,10 月 8 日张元济被朝廷革职"永不叙用"。早有思想准备的张元济携带全家离京,南下上海谋生。张元济为什么要选择上海?因为上海靠近老家浙江海盐,更重要的是,上海是当时中国最开放的大都市。之前,张元济通过与汪康年等人的交往,已认识到了上海是中西文化交流和对接的窗口,新式文化教育事业很发达,这对热衷此项事业的张元济很有吸引力。1898 年 10 月下旬,张元济经天津到达上海,租住在虹口西华德路隆庆里(今东长治路近中虹桥一带)一栋石库门民宅里。临行前,同情维新派的李鸿章派幕僚于式枚上门慰问,并询之今后打算,张元济告之将去上海谋生。数日后,于式枚再来告诉张元济:"李中堂已招呼盛宣怀,给你找事情。"[①]张元济就任译书院主事后即写信向李鸿章致谢,李复信勉励他"读书养志,藏器俟时,自有千秋,曷胜企属"[②]。

张元济一到上海,盛宣怀就来找他,准备安排他负责译书院事务。其时,译书院已经设立数月,所聘日文翻译细田谦藏、稻村新六及校订郑孝柽、孟森、杨志洵等人已经开始工作,但是对于既要"熟悉西文",又要"精通印译事宜"的译书院主事人选,盛宣怀还在物色中。接到李鸿章的推荐信后,盛宣怀决定让张元济负责办理译书院。1899 年 4 月,盛授意南洋公学总理何嗣焜出面,聘张元济任译书院"总校兼代办院事",月薪规银 140 两。何嗣焜对张元济评价甚高,在写给郑孝胥的信中说:"张菊生(元济)勤敏,经此摧残,或者可成正果。"对其办好译书院充满期待。

时刻关注西学的张元济对译介西方新书活动早有兴趣,有着从事译书的思想基础。他虽没有留学海外,但通过自学英文,阅读译作,也获得了不少心得。早在戊戌变法之前,张元济等人在为通艺学堂备案呈文总理衙门时说:"自非深于华文,无以究洋文之精奥,又其推算之学,格物之理,制气尚象之

① 张元济:《戊戌政变的回忆》。《张元济诗文》,商务印书馆 1986 年版,第 237 页。
② 李鸿章:《复刑部张元济》(光绪二十五年三月十三日,1899 年 4 月 22 日)。顾廷龙、戴逸主编:《李鸿章全集》第 36 卷,安徽教育出版社 2007 年版,第 221 页。

法,体国经理之规,各有专门,足资借镜。而非博通中国古今之沿革,亦无由考求而得其会通。向来士族儒流,多鄙视别国方言为不屑,而习攻翻译,大抵闾阎寒贱、性识暗钝之人,毋惑乎互市数十年,欲求一二通达中外文字学术之人而寥寥罕见也。”[①]张元济此番议论实际上是说,要知道外文的精髓,需要有深厚的中文功底,对翻译人才的素质提出很高的要求,并非“性识暗钝之人”所能胜任,士族儒流应该改变对学习洋文的偏见,而通艺学堂就是为这些在京官员和官员子弟设立的。在这篇呈文中,张元济还提到:“一俟筹款稍充,再行延洋教习,广购仪器,分建藏书、译书等馆,以期考核精深,温故知新。”可见,在通艺学堂发展远景计划中,就有建立译书馆的设想,可惜随着百日维新的迅速失败,这一设想化为泡影。

幸运的是,张元济革职伊始,就有南洋公学译书院虚位以待,为他继续施展宏图提供一块园地。然而,主持这样一个正式的翻译出版机构,对他而言毕竟还是第一次,需要学习和摸索的东西很多。为此,他在正式上任前,于3月24、29日两次给翻译家严复写信,一方面告诉严复,自己将进译书院工作,并准备印行严复翻译的宓克《支那教案论》;另一方面特意咨询如何组织翻译出版工作的具体事项。询问的主要问题如下:

1. 拟延上等英文译员一人,专译书,不理他事,每日六钟能译几何,月修须若干两?
2. 门类以政治、法律、理财、商务为断,选书最难,有何善策?
3. 拟先译专门字典。
4. 选定书籍,发人包译,请严复任总校。
5. 包译如何办法、如何给费,并请严复推荐所知译人。[②]

张元济此一连串发问,实际上是在为南洋公学译书院的翻译出版工作作初步的谋划。内容包括选题计划、作者、报酬等。在此封信中,张元济关于作者队伍的构成很明确,一是聘一位专门的英文翻译,二是选定书籍后,发给院外人士包译。对于上述问题,严复均一一予以详细答复,并对张任职译书院感到无比欣慰:“南洋公学将有译书之局,俾公得安研其间,不觉为之狂喜。大者则谓译书为当今第一急务,喜提倡之有人;小者则为吾兄庆一枝之借,取过目前,且不至消耗精神于无用之地也。”[③]对于好友适时的鼓励和支持,张元济心领神会。接着,他又与何嗣焜询商译书院开办情况,初步梳理出办院思路,于4月正式接受聘任,开始

① 张元济等:《为设立通艺学堂呈总理各国事务衙门文》(光绪二十三年八月,1897年9月)。《张元济诗文》,第97页。
② 罗耀九主编:《严复年谱新编》,鹭江出版社2004年版,第124页。
③ 严复:《与张元济书》(光绪二十五年,1899)。《严复集》第3册,第525页。

了他与南洋公学、与中国近代出版事业的不解之缘。

二、译书及出版贡献

张元济上任后，经过一个多月的酝酿和准备，首先为南洋公学译书院制订了章程——《南洋公学译书院试办章程》。1899 年 5 月 19 日，张元济致函盛宣怀，谈及译书院章程已经印好，并呈上 40 册。接着，张元济向盛宣怀呈报已译、拟译情况，分别开列书目，请予登报明示，并咨明也在开展译书活动的湖广总督张之洞，以免重复。身为总校，张元济对每一部译印图书从文字到版式都要认真审核，1899 年底，他在年度报告中说："本年印书十种，除《日本军政要略》外，均经元济再四校核，不敢草率。"[①]

在张元济的精心经营下，译书院管理规范，进展顺利，深得盛宣怀、何嗣焜的信任与赞识。1900 年底，日籍译员合同期满相继离去，译书院一度"译政既停，事务稀简"，张元济亦欲辞职他往，何嗣焜"谒属再四"，挽留张元济继续办理译务。[②] 1901 年春，何嗣焜突然病逝，盛宣怀任命张元济担任公学代总理，主持全校事务。同年 7 月，张元济坚辞总理，专任译书院主事。盛宣怀准允所请，但背地里却埋怨张"近日颇散漫"，又恰逢盛准备拓展译书院事务，于是增聘费念慈为总校，主管经费，与负责译务的总校张元济一道主持译书院。然而，费念慈不能常驻院，财务混乱，支出多有糜费，引起盛宣怀不满。1902 年 3 月 12 日，盛宣怀照会汪凤藻，日后所有译书院一切事宜仍责成张元济管理。张即大刀阔斧推行院务改革，裁汰冗员，辞退生手，缩减经费，核定每月减支 250 两（原支 700 两），其中 40 两为自己请减的薪水。裁员撙节办法得到盛宣怀的嘉许，称张"实属廉洁自持"，自此，院务再次步入正轨。《原富》全书于 11 月出齐，翻译的大型丛书《日本法规大全》也有序开展，直到 1903 年初南洋公学遭遇经费危机，译务停顿。1903 年 2 月底（农历正月底），译书院归并公学办理，张元济移交所有译稿、账册后，正式离开工作 4 年之久的南洋公学，投身商务印书馆。

纵观张元济在译书院的活动，其主要贡献集中体现在转变译书方向、出版《原富》、规划全国译书等三个方面。译书院初办时，主要以翻译兵书为主，在张元济到来之前，已经刊译出《日本军政要略》《战术学》《军队内务》等数种，还有数十种兵书正在翻译或被列入待译书目，但是并没有产生多大的社会影响。张元济通过努力，译印范围从兵书拓展到社科领域，从专译日文书籍到东西文并重。在向严复征求编译意见的信函中，他就明确开列政治、法

---

① 张元济：《南洋公学译书院乙亥年总报告册》（1899）。盛档：044621。

② 张元济：《致盛宣怀函》（光绪二十六年十二月，1901 年 1 月）。盛档：044627－2。

律、理财、商务等四大选题领域，希望严复协助开列上述范围的佳作，推荐熟悉英文的翻译。主持院务后，张元济除了继续完成兵书的翻译任务外，大力选译政治、法律等方面的书籍，先后主持编译了英国保罗与伯德台合著的《中等格致读本》，法国包尔培与英国莫尔显合著的《格致读本》，英国巴克尔的《英国文明史》，美国韦尔生的《政群源流考》，英国琐米尔士《万国通商史》，日本松平康国的《美国宪法史》，下山宽一的《万国政治历史》，以及《日本近政史》《欧洲全史》《欧洲商业史》《社会统计学》《英国会典考》等，逐渐将以翻译兵书著称的译书院转向到更为广阔的译书领域，并最终以翻译出版《原富》《日本法规大全》等经济、法律类书籍而享誉全国。

毋庸置疑，在所有译书院译印图书中，影响最大的非《原富》莫属。我们在赞叹严复精湛的译笔、独到的眼光铸就了翻译史上杰作的同时，切不可忘记张元济的策划与支持。张元济和严复都是戊戌变法的参与者，先后受到光绪皇帝的接见，并在这场未遂的改革中建立了亲密的友谊。共同的求新变革思想，是张、严二人建立亲密关系的基础。

清同治、光绪年间，已有翻译外国书籍近千种，但开始多为兵书、医书、数理化书籍，后来又有法制、史书译出，但始终无人翻译西方资本主义理论的著作。西方资本主义理论著作的翻译是从严复开始的，而这些书的翻译、出版多得到张元济的支持。张元济南下时，曾到天津与严复叙谈，到沪主持译书院后，又接连去信询商翻译事宜，来往中得知严复正在翻译《原富》，并拟高价出售译稿。张元济对此书颇为关心，几次去函询问。虽然张元济给严复的信函现已散佚，但从严复数封复信中可以得知双方商议购稿出版《原富》的一些细节。

1899 年 9 月 24 日，严复致函张元济："《原富》一书，估价三千金……但不知主议之支应局于此事如何措意置辞耳。"11 月 11 日，再函曰："承许以二千金购稿，感谢至不可言。"同时又称："刻下北洋亦有开设译局之事，制军责令各人包译，此部开列在前，估价乃三千二百两。……拙稿在制军处翻阅，后来局议如何，制军批定何若，皆须十余日乃可揭晓，故于惠缄一时不能作定议作答也。"[①]对于严复提出 3 000 两购稿费，张元济也认为价格过昂，但仍以"译笔亦独精，如此文字以后恐不易多得"说服盛宣怀许以 2 000 两。严复似乎觉得有些低了，以北洋筹设译局拟高价待印为由，一时未作答复。11 月 30 日，严复再函张元济："《原富》一书译者太半，北洋译局一事，交主出纳者议，悠缓延宕，殆无成期，故前者曾托仲宣先为函达一切，想已登览。今拟分卷随钞随斠随寄，至于陆续上石刷印，抑俟书成之日全部影点，听

① 罗耀九主编：《严复年谱新编》，鹭江出版社 2004 年版，第 128、129 页。

凭尊裁。”[①]可知经过张元济两个月的交涉，欲高价卖给北洋译局而未能如愿的严复已同意将译稿交与译书院出版，并陆续将抄稿寄往译书院，译书院先后两次汇寄给严复规银1 000两。此后，张元济又同意严复抽取版税的要求。他还建议对《原富》译稿中音译之字“作一备检，方便来学”，并亲自动手，与人一起代为编订中西编年及名物表。在张元济鼎力主持下，《原富》在1901年至1902年间由译书院全部出齐，译书院停办以后，商务印书馆又多次重印。这是张元济主持南洋公学译书院时办的一件大事，是他在转变译书方向过程中的成功之作，在中国出版史和启蒙思想史上留下了重彩的一笔。

着手规划全国译书，也是张元济主持译书院期间的一大贡献。1901年7月，盛宣怀将译书院刊印的翻译书籍呈给皇太后和皇帝，同时递上《呈进南洋公学新译各书并拟推广翻辑折》。奏折建议“各省官书局改为译印书局”，令出使各国大臣，购备东西文政学新理有用之书，拟订目录，“分饬各省克期翻译刊印”。这一大规模译书规划颇能显示张元济的胆魄与眼光，这是我国出版史上第一份制订国家翻译出版规划的建议书。

张元济在译书院积累了许多编译工作的经验。在翻译80册《日本法规大全》的工作实践中，他取得了不少组织编译大丛书的经验。也是在译书院期间，张元济形成了版权和版权保护意识并付诸实践。英国下院于1730年通过了第一部《版权法》，而我国在200年后，还远远没有这方面的意识。张元济不仅以巨额稿酬购买严复译稿，出版后还付给版税。1902年译书院出书更多，社会上学习新学的风气不断高涨，不少逐利之徒纷纷盗版翻印，使译书院蒙受很大损失。张元济及时上书盛宣怀：“鄙见拟凡属可以畅销之书，一律铸版，以便随时刷印……惟有严禁翻印，庶可稍增售价，藉资挹注。应请查照旧案，咨行江海关道，并札饬上海县严速惩办，或可稍保利权，于扩充译务，不无裨益。”[②]后来译书院又上书给江苏省江南分巡苏太兵备道袁树勋，要求“凡译书院译印官均不许他人翻刻”，并诏令上海县、租界当局。袁应允并发布告示，晓谕“书贾人等一体知悉，毋得将书院立案各种书籍翻刻渔利”。国家没有法律，就请求政府采取行政手段予以保护，这是张元济版权保护意识的一次重要实践。

张元济主张启迪民智，但戊戌维新时期在北京创办通艺学堂时，他的教育思想还仅停留在英才教育上。到南洋公学后，他接触社会和教育实践更多，有机会大量阅读包括《原富》在内的国外书籍，又与蔡元培在一起共事，蔡的教育思想对张有一定的影响。于是，这几年间，

---

① 严复：《与张元济书》（光绪二十五年，1899年）。《严复集》第3册，第535页。

② 盛宣怀：《据张主事呈拟译书院撙节办法除行知外请查照》（光绪二十八年三月三十日，1902年5月7日）。上交档：ls3－005。

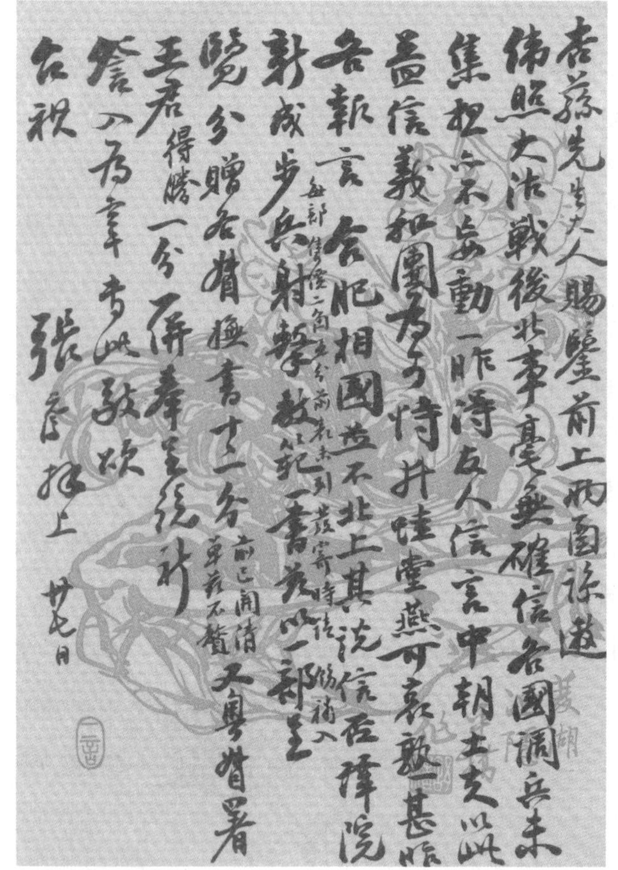

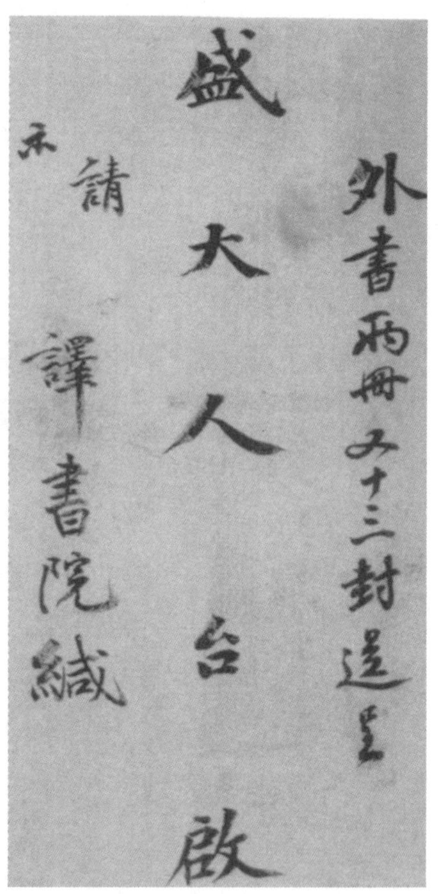

外書兩冊又十三封送呈
盛大人台啟
示請
譯書院緘

张元济为译书事宜致盛宣怀函

张元济的教育思想实现了从英才教育到普及教育的重要转变。他在1902年就已认识到:“今设学堂,当以使人明白为第一义。……无良无贱,无智无愚,无长无少,无不在教育之列也。本次意以立学,则必重普通而不可言专门,则必先初级而不可亟高等。”[①]这一教育观的重大转变,是他从1902年起投身于规模很小的商务印书馆后,积极从事普及教育的最基础工作——编写初等小学教科书的思想基础。由于他主持商务印书馆取得了连续30年的辉煌业绩,从而开辟出我国近现代出版业的一片崭新天地,他被誉为我国“现代出版事业的奠基人”。张元济在南洋公学译书院的这段经历,恰恰为他的成功奠定了坚实的基础。换言之,正是存在仅四五年时间的南洋公学译书院,孕育了张元济这位推动中国近现代出版、教育事业的文化巨人。

① 张元济:《答友人问学堂事书》。《教育世界》,1903年第2期。

第四节　附设东文学堂

一、筹设经过

译书院成立后，主要译员聘自日本，中方人员多担任编辑校订事务。为扩大译务，提高质量，急需设立一所培养翻译人才的学校，以作译书事业的长久之计。早在1899年，也就是译书院设立次年，盛宣怀就开始筹措款项，准备设立一所“东文学堂”。据该年8月1日盛宣怀主管的轮船招商局报销款项，每年供给南洋公学、译书院经费银6万两，天津学堂改拨商务、东文学堂经费银2万两。[①] 天津学堂即1895年设立的北洋大学堂，经费大部分由轮、电两局供给，从1899年开始经费另筹，原拨款项被盛宣怀用于扩充南洋公学，东文学堂也被列为扩充计划之列。

译书院成立后，在张元济的主持经营下，译务发展较快，译书种类也从单纯翻译兵书转向政治、经济、法律等多个领域，而每次准备翻译法政之书时，总感到译才难觅。1900年5月，盛宣怀指令译书院翻译英国商律，张元济、何嗣焜均以“译才难得，专家更稀”，谓“此事目下无从措手”。[②] 1901年清政府决定实施新政后，盛宣怀又急于扩展译书院，并吁请各省督抚协作译书，以供新政建章立制之需。盛宣怀认为，要推广译务，必须创办培养翻译人才的学校，译书院业务和推广译书计划都需要大量具备专门学识、精通外语的翻译人才，而当时我国留学日本、欧美的风气刚刚形成，出国学生为数不多，留学归国者更是微乎其微，从事翻译的人才奇缺。于是，早已规划中的“东文学堂”逐渐具备了正式成立的各种条件。

1901年8月上旬，盛宣怀于上奏《呈进南洋公学新译各书并拟推广翻辑折》之际，特附《请专设东文学堂片》，正式提请开设东文学堂。附片主要内容如下：

> 译书宜兼通中外之学，而尤以专门为贵。臣所译兵书，系延聘日本通中文者一人，陆军少尉一人，会同翻译，始无讹错。西人兼通中文者极少，中国通西学者亦不多，制造局书大都英人口译而华人笔述之，颇为艰苦。公学现印《原富》一书，为候选道严复所译，该道中西学问俱优，故称善本。臣又托使臣罗丰禄觅得英国商律全书，卷帙浩繁，拟即派公学提调候选知府伍光建翻译，约须两年告成。译才如严复、

① 陈旭麓、顾廷龙、汪熙主编：《轮船招商局》（《盛宣怀档案资料选辑》之八），上海人民出版社2002年版，第771页。

② 张元济：《致盛宣怀函》（光绪二十六年四月一日，1900年4月29日）。盛档：044699－1。

請專設東文學堂片 光緒二十七年六月
再譯書宜兼通中外之學而尤以專門為貴臣所譯兵
書係延聘日本通中文者一人陸軍少尉一人會同繙
譯始無訛錯西人兼通中文者極少中國通西學者亦
不多製造局書大都英人口譯而華人筆述之頗爲艱
苦公學現印原富一書爲候選道嚴復所譯該道中西
學問俱優故稱善本臣又託使臣羅豐祿覓得英國商
律全書卷帙浩繁擬即派公學提調候選知府伍光建
繙譯約須兩年告成譯才如嚴復伍光建者實罕其匹
現欲推廣搜輯似以轉譯日本已輯西學之書較爲稍
愚齋存稿　卷五　奏疏五　思補樓藏版
易近有日本議紳子爵長岡護美在滬設立同文書館
以彼國普通學生加習中文中學其取精用宏之意至
深且遠長岡護美來遊南洋公學臣與考訂一切屬其
延訂專門法學一人又另聘兼通中學之教習來滬專
設東文學堂選取秀士數十名專課東文東學據稱質
地聰穎者一二年後文字可通舉以譯書可期事半功
倍惟西國專門之學必有專字門類極繁東人譯西文
先有定名中國譯東西文尚無定名則譯字互異閱者
易滋迷誤亟宜將各國輿地官職度量權衡及一名一
物撰擬名目類表以求畫一嗣後官譯私著悉依定稱
惟體例尤須精審擬寬其歲月責成譯書院會同公學
及東文學堂分別參訂再行呈送政務處核定頒發所
需款項暫於學堂商捐內籌措以期成斯要舉而免徒
託空言謹附片具陳伏乞
聖鑒謹
奏　七月十二日奉
硃批知道了欽此

1901 年 7 月，盛宣怀所奏《请设东文学堂片》

> 伍光建者，实罕其匹。现欲推广翻辑，似以转译日本已辑西学之书较为稍易。近有日本议绅子爵长冈护美，在沪设立同文书馆，以彼国普通学生加习中文中学，其取精用宏之意至深且远。长冈护美来游南洋公学，臣与考订一切，属其延订专门法学一人，又另聘兼通中学之教习来沪，专设东文学堂，选取秀士数十名，专课东文东学。据称质地聪颖者，一二年后文字可通，举以译书，可期事半功倍。……所需款项，暂于学堂商捐内筹措，以期成斯要举，而免徒托空言。①

盛宣怀从挑选译员的标准出发，谈到自设学堂培养译才的必要性，这个标准便是“译书宜兼通中外之学，而尤以专门为贵”，指出兼通中西学是一名译员最起码的素养，而尤以精通中西专门学问，如严复、伍光建为最佳人选。而实际上，无论西方国家还是我国，当时符合这个标准的译员极其缺乏，因此要推广翻译，必先设立培养“中西学问俱优”的翻译人才。奏折当中提及专设“东文学堂”而非“东西文学堂”，原因在于“转译日本已辑西学之书较为稍易”，这在随后的招考启示中也说得很明白：“西政大端日本皆经翻译，同文共洲，事半功倍。”②从奏折中还可以获知，设立东文学堂已得到日本政要长冈护美的支持和鼓励，后者不仅应盛宣怀所请为其出谋划策、聘请教员，其在上海设立专门培养“中国通”的东亚同文书院更给盛宣怀提供了一个办学榜样。8 月 25 日，《请

① 《愚稿存稿》第 5 卷，第 38－39 页。
② 盛宣怀：《设立东文学堂招考肄业诸生告白》。盛档：045021－2。

专设东文学堂片》得到皇帝朱批，获准办理。

之后，公学总理沈曾植遵照盛宣怀的要求，具体负责选定掌校者、聘任教员、选择校址、招考学生等各项事务，使学堂得以在秋季顺利开学。在物色掌校者时，沈曾植开始向盛宣怀举荐“锐敏可喜”的蔡元培：“此君于东文学堂最相宜。”①不过，当时公学特班开学在即，急需掌教人员，蔡元培遂被聘为特班总教习。10月28日，沈曾植再向盛宣怀推荐罗振玉，认为“东文开办能请叔蕴最佳”。叔蕴即罗振玉的字。盛同意聘任罗振玉担任东文学堂监督，月薪100两，11月初正式就任。时罗振玉已入湖广总督张之洞幕府，参与兴学与编译事宜，常往来于武汉、上海之间。早在1898年罗曾在上海开设东文学社，培养日文翻译人才，1900年因故停办，因此对于主持东文学堂，罗振玉“甚感雅意”，他辞去湖北江楚编译局职务，欣然接受聘任。之后，沈曾植又接受罗振玉的推荐，聘任原东文学社高材生王国维为执事，聘东文学堂日籍教员藤田丰八就任正教习，后又通过藤田增聘田冈佐代治(岭云)为副教习。

东文学堂的办学场所，也颇费一番周折。盛宣怀开始考虑设于新建成的上院，沈曾植认为上院“地既逼窄”，和新设特班、政治班混合在一起，“界限亦不能清”，建议将自己办公兼住所的“总理公馆”暂作学堂之用，“将来再议购地造屋”，若照准，他和家眷尽可立刻搬出。后来又觉得日籍教习与欧美籍教习因文化背景不同的原因“同处不相安”，且“东教习薪水供待均薄于西教习，亦不宜使之杂处”，②于是，沈曾植听从监督罗振玉的意见，最终在译书院所在地虹口谦吉里租屋办学。

在东文学堂任职的罗振玉(左)、王国维(右)

---

① 沈曾植:《与盛宣怀书》(1901年9月6日)。转引自《沈曾植年谱长编》,第256页。

② 沈曾植:《与盛宣怀书》(1901年9月6日)。转引自《沈曾植年谱长编》,第260-261页。

在选聘教职员、选择校址的同时,招考学生也在进行之中。10月初,在沈曾植一再催促下,盛宣怀以个人名义在各大报上刊载《设立东文学堂招考肄业诸生告白》,全文如下:

为新设立东文学堂招考肄业诸生事,本大臣前经奏设译书院,分译中东政治、律法各书,参究得失之林,以备辎轩之采。盖昔之所谓洋务,在互市通商;今之所谓洋务,在典章制度,非有译本不能尽通。而西政大端日本皆经翻译,同文共洲,事半功倍。现已聘请东国通人来华教习,特行招考愿学诸生到公学,按年学成,派充译书之员,给以薪水。报名之时,将已习东文、未习东文注明履历之下,以便示期分班考试。特白。[①]

招生启事言明设立东文学堂是为译书院培养"译书之员",分译日文西籍政治、法律各书。报名条件比较宽松,并无日文基础的限制,已习、未习日文者均可报考。启事刊布后,报名者不乏其人,甚至连京师东文学堂在校学生也南下报考。10月25日,沈曾植向盛宣怀报称:"东文报考者,昨已及三百人。"考试分为初试、复试两次,盛宣怀、沈曾植均亲临考场。10月31日,初试在公学举行,"到者三百二十七人。"[②]11月2日至3日,盛宣怀文案张美翊、吕景端和特班总教习蔡元培在盛宣怀寓所批阅了考卷,确定拟取30名,备取30名。复试地点设于盛宣怀斜桥行辕,考生章鸿钊对考试情况和一些细节有过一段回忆:

复试于盛督办家廊下。考生四十余人,以苏州、宁波二郡人为多,予举不相识。考题二,一曰刘宴理财得失论,二曰拟晁错重农贵粟疏。予固略知大意,而所携书籍均未及此,遂匆遽书完纳卷而去。是日尚有一事足记者,正午时,督办饷各考生面一碗,甫抵予座,偶微不慎,垢汤沾污红丝卷子,满纸油腻淋漓,至不能下笔。予乃向监视者请求换卷,监视者曰:"卷无余者,子但待干再写可耳。"故出场后次日即怏怏返郡,以为被摒无疑矣。越十余日,奉吾父手谕曰:"阅某报,知汝前已以第一名中选矣。"为之惊喜,遂辞馆职,如期赴沪就学。[③]

这段回忆涉及复试的地点、人数、考生籍贯、考题。两个考题都与中国古代经济政策有关。从中午给考生提供午饭可知考试时间为一整天。章鸿钊"污卷"后尚能拔得头等,说明主试者看重的是实际学问。经过初试、复试,最终录取40名学生,录取名单依照成绩先后排序,通过报纸公诸于众。

---

① 盛宣怀:《设立东文学堂招考肄业诸生告白》(1901年)。盛档:045021-2。

② 见蔡元培当日日记,《蔡元培全集》第15卷,浙江教育出版社1998年版,第363页。一说600余人,见章鸿钊:《六六自述》,武汉地质学院出版社1987年版。

③ 章鸿钊:《六六自述》,第12-13页。

11月27日,东文学堂正式在虹口开学。当日,罗振玉、藤田丰八到堂主持开学,学生到者20人,不久陆续到齐。经过沈曾植等人数月的精心筹备,东文学堂正式建成。

二、教学与管理

东文学堂正式开学前后,罗振玉、王国维即会同沈曾植制订出管理规章,并于11月30日经沈曾植转呈给盛宣怀披览。规章分办学章程、学生学规、戒约,大体可以窥见东文学堂教学与管理的一般情况。当中最要者为《东文学堂拟定章程》,分名称、宗旨、学生、年限及功课、考试、罚则5部分10条,全文录下:

东文学堂拟定章程

名称

第一条　本学堂称南洋公学译书院附属东文学堂。

宗旨

第二条　本学堂以使学者习东国语言文字,通各国历史及政法之学,速成有用之才为宗旨。

学生

第三条　学生不限年齿,但取已通中学者。

第四条　学生数定为四十人。

年限及功课

第五条　本学年限定为三年。第一年课东语、东文,兼授万国地理、政治、地理历史,及法学通论;第二年课西洋近世史、理财学、宪法,及刑法国际公法;第三年课外交史、国际私法、行政法、商法、民法、财政学、国家学,随时兼教哲学概论、哲学史、心理教育、伦理、美学之大要。

第六条　本学不设中学分教,而学生正课之余,仍令自习之,其中学之书以唐律疏议、大清律例、三通考为主。

第七条　学生自修中学时,请教习将政治、法律、地理、历史、商工、外交、风俗、美术各题目指示体例,自行编纂,呈教习批改。

考试

第八条　考试三项,曰半年考试,曰周年考试,曰三年卒业考试;教习按大小二考之成绩,而定学生之等第。

第九条　三年后学生将政治、法律、文学、美术等题目自撰论著,为卒业考试,及格者为卒业,不及格者为落第。

罚则

第十条 不遵守本学所定章程,不从长上训诲,及学无进境、行止不合格者,皆谢退。[①]

名称虽定为“南洋公学译书院附属东文学堂”,办学宗旨也是为译书院培养日语翻译人才,但在实际管理上东文学堂并不从属于译书院,两者是对等并立的关系,同时附属于公学,直接受公学督办、总理(总办)的管辖,所以筹备过程中,主持者是公学总理沈曾植而非译书院主事张元济。成立后不久,沈曾植在给监督罗振玉的信中说得更加明确:“东文学堂公专主,译书院菊生专主,孝章、芝房并与言明。”[②]菊生即张元济,孝章即盛宣怀,芝房即新任公学总办汪凤藻。在沈曾植的坚持下,盛、汪同意罗振玉、张元济分掌东文学堂、译书院,责权明晰。学堂经费也由公学直接划拨,1901 年开办当年支 2 075.1 规元两,1902 年支7 328.38规元两,均不在译书院经费项内开支。东文学堂、译书院并立管理的模式有利于罗振玉一展身手,也利于公学直接管理,但却易使东文学堂、译书院产生隔膜,造成翻译人才的培养与任用相互脱节。无怪乎沈曾植离任后,在致盛宣怀的函中坦诚:“东文学堂颇有美誉,译书院却有忌者。”[③]

章程所定“以使学者习东国语言文字,通各国历史及政法之学,速成有用之才”的办学宗旨,也即盛宣怀 1902 年在《南洋公学历年办理情形折》中称:东文学堂“考选成学高才之士,专习东文,教授高等普通科学,以备译才”。将已具有中学基础的青年培养成具备高等普通科学知识的日语翻译人才,是东文学堂人才培养的最高目标。因此,考选学生时重视中学基础而不拘泥于所习日语程度,入学后的课程则专重“东语东文”及法政、史地、艺术等西学科目,又以法政学科为主,以养成翻译通才。学习年限相应延长,定为 3 年。从课程、学年上看,东文学堂与稍早设立的经济特科班有些相同,都是培养速成性质的新式有用之才。

章程之外,又详订《东文学堂学规》《东文学堂戒约》,以严申学行规范、言论准则。其中学规最详,分通则、敬称及敬礼、讲堂、休业、告假及退出、居室 6 章 33 条。大到立志、为学、待人处事,如师生见面礼节、禁止结社等,小至起居、休假、日常举止,如下上阶梯、禁止吐痰之类,事无巨细,一一述及。

---

① 见盛档:044542。

② 沈曾植:《与盛宣怀书》(光绪二十八年正月七日,1902 年 2 月 14 日)。《沈曾植年谱长编》,第 270 页。

③ 沈曾植:《与盛宣怀书》(光绪二十八年三月二十八日,1902 年 5 月 5 日)。《沈曾植年谱长编》,第 273 页。

三、教习与学生

东文学堂设监督、执事各 1 名，由罗振玉、王国维分别担任，日籍正、副教习各 1 名，由藤田丰八、田冈岭云分任，合计职教员 4 名，另有杂务人员数名。罗振玉等职教员是原东文学社的旧班底或高材生，相互间易于沟通协调，也有教学管理的实际经验。罗振玉、王国维主持堂务井井有条，按章循序办理，不数月即赢得沈曾植“东文基础已成，发达未已”[①]的赞语。监督罗振玉（1866—1940），江苏淮安人，祖籍浙江上虞，字叔蕴，是著名古文字学家、金石收藏家。执事王国维（1877—1927），字静安，浙江海宁人，近代著名学者，在现代文学、美学、史学、古文字学、考古学等领域成就卓著。正教习藤田丰八（1869—1929），号剑锋，日本东洋史学家，早年就读于东京文科大学汉文科，娴熟中国语言文字，毕业后任教于早稻田大学，1897 年来华，被罗振玉聘为《农学报》翻译，次年协助罗振玉开办东文学社，与田冈岭云等人专授日语。副教习田冈岭云（1870—1912），本名佐代治，日本汉学学者、文学家，曾在东京大学专攻中国文学。历任冈山县津山中学和江苏学堂教员、报馆记者。译有《和译孙子》，著有《支那文学大纲》等。藤田、田冈两教习勤于教务，善得其法，令学生较为满意。据东文学生沙曾

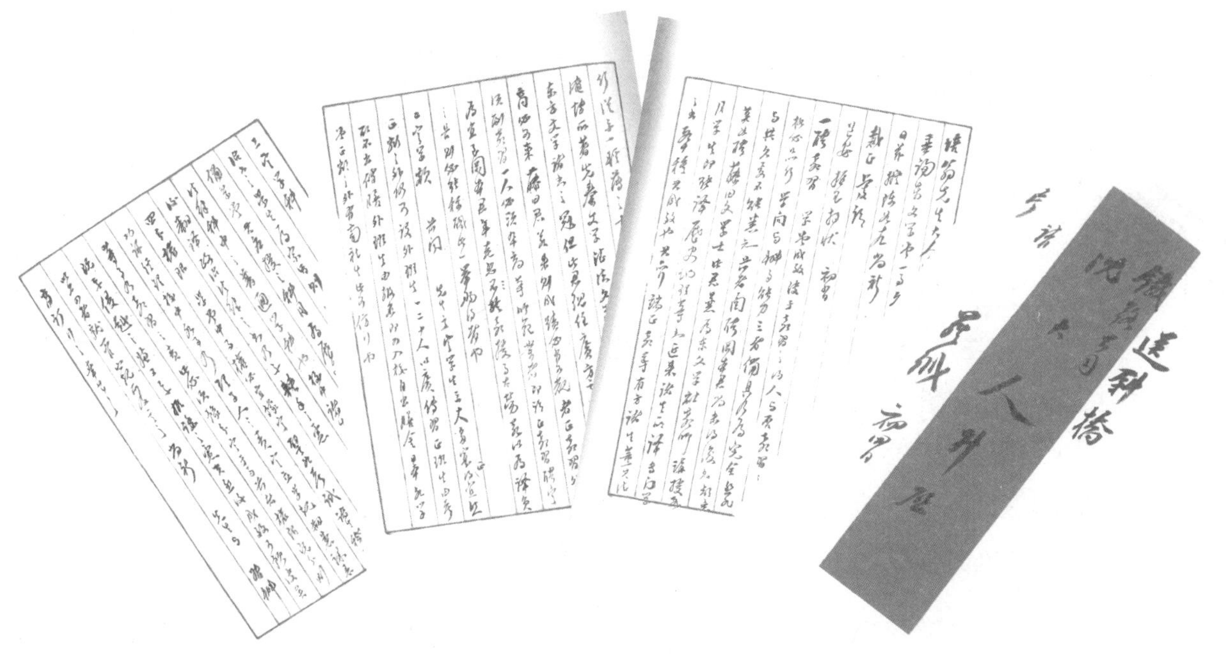

1901 年，罗振玉就开办东文学堂诸事答复公学代总理沈曾植

① 沈曾植：《与罗振玉书》（光绪二十八年正月七日，1902 年 2 月 14 日）。《沈曾植年谱长编》，第 270 页。

诒回忆:“日人藤田氏,复热心教育,不数月授文法毕,益进以历史、地理、法律、经济、社会诸学书,曾诒乃得覃精东籍,毕力穷追,寝于是馈,于是举各学科光怪陆离之新理,一一供吾之咀嚼而吸饮焉。”[①]

东文学堂招考时共录取学生40名,开学后,沈曾植见“屋舍甚宽敞”,遂建议盛宣怀招收数名附读学生,实际东文学生超过40人。据1923年编《南洋公学东文学堂同学录》,[②]共收录学生46名,此可视为先后就读的学生数。正式录取的学生不收学膳费,附读学生按月每人缴纳膳金洋3元。与特班生一样,东文学生中学功底较好,大多数学生获取过科举功名,使当时公学阅卷者感到满意,“以此次录取诸生为得人”。1902年6月公学开列愿意参加当年乡试的廪、增、附、监生名单中,东文学生就有31名之多,是继特班之后的又一个“秀才班”。上述《同学录》记载各生姓名、别号、籍贯、年岁、职务、住所、电话等信息,是了解东文学堂学生情况的最佳资料,兹将住所、电话略去后的各项信息列如表6-5。

表6-5 南洋公学东文学堂同学录(1923)

姓名	别号	年岁	籍贯	时任职务
丁　锦	慕韩	四五	江苏无锡	陆军中将
丁福保	梅轩		江苏无锡	医生
王其康	慕庄	四二	江苏淮安	山东盐运使
王广圻	劼孚	四八	江苏南汇	驻荷兰公使
王曾宪	彰孚		同上	前上海医院院长
王迈常	铭远		浙江嘉兴	
朱大屿	鲁珍	四三	江苏吴县	财政部编纂处
李国磐	诗史		浙江鄞县	
吴　梅	瞿庵		江苏吴县	东南大学教授
贝寿彭	叔眉		江苏吴县	
沙曾诒	诵先	四六	江苏江阴	财政部佥事科长
金永安	平季		江苏南通	
周作民	作民	四〇	江苏淮安	北京金城银行总理

① 沙曾诒:《致盛宣怀函》(宣统元年十一月二十四日,1910年1月5日)。盛档:044533。
② 《南洋公学东文学堂同学录》(1923年8月)。上海市档案馆藏,档号:Q235-3-361。

（续表）

姓名	别号	年岁	籍贯	时任职务
林振淦	少轩		福建闽县	
屈　蟠	钧侯	四三	江苏常熟	国务院佥事
胡锡安	锡安	四〇	浙江镇海	泉通银行总理
徐敬熙	惺初		江西湖口	
徐勤业	渭臣		江苏无锡	嘉兴地方审判厅推事
徐潜渊			江苏南通	
唐宝镐	雨亭		广东香山	
陈时夏	季衡		浙江鄞县	参议院议员
陈景睿	虞璇		江苏嘉定	
张兆镕	志鸿		江苏青浦	
黄艺锡	润书	四五	江苏上海	前农商部司长
许　璇	叔玑	四七	浙江瑞安	教育部编审员
陶昌善	俊人	四四	浙江秀水	中央农事试验场场长
郭文献	礼徵		安徽寿县	镇江大照电灯公司
盛德镕	霞飞	四七	江苏吴县	法制局
章师濂	廉泉		浙江鄞县	
章鸿钊	演群	四七	浙江嘉兴	农商部技正
杨天骥	千里	四二	江苏吴江	国务院参议
杨寿桐	高百	四六	江苏无锡	天津寿星面粉公司
贾丰臻	叔香		江苏上海	上海龙门师范教员
谈稻孙	石彬		江苏淮安	
叶人騄	润春		江苏华亭	
廖寿慈	淦亭		浙江鄞县	上海证券交易所
刘大绅	季英		江苏淮安	
蒋道南	式言	四七	江苏奉贤	外交部办事、中俄交涉署秘书
钱应清	镜平	四六	江苏崇明	币制局钞券处处长
薛光锷	剑锋		江苏无锡	福建高等审判厅

(续表)

姓名	别号	年岁	籍贯	时 任 职 务
罗福成	君美		浙江上虞	
附已故同学				
洪锦骧	五平		浙江瑞安	
汤　椒	访鸥		江苏崇明	
贺绍章	洁先		浙江镇海	
章起渭	东泉		浙江鄞县	
刘彬贤	君雅		福建侯官	

依据上表，结合1902年愿意参加乡试的东文学生年岁，以及其他零星资料，可以推算出其中38位东文生入学时的年龄，人均年龄约23岁，与当年招生的特班生人均年龄相仿，且也长幼悬殊，最长者是35岁的章起渭，和监督罗振玉同龄，最幼者为晚清名士、《老残游记》作者刘鹗之子刘大绅，年仅15岁。表6-5记载了46位学生的全部籍贯，其中生源地来自江苏27名，浙江14名，福建2名，安徽、江西、广东各1名，显然以江浙生源占绝大多数，合计约占89%。江浙两地学生又相对集中在苏州、宁波、无锡各府属县，以至来自湖州的章鸿钊复试时发现考生"以苏州、宁波二郡人为多"，自己一个也不认识。

东文学生大多数是熟读经史子集的传统士子，他们已开始步入科举之途，且不少人一帆风顺，获取参加乡试的资格。这些先得欧风美雨吹拂的江浙"秀才"们能够放弃"正途"举业，来报考东文学堂，大多缘于国势日颓、强敌逼侵之下对八股制艺的厌恶，希冀从西学中学到真实本领，从日本的崛起中寻找到救国之方，施展个人抱负。沙曾诒回忆说：

> 曾诒一介寒儒，少读书，不喜章句，好治经世之学，以为切于用而适于时也。……曾诒能力薄弱，丁兹时局，恒终夜彷徨，悱恻不自适。窃不自量思，有以破除新旧之成见，而钩考各国之优于我者，其真精神安在？其真面目安在？日本于我国同洲，数十年来颉颃泰西政教之良，宁非龟鉴，乃决意学彼邦之文字，为着手进行之方针。辛丑九月，我师创设东文学堂于南洋公学，凡所以培植人才者，无微不至，士无远近，闻风兴起，曾诒亦幸厕其间。①

章鸿钊在自述中也说，他自幼爱好自然，一切务必求得实际，性情与科学为近，而不以章句文

① 沙曾诒：《致盛宣怀函》(宣统元年十一月二十四日，1910年1月5日)。盛档：044533。

字为满足，不甘心于像父亲一样在家乡当一名塾师，听说公学招考东文生，欣然前往。强烈的求知欲望，加上罗振玉、藤田等精心教育，东文学堂学生大多能勤学苦练，学业进步较速。章鸿钊在校"平时努力常倍畴昔，每逢期考所得学分为独多者亦也此"。学业也大有长进，"时日本文义已经尽了解，日籍略能自读，课余乃稍稍译书以资练习。"[①]

东文学堂学生、近代著名银行家周作民(左)，中国近代地质学奠基人之一章鸿钊(右)

东文学生在校学习为时仅1年，课程尚未修完，但却掌握了较好的语言能力，获得了一些西学基础知识，为他们日后能够继续深造和建功立业迈出了较为关键的一步。不少人散学后或留学日本，或就学京师大学堂，或投身教育、实业、政治等各项社会事业，大多数人能够学有所成，建树颇多。如上述《同学录》所示，到1923年为止，不少人已在政府、实业、教育、外交、法律等领域崭露头角，后来成为社会杰出人士的也不乏其人，尤以近代地质学奠基人章鸿钊、文学家吴梅、银行家周作民、著名中医丁福保、近代农学奠基人许璇等为著名。不少东文学生发挥所学，从事大量翻译日文书籍和编纂教科书的工作，如唐宝镐编译《海权对历史的影响》，丁福保、唐宝镐校阅的《最新中学代数学教科书》，徐勤业编《中外病名对照表》，陈时夏译述《平时国际公法》《商法会社法》，杨寿桐译《国民体育学》，章起渭编译《西洋通史》《政治泛论》等；依照日本学校课本编纂的教科书主要有贺绍章编《经济大要》(中学课本)，杨寿桐编纂《物理学问答》，杨天骥校订《伦理学》等。这些都为西学在中国传播和文化教育事业做出了贡献。

由于有一定的教学和管理经验，良好的师资和生源，东文学堂在罗振玉的主持下稳步发

① 章鸿钊：《六六自述》，第13页。

展。盛宣怀对罗振玉及东文学堂也颇为满意,1902年初,沈曾植告诉罗说:“孝章以江鄂故,尤其倾注于公。”罗振玉对学堂发展和学生学业也很乐观,1902年10月29日,也就是创办一年之际,罗在给沈曾植信中谦虚地称:“东文学堂得长者固其基础,正其趋向,故尚安静,诸生学业亦日进。”[①]

正当一切如愿进行之时,1902年底,公学遭遇经费危机和学潮双重打击,盛宣怀不得不作出裁撤附属办学机构的决定。1903年2月,东文学堂与译书院及特班、师范班同时被裁,罗振玉等教职员离校而去,原定东文学堂经费改充出洋肄业经费,开设仅一年多的东文学堂就此停办。

① 罗振玉:《与沈曾植书》(光绪二十八年九月二十八日,1902年10月29日)。《沈曾植年谱长编》,第276页。

第七章
校园环境与师生活动

第一节　校园与建筑

一、选址徐家汇

早在1896年南洋公学筹备阶段，盛宣怀就选定高昌庙作为校址，将“绘图营建屋宇”与“议定办学章程”作为筹备开学的两件头等大事，指定南洋公学筹备人之一钟天纬专司经办购地、规划校舍事宜。1897年初南洋公学开办时，钟天纬已在高昌庙购地40亩，但校舍尚未营造，只得先借用徐家汇厂屋先行开学，造成了开办施教在先，建筑校舍在后的事实。1897年底，盛宣怀、何嗣焜等人经过反复权衡，接受监院福开森的建议，放弃原先将校址设于上海城南高昌庙的计划，而以上海西南隅徐家汇作为办学场所。从办学成本来看，在徐家汇比高昌庙要高得多。因经元善已应允将高昌庙经正书院地亩及校舍捐给盛宣怀办南洋公学，已经具备一个较好的办学基址，只需增加费用扩地建屋即可。而在徐家汇，购买土地、建筑校舍等一切都得从头做起。然而历史地看，把徐家汇临时校舍附近定为正式校址，可以说是选中大学所需的空间地域上的优势，更拥有得天独厚的人文环境。

徐家汇，位于上海城西约十二里处，南临漕河镇，北接杨家厍、法华镇。唐宋时属华亭县，元明清三朝属上海县。徐家汇开发较晚，至明代尚是荒僻之野，人烟稀少之地。

明朝末年，礼部尚书兼文渊阁大学士、著名科学家徐光启葬其父于徐家汇西南侧(今南丹路光启公园内)，并在墓旁建农庄守孝三年，期间从事农业试验和著述，编撰了农业科学巨著《农政全书》。徐光启去世后亦归葬于此，其部分后裔陆续迁来定居，子孙繁衍，渐成小村落，因名徐家库。由于地居肇嘉浜、李纵泾和蒲汇塘三条小河的汇合处，后改名徐家汇。

在徐光启的引荐下，西方天主教开始传入上海，徐家汇逐渐成为上海地区天主教活动中心，特别是19世纪40年代上海开埠以后，法国耶稣会为主的天主教势力在不平等条约的庇护下，相继建起圣母院、育婴堂、教会学校、大教堂等30多座宗教建筑，分布在徐家汇以南一带，被外国传教士称为“远东梵蒂冈”，成为江南教区的中心。[①] 耶稣会十分注重文化教育在传教中的渗透作用，在徐家汇建成了大规模的教育科技机构。1847年，天主教会创办了藏书楼，这是上海现代图书馆的雏形，一直以其丰富的中外藏书、完善的设施和建筑而著称。1850年耶稣会创办徐汇公学(今徐汇中学)，是上海最早创办的教会中学，它与后来创办的震旦学院一起，使徐家汇成为近代中等、高等教育的渊源地之一。[②] 1867年崇德女子中学(徐汇女中前身)设立。1868年创办了徐家汇博物馆，专门搜集长江流域动植物标本，开创中国博物馆之始。1869年开办土山湾印书馆，是最早将先进印刷技术引入上海的出版机构之一。1872年成立徐家汇天文台，建立起中国沿海地区气象中心，是上海地区气象观测记录之始，一度号称“世界最大私立研究气象机关”。[③] 1891年，设圣母院聋哑学校，为上海最早开办的聋哑学校。1903年马相伯借老天文台为校舍，创办震旦学院。这些文化事业的相继诞生与发展，客观上使徐家汇成为上海乃至江南一带的科技文化中心。此外，由教会和外商创办的园艺、绘画、木工厂、肥皂厂、唱片厂等，还给徐家汇带来了近代工业技术。

不过，在清末民国年间，甚至直到新中国建立前夕，徐家汇四周仍是农田环绕，绿树丛生，开阔幽静，一派乡村田园风光，很符合盛宣怀“局势宽宏，地远城市”[④]的择校标准，成为师生教读最相宜的处所。1901年入校的特班生黄炎培一直对优美的校园环境难以忘怀，抗日战争时期他在重庆九龙坡为交大学生作演讲时，向从未到过徐家汇校园的同学们动情地描述道：

---

① 上海市地方志办公室编：《上海名街志》，上海社科院出版社2003年版。

② 李天纲：《新耶稣会与徐家汇文化事业》。《文化上海》，上海三联书店1998年版，第144页。

③ 上海通社编：《上海研究资料续编》，上海书店1984年影印本，第439页。

④ 盛宣怀：《致刘坤一函》(光绪二十二年七月初三日，1896年8月11日)。盛档：044964－1。

建于 1847 年的徐家汇藏书楼，是上海现代图书馆的雏形。图为藏书楼今貌

> 兄弟为南洋公学时期的学生，在一九〇一年时考进本校，其时上海徐家汇有一所很大的校舍，等于这里九龙坡的交通大学。……徐家汇优美的环境中，有水田农村，夕阳西下时，三三两两去村落散步，遇到先生行礼，先生们也很客气，同学中也很和气。[①]

直到二十年代初南洋大学时期，校园周边环境依然如故，仍旧保持着田园诗般的清寂娴雅。1926 年学校对校址作如此描绘："四周以小溪外，皆农田平畴，四望一碧无际，地势清旷，空气新鲜，又以去上海市远，故甚幽静。"[②]这份清静正好切合中国读书人讲求静处体悟的文化传统。同时，又因校园与我国近代工业与文化教育发展最快的上海城区近在咫尺，故能在第一时间内感受中国近代文明进步的脉搏，这对于交大校风学风深有影响。有校友称南洋"虽名为在上海，而上海的繁华嚣俗丝毫不染，所以南洋学生，十之九是很质朴的"。[③]

僻处沪西徐家汇，除了使师生拥有良好的学习生活环境外，还给交大发展预留了更多的拓展空间。南洋公学时期，先后两次购地共 140 余亩，奠定了学

---

① 黄炎培：《四十年前在校求学之所得》（1943 年 1 月 25 日在重庆交大演讲）。上交档：ls3－113，卷名《吴保丰校长的来往信件及黄炎培的讲稿》（1943）。

② 《校址》。上交档：ls2－040，卷名《交通大学校史、校图及出洋学生人数》（1926）。

③ 华立：《南洋环境与南洋学生》。《南洋大学学生生活》（1923），第 40 页。

校的基业。清末民国年间,学校又曾先后向四周扩展,增购田地300余亩,将校园面积扩大了三倍,到抗战前,校园面积已超过四百亩。因校园四周大多为农田溪水,少有屋舍厂房,故每次扩地地价均较低廉,纠纷与阻力不大。民国初年,上海法租界向西扩展到海格路(今华山路)以东地区,使公学与法租界仅一路之隔,直到租界全部收归国有之前,学校一直处于华洋交界地段。在1932年"一·二八事变"和1937年"八一三事变"两次日本军队入侵上海的战火中,由于紧邻租界,客观上保证了校园的安全及顺利搬迁,避免了重大损失。交通大学自清末建校至民国及新中国建立以后百余年的时间内,除抗战期间被迫迁校外,校园始终没有变更过,这在近现代大学发展史上是不多见的,它对校风学风和师生之间凝聚力的形成起到了重要作用。除了抗日战争时期被日军占领外,徐家汇校园一直是交大的校园。

身处近代科技文化重镇,无疑给南洋公学增添了人文氛围,对于公学办学及师生的影响是显而易见的。蔡元培执教特班时,就曾带领黄炎培、胡仁源等20余人,同拜马相伯为师,每日清晨齐至距学校不远的土山湾马相伯寓所学习拉丁文。有了这份师生缘,当蔡元培介绍公学部分离校学生到马相伯处求学,马欣然同意,捐出家产,于1903年就徐家汇天文台余屋创立震旦学院,自任院长,聘特班生项骧为总干事。南洋公学外院实行寄宿制管理,据师范生章宗祥说,就是仿照徐家汇的教会学堂。① 徐汇公学的竞技体育也对公学产生了一些示范作用,两校中学部后来经常进行比赛;天文台也是交大学生课外常去的地方。总之,坐落于徐家汇,使南洋公学自然而然被浓浓的近代科技文化氛围所熏陶,而南洋公学的兴建与发展,又使得科技文化重镇徐家汇显得更加厚重。

二、建筑设施

公学购定新校址后,何嗣焜、福开森"莫不以筹建新建筑为急务",②他们首先进行校园规划,测量土地,布置造屋地点和道路。为了提高地势,取得较好的排水条件,福开森主持挖了一条护校河,并用挖出来的土垫高校园。③ 第一幢建筑是中院校舍,1898年秋破土动工,由上海乐和记营造公司承造,历时近一年,一幢三层楼砖木结构的西式建筑于翌年夏落成。中院建筑东西长60米,南北深30米,高21.48米,建筑面积4 950平方米,造价为49 926.2两

---

① 章宗祥:《任阙斋主人自述》。上海市政协文史资料委员会编:《上海文史资料存稿汇编》第1册"政治军事",上海古籍出版社2001年版,第24页。

② 杨耀文:《本校四十年来之重要变迁》。《交通大学四十周纪念刊》(1936年)。

③ 福开森:《南洋公学早期历史》(1931年5月)。《交通大学校史资料选编》第1卷,第11页。

规元。内部共有 83 间房舍，一楼设有中院主任室、教员休息室、化学实验室、化学讲堂、小型食堂等；二楼是多间教室，每室可容纳 30 名学生，三楼为师生宿舍。这座近 5 000 平方米的建筑，在当时中国也算是一幢体量很大的建筑，属于大手笔的作品。建筑落成后，以院名命楼名，曰“南洋公学中院”。三楼中央阳台外侧墙面上镶嵌着一块楼铭，镌刻着“南洋公学中

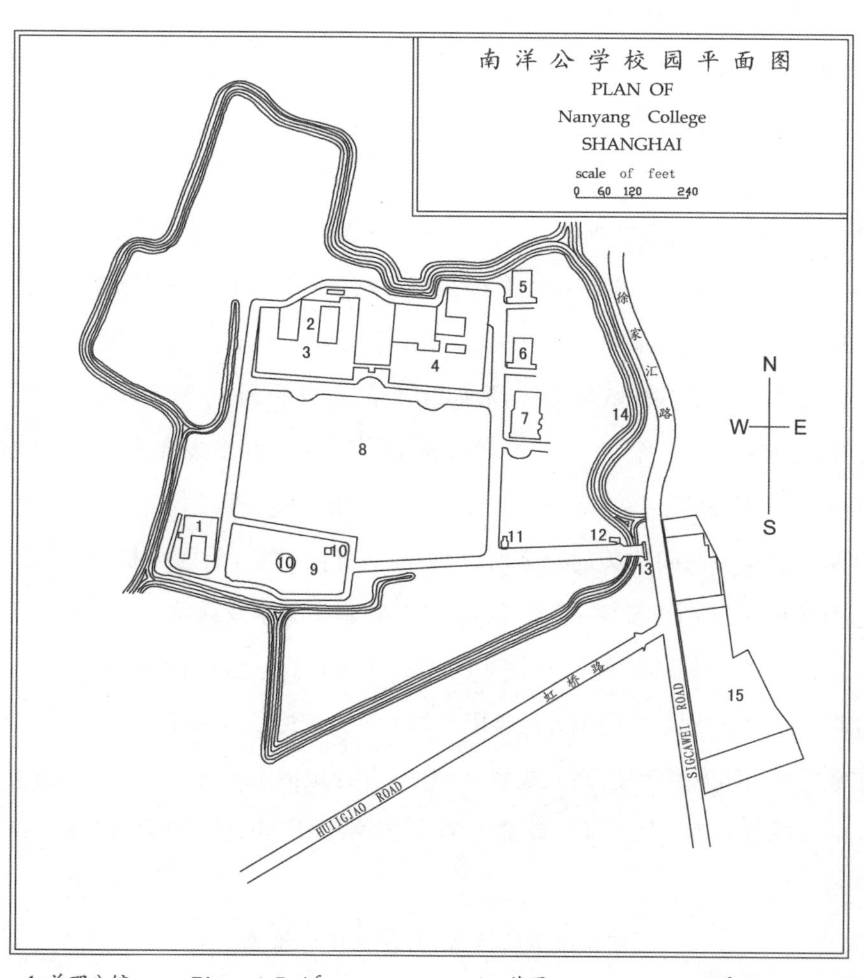

1	总理公馆	*Director's Residence*	9	花园	*Garden*
2	大会堂	*Hall*	10	凉亭	*Lodge*
3	上院	*Collegiate Department*	11	门房	*Porter's Lodge*
4	中院	*Preparatory Department*	12	门房	*Porter's Lodge*
5	洋教习住宅	*Professor's Residence*	13	木牌楼	*Gate*
6	洋教习住宅	*Professor's Residence*	14	李泅泾	*Leecong River*
7	监院住宅	*President's Residence*	15	1897－1899年南洋公学临时校址	*Temporary Campus* (*1897-1899*)
8	操场	*Athlotic Field*			

南洋公学校园平面图

注：本图据 1914 年《交通部上海工业专门学校校图》并结合相关史料绘制。

院”六个庄严工整的大字,至今犹存,向世人昭示着它的百年沧桑。1899年8月开学时,这幢新楼迎来了中院及师范院、外院的师生,成为他们主要的教读场所,直到1900年春上院落成,中院才完全用作中院学生校舍。

就在中院施工之际,一幢与之比邻、规模更大的校舍——上院又开始动工兴建。1898年8月6日,何嗣焜写信给盛宣怀,告知中院、洋教习住宅二三期工程完成,并已登报招标承造师范院(落成时改称上院)。1898年8月21日,何嗣焜主持公开投标仪式,沪上共有14家营造公司参与竞标,出价最高的是顾永兴88 200两,最低的是应生记61 500两。[①] 何嗣焜对各公司的信用、担保等情况作了分析,认为李大雪、徐文通、沈桂林、乐和记四家公司较为可靠,造价适中,连同各公司报价清单一并报请盛宣怀定夺。[②] 盛宣怀核定其中一家作为承造商,1900年初春,上院建成。这是一幢砖木结构的3层楼房,占地4.3亩(26 565平方尺),建筑面积6 500平方米,总造价82 908两规元。正面长60米,建有拱券长外廊,外墙饰以端山花和法国券式门窗,后有楼房3幢相接,形如“山”字,每幢深约30米。底楼大门进去,正前方为大礼堂,内有座位500个,还有一个高高的讲台,为全校师生集会场所。大礼堂东首是办公室,包括总理室、总教习室、庶务处、会计处、文案处。东首尽处,有一个能容400人同时就餐的食堂。西首有两间精美的会客所,后面还有3间教室,最西边是医药室、诊病室等3间。二楼有教员办公室、学监室、讲堂、物理教室、物理实验室及储藏室。三楼全部为宿舍,大小共52间。上院大门前围着一个半圆形花坛,中央树立一根旗杆,顶端常飘扬着国旗或蓝黄色校旗,灿烂而壮观。大门上方三楼阳台处也有一楼铭,曰“南洋公学上院”。建筑顶部有一座非常醒目的四方形钟楼,高大巍峨,与1891年建成的上海海关大楼的钟楼相似,内有直径六尺的大时钟一座,为沪西一带唯一的标准钟,钟声响彻一里以外。后人有诗描绘上院:

钟楼矗立广场空,气势长怀创始功。
曲径浅园欣漫步,明窗绛蜡助专攻。
典型尤仰规模远,忧国还留朴实风。
双树何年成荫益,相期共勉采山铜。[③]

1900年初上院落成后,师范院首先从中院迁来。当年,南下避乱的北洋大学堂学生借

---

① 《师范学堂工程七月初五日十点钟开标清单》(光绪二十四年七月六日,1898年8月22日)。盛档:088966-2。

② 何嗣焜:《致盛宣怀函》(光绪二十四年七月六日,1898年8月22日)。盛档:088966-1。

③ 盛懿、孙萍:《上院沧桑100年》。盛懿主编:《老房子 新建筑——上海交大110年校园》,第16-17页。

读公学，也就上院设立铁路班。公学随后开设的特班、政治班、商务班均设在上院。1901 年成立的附小，也临时借上院空余屋舍上课，直到 1907 年迁入新造校舍——南院。

现存于徐汇校区的南洋公学界碑与石磙

上院内辟一座小型图书馆，名曰"藏书楼"，位于楼下大礼堂西边。南洋公学筹备时，即重视图书设备的购置，准备建立一座"图书院"，收藏"各学应用之书，以及应用浏览参考之书"，"除中国官私载籍均宜搜采外，凡东西洋各国关系各学书籍各种图册，亦须广为购置，各国著名报馆日报月报新闻纸，一体购备。"①盛宣怀也是近代著名的藏书家，是近代图书馆事业的实践者和开拓者，他很重视公学图书收藏与管理，1896 年盛宣怀就《南洋公学教育事宜》批示："图书院应有专司之人，拟即以备教习者充之。"公学设立后遵照盛的意见，设置管理图书院兼备教习 2 名，邹炽曾专任管理员，徐兆熊、王建极等兼任过西文书籍管理员。上院藏书楼先是陆续购置中文书籍，约计三千余册，以经史子集为多，江南制造局翻译出版的西籍也基本购置。西文书籍开始仅数十册，专供教员参考之用，1901 年特班设立后，增加了政治、经济、法律等西文原本或译本。1903 年秋高等预科设立后，陆续购置西文参考书籍，此后中西文书籍逐渐增多。

对于公学时期最主要的两幢校舍中院、上院的规划、监造及其附属设施，当事人福开森曾有过一段较详细的回忆：

---

① 《南洋公学纲领》(光绪二十二年七月初三日，1896 年 8 月 11 日)。盛档：044964 - 2。

1899年落成的南洋公学中院。西安交大档案馆提供

中院和上院的设计图是我画的，我还准备了计划书和交付承包合同。我的计划的主要目的是把这些楼房建成只能供学校使用，当时有许多校舍常常被政府改作其他用途。我还设法在符合使用良好建筑材料的条件下使房屋尽可能降低，不把钱花在装饰外表或建筑的外表上。这些楼房很朴实，但却很坚固。我亲自监督楼房的建造，务必使所用的材料是最好的。中院的教室可容纳三十个学生，即每个班级的半数。在中院的一楼设有一个食堂，当不再使用食堂时，可以穿过食堂使大厅延长；在食堂的两旁有教室。该院三楼是作宿舍用的，但是一旦有校外宿舍时，也很容易改造成教室。在上院有几个大教室，但也有供讨论课用的小教室。在上院的后部有一个会议厅，两边有良好的照明设备。卫生设备都是上海当时可能弄到的唯一型

式。起初我们用水要靠小河里的水，但是以后就得到市政府的供水。[①]

从这段文字可知，一是福开森既是中院、上院的设计者，又是督造者；二是为避免改作他用，校舍规划时刻意考虑教学功能；三是力求朴实、坚固，摒弃华丽的外表与装饰，以节约造价。此外，作为第一幢建筑的中院，食堂、宿舍设计上具有临时性质。福开森称自己一身任设计、监造的说法有些言过其实，他并非建筑专业人士，来华前在波士顿大学读文学系，来华后专门从事传教、教育活动。缺乏建筑专业基础的福开森，要设计这两幢校舍谈何容易，所谓设计，应指从教育功能、教学用途层面对承建商提出要求。对于监造事功，应无异

① 福开森：《南洋公学早期历史》（1931 年 5 月）。《交通大学校史资料选编》第 1 卷，第 11－12 页。

1900年落成的南洋公学上院。西安交大档案馆提供

议,师范生章宗祥在《任阙斋主人自述》中说:"校舍建筑时,福往监工,尝携其幼子同行。登高梯木架,听其子自走,勿顾。"[①]当然,建筑校舍也非他一人所能独揽,总理何嗣焜同样倾注了心血。张謇撰《何先生纪念碑》说:"先生以清光绪二十三年丁酉为公学总理,询咨擘画,造端经营,一涂一径,一甓一石,皆出先

① 章宗祥:《任阙斋主人自述》。上海市政协文史资料委员会编:《上海文史资料存稿汇编》第1册"政治军事",上海古籍出版社2001年版,第26页。

生之心之手。阅五年，辛丑，校舍次第完成，规模粗具矣。”[①]作为生平至交，张謇在何嗣焜总理担任公学校务5年期间，往来频繁，曾受邀参观过公学建筑工程，故张謇所述何嗣焜规划、建造校园的事迹应属可信。

相继建成的中院、上院，也反映了公学的办学宗旨及其变动情形。公学设立的师范院、外院、中院、上院四院之中，师范院最先设立，外院次之，再次中院，

① 张謇：《何先生纪念碑》(1917)。张謇研究中心等编：《张謇全集》第5卷“艺文”(上册)，江苏古籍出版社1994年版，第416页。

1904 年南洋公学以校园模型、学生成绩参加美国圣路易斯安娜万国博览会,获金奖,图为获奖证书

最后上院,层层递进,但是校舍并没有按学阶依次建造,首先建造的是中院,然后建师范院,1899 年 9 月在建时,何嗣焜建议改作上院,"以免后年另造上院",[①]外院校舍限于经费直到 1907 年才建成。这种次序安排说明公学以中学、大学为办学重心,师范院、外院则是因缺乏师资、生源临时而设。

公学在建造中院、上院同时,以两院为中心,陆续在四周建成校长住宅 1 座、西学教职员住宅 3 座、养息所 1 座,以及木质校门牌楼、校门口之木桥、门房、过道等,形成以中、上院为主体的学校创办时期的校舍建筑群。同时,开辟上、中院前场地作为大操场,中间平铺草地约 30 亩,成为一座足球场,"常年绿草如茵,而且打扫得很整齐",[②]球场四周是铺垫煤渣的跑道。水电、马路、阴沟、车房等,也次第完竣,然后布置校园四周栅栏,栽花种草,建音乐亭,一座规模宏阔、布局齐整的大学校园初步建成。据南洋公学时期经费清册所载,可以列出历年经营校园建筑设施项目、经费等情况表(表 7 - 1)。

① 何嗣焜:《呈报南洋公学历年经费收支情况》(光绪二十五年八月初四日,1899 年 9 月 8 日)。西交档:2279,卷名《清代盛督办电报总局、南洋公学有关学堂常年月份经费收支清册来往文件》(1899)。

② 蒋梦麟:《蒋梦麟自传》,团结出版社 2004 年版,第 84 页。

1899 年落成的外国教员住宅

1900 年落成的总理公馆

表 7-1 南洋公学历年购校址、建校舍项目及经费表

年份	名称	数量	经费(规元两)	年份	名称	数量	经费(规元两)
1897	校地便桥、差保酬费		53.601		阴沟泥管等		231.47
					中院	1	49 926.2
1898	购徐家汇地	120 亩	8 785.445		监院住宅	1	6 073.83
	开河垫地		731.782		洋教习住宅	2	8 060
	大木桥	1	825		栽花树	5 900	446.205
	筑马路等		511.743		荷花厅	3	320
	大小界石等		75.387		花房	6	290
	屋图印照片		35.269		下人坑厕	1	159.042
	栽花树	2 170	238.547		茅亭	5	200
1899	绘图纸张		20.016		煤炉等	1	56.499
	开河凿池等		114.724	1900	上院	1	82 908
	垫泥除草等		294.192		总理公馆	1	5 543
	养息所	1	10 000		小门房	1	120
	门房	1			电灯房	1	2 000
	厨房	1			洗衣坊	3	430
	厕所	1			藏字炉	1	50
	木牌楼	1			桥口栅门	1	101
	花亭	1		1901	中、上院过道	1	955.79
	马房	1		1903	校舍维修		580.16
经费合计:175 147.895							

资料来源:《南洋公学光绪二十三年至二十九年收支总册》(1897—1903),西交档:2278。

第二节 学生生活与课外活动

一、学生来源

1898 年制订的《南洋公学章程》,对各院班级数、学生数作了规定,分别是师范院 40 名,外院生四班 120 名,中院生四班 120 名,上院生四班 120 名,每班学生数均为 30 名,合计全校学额 400 名。[①] 实际上整个南洋公学时期，每年在校学生数都没有超过此数，最少 123 名，最多约有 320 名，一般保持在 200 名左右。依据目前所能查证的资料，各院、专科班及全校每年学生人数情况如表 7－2。

表 7－2　南洋公学历年在校人数表(1897—1905)

	1897	1898	1899	1900	1901	1902	1903	1904	1905
师范院	41	26	34	22	19	16	—	—	—
外院、附小	82	101	82	78	70	69	65	96	89
中院	—	20	59	59	130	130	125	约 140	约 150
铁路班	—	—	—	18	18	—	—	—	—
特班	—	—	—	—	35	39	—	—	—
政治班	—	—	—	—	—	10	—	—	—
商务班	—	—	—	—	—	约 10	—	—	—
东文学堂	—	—	—	—	40	46	—	—	—
总计人数	123	147	175	177	312	约 320	190	约 236	约 239

资料来源：各院、专科班人数依次参见本书表 2－2“南洋公学师范院学生简况表”；表 2－6“南洋公学外院在校人数表(1898)”；表 2－7“南洋公学外班在校人数表(1899—1900)”；表 2－9“南洋公学高等小学堂历年在校学生数表(1901—1905)”；表 3－5“南洋公学中院历年在校生人数表”；《交通大学校友录》(1936)；蔡元培《南洋公学特班月课积分表》(1902 年 1 月)；《光绪二十八年送乡试底册》(1902)，西交档：2315；杨耀文《本校四十年来之重要变迁》(1936)；表 6－5“南洋公学东文学堂同学录”(1923)。另各院、专科班人数每年各月份略有增减，此处采用最多数。

据表可知，学生数量呈现出明显的起伏。在 1897 年开学时人数最少，只有师范生、外院生百余人，1898 年中院开设后，学生开始逐年增加，当年入校的童世亨称，“全校师生合计不满二百人”。[②] 1900 年在上院设铁路班，次年又设特班、政治班、东文学堂及附属小学堂，到 1902 年 11 月“墨水瓶事件”发生前，学生数约 320 名，达到公学时期学生人数的顶峰。“墨水瓶事件”发生后，学生一时锐减至 190 名，此后又受经费影响，学生增加不多，到 1905 年公学移交时，学生总数约 239 名。

在校学生数与所定学额之间存在较大的差异，究其原因，从外部生源来说，当时我国新式教育刚刚起步，小学、中学为数极少，符合外院招生条件的学生相当缺乏，中院、上院生源更是稀缺，这使公学难以招满学额。从公学本身来看，一是由于学校初创，师资与设

① 盛宣怀：《南洋公学章程》(光绪二十四年四月二十四日，1898 年 6 月 12 日)。《愚斋存稿》第 2 卷，第 27 页。

② 童世亨：《企业回忆录》(上册)。《民国丛书》第 3 编第 74 册，上海书店 1991 年影印，第 8 页。

施条件有限,外、中、上院各个层次的办学单位招收学生需循序渐进,拾阶而上,不可能实现同时招生;二是与所定平均化的学额有关,各个办学层次学额均为四班30名,以期逐年如数升班,而实际上能够如期读完外院,升入中院、上院者逐年减少,导致整体学生数少于规定学额。

对于南洋公学时期所有毕业、肄业学生人数情况,师范生张景良后来曾做过调查统计:"合师范院、外院、中院、上院在该时期七年之内,统计五百五十余人,内毕业于师范者三十人,毕业于中院者三十二人,毕业于小学者四十二人。"[①]尽管统计数据与实际学生数有所出入,却也能大体获知整个南洋公学时期学生总体规模与毕业生人数。

对于学生来源地,杨耀文在《本校四十年来之重要变迁》一文说:"本校开东南风气之先,以东南人士为众,然各省远道来就学者,亦不在少数,故同学足迹,几遍全国。"综合前述章节对各院、专科班学生籍贯的考察,有籍贯可考者师范院生77人、中院生44人、特班43人、东文学堂46人,合计210人。其中来自江苏129人,占总数61.43%;浙江54人,占25.71%;安徽、福建各8人,江西6人,湖南2人,广东、贵州、四川各1人,合计占12.87%。现将学生籍贯列如表7-3。

表7-3 南洋公学学生籍贯表

省籍	学生数	百分比(%)	省籍	学生数	百分比(%)
江苏	129	61.43	湖南	2	0.95
浙江	54	25.71	广东	1	0.48
安徽	8	3.81	贵州	1	0.48
福建	8	3.81	四川	1	0.48
江西	6	2.86	总计	210	

上表虽然是部分学生的籍贯情况,但仍可以反映出公学生源以江浙两省为主,少数来自长江以南各省。清末时期的官立学堂,除了京师大学堂学生由各省择优选送外,其余各直省所办学堂大都明文规定,只招收辖地内学生。相对而言,南洋公学生源覆盖南方各省,已属少见,它使公学获得了优质的生源质量,正如盛宣怀向清政府奏称,公学因系"商捐经费,学资不出于一方",招考时"士籍不拘于一省","无籍贯畛域之分,自愿入学者麕至而不能遍录"。[②]

① 张景良:《本大学沪校史略》。《交通大学月刊》(1922年1月)。

② 盛宣怀:《南洋公学历年办学情形折》(光绪二十八年九月,1902年10月)。《愚斋存稿》第8卷,第32页。

南洋公学师范院、外院学生合影（1899）

师范院招生资格中规定年龄20至30岁，有10岁的差距，实际入学学生年龄可考者人均24岁，最长43岁，最幼18岁，长幼相差25岁之多。特班、东文学堂情况与师范院基本一致，学生入学平均年龄同为23岁，特班中最长39岁，最小17岁；东文学堂最长35岁，最幼者15岁，长幼差距分别为22岁、20岁。或许考虑到限定入学年龄并无多大意义，特班、东文学堂的入学招考章程中并无年龄限制。中院生入学年龄初定13至18岁，后改为13至15岁，实际入学学生在12至22岁之间，平均16.7岁。外院入学年龄限在8至18岁，1901年成立附小时初定7至13岁，1904年划定12岁。以此类推，中院生入学时应为15岁，入学年龄的差距逐年减小。公学囊括所有小学、中学、大学（专科程度）办学层次，加上初办时招生不易而放宽入学资格，导致学生年龄存在很大差距，这也是我国新学堂兴办初期特有的现象。年龄的差距使公学学生在思想形态上多样复杂，特别是师范班、特班、政治班、中院高年级学生，年龄已普遍超过20岁,25岁上下的也不在少数,他们已具有独立见解和辨别能力,他们的思想倾向在全校学生中很有影响力。

二、学生生活

课堂之外,衣食住行、文体娱乐之类的日常生活,是学生校园生活的重要组成部分,也是学校管理制度的延续,比起规范的课堂学习生活来说,课外生活是多姿多彩、生动活泼的,它又是一所学校精神风貌和校园文化的体现。南洋公学时期学生日常生活因缺乏史料,难得全貌,但也可以从零星资料和部分师生回忆录中窥见一斑。比如在服饰方面,公学规定:"学生衣履须完整洁净,不得赤体乱堆,盘绕发辫,不得装束怪诞,过涉华靡。"[①]由于"来学者大率寒畯为多",因此学生大多衣装朴素整洁。从现存公学时期的三张师生合影可知,师生大多身穿长袍,外罩深色马褂,头戴瓜皮帽,脚穿圆口布鞋。传统装束并不利于体育运动,学校就发给每人一套操衣,以便学生上操做运动时能够轻装上阵。操衣仿当时军服而制,周身镶以云头。当学生被选派出国时,公学支给他们一笔不菲的治装费,剪去发辫,以一派西式青年的装束前往海外。"剪发易服"只有留学生可以享受,对于公学在校生来说,脑后都留有一根辫子。这给学习紧张的学生带来了额外负担,早上起来,除了洗脸,还要梳头,时间来不及,于是学生之间"往往两个人彼此合作,互相替对方梳头"。[②]

公学学生的食宿全部由学校免费提供。中院、上院各有食堂一座,每日三餐时间分别为7:00、11:30、18:00,周末则稍稍向后推迟一些。就餐时师生同食,饭厅列数十桌,每桌学生六七人,外加一位师范生或教习陪食。曾有学生回忆说:"每日三餐亦由各班依照年龄排列成行而进饭厅,每桌学生六名外,均有师范生一名伴食,须俟全体食毕,方可一同起立而散。"[③]说明就餐规则极细致,几乎将饭前、饭时、饭后各注意事项都作了细致安排,甚至连学生座位也一一固定,用餐时须对号入座。这种程序化的规定,有利于培养学生讲秩序的习惯,且师生同食也利于彼此之间的交流,也可以起到保证学生饮食质量的作用。

所有学生照章一律免费住宿校内,公学初办时,将临时校舍后的空余二层楼货物仓库改装成学生宿舍,据章宗祥回忆说:"楼上楼下各分东西两大室,室置寝榻数十张,若邮船之三等舱。中间一室,为监宿者所居,由师范生轮值,余亦常任此职。学生寝息及起床,仿兵队

---

① 何嗣焜:《南洋公学章程》(光绪二十三九月,1897年10月)。《交通大学校史资料选编》第1卷,第105页。

② 丐白:《七月份联谊月会记》。《友声》第45期,1956年8月8日,第35页。

③ 卫国垣:《交大掌故回忆录》。《友声》第10期,1953年4月8日,第15页。

1897 年 10 月，何嗣焜总理制订《南洋公学章程》手稿

式，各依定时，受监宿者之指挥。”①

中院、上院建成后，两院三楼均用作学生及部分教习宿舍（蔡元培日记载，他任特班总教习时就住在中院），并无专门的学生宿舍楼，但住宿条件已有改善。上院未竣工前，全部住在中院，后来中院学生住中院，特班、师范院、附小学生分别住在上院三楼的 52 间房间内。各级学生住宿条件和管理制度存在很大差异，特班、师范院学生住宿条件最好，“特班宿舍有一人一室的，有二人一室的。”②吴稚晖日记所载开始迁入中院住宿的部分师范生情况是：“雅余（白毓昆）楼西南，耕石（朱锡龄）在其东，伯初（章宗元）楼西北，培荪（王植

① 章宗祥：《任阙斋主人自述》。《上海文史资料存稿汇编》第 1 册“政治军事”，第 24 页。
② 黄炎培：《我也来谈谈李叔同先生》。《文汇报》1957 年 3 月 7 日。

善)在其东",可知当时师范生一人住一间。特班、师范院的寝室管理也很宽松,可以自定起卧时间,也可以在宿舍自行研修。中院、附小学生的住宿条件与管理方法和前者有天壤之别。据1902年"墨水瓶事件"的主角之一、中院学生伍特公回忆说,"一班一齐住在一个大卧室里"。[①] 当年他所在的中院五班退学人数达23人,也就是至少一室住有23人。1902年公学人数最多,住宿也最为紧张,其余年份的住宿条件应有所缓和。中院、附小学生的宿舍管理也特别严格。1897年何嗣焜手订章程第十章"卧室"规约9条,就起卧时刻、室内纪律、卫生、出入等作了专条规定;吴稚晖所记《禁约杂述》有关宿舍起居规则又有数条:

> 早晨堂内催醒之钟声止,一律披衣起床,准六点半时。历五分钟,值宿处用响器招呼,一律穿着整齐,叠好被褥,在本榻静坐,或整理箱箧,检取物件。除游散入房外,余时不准入房。午前应用之物,宜在此时取出。又历五分钟,发一招呼,一律出房,即将房门关锁。
>
> 午饭后、四点半后两次游散,皆入房更衣取物,约五六分钟时发一招呼,一律出房。未招呼先出房者,听(原文如此,似漏字)。早晨不准先出房,催起之钟声未作,亦不准先起,违者从重记过。
>
> 晚催睡之钟声止,限十分钟内,出恭小遗,安放物件,更换应洗衣服,一律处置妥帖。值宿处发一招呼,一律解衣上床。又历五分钟,一律静息。值宿处再发一招呼,灯火齐息。
>
> 凡所约时刻,失限者记过。[②]

《禁约》连用七个"一律",将从晨起到晚睡,诸如穿戴、整理、洗漱、出入、就寝等一切有关宿舍生活内容变得秩序井然,又用"五分钟""十分钟"从时间上使之整齐划一,养成机械化的学生生活,违反禁约将受到罚坐、记过处分。吴稚晖在1900年3月13日日记中记道:"夜,因中院四班沈德欣等临卧喧闹,是夜罚通班坐床一下钟。"[③]公学专派教习或师范生轮流充任监起居(或称监卧室),负责规则的执行与管理,与师生同桌同食一样,当值监起居教习也与学生同睡一室。中院生平海澜后来回忆说:"我们从前睡觉,在一个大房间里,中间一个空着的地方,放一只床铺,准备先生来睡的。先生他们轮流来睡的,叫'监

① 《南洋公学的1902年罢课风潮和爱国学社(座谈记录)》。《辛亥革命回忆录》第4集,中华书局1963年版,第70页。

② 吴稚晖:《南洋杂述》。《老交大的故事》,第21-22页。

③ 吴稚晖:《南洋公学记事稿》。《老交大的故事》,第40页。

卧室’。”[1]

这种类似军队化的生活管理制度的确立，从其客观原因来说，一是仿自日本学校的管理制度，特别是附属高等小学堂受日本影响更深。明治维新后的日本教育，特别是中小学教育多采用准军事化的管理模式；二是上课、住宿地点同设一幢楼宇，为避免学习、生活相互影响而采取了严格措施。就其主观原因来说，是源于公学办学者所持的师生观，受传统社会等级制度的影响，他们将学生视为被动接受教育者，很少顾及学生个性与年龄特点。当然，严格管理对于学生养成整齐清洁的生活习惯和协调一致的集体观念确有效果，对于那些因年幼自理能力较差的附小学生尤其如此。然而，这种苛刻的管理与上述就餐规定一样，忽视了学生的个性特点，在很大程度上压制了学生的天性与灵气，导致稚气未脱的学生与管理制度及其监督者之间的紧张关系，甚至演成正面冲突。特别当学生们受到校内外民主思潮影响日益觉醒时，师生之间就宿舍管理上的冲突愈加激烈。

每逢星期六、星期日（时称休沐日），全校从星期六下午开始放假。附小学生如要回家，需家长亲自来校领回，中院以上学生请假后即可外出，可以调剂一下紧张单一的校园生活。当时，通向上海县城及租界主要是海格路、徐家汇路两条道路，前者通向静安寺、公共租界，后者通向县城的西门，都可以直达闹市区。此外，还可以从蒲汇塘、肇嘉浜等水路乘船外出。公共租界福州路的茶馆饭庄是外地学生常常光顾的地方，蒋梦麟回忆录曾提及他和同学们的周末生活：“到礼拜六和礼拜天时，常常到福州路的奇芳茶馆去坐坐，那时候，上海所有的学生都喜欢到奇芳去吃茶，同时参加热烈的讨论。”[2]就在这个茶馆里，一位乔装打扮的革命党人在兜售革命书刊，于是，周末外出成为学生接受革命思想的一个较好机会，地处偏僻、管理严格的公学校园也不可避免地被时代思潮所影响。

公学还通过一系列规章及定期活动，将礼仪纳入学生日常生活之中。何嗣焜所定章程第六章定有10条“相见仪节”，对祭孔仪节，师生、教习与教习、学生与学生之间在不同场合相见礼节，以及学生与来校宾客、亲友会面方式都作了具体规定。其中祭孔仪节最为庄重，也是学校最大的集体活动。“相见仪节”第一条规定：“每岁入学、散学及吉月、月望，皆谒先师室行礼，向晨戒鼓，总理率合院师生依次入室，赞行三跪九叩礼。”[3]不少师生在回忆或日记里曾留下关于祭孔活动的文字，卫国垣回忆说：

---

① 《南洋公学的1902年罢课风潮和爱国学社（座谈记录）》。《辛亥革命回忆录》第4集，第72页。

② 蒋梦麟：《蒋梦麟自传》，第87页。

③ 何嗣焜：《南洋公学章程》（光绪二十三九月，1897年10月）。西交档：2323。

南洋公学师生合影(约1900)

> 每月朔望拜孔一次,不论师生职员一律参加,即如监院福开森先生虽系出身教士,亦穿其大学毕业礼服,冠蓝顶方帽(系三品衔,由盛宫保奏请赐予者),随总办之后步入礼堂,但向至圣先师孔子神位行礼时,彼即退立在旁,担任监察职务而不行礼,以符基督教规。三跪九叩首行礼毕后,福先生即趋立总办身旁,受全体学生之鞠躬敬礼而退,于是学生亦相互行礼,各依次退出礼堂。①

每逢阴历八月二十七日孔诞,学校悬灯结彩,放假庆祝。祭孔活动在清末时期我国新式学堂中普遍存在,并以制度形式确立下来,就是在民国初年也还在部分学校中存在,这是尊孔忠君的道德教育在中国新旧教育转型时期的一种现象。南洋公学所处的时代,近代民主思想还处在启蒙阶段,儒家传统文化和专制观念还占据着主导地位,中西学之间的冲突并非势均力敌。公学对于象征儒家正统观念的祭孔活动不遗余力,师生从小接受儒家文化教育,对祭孔活动也习以为常,并认为祭孔能够抵制校内福开森等推行西化和校外教会学

① 《友声》第45期,第35页。

校施行的生活基督化。当时学生常说:“我们尊孔针对约翰崇耶”“我们将来做深通中西的新式官,约翰学生只好做洋人手下的买办。”后来成为著名教育家的中院生俞子夷认为:“此等尊孔方式恰与约翰之间星期日做礼拜,阳历十二月二十五日庆祝耶稣圣诞相匹敌。”[①]对祭孔态度的认识,反映了学生不甘外人压制和完全西化的思想倾向。

当学生、教职员不幸患病时,可以随时前往设在上院的诊室医治。诊病室又称养息所,设于 1898 年 2 月,延聘黄荣仁为医员。学生因病缺课,也须有他开具的证明。黄医生还协助福开森监督提供给学生的食物,市场上买回的蔬菜和肉食都要经过检验。1903 年 1 月,公学经费吃紧,辞退黄荣仁,改请略懂中医的教习储桂山兼任医员。当时学生家属不信西医信中医,本地学生患病时往往回家调养,外省学生便成为黄荣仁诊治的主要对象。限于当时医疗设备与技术,学生中时有染疾去世者。仅据吴稚晖《南洋公学记事稿》所载,1899 年 9 月到 1900 年 7 月近一年内,先后有 4 名学生病故。

三、体育与演剧

公学学生除了必须上规定的体操课程外,也逐渐对球类、田径等西方近代体育项目产生了兴趣,成为他们课外生活不可缺少的内容。监院福开森、华洋西学教习是西方近代竞技体育的积极倡导者和教练员。福开森在《南洋公学早期历史》中述及他引入球类运动的经过:

> 为了提供体育锻炼,我安排了每周二三次的军事操练课。引进了足球、棒球和网球等项运动,但是很难诱导学生参加任何方式的锻炼,而我们采取的主要手段就是靠强迫操练。经过四年的努力,我们成立了一个足球队,但是第一次同圣约翰学院比赛时,我们输得很惨。这次失败比做什么工作都好,刺激了学生对体育运动的新的兴趣。这种兴趣得以延续到现在。[②]

除了福开森所称依靠强制性锻炼、球类竞赛带来激励之外,推动学生们热心参与体育活动还有几个有利因素。一是学校推行德智体三育并重的教育方针,将“体操一事与中西各课一律并重”,创造了一系列有利于体育活动开展的条件,如修筑操场、购置用具、聘任教习等。二是公学实行寄宿制管理,全部学生住校,课余时间充足,且公学偏离闹市,学生较少外出,体育活动便很快被他们所接受、所喜爱。三是受到圣约翰书院(1905 年后称圣约翰大学)、

---

① 俞子夷:《回忆蔡元培先生和草创时的光复会》。《文史资料选辑》第 77 辑,文史资料出版社,第 3 页。

② 福开森:《南洋公学早期历史》(1931)。《交通大学校史资料选编》第 1 卷,第 13 页。

徐汇公学等教会学校影响,这些学校体育活动开展得有声有色,时常联系校级比赛,南洋公学自然成为他们的目标;圣约翰大学毕业生吴健、胡诒谷等来公学讲授西学同时,兼任体育教习,将该校的体育活动和规则引入公学,成为两校体育竞技活动的牵线人。

1901 年公学成立了足球队,次年圣约翰书院足球队来校比赛,结果南洋以 1∶2 败北。1903 年两校再战,南洋又以 1∶7 大比分告负。接连败北激发了南洋学生的好胜心,也激发了他们的爱国情愫,他们认为绝不能输给圣约翰学生。于是,公学足球队员勤学苦练,球艺猛进,1904 年两校以 1∶1 战成平手。以后互有胜负,势均力敌,成为近代上海足坛双雄。两校年度赛事对民众具有很强的吸引力,每当比赛时,附近的居民好像赶庙会一样扶老携幼,奔赴球场观战,往往形成交通阻塞,大有倾城空巷之势。两校足球比赛后来扩展到上海及江浙各大学足球联赛,对足球运动在我国传播与发展做出了较大贡献。[①]

在两校足球比赛时,还有一段颇有意思的插曲。当时学生留有发辫,为避免踢球奔逐时的不便,上场前将辫子盘在头顶上。因为剧烈奔跑,辫子散开,一时半刻又盘不好,只得拖着辫子全场奔跑。彼此抢球时,散开的辫子不巧甩到对方队员的面目,以致对方队员只得停下来揉眼睛,而此时球早已被人抢走。难怪当时有些观众说俏皮话:“应该将辫子甩着对方列为罚球,否则太不公平合理了。”[②]

1899 年冬,公学举行第一次运动会,全校学生人人参与,上海市民云集观看,附近松江、青浦、甪直、昆山等处居民也闻讯乘坐小木船前来观阵,一时间徐家汇的几条河里船只熙熙攘攘,热闹非凡。运动会设有 110 码、220 码、440 码及 880 码跑等田径项目,特请一些上海官绅参加并当裁判。在 110 码赛跑时,这些官裁判穿着朝服,被安排坐在距跑道终点前方约十余步处。不料比赛一开始,运动员奋力疾跑,一瞬间就到达终点,因为惯性的作用,整个身子继续向前冲去,裁判们被冲得人仰椅翻,根本判断不清孰先孰后。不得已,只得重赛。

公学体育运动比圣约翰起步晚,水平也较弱,为了提高运动水平,学校邀请圣约翰学生来校进行友谊比赛,有长跑、短跑、跳远、拔河等七八项,结果往往圣约翰包揽各项目的前三名。如 1900 年 6 月 9 日,圣约翰学生排队来参加两校运动会者 200 人,“运动七事,公学人无一胜者”。[③] 公学对来校参赛的圣约翰学生殷勤招待,要求学生列队迎来送往,中午留饭,赛

---

① 王振亚:《旧中国体育见闻》,人民体育出版社 1987 年版,第 47 页。

② 王振亚:《旧中国体育见闻》,第 47 页。

③ 吴稚晖:《南洋公学记事稿》。《老交大的故事》,第 42 页。

南洋公学第一次运动会场景

后又给获奖者以银元奖励，圣约翰名利双收。[1] 与足球一样，经此数番刺激，南洋学子发愤苦练，不少同学相约，每天放学后跑往打狗桥铺（今延安东路、山东路一带），再返回学校晚餐，跑步时每人腿部各绑一块铅，如此刻苦练习，田径水平有了提高，也影响了很多学生参加体育锻炼。

一些公学教习鉴于外强不断武力侵凌、我国武备不振的现实，主张对学生实施军国民教育。1900 夏义和团事发后，教习钮永建、陈景韩建议学校购买军械，对学生加以训练，组成军队。何嗣焜虽表同情，但对学校组训军队未予批准。吴稚晖也极力支持组织学生军训，被何嗣焜所阻，吴一气之下辞去学长，改为专教中院四班国文的教习。不久，四班学生又向吴提议开展军事训练，学校只得同意，聘请北洋武备学堂出身的宋辉为教员，开始军事训练。规定中院生、高等预科全体受训，升入专科后方可免修。为此，江南制造局先后拨发给学校军械两批，第一批 80 支旧式后膛枪，第二批 120 支新式毛瑟枪，南洋公学得以进行真刀实枪的军事训练。

受在沪外国侨民业余演出话剧的影响，圣约翰书院、南洋公学等几所学校学生先后仿效演出话剧（新剧），演剧成为公学学生又一重要课外活动内容。1896 年或更早些，圣约翰书院首创英语演剧，与南洋紧邻的徐汇公学起而效之，以该校“官方语言”法语演剧。受此影响，南洋公学学生大胆尝试以汉语演

---

① 沈叔逵：《破天荒之南洋公学运动会》。南洋公学同学会：《南洋友声》第 48 期，1937 年 6 月，第 2 页。

剧,吴稚晖1899年8月23日日记曾有“(学生)纷纷聚戏”[①]的记载,说明学生表演戏剧已在校内开始风行。1901年1月16日,连续三天的冬季大考完毕,有人提议演新剧,学生响应热烈,结果一发不可收拾,连续演了四天。首日,中院二班学生排演了某教员所编反映戊戌变法题材的时事剧《戊戌政变纪事》。[②] 在课堂演出时,师生踊跃前来观看,观剧者都预购蜡烛,照得室内通明,场内反映热烈。次日改编小说《经国美谈》上演。[③] 第三天仍然继续搬演该剧。第四天演出时事新剧《义和团》,[④]剧本系某位教习编写。此后,演剧活动受到师生的喜欢,自编自演的新剧目不断上演。1901年下半年,公学上演《黄天霸》,多才多艺的特班生李叔同在剧中任主角。1902年下半年发生“墨水瓶事件”,很多热心演剧者退学,演剧活动有所减少。到1903年又兴起演剧热潮,据载该年冬,学生演出时事剧就有《张汶祥刺马》《英兵掳去叶名琛》《张廷标被难》《监生一班》等多种。虽然演剧活动只限于校内,且“草草登场,诸多简陋,故知者绝鲜”,[⑤]但是,它在中国话剧发展的启蒙阶段具有重要的地位。据民国年间一本考查新剧演变史的著述称,中国表演新剧最早的学校是圣约翰大学,该校学生于1899年耶稣圣诞日曾把西洋的剧本用英语演过一次,至于用汉语演剧要算南洋公学。[⑥] 今有学者将1901年初南洋公学学生演出汉语剧的活动视为我国“戏剧史所谓‘学生剧’之发端”,称南洋公学是“学生剧的发祥地”。[⑦] 当时中院二班学生20名,也就成为我国学生剧的集体创始人而名留戏剧史册,他们是:

侯士绾 范绍洛 胡炳生 张肇桐 嵇 镜 包光镛 林嘉驹 周 俦
胡家熙 朱公钊 张世淼 张逢辰 王继曾 沈有林 施绍棠 祁祖廉
杨万明 沙颂虞 王缙曾 王泽亨[⑧]

南洋公学能在国内率先创开学生剧之风,除了受到租界和教会学校演剧的外界影响,还和南洋公学师生有着较好的音乐素养有关。公学师生中精于音律者不乏其人,近代音乐教

① 吴稚晖:《南洋公学记事稿》。《老交大的故事》,第42页。
② 一说所演剧目为《六君子》,见朱双云:《新剧史》,新剧小说社1914年版,第2页。
③ 《经国美谈》是日本政治家矢野文雄的通俗历史小说,由周逵译出,连载于1900年2月至1901年1月《清议报》。
④ 一说为《拳匪乱事始末》,连载于《戏杂志》1922年4月至1923年12月。
⑤ 朱双云:《新剧史》(1914),第2页。
⑥ 范式正:《南洋公学与新剧》。交通大学上海学校编:《南洋周刊》第11期“新年号”,1922年1月1日。
⑦ 张军:《子虚乌有的早期话剧开山之作:〈官场丑史〉——兼论以南洋公学为中心的上海初期学生剧活动》。《戏剧》2008年第3期。
⑧ 《南洋公学成绩榜示》(光绪二十六年十一年十九日,1901年1月9日)。西交档:2321,卷名《南洋公学学生考试成绩记分名册》(1901)。

育史上享有盛名的沈庆鸿(沈心工)、李叔同当时都身在南洋公学,他们或谱写校歌院歌、参与编剧,或登台表演,是学校文艺活动的积极分子。吴稚晖《南洋公学记事稿》记载了1899年孔诞日祭孔仪式的情况:各种传统乐器,如箫、笛、磬、鼓、磬等一应俱全,悉由师生自行演奏,并伴以咏唱,足见公学师生的文艺才能,这是学生剧很快被引入并风行校园的群众基础。学生剧进入校园后,深受学生喜爱,外院生罗鸿年曾说“中院二班生徒多戏迷”,其余班级戏迷亦有不少。这些“戏迷”学生离校后,仍热心参加演剧事业,这在客观上促进了学生剧的传播。1903年中院生任家璧(又名任连城)转学育材书塾(后改为南洋中学),在该校首创演剧活动,由此带动了上海各学校的演剧热潮,最终使学生剧蔚然成风。任家璧后来在留学日本期间参加春柳社,回国后在家乡吴县发起成立桐花社,成为近代话剧的积极倡导者。李叔同离校后不久,即发起成立演剧团体沪学会、春柳社,1907年1月公演话剧《茶花女》,带动了中国话剧的大发展。演剧学生任传砚(任榆)后曾为早期话剧团体——文友会的重要成员,1920年代编辑《戏杂志》。另一戏迷杨德森1914年成功邀请梅兰芳在沪上举行首演,堪称佳话。以上种种,皆可见南洋学子对戏剧的钟情和推动作用。

1905年4月,南洋公学运动会开幕式

近代体育、演剧活动原是西方校园生活的主要内容,在沪上教会学校影响,并在校方的积极提倡下,这些来自西方的校园生活内容很快被引入南洋公学。随着这些活动朝气蓬勃地开展起来,它也融入到学生日常生活之中,使得校园生活与近代西方学校接轨,学生得以强身健体,陶冶心智,开阔眼界,发展了多方面的素质能力。

第三节 “墨水瓶”事件

一、事件根源

1902年11月16日,南洋公学全校200余名学生为反抗校方的专制行为而集体退学,这是中国近代教育史上发生最早、规模最大的一次学生风潮,在当时产生了很大的社会影响。因事件导火线是一只普通的墨水瓶,最终引发了激烈的师生矛盾冲突,故称为“墨水瓶事件”。表面看来,这是一起师生个人冲突的偶然事件,实质上背后有着深刻复杂的根源。正如退学学生自称,这次风潮“非一朝一夕之故,迫今日而猝发耳”。[①] 梁启超专就该事件发表的时评中更直接指出,“以区区墨水壶事件而波澜乃至于是,使除墨水壶事件外而无他原因也,则吾不能不责备诸学生之无忍耐无秩序”,他认为“必非一二人之所能为,亦非一二事之所可致,必有远因总因伏之许久……偶有一二至微至小之近因分因为之一点一拨,而其末流遂横决而不可制”。[②]

确如所言,追根溯源,“墨水瓶事件”的内在原因是新旧思想的对垒,是学生及部分教习日益增长的自由平等意识与传统宗法思想、礼教观念之间矛盾日益激化的结果,其表现形式是思想激进的学生以哄堂、揭帖、退学等方式不断地对抗严苛的管理,其中一些具有初步资产阶级民权思想的教习又在学生思想启蒙和抗争中担当了指引者的作用。

公学虽是仿效西方学校模式和理念兴办的新式学堂,但在我国社会尚处于新旧变革的特定历史条件下,其人才培养思想、管理体制具有很浓厚的传统色彩。盛宣怀及历任总理坚守中体西用的办学原则,希望培养出的人才既要精通西文西艺,更要以孔孟义理之学为思想行为准则,一方面掌握先进的西方知识,发挥所长;另一方面又能恪守儒家伦理道德,不致于在思想上被影响,进而培养出融“中体”“西用”于一身的人才。为了牢固树立学生的儒家道德

---

① 《南洋公学腐败之历史》。《新民丛报汇编》(1902)“余录”,第1005页。

② 梁启超:《论南洋公学学生退学事件》(1902)。《饮冰室文集类编》(上)“教育”,第696页。

观念，严防他们在学习西学时受西方民主思想的影响，公学确立“以通达经史大义、厚植根基”作为学习西学的基础，将经史为内容的中学与西学课程置于同等地位。更重要的是，公学制订了一系列严格的学生管理制度，通过对学生日常行为的规范和约束，达到使学生服从封建伦理秩序的目的。订章立制本身对于养成学生纪律是必要的，但公学从封建道德准则和传统师生观出发制订并严格实施的制度，专制色彩较浓，缺乏平等意识，对学生行为与思想的管制过于苛刻。如将学生的吃、喝、住、行等一举一动定格化，课堂、考核、礼仪等规范也一样严厉，为日益觉醒的学生所不满。有学生后来回忆道：“当时学校初开，故学风如此循谨，今则如此苛例，将哗然矣！”[①]特别是在实施过程中，被一些严守师生等级观念的监起居、司事等人所僵化操纵，成为他们压制学生的手段，导致他们与逐渐具有自由平等意识的学生之间矛盾日益加深、激化，最终酿成冲突事件。

作为被管理者的公学学生，大都出身封建家庭，从小受过传统儒学教育，不少学生入学前还获得过科举功名。但是，这些学生已与传统士人不同，在西学的冲击下，在校内外一些资产阶级思想启蒙者的引导下，他们没有传统士大夫愚顽不化的迂腐习气和政治上的保守性，而是逐渐形成以资产阶级民主思想为内核的爱国、平等意识。促使他们思想发生巨大转变的原因是多方面的。

列强侵略激发的严重民族危机感和专制腐败的清政府是学生爱国思想形成的根本原因。中院生张季源曾回忆说：

> 起初我们还希望清政府可以做到富国强兵，后来经过戊戌政变，屡次外交上失败，觉得这个政府不行，非搞垮它自己来干不可。但是究竟怎么样做法，也都心中无数。总之推翻清朝，自己来干，这个风气是有的，我那时候很小，就晓得了。[②]

这段话典型地反映了排满革命思想已在不少学生中产生、蔓延开来。俞子夷也曾谈及学潮前学生思想状况，他说：

> 很多学生所以投考南洋，多少受到戊戌维新的影响。不久前的庚子之役与辛丑之和，再一次丧权辱国，更加深大家对清政府的反感。……再则徐家汇附近驻有庚子时来的军队，骑着马横冲直撞，在附近小酒店内酗酒胡闹。这种种都加深了大家对外国人的愤慨，对清政府无能的痛恨。[③]

---

① 章宗祥：《任阙斋主人自述》。《上海文史资料存稿汇编》第1辑，第24页。

② 《南洋公学的1902年罢课风潮和爱国学社（座谈记录）》。《辛亥革命回忆录》第4集，第66页。

③ 俞子夷：《回忆蔡元培先生和草创时的光复会》。《文史资料选辑》第77辑，第13页。

资产阶级民主思想在我国的传播,成为学生思想转变的直接动力。1900年前后,我国出现了一个以上海为中心的办报热潮,出版发行的报刊达百余种,同时还出现了很多革命书籍和介绍西方社会、政治、历史学说的译著,宣传西方物质文明和资产阶级民主、宪政思想。这些书籍报刊受到南洋学生的普遍欢迎,甚至"《国民》《清议》二报为其枕秘",[①]平等、博爱、自由的民主主义观念逐渐被学生所接受,"我们很被这些新名词所陶醉"。[②] 集会演说也是学生接受新思想的一个途径。具有资产阶级民主思想的吴稚晖、蔡元培任教公学期间,分别在中院、特班组织群智会、演讲会,会中师生关系平等,可自由演说,使学生"思想日以浚,意气日以壮",又于1901年4月发起成立公会。[③] 这些学生团体有助于学生相互影响,增强团结和行动力量。正如西学教习潘绅所称,在学潮发生前,学生中"已立有团结团体之会,仿佛同盟会之雏形"。[④]

1901年春,严复在上海英租界青年会演讲西学,南洋公学师范院、特班、中院等学生前往听讲者甚多。图为严复(居中戴帽者)与南洋公学学生合影

从校内来说,学生思想启蒙受到了部分具有进步思想的教习、留学生及所习西学的影响。一般来说,南洋公学西学教习主要来自美国和外国在华教会

① 许全胜:《沈曾植年谱长编》,第264页。另注:《国民》《国民报》创刊于1901年5月,由流亡日本的革命党人秦力山、沈翔云等在东京创刊,月刊。该刊不遗余力地宣传反对帝国主义侵略,鼓吹中国独立,介绍西方思想观念。《清议》即《清议报》,是戊戌政变后维新派在海外办的第一个机关报,旬刊,主编为梁启超,以"主持清议,开发民智"为宗旨,大量介绍西方资产阶级政治学说,影响尤为广远。

② 沈曾植:《与盛宣怀书》(光绪二十七年十一月十九日,1901年12月29日)。《南洋公学的1902年罢课风潮和爱国学社(座谈记录)》。《辛亥革命回忆录》第4集,第68页。

③ 爱国青年:《教育界之风潮》,1903年版,第2章。

④ 潘绅:《学堂风潮之由来》。《补拙随笔》上册,1936年铅印本,第25页。

学校，没有明显的政治倾向，对学生思想觉悟的影响不是很大。中学教习思想意识上分野较大，一派如郭镇瀛、郭镇清兄弟，严守纲常名教，维护专制统治和封建礼教秩序，视平等自由学说如猛虎；一派如吴稚晖、蔡元培、白作霖，思想较新，在学生中倡导资产阶级平等自由学说，对学生影响很大。被学生们称为“青年楷模”的蔡元培，不仅特班学生直接受到指导，就是“中院很多同学亦间接受到他的启迪”。[①] 南洋所派出国的留学生，在目睹西方文明后思想发生变化，他们通过暑假回校和书信的形式与在校学生接触，使在校生思想发生转变。1900年暑假，留学日本的章宗祥返回公学时，同学“争询东邦情形”，他告诉同学“日本之革进与中国之萎靡不振，颇多激语”，还劝告众人不应为科举所累，不要参加乡试，而要奋力实学。[②] 此外，公学学生在新式学堂接受教育，而不是私塾书院，所学并非全是四书五经，西方资产阶级的社会科学和自然科学知识占有很大比例，使学生得以阅读各种西方国家社会政治、哲学历史、伦理书籍，了解世界大势和文明进步，有利于促进学生的思想变化。

南洋公学学生及部分教习日益增长的资产阶级民主主义爱国思想和自由平等意识，与竭力灌输封建伦理规范并施行严厉规章的校方之间的矛盾与冲突变得势所难免。虽然学生中具有民主意识的只是少数，占学生最多数是那些年幼学浅的少年，还有一些则与传统士人没有多大区别。但是，那些已有民主意识的学生往往在与校方冲突事件中成为学生方面的组织领导者，去影响大多数受到压制的学生，自觉不自觉地形成全校性的学生抗争事件。新旧思想上的对垒，表现为教学管理甚至日常琐事上的冲突，日积月累，暗潮涌动，“墨水瓶事件”前的南洋公学早已不再平静，师生冲突事件接二连三地发生。

早在1898年初，中院新生胡礽泰、杨荫杭等“建议校务，对于现行章制示不满”，总教习张焕纶难以接受，因此辞职而去。[③] 这是学生公然不满学校规章的最早记载。此后，监院、监起居、司事等学规章程执行者与学生之间摩擦时有发生，首先发生的是“逐仆事件”。

1899年11月5日，福开森女佣欺辱三名学生，全校大哗。福开森应允查问此事，却无答复。学生投禀帖于福开森，要求严惩肇事仆人。福开森这才传告学生，已申饬女佣，同时却嫌学生多事。学生对此不满，告于总理何嗣焜。何派学长吴稚晖劝众人不要因小事负气，学生怨气难消，等到当月10日福开森检查宿舍整洁时，中院二、三班及外班甲、乙班集体抵制。最后何嗣焜出面裁决，要求福开森辞退女佣，同时给予不遵守查房者记大过处分。记大过是较重的处分，记过者剥夺获得每月奖银的资格，且有三次记录便被勒令退学。亲历此事的吴

---

① 俞子夷：《回忆蔡元培先生和草创时的光复会》。《文史资料选辑》第77辑，第2页。

② 章宗祥：《任阙斋主人自述》。《上海文史资料存稿汇编》第1辑，第34页。

③ 章宗祥：《任阙斋主人自述》。《上海文史资料存稿汇编》第1辑，第23页。

稚晖在称赞学生“尚气不懦,义勇可嘉”之余,慨叹“数聚众,岂学堂之福哉?”①

继之又发生“监宿事件”。1900 年 4 月 14 日晚,学生在就寝时与监宿教习朱某发生言语冲突。第二天,监宿教习传告杨戊等学生赴起居室接受规诫。杨戊等抗拒不至,吴稚晖告诫杨戊、张肇桐、胡敦复遵守校章,三位学生表示不服,杨戊当晚还在议论校章的不当,结果三生被各记大过一次。4 月 16 日下午,中院三班学生 13 人以退学相抗议,被吴稚晖竭力劝止住。晚上,三班学生仍聚议校章,吴稚晖前往制止,学生以集体离校相要挟,又被吴劝解。监院福开森前来重申校章,并对当场表示不服的甘昶、林嘉驹两生记过处分。杨戊等四人又欲离校,福开森赶来劝解,学生怒气方解。21 日晚,宋希曾带领同班十余人欲上告何嗣焜,被吴稚晖劝阻。29 日,谢冰等学生仍欲以公禀请于何嗣焜,被福开森取去观看。4 月 30 日,杨、谢两生被除名,朱、王两教习被辞退,持续半月之久的“监宿事件”方告结束。②

由个别学生抗拒处分到集体对抗,并三次相约退学,反映了学生对宿舍管理的强烈不满,并由此引起的与监起居教习冲突已相当严重。中院生平海澜、伍特公共同回忆说,有一年冬天晚上,学生刚睡,电灯也关了,当值班监起居教习来到宿舍,摸黑钻进教习床上准备入睡时,突然惊叫一声跳了起来。原来,他的被窝里面不知道被谁放进了一个痰盂。他们认为这是“当时学校当局和先生压迫学生太厉害引起了反感”,从而也推断“墨水瓶事件”中放置墨水瓶的行为“可能是有意的”。③

何嗣焜主校期间,信任吴稚晖、白作霖等教习,通过他们沟通学生,及时化解学生与校方的矛盾。1901 年初何嗣焜逝世后,掌校人选更迭频繁,到 1902 年 11 月“墨水瓶事件”发生时,张元济、劳乃宣、沈曾植、汪凤藻等先后担任总理或代总理,虽然章制基本未变,但各人任职时间短,对校务不够熟悉,管理方式与处事风格也各各不同,这也是使早已潜伏在学生与校方之间的矛盾日益激化的一个重要原因。张元济代理总理时,不同意学生与吴稚晖等教习意欲驱逐福开森及监起居教习。1901 年 4 月 29 日,浙江“三忠”④灵柩南下路过上海,吴稚晖景仰忠公,建议出殡时全体师生随行执绋。张元济以有荒学业为由阻止前往,吴说学生志有必往,若不允许,师生就会全部罢课。张元济于是应允,率全体师生至南京路道旁公祭。不久张元济出资遣送吴稚晖赴日本留学。张又获知学生成立公会,⑤开除公会创议者数人,

---

① 吴稚晖:《南洋公学记事稿》。《老交大的故事》,第 39 页。

② 吴稚晖:《南洋公学记事稿》。《老交大的故事》,第 41 - 42 页。

③《南洋公学的 1902 年罢课风潮和爱国学社(座谈记录)》。《辛亥革命回忆录》第 4 集,第 71 页。

④ 1900 年慈禧太后对各国宣战,兵部尚书徐用仪、吏部侍郎许景澄、太常寺卿袁昶等人因反对宣战而被杀。后被追谥。因三人同为浙籍,遂称浙江“三忠”。

⑤ 一说“卫学会”,见《蔡元培自述》,第 43 页。

“学堂中有志之士，因是去者十七八人”。[①] 学生对抗校方的活动暂时停息。

劳乃宣到校时间不长即离去，继任者沈曾植也属临时代理性质，又兼他差，很少到校与学生谋面，学生与监起居、司事摩擦又起，屡有冲突。沈曾植一方面借故请盛宣怀辞退福开森，以平息学生怨气；一方面整顿中学教习，辞退被认为“学生私会，蟠结甚牢”的魁首白作霖，并利用大考机会对学生进行甄别，暗中辞退数名被指为“坏规则，唱平权”或“阅新书报”的学生，[②]但仍难以抑制学生中“自由主义者”。他在1902年1月18日给盛宣怀的信中说：“公学二班生为吴、白二教习煽惑，私自去者三四人，在者亦扰扰不安，生事相继，监起居与帐房皆为所困。”建议对待肇事者只能采取“严追学费”方式，而不应使用开除手段，“不然一班动，诸班随而效尤矣！”[③]沈曾植的担忧说明学生对抗活动并非个别行为，而是一种相当团结的集体行为。

1902年初，汪凤藻接任总理，他坚持传统师生等级观念，宣称学生对教习“非可论是非者”，在处理学生与校方矛盾时，改变沈曾植的怀柔做法，施以强硬手段，相信“斥退一二学生，即非其罪，亦足示惩”。[④] 一些严守封建礼教的教习因此肆无忌惮，愈加压制学生，导致与追求平等，反对专制的学生之间水火不容，一旦遇有导火索，则变得如洪流般势不可挡。

二、事件经过

“墨水瓶事件”发生在1902年11月，地点是中院五班教室，导火索是一只小小的墨水瓶。11月5日下午第一节课的铃声响过后，国文教习郭镇瀛来到教室，见教师座位上摆着一个洗净后装满清水的墨水瓶，[⑤]认定是学生有意捉弄嘲讽他，勃然大怒，责骂学生不敬师长，并疾言厉色地追究肇事者。全班学生无一人承认。于是郭就严令座位离讲案靠近的伍正钧(后改名伍特公)在三日内查明作复，“迟则加罪”。

郭镇瀛，江苏如皋人，秀才出身，1899年6月进入师范院，后兼任中院国文教习。其弟郭镇清，举人出身，同在师范院并任国文教习，校内人称“大郭”“小郭”。两人深受封建纲常名教思想侵染，严守旧式道德规范，对于学生追求平等自由学说大为不满，见到学生有阅读新

---

① 爱国青年：《教育界之风潮》，1903年版，第2章。

② 《南洋公学腐败之历史》。《新民丛报汇编》(1902)“余录”，第1005页。

③ 许全胜：《沈曾植年谱长编》，第268页。

④ 《南洋公学腐败之历史》。《新民丛报汇编》(1902)“余录”，第1005页。

⑤ 对于墨水瓶里有无墨水及所放位置与形态，采用当事人伍特公的说法。另至少还有两种说法：一是墨水瓶置于讲台。《新民丛报》1902年第21号所载贝寿同、殷崇亮《南洋公学退学详记》中称“一日郭之几上墨水瓶”；《蔡元培自述》第43页则记为“误置墨水瓶于讲桌上”。二是装有墨水，置于椅上。见张星烺编《泗阳张沌谷居士年谱》(1935)第60页：“外院甲班有顽生置墨水瓶于椅上，国文教习郭子将不慎坐下，瓶覆，衣染墨水，大怒。”

书报或谈论时事的,都要加以禁止或斥责,因此被学校认为是"正派"教习而加以信任,却为其他进步教习及学生所不满,在大郭、小郭入校当年就发生过冲突。1899 年 10 月 12 日,外院甲班生谢冰不满批卷评语,被记大过一次。次日,中院三班生秦毓鎏"亦以文词侵郭教习,戒不听",[①]又被记大过,学生与他们结怨很深。加上郭镇瀛所教《大清会典》和《圣武记》内容陈旧,宣扬忠君思想,普遍不受学生欢迎。因他的脸长得像英文字母 P,学生便私下里称他"P 先生"。这天,他"见这墨水瓶有些象形,不免勃然大怒",[②]一定要追查到底。

三天期满,郭问及此事,伍正钧仍以不知实情回告,被记大过一次。11 日,在郭的恐吓下,年纪较小的学生杨之福诬告墨水瓶系与自己素来不睦的伍正钧所置。郭镇瀛报告总办汪凤藻,要求将伍正钧及坐在他两旁"知情不报"的同学陈承修、贝钧(后改名贝绳伯)一并开除。11 月 13 日,学校当局不经调查,即以侮辱师长、不守校规为由,布告开除伍正钧等 3 人,并给其他学生各记大过一次。此举引起五班学生一片哗然,一则为 3 人被无辜开除及每人记过鸣不平,二则痛恨郭镇瀛压制学生,三则憎恶杨之福诬陷好人。当时该班学生仿照《新民丛报》倡议,已成立"宿舍会",遇事能团结一致。当晚五班学生开会决议,申请学校收回成命。还未散会,学生休息室中又贴出开除五班全体同学的布告。原来郭闻听学生开会的消息,即报告总办说,五班学生集众开会,"将酿非常,必悉逐五班"。[③] 又有一教习在汪面前说:"近日学堂与科举同价,招生甚易。"也建议开除五班全体学生。汪听信他们的意见,作出开除五班学生的决定。五班学生见已无法挽回,决定翌日全体离校。其他各班同学闻此消息,非常愤慨,劝说五班暂缓离校,商定次日与总办交涉。这其中以民主思想浓厚的特班学生最为积极,此前特班生有要求被否决,已不满于汪凤藻,事件爆发后,贝寿同、钟枚、殷崇亮、胡敦复等特班、政治班学生即率先而起,召集学生开大会,"领导所有中院、外院学生"。[④]

11 月 14 日,特班、政治班、中院共 8 个班级学生举行罢课,各班学生推举代表至总办处申辩,要求校方收回开除五班全体同学的布告,辞退郭氏,开除杨姓同学。总办不允,且责令五班学生向郭请过。五班学生愈觉不平,一致决定,次日悉行退学以示抗议,并到各班举行告别演说。全校学生议定第二天再向总办申诉。15 日,全校 200 余人同往总办处,被拒之门外。学生一再诉请,终被允许各班派代表一人入内。学生代表恳切陈辞,要求挽留五班学生。总办以"学生私自聚众演说,大干例禁"为由,坚持开除五班全体学生。学生们据理力

---

① 吴稚晖:《南洋公学记事稿》。《老交大的故事》,第 38 页。

② 石(张景良):《旧南洋的旧话》。《南洋大学学生生活》(1923 年)。

③ 贝寿同、殷崇亮:《南洋公学退学详记》。《新民丛报》第 21 号,1902 年。

④ 张星烺:《泗阳张沌谷居士年谱》(1935),第 61 页。

争，总办不为所动，大发雷霆，决意要“以此示儆”，[①]对立情绪十分尖锐，部分过激学生砸碎了总办楼房的窗户玻璃。交涉无结果，学生在大礼堂举行大会，义正辞严地宣称：“学生者，国家所以生存之要素。今教习悍然以奴隶待学生，为种种之束缚，总办复顽钝，欲抑制学生言论之自由。是等奴隶教育，凡为国民，谁能堪之，我辈居此何为者?”[②]会议决定，当天下午排队到督办盛宣怀寓所请愿，作最后的努力。学生到了位于斜桥的盛公馆后，盛宣怀推说丁忧期间不便见客，派人出来安抚道：“你们好好回去，明天总有办法。”[③]大家遂回校收拾行李，准备集体离校。

特班总教习蔡元培试图斡旋，在他的一再劝说下，学生们约定：“明晨十点钟前，总办去则某等留，否则某等行已决。”[④]蔡元培当晚即去见公学督办盛宣怀，盛却以别有要事为借口，避而不见。16日晨，各班学生200余人在操场上整装列队，等候交涉结果，10时无回音，11时仍无回音，于是学生们三呼“祖国万岁”，按从低到高的班级顺序，“少者在前，长者殿后，车声碌碌，人影纷纷，一股很长的蚁阵，遂出南洋公学的大门，逶迤向东北方向而去。区区大厦的西南角上，只剩了八九个老师范生倚窗远眺，连连长叹。”[⑤]据当事人张星烺称：“高班并组织纠察队，督促小班生速走。”[⑥]蔡元培出于爱护学生，出面调停，但“论者谓为孑民平日提倡民权之影响，孑民亦以是引咎而辞职”。[⑦]

汪凤藻、郭镇瀛见事情闹大，不辞而别，一走了之。午后，盛宣怀得知事态失控，赶忙派文案张美翊持亲笔慰留书前来安抚，时学生已大半出校，难以挽回，张美翊遭到过激学生的辱骂，慰留书也被撕毁。出校学生步行至静安寺张家花园，由特班学生贝寿同向公众宣布退学缘由，指斥教习、总办待学生如奴隶，压制学生言论自由。演说完毕，集体摄影一帧，并聚议善后事宜。

参与“墨水瓶事件”的退学学生来自特班、政治班各一班和中院六个班级，共计八个班级，出校时200余人，“有些人中途不走了，回去了”，[⑧]实际退学人数，据11月20日《苏报》公布的《南洋公学退学学生名单》，共有145名，其中特班14人、政治班1人、中院头班13人、二班24人、三班16人、四班20人、五班23人、六班34人。具体名单如下：

---

① 张星烺：《泗阳张沌谷居士年谱》(1935)，第61页。

② 贝寿同、殷崇亮：《南洋公学退学详记》。《新民丛报》第21号，1902年。

③《南洋公学的1902年罢课风潮和爱国学社》(座谈会记录)。《辛亥革命回忆录》第4集，第71页。

④ 贝寿同、殷崇亮：《南洋公学退学详记》。《新民丛报》第21号，1902年。

⑤ 石(张景良)：《旧南洋的旧话》。《南洋大学学生生活》(1923)。

⑥ 张星烺：《泗阳张沌谷居士年谱》(1935)，第62页。

⑦ 蔡元培口述、黄世晖记：《蔡孑民先生传略(上)》。高平叔编著：《蔡孑民先生传略》，商务印书馆1943年版，第4页。

⑧《南洋公学的1902年罢课风潮和爱国学社》(座谈会记录)。《辛亥革命回忆录》第4集，第71页。

特班:程志姚 王世澂 贝寿同 钱诗桢 张承樾 陆梦熊 穆湘瑶
吴宝地 钟 枚 林大同 魏斯炅 萨君陆 田 溓 殷崇亮
政治班:胡炳生(胡敦复)
头班:杨德森 王寿祺 胡壮猷 杜永清 金颂庚 王明照 屠慰曾
李昌祚 任 榆 张在清 林仰维 王孝刚 张保熙
二班:夏元瑮 裘维锷 徐 侗 郁德荃 嵇芩荪 赵景简 王世澄
王开源 张大椿 秦岱源 陶 连 陈同寿 吴继果 王谱曾
石襄喜 陈之勋 范承佑 裘岱龄 邵长光 谢学沄 钱秉钻
汪祖杰 吴 铭 程良楷
三班:陈承瑜 王汝宇 刘宝锷 林汝耀 邓益光 徐经郛 张 铸
夏孙鹏 徐恩元 周善同 朱文鹏 杨嘉沄 何整珪 杨曾谊
杨曾询 杨曾谦
四班:吴莲生 陈昌骥 朱庭祺 蔡远泽 杨景森 盛观颐 张百生
王剑石 陈修璟 叶昌叙 杨荫樾 胡寅生 胡鸿猷 杨承彝
冯元升 邹文炳 张汝熊 张汝垲 陈吉庭 雷祖焕
五班:王增久 曹大檑 张德环 陶树荣 史旧彬 俞乃秉 李德晋
陈肇沄 孙翼舜 曹 钧 葛敬猷 伍正钧 胡宾律 陈承修
施传盛 沈 联 唐在贤 张述贤 贝致祥 叶 寿 张传本
陶 赞 贝 均
六班:项大受 徐铭鼎 徐兴鹭 冯中鑫 胡浚济 刘崇伦 罗鸿年
丁锡龄 严锡皋 沙曾藩 郁 申 孙 彬 蒋曾焕 曾学藩
俞根福 吕本璋 刘世杰 瞿庆普 秦 淦 郭 鹏 戴棣龄
周端伊 曾宗鲁 钮长庆 曾 栋 张 锷 谢行端 金保熙
王孝缜 陈永钦 汪之椿 范崇望 沈慕曾 汪振鹏

这些学生中,贝寿同、钟枚、殷崇亮、胡炳生(胡敦复)、穆湘瑶等人,具有激进的民主主义思想,充满了反对专制的激情,他们多集中在特班、政治班与中院高年级,是退学事件中学生的领导核心,也是促使成立爱国学社的组织力量之一,被冯自由称为“退学生之有力者”。[①]

① 冯自由:《中国教育会与爱国学社》。《中国近代史资料丛刊·辛亥革命(一)》,第481页。

"墨水瓶事件"中部分离校学生合影

其余学生参加学潮，追随前者，大致是"由其屈于抑制者半，由其得于学问者半"。[①] 退学学生为"不肯受龌龊教习、糊涂总办之压制"，毅然抛弃"上之可以游学欧美修专业之门，下之亦可以咨送京师大学堂为干禄之梯"[②]的个人前程，义无反顾地掀起声势浩大的学生运动，他们是组建爱国学社的主要成员，由此成为我国近代以反对专制、追求民主为主题的学生运动史上的先锋人物，名载史册。

南洋公学退学风潮引起了强烈的社会反响，有识之士如梁启超，进步舆论如《苏报》《新民丛报》等，纷纷撰文或刊载评论，对公学学生的行动给予大力支持和高度评价。受公学学生推崇备至的梁启超连续撰写《论南洋公学学生退学事件》《答某君问办理南洋公学善后事宜》两篇长文。《论南洋公学学生退学事件》开篇即称，退学事件"实中国国民前途关系第一重要事件也"，表示自己"敬服南洋公学学生之志节气魄，而深为公学办事诸人羞也"。接着分析办学者出于"干禄为阶梯"观念而视学生为犬马，订立类似于"欧美人待黑奴隶之规则"，谁能忍受？劝告学生不要受校方笼络而返校，迫使校方"知所畏而稍有一二之自省"，勉励学生坚忍持久地"以此精神、以此魄力必造一新团体"，成为全

① 《破坏之教育》。《选报》第 35 期，1902 年。

② 《林洲髓等筹同学善后策》。《选报》第 35 期"教育"，第 21－22 页。

国学生界楷模,“必为将来中国教育史上一最大之纪念”。[①] 退学风潮发生时,陈范主编《苏报》专辟“学界风潮”一栏,介绍南洋公学退学事件经过,刊登各地学潮消息,给予舆论支持,《苏报》由此声誉大起。《新民丛刊》称此事为“中国学生社会一大劈头之大纪念也”。[②] 署名“爱国青年”的《教育界之风潮》一书,则将此次事件喻为“一声霹雳”,称“公学革命,其中国革命之先声乎?其黄种革命之影响乎”?有识之士与社会舆论的有力支持,给公学退学学生带来了巨大的精神鼓舞,起到了指导作用,也使社会各界对此事件有了更深入的理解和同情,给筹建爱国学社提供了必要的思想准备。

三、事件善后

“墨水瓶事件”发生后,督办盛宣怀大为震惊,数年来耗费巨资苦心经营的南洋公学竟然在一日之间人去楼空,作为大学预备的中院生几乎全部散尽,特别是他寄予厚望的特班、政治班学生,竟在事发后带头闹事。还有,被他视为“学术闳正、兼贯中西”“视事以来生徒翕福”[③]的总办汪凤藻,既无力化解冲突,又在事后不辞而别。事发当天,他的侄子、中院四班生盛观颐从学校返回盛府,盛宣怀见之大怒:“他人毁我面子不论,儿侄辈也敢毁我面子耶!”[④]吓得盛观颐急忙返回公学。

震怒之后,盛宣怀采取多种善后措施,努力使濒临关门的公学尽快恢复正常的教学秩序。首先采取的措施是劝导退学学生返校,并临时招考新生,恢复各班学生数量。盛宣怀请留校师范生竭力劝说学生返校。事发当日晚,师范生赵玉森获悉小班学生大多是盲目跟从出校的情况后,第二天便约同师范生张相文拜见盛宣怀,愿意出面招回学生。盛表示同意。当时各班散学学生家不在上海者,都暂时住在小旅馆里,师范生与各教员分别上门安抚,劝说他们返校。11 月 23 日,盛宣怀又以督办名义发一布告,公布校方处置学潮办法,劝导除特班、五班之外的学生限期回校肄业。公告略称:

> 五班学生因与教习龃龉,不遵规矩。特班生数人邀约多人,借声诉为由,结伴哄闹,实属不成事体。五班汉文教习平时教育无方,任意起居,漫无觉察,应即辞退。五班学生借端滋事,应全班俱撤。特班为诸生之望,讵料内有数名昌言煽惑,以致一、二、三、四、六班学生畏事散学,其有立时悔悟,限内回校者,准即归入原班

---

① 梁启超:《饮冰室文集类编(上)》“教育”,第 695 - 699 页。

② 贝寿同、殷崇亮:《南洋公学学生出学始末记》。《新民丛报》第 21 号,1902 年。

③ 盛宣怀:《奏留奏派南洋公学总办提调片》(光绪二十八年九月,1902 年 10 月)。《愚斋存稿》第 8 卷,第 37 页。

④ 张星烺:《泗阳张沌谷居士年谱》(1935),第 62 页。

肄业。惟结伴闹学各生，断不准再行入学，以示区别。[①]

经过师范生、部分教习四处奔走，“约有过半数学生返校，校乃复开”。[②] 师范生张景良形象地说：“半个月间旧燕渐渐归来，数得大半，其他也有别寻枝栖，也有强硬到底，誓不复返的，则亦无可如何。”[③]也就是说，145 名退学学生中，有一半以上返回公学上课。回校学生以低年级为多，高年级为少，中院二班生张大椿曾回忆说：“我们那一班的三十个人中，回去的顶少了，只有七个。”[④]11 月 26 日，盛宣怀又发布招生广告，招收新生，以补各班缺额。到了 1903 年 2 月，公学中院各班 125 人，附小 70 人，新招学生 40 余人，全校合计 230 余人，基本上恢复了各班建制，保证了教学的正常开展。

劝导学生返校的同时，盛宣怀对学校人事、制度进行内部整顿，任命刘树屏接任总办，张美翊为提调，共同负责恢复校务。刘树屏到任以后，遵照盛宣怀的指令，开除中文教习 4 人，其余中文教习暂行回籍，等候来年甄别后再行延聘，西文教习继续留校维持教学。同时，改监院为斋务长，下设监学官、检察官。斋务长的主要职责是“考验学生品行，管理学生宿舍，并稽核监学官、检察官的工作”，加强对学生的管理。此外，盛宣怀专门委托无锡绅士华清泰拟订《整顿学堂条陈十则》（又称《议墨十则》），于 1903 年 1 月 2 日批转公学，责令刘树屏议覆施行，以防再次发生类似的退学事件。《整顿学堂条陈十则》节录如下：

一、始基必慎也。……凡入公学，宜专取寒素子弟年十岁以外、二十以上责令父兄出结方准入学，否则不准收考；

二、学堂宜僻也。……礼拜日不准放学，不准请假，家中有事，必令父兄到堂方准请假；

三、学生宜著府县送考。有愿应考南洋公学者，取其父兄保结，由县送府，由府送入公学……；

四、招考限定额数非计也。上海五方杂处，良莠不齐，一闻招考，欣然从命，大半乐游玩、不愿刻苦之子弟，不守规矩，不遵功令，蔑弃官长，轻视教习，始则傲睨，继即挟制，并不体贴公学经费甚巨，各演私说，如今日东洋、上海、苏州皆是，并闻有南洋公学出学始末记，实为寒心；

五、学生无取官场绅富也。官场易通声气，绅富易引朋从，一班有此学生，即

① 《申报》1902 年 11 月 23 日。

② 张星烺：《泗阳张沌谷居士年谱》（1935），第 62 页。

③ 石（张景良）：《旧南洋的旧话》。《南洋大学学生生活》（1923），第 38 页。

④ 《南洋公学的 1902 年罢课风潮和爱国学社》（座谈会记录）。《辛亥革命回忆录》第 4 集，第 73 页。

盛宣怀委托无锡绅士华清泰拟《整顿学堂条陈十则》

一班受其羁縻……或官场绅富另置房屋，不与寒畯为伍，应俟后议；

六、举、贡、生、监无取入学堂也；

七、学生膏火必优也。……惟学生勤惰，在教习亦宜平时留心默察其务外与否，即当随时开导，不可粉饰了事，不遵教者禀明总办、督办，随时发落；

八、私信往来必绝。……凡家信往来，责令门房送到帐房公仝拆阅，学生寄还家信，亦不准封口，由帐房代封，或隐语狂言以及暗码概不投递；

九、体操不必习也。中国子弟溺爱俱多，易动难静，一习体操，浮嚣更甚。……宜改体操为各默一经或各写一史，互相传观，以为养气之功；

十、教习必朴实说理，勿取圆通也。此中进退得宜，要总办及督办平时察听，勿瞻徇情面以糜经费。[①]

新订规则主要对学生报考资格和入学环节作了种种限制，以防止那些所谓“不守规矩，不遵功令”者进入学校，又以限制学生请假，杜绝书信往来，停开体操课来限制学生与外界联系和尚武精神。这些规则试图通过各种强制手段压制学生，使之顺从教化，仍然带有很强烈的专制色彩，比之原来学规有过之无不及。盛宣怀虽觉得“所议各节未必尽是”，但又认为“确亦间有中肯之处”，要求公学执行。看来，公学并没有如梁启超所奉劝公学“从精神上大加洗刷”，制订出符合文明国家通行的“良规则”，而是仍然坚持封建礼教观念和人伦秩序，采取高压手段对待学生。

在整顿学校内部同时，公学还多方抵制来自校外学界风潮和民主革命思想的侵扰，防范学潮再次发生。“墨水瓶事件”掀起的全国性退学风潮愈演愈烈，爱国学社公开倡言救国革命之声近在身边，时刻影响着公学学生，让公学管理者寝食难安。加入爱国学社的原公学学生或秘密来校散发传单，或在周末聚会，号召学生离校加入爱国学社，参加在张园举行的演说，引得许多在校学生前去听讲。

1903 年 4 月，爱国学社在张园集会，成立保国会，抗议广西巡抚王之春借法国军队平内乱。会前，公学学生接到参会传单，“诸生纷纷请假出门”，共有数十人前往听讲。提调张美翊劝止无效，只得派两名教员随同前往，并告诫不得签名入会。但四班生王怀沂、邹炳文等十余人不听劝告，当场签名加入保国会，“誓以血身殉国”。[②] 王怀沂等人回校后，劝说他人入会，并与前来劝诫的张美翊发生激烈辩论。张美翊言：“革命自有朝廷，不容尔等革命！”王答曰：“一国之事，一国人共谋之……政府因循苟且，难以图存，非革命无以自立。”张又曰：“尔系世家子弟，犯大逆不道，不顾身家，亦知显违王章，罪有应得乎？”王则答道：“苟牺牲吾一身家、吾一家而有利于我四万万同胞者，则沂唯知有国，不知有家。”[③]显示出一股热血沸腾的报国情怀和毫无畏惧的革命豪情。结果，公学将王怀沂等 6 人劝退出校，禁止学生与爱国学社成员联络。事后，张美翊在给盛宣怀的信中表示“竭力维护，尽心劝诫”之余，坦承“如此风潮办理学堂，真无从善其后也”。[④] 为维护公学，盛宣怀又托张百熙婉商刑部尚书葛宝华，催促蔡元培赴京供职，欲使爱国学社陷入群龙无首的境地。直到 1903 年 7 月，爱国学社解散，学界风潮被查禁，南洋公学才趋于平静。此时盛宣怀称：“今年春夏间，各省官私学堂多被其影

① 华清泰：《议墨十则》。上交档：ls3－001。

②《南洋公学学生王怀沂启》。《苏报》1903 年 4 月 30 日。

③《南洋公学学生王怀沂启》。《苏报》1903 年 4 月 30 日。

④ 张美翊：《致盛宣怀函》（光绪二十九年四月初四日，1903 年 4 月 30 日）。盛档：017183。

响,公学近在尺寸,诸生不为所惑,幸免于事。”①

四、组建爱国学社

公学退学学生一时激愤而出,并未预想过出校后如何办法,加上年幼者不能自我照顾,暂住旅馆者因费用紧张准备返乡,不免有些人心浮动。一道出校的蔡元培对大家说:“不要散,我们组织一个学校。”②黄炎培在《八十年来》中说:“蔡元培师召特班生谈:‘汪总办不让我们完成学业,我们应该自动地组织起来,扩大容量,添招有志求学的学生来更好地进修,同学中对某一门能当教师的就当教师,愿回乡办教育的也好。’”于是,特班生从其议,出面筹划自办学校。特班生林洲髓、谢无量、项骧等在事件爆发前请假离校,集资创办译社(又称“支那翻译会社”),此时加入退学学生行列,劝告学生不能“星散而不学”,否则,“犹之个人自杀而无裨于社会者也,是亦为社会之罪人。”③他们倡议成立共和学校,请求社会人士赞助,以为善后之策。因资金不足学校难成,转而派代表求助于中国教育会,并递交“请教育会为助动力之意见书”。“意见书”称,南洋公学退学事件是继浔溪公学、杭州中学堂、留日学生退学事件之后的第四次“我国学生革命”,鉴于前几次退学学生大都星散,“拟先设共和学校一所,暂为基址”,因无力自办,特求助于中国教育会,并提出七项具体请求:

1. 拟请教育会赞助共和学校经费之若干分;

2. 共和学校拟延教育会会员之优于中东西文学者为教员,暂不送修,请提议其肯定或否定;

3. 如肯定,充当教员不取修金者,即于今日由教育会会员及退学各生公举,以多数决之;

4. 请提议告同学文中之“旁求赞助甲乙两项”,会员有与书肆、报馆、教品室有交通者,请各为某等商可;

5. 请公议共和学校之规则;

6. 拟筹经费派送退学生中若干出洋学习,请提议教育会中能否赞助;

7. 拟设一共和报,以加固团体,主持学界清议,请提议教育会之能否赞助文艺及经济各几何分。④

---

① 盛宣怀:《致张百熙、荣华卿函》(光绪二十九年八月二十日,1903年10月10日)。盛档:044186。

② 《南洋公学的1902年罢课风潮和爱国学社》(座谈会记录)。《辛亥革命回忆录》第4集,第73页。

③ 《林洲髓等筹同学善后策》。《选报》第35期“教育”,第21-22页。

④ 《南洋公学退学学生意见书》。《选报》第35期,第22-24页。

中国教育会成立于1902年4月，由蔡元培、蒋观云、黄宗仰（乌目山僧）等人在上海发起，蔡元培任会长，会址设在南京路泥城桥福源里21号。该会"表面办理教育，暗中鼓吹革命"，[①]是20世纪初国内最早出现的一个革命团体。该会成立后，准备创办学校，"欲造成理想的国民，以建立理想的国家"，[②]因经济拮据进展缓慢。面对南洋公学退学生的求援，该会即于11月20日召开专门会议，讨论成立学校接受退学学生办学。该会认为，退学学生"抛弃其安居修业之利益而飘流奔走，不少悔折，是真有独立自尊之风，推其原因，为一二人受压制而全学争之，牺牲个人之利益于同学，是真舍己为群之风，所以诸君真有共和国民之资格者，与本会理想相合无间。"因此，协助退学学生"为本会之义，无可踌躇"，"如不协助，是自杀其主义，今日便当解散此会矣。"[③]教育会决议接受请求，立即募款创立共和学校（成立时改称爱国学社[④]）。

1902年11月21日，爱国学社成立，由蔡元培任总理，吴稚晖为学监，教员均为中国教育会会员和公学特班生担任，其中多半是国内外有名的学者和爱国志士，如章炳麟、蒋维乔、黄炎培等，特班生贝寿同、穆湘瑶被公推为学生管

1902年11月，以南洋公学离校学生为主体的爱国学社在上海南京路福源里创办，图为开学典礼合影

① 蒋维乔：《中国教育会之回忆》。蔡建国主编：《蔡元培先生纪念集》，中华书局1984年版，第114页。

② 《爱国学社之建设》。《选报》第35期。

③ 《中国教育会协助成立爱国学社》。《选报》第35期，第22－24页。

④ 关于名称变更，1903年初盛宣怀向张百熙呈报公学学潮及蔡元培情况的信中提到："（蔡元培）要结撤退诸生及浔溪退学生即在泥城桥另设学校，始名共和，继因有人议其未妥，改名爱国，而延举人吴稚晖共事。"见盛档：044179－2。

理。自总理、学监以至教职员工均自谋生计,不取分文。学社经费大多由在沪犹太富商哈同夫人罗迦陵捐助,学社租定教育会所在楼房办学,该楼三层,底层是教育会会所,二楼用于爱国学社师生上课,三楼住宿。学社初期学生 55 人,均为南洋公学退学学生。后来入学者渐多,人数大增。据 1903 年 5 月 17 日统计,共计 132 人。全体学生参加教育会,团体与学校合二为一。

学社定有章程,规定“本社略师日本吉田松下讲社、西乡鹿儿私学之意,重精神教育,而所传授各科学皆为锻炼激发志气之助”。即效法日本明治维新,传播西方资产阶级学说,灌输爱国民主思想。课程有算学、物理、伦理、国文、日文、英文等,还有社会、国家、政治、法理等,学社分平常、高级两班,各两年毕业,后又增设蒙学馆,由高年级学生充任教师。学社内部实行自治,有评议会,监督校务和学生操行,学生思想高度自由,从管理上来说,完全不同于南洋公学。因此,学社既是一个传播知识的学校,也是一个宣扬爱国思想的自治团体。在教员的影响下,学社社员都关心国家时事政治,喜欢谈论革命,甚至“倡言革命已胜过求学”。大家不仅上课时谈,课余时也谈,社内谈不够,还走出学社,到社会上进行宣传,常去张园“安恺第”演说。学社还支持各地学生反专制活动,凡是闹学潮的地方,学社都打电报去鼓励他们,吸收他们来参加爱国学社,使他们无后顾之忧。学社还派人到各地建立分社,学生领导人之一、特班生殷崇亮在其家乡设立常熟分会,扩大了教育会和学社的影响与力量。

中国教育会和爱国学社通过《苏报》发表言论,宣传革命。又以南洋公学退学学生为主体,于 1903 年 4 月创办《童子世界》,所刊文章篇幅短小,文字通俗,大力宣传学习西学,提倡军国民教育,反对封建专制,成为一份面向广大青少年,宣传反帝爱国和民主革命思想的刊物。

作为退学学生的老师,中国教育会负责人,无论在“墨水瓶事件”中,还是成立爱国学社,蔡元培都适时伸出了强有力的援手。学社初办时,经费极为拮据,蔡元培决定亲自前往南京,向好友蒯光典借款应急。当他准备乘轮船离沪时,家人奔至码头,泣告长子阿根病亡。蔡元培含泪托付朋友帮助处理长子后事,自己登轮而去。三天之后,他借到6 000元钱回到上海,使爱国学社渡过了最初的难关。蔡元培被推举为爱国学社总理并兼授伦理学,但不领分文薪水,全是尽义务,他另在商务印书馆任编译所所长,以此获得生活来源。蔡元培不仅是张园演说会的重要组织者,而且也是重要的演讲者之一。他还积极支持《苏报》宣传革命,为其撰写了许多文章。他与学社社员一样,“剪发,服操衣,同练步伐”,同样轮流做小队长,学习喊口令,一起参加军事训练,对师生鼓舞很大。此时的蔡元培,正如他自己所说,“我已决意参加革命工作”。从此以后,他投身民主革命,义无反顾,成为我国著名的民主革命家和

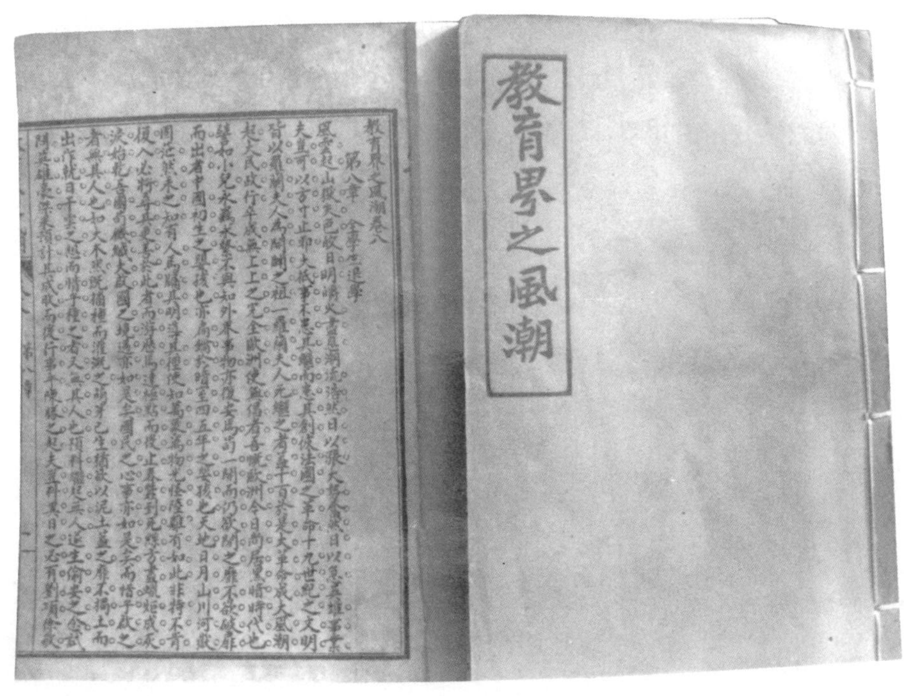

退学学生沈联撰《教育界之风潮》记载“墨水瓶事件”经过

伟大的教育家。

爱国学社一系列革命活动，引起了清政府的注意。1903 年 6 月 23 日，湖广总督端方在致军机处的报告中说：“查四月初间，方闻上海有爱国会社诸生，借俄事为名，在张园演说，议论狂悖，即经密电江宁查禁拿办。”正在清政府磨刀霍霍，准备查禁爱国学社之际，爱国学社与中国教育会之间发生分裂。6 月中旬，爱国学社脱离中国教育会而独立。未及两周，《苏报》案发生，7 月 7 日《苏报》馆被封，爱国学社亦解散。中国教育会常熟支部负责人殷崇亮得知学社解散，愤而投水自杀。部分离社的原南洋公学学生胡敦复、邵力子、项骧、沈联等经过蔡元培介绍，到徐家汇马相伯处求学。马相伯欣然允诺，捐出家产，于 1903 年就徐家汇天文台余屋设校，定名“震旦学院”，特班生项骧帮助马相伯办学最为得力。

“墨水瓶事件”在上海滩轰动一时，其影响很快波及国内，特别是东南各省，在各地掀起了一股风起云涌的“学界风潮”。1902 年 11 月，浙江南浔浔溪公学为声援南洋公学学生，决定公开登报祝贺，遭到压制后，有 29 名学生集体退学。1903 年 4 月，南京的江南陆师学堂学生 30 余人也因反对校方钳制学生自由而集体退学，经章士钊等人介绍加入爱国学社就读。接着，浙江大学堂学生因反对总理劳乃宣无理开除学生,80余人集体退学,在中国教育会和爱国学社的帮助下,另行建立励志学社就读。此外,上海广方言馆、杭州蕙兰书院等,相继发生了学生退学、罢课、集会等一系列反抗封建专制的斗争,以南洋公学学潮为起点,各地学生退学、罢课此起彼伏。

第八章
盛宣怀与南洋公学

第一节　从办理洋务学堂到南洋公学

一、早期教育活动

盛宣怀创办南洋公学既非偶然，更非个案。从兴办电报学堂、铁路学堂等技术教育，转向兴办北洋大学、南洋公学这样的正规普通教育，其间有发扬，有摒弃，是一个不可分割的完整历史过程，也是盛宣怀教育理念不断升华的结果。

1936 年 4 月，交通大学四十周年校庆大会上，前监院福开森在致辞中提到盛宣怀创办南洋公学时说："在当时先生深知教育之重要，并非出于偶然之动机。"[①]诚如斯言，南洋公学是盛宣怀教育实践中最为成功的典范之一，是他在兴办近代工商企业的同时投身办学活动的实践，是他总结办学经验、敏锐吸收中西先进教育思想的结果。

在兴办南洋公学之前，盛宣怀已致力新式教育 20 多年，所办学堂以技术型为主，办学目的直接与洋务活动挂钩，培养了大量洋务企业急需的新式技术人才，体现了"实业与人才相表里"的教育思路。

---

① 《本校成立四十周纪念志盛・福开森词》。《交大三日刊》1936 年 4 月 11 日。

盛宣怀(1844—1916年),字杏荪,又字幼勖,号愚斋、次沂、补楼,晚年自号止叟、思惠斋。江苏武进(今常州市)人。父盛康,进士出身,官至湖北盐法道,曾辑有《皇朝经世文续编》,常勉励盛家子弟从事有用之学,对盛宣怀一生影响很大。

盛宣怀自幼入塾攻读孔孟经书,在塾时"颖悟洞彻,好深湛之思"。[①] 稍长,即习作八股时文,1866年考中秀才,后三次参加乡试,均名落孙山,遂放弃举业,专注实务。1870年入李鸿章幕府,办理行营内文案兼充营务处会办,以办事干练果断深为李鸿章赏识,因被奏保为知府、道员。不久由军务转向洋务,协助李鸿章创办各种洋务事业,长期致力于当时国家最为迫切需要的近代民用工业企业的创办和发展。1872年协助李鸿章创办我国第一个民用航运企业——轮船招商局,并受命拟订招商局章程,确定商本商办原则,增强了竞争力,使企业得到顺利发展。从参与创办招商局开始,盛宣怀开始了他的实业家生涯,创立了中国近代第一批工商企业。1875年主持创办湖北煤铁开采总局,经营大冶、广济煤铁矿务,买下大冶得道湾矿山,接着又经营湖北荆门煤矿。1880年创办天津电报总局,经营电线电报事业,全国苏浙闽粤等二十余省的电线,基本由该局主持架设。1882年创办山东平度、辽宁金州等地金矿。1886年他任山东登莱青兵备道,创办山东内河小火轮航运公司。1893年接办失火后的上海机器织布局,成立华盛纺织总厂。1896年接办汉阳铁厂,改官办为商办,使之起死回生。同年,督办全国铁路总公司,主持南北主要干线卢汉铁路的修筑。到1896年筹设南洋公学时,盛宣怀已经掌控着轮船、电报、纺织、铁路、铁厂等事关国计民生的经济部门,成为洋务运动后期十分耀眼的实力派人物。

中年盛宣怀

① 盛同颐等:《诰授光禄大夫太子少保邮传大臣显考杏荪府君行述》。《愚斋存稿》卷首,第2页。

洋务活动中的出色表现，加上李鸿章、王文韶、张之洞等封疆大吏的保举，盛宣怀逐渐得到清政府的垂青，先后被授予登莱青道、津海关道、太常寺少卿、太子少保、商务大臣、邮传部大臣等要职，成为晚清时期一位财权兼备、亦官亦商的实力人物。张之洞称其为“承上注下，可联南北，可联中外，可联官商”的官商界罕有高手。沪上巨商经元善则形象地称盛宣怀“一手捞着十六颗夜明珠”，暗指他手中握着十几家获利颇丰的工矿实业经营权。盛宣怀自己也不无自豪地说：“天下有十个盛杏荪，实业便有数十件。”[①]

长期处在洋务第一线的盛宣怀，在开拓近代企业过程中，深刻感受到培养新式人才的迫切性和重要性，由此形成了“实业与人才相表里，非此不足以致富强”[②]的思想认识，数十年如一日地热心人才培养，筹办了一系列新式学堂，成为晚清时期新式教育最主要的鼓动者和实践者之一。

盛宣怀首倡设立新式学堂是在1873年。这年年初，办理轮船、煤铁事务已初见成效的盛宣怀，赴福建船政局进行为期半月的实地考察，在向李鸿章的禀报中，他提出了培养新式人才的途径，建议在科举取士之外，另办科技学堂（即弁学），在武举科中增设近代军事项目，才能培养出取之不尽的有用之才。1875年9月初，他在上李鸿章《论矿事书》中，结合开采湖北煤铁过程中的切身体会，指出“开矿不难在筹本，而难在得洋师”，将人才视为矿业成败的首要条件，并主张自己培养探矿人才，一面“在同文馆及闽沪各厂选择略谙算学、聪颖子弟一二十人”，[③]随同洋矿师学习，一面选派人才出洋，专学开矿本领，以求在技术上早日独立自主。

早在19世纪70年代办理矿务时，因高薪聘请的外籍矿师缺乏地理、化学知识，以致盛宣怀在勘探湖北矿藏中受到损失。这次教训使盛宣怀认识到，技术上依靠外籍人员会产生两大弊端：一是高薪聘请费用是一个沉重的负担，二是洋职员盘踞要位，垄断技术，难以驾驭，使中国人在办理洋务过程中处于被动地位。许多洋务企业又是有关国家经济命脉的部门，“未便使外人久与其事”。[④] 因此，他萌发了自己设立实业学堂培养人才的想法，并立即着手实施。

1880年，盛宣怀为主持架设津沪电线而筹建天津电报总局时，认为“学堂与本局相为表

---

① 盛宣怀：《寄孙宝琦函》（宣统二年三月二十九日，1910年5月8日）。转引自《盛宣怀年谱长编》，第907页。

② 盛宣怀：《在钟天纬〈轮船电报二事应如何剔弊方能持久论〉上的批词》。《格致课艺全编》第2卷，第8页。

③ 陈旭麓等主编：《湖北开采煤铁总局·荆门矿务总局》（盛宣怀档案资料选辑之二），上海人民出版社1981年版，第107－108页。

④ 陈旭麓等主编：《湖北开采煤铁总局·荆门矿务总局》（盛宣怀档案资料选辑之二），第107页。

里”,[①]向北洋大臣李鸿章建议,在总局之下设立天津电报学堂,获准后负责筹建。1880 年 10 月 6 日,天津电报学堂正式开学,盛宣怀自任总办,聘请丹麦籍工程师担任教习,分班教授“电学与发报技术”,[②]经费拨自总局公款,学生结业后派赴津沪线各分局工作。天津电报学堂是盛宣怀主持创办的第一所技术学堂,它的成功创建说明,随着盛宣怀的洋务事业日益扩展,他已经实现了从洋务教育的提倡者到实践者的角色进步,标志着他正式投入新式教育事业。此后,他不遗余力地创立各种学堂,实业办到哪里,就将学堂设到哪里;只要有新的实业领域经营,就创办与之相应的学堂。

1882 年,盛宣怀在上海设立中国电报总局,主持架设上海至广州的电报电线,同年在上海筹设电报学堂。次年 7 月,上海电报学堂正式开学,盛宣怀自任总办,后聘请谢家福担任总办。随着电线电报业务扩展至全国各地,天津、上海两学堂培养的人才远不敷用,乃在苏州、江宁、广州、胶州、兰州等处分设电报学堂。各地电报学堂的相继设立,为电报事业及时培养出大批发报、测量架线及维修等中低级技术人员,逐步改变了电报业务初创时期技术全部依赖洋员的局面。他在总结办理电报事业的经验时说:“独筹百万巨款,练习千百人才,成斯创举,西人莫不服输。”[③]天津、上海两所电报学堂一直办至 20 世纪初年,是洋务运动时期少数几所办理时间长、成效好的洋务学堂之一。

1888 年,时任登莱青道的盛宣怀在烟台筹备设立矿务学堂,拟订章程十条,联合山东、直隶、江南、广东四省督抚合力举办,每省每年各出经费银 1.5 万两,聘请外国矿师白乃富为教习,拟招收已通西文学生 24 名,“以三年为期,学成后分别等次,给以考凭,充中国矿师,供各省开采之用。”[④]1889 年又在轮船招商局内筹设轮船学堂,拟以该局盈余充当经费,招收学生 100 名,学习数年后分派各船,“徐图替去洋人”。[⑤] 矿务、轮船两学堂虽然筹备有年,后却因故未能正式开办,但从中可以看出盛宣怀注重培养技术人才的不懈努力。1892 年盛宣怀调任天津海关道后,在李鸿章的支持下,督率官商捐筹巨款,在天津城外创建一座医院,并接办了李鸿章 1881 年设立的医学馆,扩充为北洋医学堂(天津医学堂),于 1893 年 12 月开学授课,这所学校被称为“我国政府自办西医学校之始”。[⑥] 从 1895 年开始,盛宣怀将兴办正规

---

① 盛宣怀:《详定电报招股大略章程二十条》(光绪六年九月,1880 年 10 月)。转引自《盛宣怀年谱长编(上)》,第 114 页。

②《毕乃德记天津电报学堂》。见朱有瓛:《中国近代学制史料》第 1 辑(上),第 486 页。

③《盛宣怀拟节略》(光绪十一年六月,1885 年 7 月)。王尔敏、吴伦霓霞合编:《盛宣怀实业函电稿(上)》,第 224 页。

④《请开办矿务学堂折》(约光绪十四年,1888 年)。盛档:012201。

⑤ 盛宣怀:《上李鸿章禀帖》(光绪十五年十一月,1889 年 12 月)。盛档。

⑥ 见朱有瓛:《中国近代学制史料》第 1 辑(上),第 489 页。

教育作为兴学重点,但还是继续在其经营的厂矿之下设立了一些技术学堂,如1896年接办汉阳铁厂后,接受铁厂总办郑观应的建议,设立了钢铁冶炼学堂;1897年主持修建卢汉铁路时,设立卢汉铁路学堂,招收学生约二三十人,聘英国工程师教习铁路工程。[①] 1905年卢汉铁路全线通车后,又奏设铁路法文速成学堂,培养谙熟法语的车务管理人员。可以说,盛宣怀创设各类技术学堂的时间持续相当长,设学范围相当广泛,只要实业涉及到的领域,如电报、轮船、铁厂、铁路等,几乎都创办过技术学堂,成为他从事洋务活动的重要组成部分,诚如老校长唐文治在为盛宣怀《愚斋存稿》作序时评道:"当世论公政绩者,曰轮船,曰铁路,曰邮电,而公实以学校作之根底。"

除了自己主持设立学堂外,盛宣怀在创办南洋公学前,还热心参与或资助过一些新式学堂,其中以参与筹建上海格致书院最为突出。上海格致书院是传播近代西方自然科学知识的学校,由我国近代科学家徐寿、英国传教士傅兰雅等人于1874年春开始筹建,1876年初步落成。盛宣怀在其筹建中曾资助银100两,以后每年均有捐资。1887年近代思想家王韬任格致书院山长后,盛宣怀不仅赠以钱款,且为该院考课命题、审查学生论文的重要成员,仅1890年前后,他就为格致书院学员写论文命题6道,成为当时书院命题最多的一位。

盛宣怀创办各类技术学堂的时间主要在1880年到1897年之间,设学目标是直接为其经营的各种洋务企业培养急需的专门技术人才。这些学堂以西方近代科技文化为主要课程,采用班级授课制,注重知识的实用性,明显有别于官学、书院、私塾等以科举入仕为目的的传统教育,在性质上属于洋务教育范畴,程度上相当于提供技术培训的专科学校,它们与同期其他学堂一起,实际启动了中国近代教育的进程。

盛宣怀在办理技术学堂时,严格挑选外国技术专家充任教习,注意学生实际能力的培养,制订了比较完善的管理与考核章程。1887年,盛宣怀主持将历届办电报学堂的经验,择其最佳者,汇编成《电报总局学堂汇纂章程》。章程共分学习、洋考、薪水等节,不仅将教育与办实业的实践紧密结合,而且对每个学员按知识水平、学习成绩进行严格的分等分级和严格的升等升级,"等"与"级"又与薪资挂钩,且同品德联系起来。这是盛宣怀办电报学堂的经验总结,一定程度上也是盛宣怀办实业学堂教育思想的结晶。这份章程被认为是"洋务运动以来创办新式教育最完整可行的教育规章"。[②] 它为南洋公学制订完备严格的规章制度提供了重要参考。

---

① 金士宣:《我国最早创办的三个铁路学校》。《北方交通大学学报》1982年第1期。

② 夏东元:《盛宣怀传(图文版)》,上海交通大学出版社2007年版,第188页。

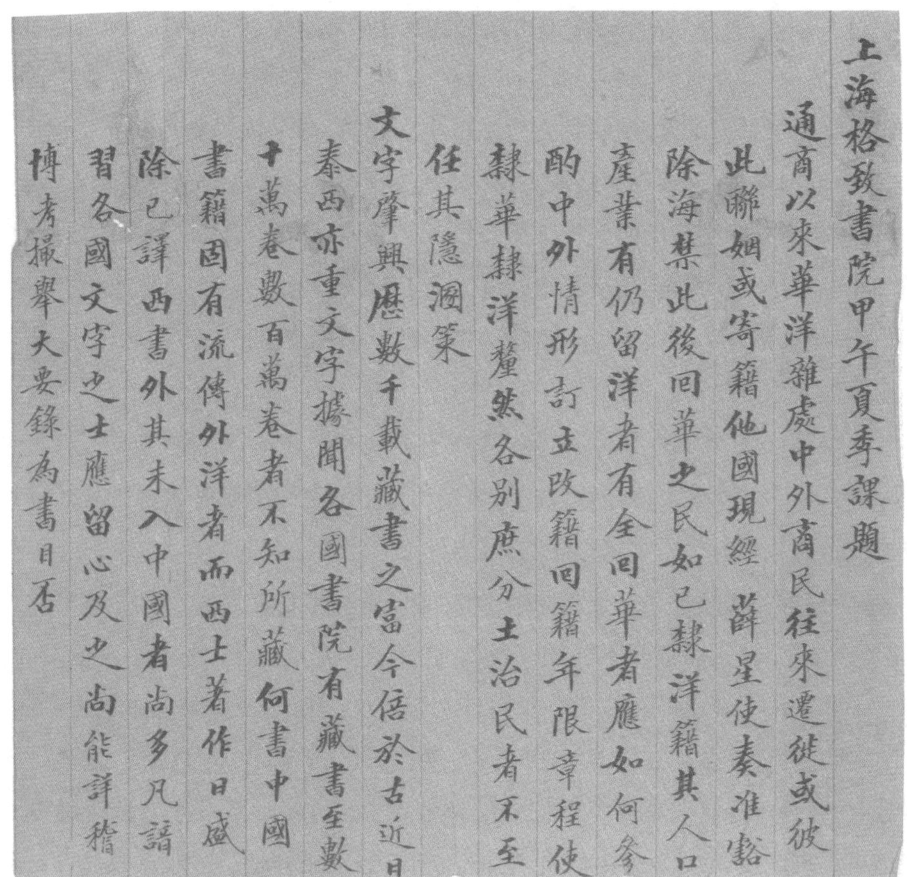
上海格致書院甲午夏季課題
通商以來華洋雜處中外商民往來遷徙或彼此聯姻或寄籍他國現經 薛星使奏准豁除海禁此後回華之民如已隸洋籍其人口產業有仍留洋者有全回華者應如何參酌中外情形訂立改籍回籍年限章程使隸華隸洋釐然各別庶分土治民者不至任其隱溷策
文字肇興歷數千載藏書之富今倍於古近日泰西亦重文字據聞各國書院有藏書至數十萬卷數百萬卷者不知所藏何書中國書籍固有流傳外洋者而西士著作日盛除已譯西書外其未入中國者尚多凡諳習各國文字之士應留心及之尚能詳稽博考撮舉大要錄為書目否

1894 年夏，盛宣怀为上海格致书院所拟课题二则

但是，由于盛宣怀主持的洋务教育忽视西学基础知识与理论的学习，培养出来的学生大多属于操作型工匠。各学堂没有严格稳定的学制，少则半年，多则三年，一般在一二年之间，属于短期训练班性质，加上全国新式教育风气未开，招收来的学生没有经过系统的小学、中学普通教育，就直接接受专门技术的训练，在教育环节上出现了严重的脱节倾向。这些缺陷的存在，制约了既具备扎实自然科学基础，又能够自我发明创造的高素质人才的养成。对技术学堂办学经验的反思，推动了盛宣怀着手正规教育的尝试。

二、盛氏办学计划与南洋公学

甲午战争之后，与其他有识之士一样，盛宣怀深刻反思了我国惨败于日本的原因，继续寻求改变国家困境的出路，“昼夜焦思，欲筹报国”。盛宣怀认为，

“此次军事之不得手，非合肥（李鸿章）之过，乃左右无人之过。”[①]而培养人才不能“临渴掘井”，搞实用式的短期训练，或者依样画葫芦地模仿。为此，他下定决心要作长远育才之计，筹划培养高层次科技与管理人才，以便促进实业大发展，挽救民族于危亡。他说：“人笑我收效十年不能速，十年树人，视十年若远，若不树之，并无此十年矣！”[②]面对积贫积弱的社会现状，盛宣怀提出“自强首在储才，储才必先兴学”的主张，将兴办新式教育培养人才与国家命运结合在一起。即是说，甲午战争前后，盛宣怀对新式教育有了新的认识：即从先前单纯的技术人才需求到技术、外交、行政、法律、经营管理等多方面的人才需求，从低层次技术人员训练到办理正规教育，从原先为自己的实业领域培养人才到为国家社会培育人才。这也就成为盛宣怀创开北洋大学堂、南洋公学的思想基础。

与盛宣怀共事最久、相知亦最深的近代思想家、教育家郑观应，介绍过西方兴办小学、中学、大学三级学制的普通教育模式。南洋公学筹建者之一钟天纬，毕生从事西学翻译和教育实践，以创办新式学堂而闻名，深得盛宣怀赏识，盛宣怀曾请钟天纬协助创建轮船、矿务学堂和南洋公学。1896 年，钟天纬与张焕纶、宋恕等在上海组织“申江雅集会”，讨论改良教育问题，钟天纬倡议新法教授，主张兴办基础教育与师范教育，都被盛宣怀所接受。吸收了先进的教育思想，总结自己办学的经验得失，盛宣怀于 1895 年提出一份捐设新式学堂规划，计划在全国各地捐建大学堂、小学堂、时中书院若干所，全部办学经费由自己管辖的轮船招商局、电报局、金矿局等认捐，初名南洋大学堂的南洋公学在该计划中第一次正式提出。这个办学计划的具体规划及经费分配如表 8－1。

表 8－1　盛宣怀捐款设立新式学堂规划表（1895）

学校类别	名称或设学地	经费来源
大学堂 （2 所）	北洋大学堂	船捐 2 万两、电捐 2 万元
	南洋大学堂	船捐 2 万两、电捐 2 万元
小学堂 （23 所）	保定、开封、济南、江宁、苏州、杭州、福州、广州、桂林、云南、贵阳、成都、武昌、长沙、南昌、安庆、太原、西安、兰州、迪化、奉天、吉林、齐齐哈尔等 23 地各设一所	每堂船捐 1 500 两、电捐 1 500 元、金矿捐 1 万两（东三省用）

① 盛宣怀：《致袁敬生函》（光绪二十一年四月，1895 年 5 月）。陈旭麓等主编：《甲午中日战争（下）》（盛宣怀档案资料选辑之三），上海人民出版社 1980 年版，第 452 页。

② 夏东元：《盛宣怀传（图文版）》，第 188 页。

(续表)

学校类别	名称或设学地	经费来源
时中书院(3所)	京城时中书院	船捐1万两、金捐1万两、电捐1万元
	天津时中书院	船捐1万两、金捐1万两、电捐1万元
	上海时中书院	船捐1万两、金捐1万两、电捐1万元
		综计每年船捐10万两、电捐10万元、金捐4万两

资料来源:《北洋大学堂等捐款单》,盛档:044280-3。该捐款单作为盛档044280-1"上海经正书院归公启"(光绪二十二年五月,1896年6月)的第二份附件,但字迹与前两件显然不同,也未注明年份,这里依据盛宣怀亲笔所拟《天津头等学堂章程》中"是以常年经费甚钜,势难广设,现拟先在天津开设一处以为规式",及《二等学堂章程》中"二等学堂即外国所称小学堂……现拟先在天津开设一处,以后由各省会推而至于各郡县"等语,又据1895年8、9月间盛宣怀与王韬商议创办上海时中书院的史实,推定该捐款单的时间为1895年设立北洋大学堂前后。表中"船捐"即轮船招商局捐款,"电捐"即中国电报局捐款,"金捐"即金矿局捐款。

这份规划既包含了大学堂、小学堂在内的正规系统的普通教育形式,也含有因时需而设的时中书院这类培训教育机构,意在将长期人才培养与短期人才培训结合起来。时中书院是在急需新式人才的情况下,招收那些已获举贡生监功名的有志青年,灌输西学以备任用,类似于长沙时务学堂,属于短期培训班性质。1895年8月,盛宣怀曾与王韬商议,在上海创建时中书院,第二年盛宣怀又奏请在京师、上海设立达成馆(即时中书院),上海达成馆拟附设于南洋公学。拟捐建的学堂分为大学堂、小学堂两个等级,其中小学堂、大学堂之间相互衔接递升,说明盛宣怀已经形成了二级学制的教育思路。

在上述捐学计划中,盛宣怀明确提出要创建北洋、南洋两所大学堂。北洋大学堂当年在天津创建,南洋即次年在上海创建的南洋公学。可见,南洋公学

1895年,盛宣怀亲笔所拟天津头等学堂章程、功课设置、经费预算各款折

作为盛宣怀宏观办学计划的重要组成部分，其性质明确定位于正规教育中的大学堂，地位则与北洋大学堂并列，两所大学堂分别建于中国南北经济的中心天津、上海。

盛宣怀实施捐学计划的第一步是1895年10月建立北洋大学堂。他为该学堂的筹建与发展精心规划，苦心孤诣。盛宣怀认为，此前所办洋务学堂效果不显著的一个重要原因就在于"学无次序，浅尝辄止"，北洋大学堂应分普通、高等两层设学，各分年限，依次递升。高等又分若干专业，学制清晰，上下衔接，"不容紊乱"，[①]形成了近代学制的初步轮廓。更可贵的是，他认为大学堂教育目标是培养具有精深学问的专门人才，而非仅掌握外国语言的翻译人员。1898年，继任天津海关道李岷琛（字少东）准备挑选北洋大学堂60名学生改习外语，盛宣怀致函王文韶、李岷琛加以阻止，重申自己的办学宗旨是专习西学专门而非语言。他在信中说：

> 接少东观察来函，忽欲改六十名分学法德东三国之文，是殆误会此堂仅学文字，不知内有分类专门工夫，为小失大，弊莫甚焉。前据丁家立面商，头等三十名，应分律例、矿务、制造各若干名，以后每年每类仅得数名，正恐不敷派用，时势需才如此其急，讵可一误再误。铁路学生同是英文，宣尚不肯假借以损大学，况改习他国文字便须另聘他国教习。此堂隳废，即在目前，为天下笑。[②]

可见，盛宣怀创建的北洋大学堂显然有别于一般洋务学堂，是洋务技术、语言教育走向正规系统教育的分水岭，是近代高等教育正式开始的标志。北洋大学堂是我国第一所具有近代意义的大学，它开创了我国高等教育的先河。它创建后即受到各地督抚的瞩目，两江总督刘坤一就曾电询盛宣怀："闻公在津新设学堂，章程甚佳，即祈钞示全卷，以便将来仿办。"[③]盛宣怀也将北洋大学堂视为自己兴学计划的第一块试金石，甚至希望能在全国范围内充当示范作用，掀起兴办新式学堂的高潮。他陈述北洋大学堂头等学堂时说，"现拟在天津开设一处，以为规式"，对于基础教育性质的二等学堂更是如此："现拟先在天津开设一处，以后由各省会推而至于各郡县，由各通商口岸推而至各镇市，官绅商富皆可仿照集资开办，轻而易举。"[④]然而，从产生的实际影响来看，北洋大学堂对继之创建的南洋公学影响最大。

1896年10月盛宣怀卸任天津海关道，常驻上海，遂将精力集中于筹建南洋公学，以逐步

---

① 盛宣怀：《寄直督王夔帅津海关道李少东观察岷琛》（光绪二十三年十二月十五日，1898年1月7日）。《愚斋存稿》第29卷，第34页。

② 盛宣怀：《寄直督王夔帅津海关道李少东观察岷琛》（光绪二十三年十二月十五日，1898年1月7日）。《愚斋存稿》第29卷，第34页。

③《江督刘岘帅来电》（光绪二十二年正月初六日，1896年2月18日）。《愚斋存稿》第24卷，第11页。

④ 盛宣怀：《二等学堂章程》（光绪二十一年七月，1895年9月）。转引自《盛宣怀年谱长编（上）》，第495页。

实施南洋大学堂的设学计划。经过一年的悉心筹备,1897 年 4 月,南洋公学正式建成。公学先设师范院,后陆续设立外院、中院、上院(政治班、商务班),建成一所学制完善的正规学校,成为我国有组织有系统的学制之发端。公学另附设译书院、东文学堂,以翻译西学与学校教育相互促进;再设经济特科班,以正规教育与速成教育相辅相成。南洋公学之所以能够做到规制完善,独开风气,有着多方面的原因和客观条件,其中最主要原因是盛宣怀对自己长期从事教育活动进行理性反思的结果,是对办理北洋大学堂得失进行总结的结果。盛宣怀在奏设南洋公学时,明确表示要"如津学之制而损益之",[①]津学即北洋大学堂。从南洋公学筹建与发展过程来看,北洋大学堂给南洋公学带来的"损益"至少有以下几个方面:

两校办学目标相同,都是计划建成大学程度,经费来源也相同,但在专业设置上各有侧重。北洋的头等学堂乃"外国所谓大学堂也";[②]南洋的上院"即头等学堂也"。[③] 1896 年拟定《南洋公学纲领》,更明确定位"南洋公学本系大学",只是在"中国小学、中学未兴,大学无从取材"的情势下,在公学内"先分列上、中两院,以上院为大学,中院为中学","俟风气大开,外间中学较多,即将公学内中学裁停。"[④]很显然,公学建学目标是一所大学,办理中学、小学只是一时之权宜。南洋公学和北洋大学堂办学经费同样出自轮船招商局、电报局捐款。不过,两校为避免专业重复而各有差异,福开森在 1902 年为盛宣怀所拟《南洋公学宗旨抒陈》中说:"其时北洋大学堂讲求化学、机器、铁路诸学,故南洋公学不便重复,即以政治、理财为宗旨也。"[⑤]也就是如盛宣怀自称"北堂兼艺学,南堂重政学";[⑥]"两局捐办南北洋两公学,一则专教政学,一则兼教艺学。"[⑦]很明显,南洋侧重政学,是受到北洋专业设置的影响,同时也是盛宣怀的西学观从科技层面上升到政治制度层面的反映,说明他在设学目标上已经突破为自己实业领域培养人才的局限,着眼于为国家广育法律、政治、外交、商务等各类人才。这是盛宣怀教育理念的一次转变与提升。

南洋公学继承北洋大学堂分层设学的教学制度,但学制更加完善,由二级学制升为三级学制,且设师范教育,在形式上更趋同于当时西方、日本的教育制度。正如盛宣怀在比较南北洋两校异同时所指出:"(北堂)只头、二等两学堂。南堂中院、上院之外,更有师范院及附

---

① 盛宣怀:《请设学堂片》(光绪二十二年九月二十五日,1896 年 10 月 31 日)。《愚斋存稿》第 1 卷,第 11 页。

② 盛宣怀:《禀直督王文韶设天津中西学堂》(光绪二十一年七月二十二日,1895 年 9 月 10 日)。转引自《盛宣怀年谱长编(上)》,第 491 页。

③《南洋公学章程》(光绪二十四年四月二十四日,1898 年 6 月 12 日)。《愚斋存稿》第 2 卷,第 23 页。

④《南洋公学纲领》(光绪二十二年七月初三日,1896 年 8 月 11 日)。盛档:044964-2。

⑤《南洋公学宗旨抒陈》(光绪二十八年,1902 年)。盛档:116397-2。

⑥ 盛宣怀:《致张之洞函》(约光绪三十三年,1907 年)。盛档:044670。

⑦ 盛宣怀:《遵查轮电两局款目酌定报效银数并陈办理艰难情形折》(光绪二十五年七月,1899 年 8 月)。《愚斋存稿》第 3 卷,第 10 页。

属之外院，此两堂之所异也。至于课程之阶级，教督之规矩，此小异而大同也。”[①]南洋公学完善的学制是建立在北洋大学堂办学经验的基础之上，北洋头等学堂设立后，难以招到合格生源，就连二等学堂也是如此。这使盛宣怀认识到，要办理一所大学，不能一蹴而就，必先脚踏实地办好中学，而办好中学，又须从小学开始，小学、中学教育又须从培养师资入手，逐级开设师范、小学、中学教育，各学学生依次递升，最终才能办成大学教育。为此，盛宣怀在开办南洋公学时首先重视师资与基础教育，不仅在校内先设师范院、外院，而且资助或建立过不少基础教育。1896 年支持谢家福在苏州开办中学堂，资助钟天纬在上海设立三等公学堂，所谓“三等”，是针对南洋公学中院、上院而言的。1897 年补贴张焕纶所办的梅溪学堂，1898 年资助上海中西三等学堂，1901 年初支持何嗣焜在江苏筹设小学堂 8 所，1904 年在其家乡建立正则小学堂等，希望这些学堂能为南洋公学中院提供合格生源。这些活动都说明，盛宣怀开始对西方教育制度有了更深入的认识，在办理南洋公学时更切于实际，虽然在整个南洋公学时期上院没有毕业一名大学生，却为此后学校在全国率先建成专科打下了基础。当时对于办理大学先从中小学办起的做法，一直受到时人、后人甚至部分学者的质疑，不过也得到有识之士的理解与认可。1898 年 6 月，京师大学堂奉诏筹设，浙江举人王舟瑶（1902 年任南洋公学特班监督）在日记中评道：“闻京师将立大学堂，然小学、中学现尚未办，而先办大学，是无根之本，无源之水。吾国办事好大喜功，不求实在，往往如此。”[②]1899 年 5 月 6 日，慈禧太后在《为整顿大学堂谕》中，针对京师大学堂开办一年来只设小学、中学而受到质疑时称：“查奏定章程，以各省中学堂未能遍立，当于大学堂中富小学、中学之意，并非降格相就。”[③]由此看来，盛宣怀创办南洋公学先师范、小学、中学的路径是完全符合教育实际和教育规律的。

南洋公学与北洋大学堂一样，以西学为重要教育内容与专业方向，在引进西学路径和管理模式上也有相通之处。北洋延聘丁家立为总教习，南洋则聘请福开森为监院，主持西学的引进与教育，两人均为美国人，使得两校初创时带有美国教育的色彩。但是，北洋大学堂在创办时，因急于办成大学而生源又极其有限，所招学生大多来自香港、上海的教会学校，他们西文西学成绩尚可，但中学基础较弱，有些学生连简单的汉语作文都不会，当时甚至有人偏激地说，该校学生“大半为教民”，“培养此等学生不啻培养洋人也。”[④]这引起盛宣怀、何嗣

① 盛宣怀：《致张之洞函》（约光绪三十三年，1907 年）。盛档：044670。

② 王舟瑶：《默庵诗存日记勤学浅语》（抄本），上海图书馆藏。

③ 转引自郝平：《京师大学堂创办史实考源》，北京大学出版社 1998 年版，第 152 页。

④ 《北洋大学堂八弊》。盛档：077234 - 2。

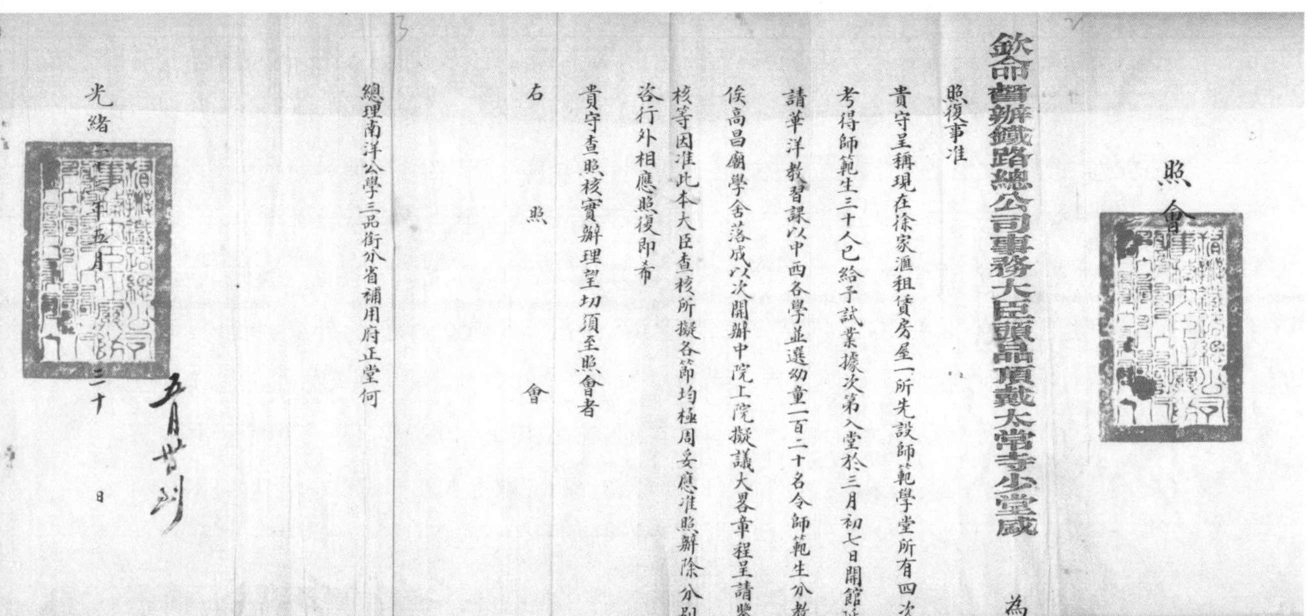

欽命督辦鐵路總公司事務大臣頭品頂戴太常寺少堂盛 為
照會
照復事准
貴守呈稱現在徐家滙租賃房屋一所先設師範學堂所有四次
考得師範生三十人已給予試業據次第入堂於三月初七日開館延
請華洋教習課以中西各學並選幼童一百二十名令師範生分教
俟高昌廟學舍落成以次開辦中院上院擬議大畧章程呈請鑒
核等因准此本大臣查核所擬各節均極周妥應准照辦除分別
咨行外相應照復即希
貴守查照核實辦理望切須至照會者
右 照 會
總理南洋公學三品銜分省補用府正堂何
光緒二十三年五月二十 日

1897 年 6 月，盛宣怀照复南洋公学开办文

焜、张焕纶等人的高度关注，在创办南洋公学时注重中西学并重，招生时首重中文成绩，中文不及格，西文西学基础再好也不予录取。入学后，中学、西学功课并举，形成了中西学并重的教学特色。

总之，南洋公学的创办，是盛宣怀长期办理教育、乐育人才的延续与提升，是甲午战争之后他所规划实施的全国捐学计划中的一个重要部分，更是在继承、改进北洋大学堂办学经验基础上形成的教育硕果。

三、倾心主持南洋公学

盛宣怀不仅是公学的创办人，而且是整个公学期间的实际决策者。从1896 到 1905 年，南洋公学创办近十年期间，盛宣怀始终担任南洋公学督办。对于南洋公学，大到经费筹措、校长人选、办学方向，小到招生考试、学生出路、教习聘任，盛宣怀事无巨细，事必躬亲。

比如经费问题，盛宣怀总是尽心筹措，确保如期拨解。1901 年，公学的两家供款单位轮船、电报两局拖延公学拨款长达半年，致使公学用款紧张起来。盛宣怀当即致函两局负责人，措辞严厉地说：

> 照得南洋公学岁需经费曾经奏定，由招商、电报两局每年认捐银十万两，行令该局按季清解，历经遵办在案。兹查招商局仅解至本年春季，电报局仅解至上年冬季。现在南洋公学试办附属小学并添设

特班，度支日增，出洋各生游学经费尤须随时应付，在在需款，待用孔殷，此系额外支要款，岂能任意宕延？所有招商局本年夏季、电报局本年春夏两季各该捐款，亟应别行催迅速拨解，以济要需。电局杨道于此等要款春季尚不起解，更属不顾大局，除分行外，合亟专札严催遵照，迅将本年夏季应捐南洋公学经费规元一万五千两内，除扣沙田价款二千两外，实应找解银一万三千两，限三日内如数备齐，呈解来辕，以凭转发济用，万勿稍延。[①]

轮船、电报两局迫于盛宣怀的压力，于当年8月份拨解全部办学费用，以后均能按期拨给。

又如，他对聘请师资与招生考试极为重视。1901年夏秋，盛宣怀主张设立经济特科班，有人推荐翰林蔡元培担任总教习，盛宣怀两次接见蔡元培，当面详细考察后决定聘任。南洋公学招考学生时，考场往往设于盛宣怀上海斜桥的家里，考卷批阅后也由盛宣怀最终定夺录取名单，黄炎培、邵力子、李叔同等都是盛宣怀亲自录取的学生。

南洋公学筹建和兴办时期，曾遇到各种各样的阻力，甚至几次面临中途夭折或关门停办的危机。每次都是盛宣怀出面，极力维持，化险为夷。第一次是1896年10月，盛宣怀上呈光绪帝奏折，要求兴办南洋公学，然而光绪帝下谕旨表示，办学可以，不用盛宣怀出钱，“以崇体制”。盛宣怀清楚知道，甲午战败后的巨额赔款，使清政府国库空虚，所谓不用他筹款而由政府拨款的谕令只能是一纸空文，这样下去学堂不知何时才能办成。育才心切的盛宣怀并没有等候国家拨款办学，而是坚定地通过电报、轮船两局捐助筹资，创建了南洋公学。

1899年，公学面临第二次办学危机。6月，协办大学士、兵部尚书刚毅南下南京、上海等地，以筹措海军军费为名，要盛宣怀停办南洋公学，将轮船、电报两局提供的办学经费10万两移归国库。盛宣怀一方面反复与轮、电两局股东商议，每年筹措相应经费充作海军费；一方面极力向刚毅陈述培养人才的重要性和学校不应停办的道理。盛宣怀向刚毅陈述的理由，当时的上海英文报纸《北华捷报》(North-China Herald)曾做了披露：

中国若要摆脱洋人的支配，只有通过技术教育才能实现。如果学生们学会了洋人的技术，那么洋人的佣金就能省掉。培养自己的电学家、工程师和造船家要比继续依赖洋人好得多。中国应当培养它自己的工程师和造船家。中国将不再雇佣洋人，这不就是你们自己的愿望吗？实现这一愿望的最好办法就是鼓励这种自己的学校。[②]

① 盛宣怀：《札铁路总公司收支处文》(光绪二十七年六月二十九日，1901年8月13日)。盛档：073404-9。

② 《北华捷报》1899年12月18日。转引自费维凯：《中国早期工业化——盛宣怀(1844-1916)官督商办企业》，中国社会科学出版社1990年版，第98页。

刚毅在海军军费有所保障的条件下,接受了盛宣怀的建议,放弃了让盛宣怀停办南洋公学的主张。

最严重的一次困难发生在1902年11月,即“墨水瓶事件”,导致100多名学生集体退学,并由此引发全国新式学堂学生反抗专制的学运高潮。很多守旧官员纷纷上奏清政府,要求停办新学,不少新式学堂因此停办。作为学潮的起源地,南洋公学受到外界更大的压力。盛宣怀对此深为痛心,同时指出停废新学是因噎废食,应向学生灌输实学以端正学风,从而避免学潮。他上书学部大臣张百熙说:

> 办理学堂开宗明义,不外激发忠爱,开通智慧,讲求实业数端,盖实业兴则空言自绝,而士气既靖,民智自开,固相因而至。若因噎废食,以谓学生不易教诲,学堂必有流弊,则尚非定论也。[①]

盛宣怀同时表示,南洋公学绝不停办。他对张百熙等说:“弟学识谫陋,何足以言兴学,惟办事必需人材,成材必由学校,故不惜延访通人,创开风气,而自忘其才力之不及,始终不肯退步。”[②]在公学生死存亡的关头,盛宣怀的“始终不肯退步”,使公学的香火得以传承不辍。

“墨水瓶事件”过后,1903年又逢盛宣怀所管轮船招商局、电报局被袁世凯接管,袁指示两局停拨公学经费,试图迫使南洋公学停办。1903年1月24日袁世凯致电盛宣怀:“闻南洋公学已罢散,能否趁此停办?或请南洋另筹款。请酌。”[③]盛宣怀坚决不同意袁世凯停办公学的意见。2月3日,他电告袁世凯:

> 南洋公学十月间诸生与教习小有口舌,旋即安静,并未罢散。近来学堂风气各处似此颇有所闻,报纸张大其词,皆系妄说。宣谫陋何足言教育,惟奏准开办已六年,中外观听所系,若遽废止,殊觉难堪。公以天下自任,且创议学堂章程,谅亦有心维持,无分畛域。现拟将译书院、东文学堂及特班、师范班全裁,商务学堂亦缓办,只留中院生六班,以二百人为度。历年节省稍有存款数万,姑暂收束紧做,一面另行劝募。惟津沪两堂学生在英美等国肄业者十五六名,岁需经费约三万两,查轮、电两局原拨公学每年十万两,本年起遵即停拨,又船局另捐二万两,电局另捐二万两,原奏系充商务学堂、东文学堂各经费,拟请暂准照拨,改充出洋肄业经费,使卒业诸生不致半途而废。皆出公赐,可否准行,伏候电示。

① 盛宣怀:《致张百熙、荣华卿函》(光绪二十九年八月二十日,1903年10月10日)。盛档:044186。

② 盛宣怀:《致张百熙函》(光绪二十九年,1903年)。盛档:044179-2。

③《愚稿存稿》第59卷,第26页。

在电文中，盛宣怀接受轮、电两局停拨捐款的现实，但表示即使经费无着，也要将公学支撑下去。同时，他恳请将招商局另捐二万两、电报局另捐二万元，改充已出洋留学生的肄业经费，使留学生不至半途而废。2月5日，袁世凯复电曰："轮、电两局各拨南洋公学常年经费十万两，本年起应即停拨。其船局另捐二万两，电二万元，即遵示停改充出洋肄业经费。"同意了盛宣怀保留留学经费的请求。此后，盛宣怀一面将南洋公学规模收缩，裁撤译书院、东文学堂及特班、师范班，一面另募经费，又使公学顺利渡过此次难关。

第二节　盛宣怀办学思想与特色

一、办学原则：中体西用

中体西用是"中学为体、西学为用"的缩略语，是19世纪60年代以后以洋务派、改良派为首的中国人向西方学习的指导思想。"中学"指以三纲五常为核心的儒家学说，"西学"指近代传入中国的科学技术、自然科学和商务、教育、外贸、法制等社会科学。最早提出"中体西用"思想的冯桂芬和后来的李鸿章、张之洞等，都主张在维护清王朝统治的基础上，采用西方造船炮、修铁路、开矿山、架电线等自然科学技术以及文化教育方面的具体办法来挽救统治危机。历史学家陈旭麓指出："自60年代至90年代，凡谈时务、讲西学者，无分朝野，皆不出'中体西用'一途。"并称洋务派是中体西用的实施者，而改良派则是理论指导者。[①] 中体西用是晚清时期的主流思想，作为晚清官商两界重要人物的盛宣怀，也是这一思想的信奉者与实施者。1898年8月10日，盛宣怀在给陆宝忠信中道出了自己的中体西用主张，他说："弟以为中国根本之学不必更动，止要兵政、商政两端采取各国之所长，厘定章程，实力举办，此即足食足兵之道，无他奇巧。"[②]

中体西用既是盛宣怀从事洋务运动总的指导思想，也是他办理南洋公学等新式教育时的办学原则。在1898年6月呈奏《南洋公学章程》中，盛宣怀明确表示了中体西用的办学原则：

公学所教，以通达中国经史大义、厚植根柢为基础，以西国政治家、日本法部文部为指归，略仿法国国政学堂之意。而工艺、机器、制造、矿冶诸学，则于公学内已

① 《陈旭麓文集》(第1卷)，华东师范大学出版社1996年版，第260－261页。

② 盛宣怀：《复陆伯葵阁学》(光绪二十四年六月二十三日，1898年8月10日)。转引自《盛宣怀年谱长编(下)》，第621页。

通算化、格致诸生中,各就质性相近者,令其各认专门,略通门径,即挑出归专门学堂肄习。其在公学始终卒业者,则以专学政治家之学为断。

就是说,南洋公学办学宗旨、人才培养是以通晓中国经史大义为根本,在此基础上,然后学生依照性情差异,或学习西方各类工程技术,或专学政治法律学科,公学则始终以培养政法科高端人才为目标。盛宣怀在总结所办学堂得失与批判洋务教育时,也体现出中体西用的思维模式,他在评价北洋大学堂教学与人才培养上的困惑时说:

臣前年创设天津头、二等学堂,旁求教习,招选学徒,大抵通晓西文者,多懵于经史大义之根底;致力中学者,率迷于章句呫哔之迂途。教者既苦乏才,学者亦难精择,窃喟然于事半功倍之故。盖不导其源,则流不可得而清也;不正其基,则构不可得而固也。①

盛宣怀在这里指出,只"通晓西文者"和仅"致力于中学者"都不是他心目中的理想人才,造就人才须"导其源""正其基",既要通中国传统义理之学,也要修西方先进科学知识,这是他办理南洋公学培养人才的基本定位。然而,"中体西用""兼通中西之学"的教育思想过于理想化,由于"中学"和"西学"在哲学政治法律思想方面有着尖锐的对立,很难和谐相处,付诸实践过程必然面临诸多挑战。

(1)"西学"的深化与转型。南洋公学的创建与定位,从思想根源上来看,是盛宣怀与时俱进的西学观念在教育实践中的体现。具体地说,19 世纪七八十年代,盛宣怀对西学的认识局限在军械、电报、轮船、开矿等军事、技术层面,甲午战争前后,盛宣怀的西学观已从器物层面提升到制度层面(不含民主政治),直接导致其创办南洋公学以政治家为培养目标。1902 年"墨水瓶事件"后,盛宣怀"急流勇退",调整了之前的办学方向,改办稳妥扎实的高等实业教育,这是盛宣怀对西学认识的一次急剧转型。

从 1870 年代初投身洋务运动之后,盛宣怀在经营近代工商业过程中认识到,西方各国富强的根本原因在于拥有先进的科学技术手段,于是率先引进西方科学技术及经营管理方式,开创了我国轮船、电报、采矿、纺织等一大批近代实业。他坚信在恪守中国传统道德精神的基础上,辅以西方自强之术,一定能够实现自强求富的目的。1885 年,当洋务事业处于鼎盛阶段时,盛宣怀自信地宣称:"惟守吾中国尧、舜、禹、汤、文、武、孔孟、程朱之道而不变不易,以用彼西洋气学、化学、算学、重学、电学之器而精益求精,天下之大,谁能御我哉!"②典型

① 盛宣怀:《筹集商捐开办南洋公学折》(光绪二十四年四月二十四日,1898 年 6 月 12 日)。《愚斋存稿》第 2 卷,第 18 页。

② 《盛宣怀拟节略》。王尔敏、吴伦霓霞合编:《盛宣怀实业函电稿(上)》,第 224 页。

地反映出他对西学的认识大体上局限于西方近代文明的器物层面。与之相配合，盛宣怀从输入器物技艺而急需洋务人才出发，不遗余力地办起了各类技术学堂，形成实业与教育并举的洋务之路。

盛宣怀西装照

甲午战争的失败促使盛宣怀痛定思痛，觉悟到西学不仅止于军事、技术两端，而是事事有学问，“泰西之学皆系有用之学，一事一物均有实际，舍是无以为自强之本。”[①]提倡将学习西学的领域从军事、技术等“西艺”扩展至西方政治、法律、财政、教育等“西政”，也就是从器物层面扩展至制度层面。盛宣怀由西艺而西政的西学观的转变，反映了他顺应时代进步的要求。

依靠他的经济实力与人际网络，盛宣怀很快就将此种理念转化为办学实践。1895年设立北洋大学堂，“分教天算、舆地、格致、制造、汽机、化矿诸学”，[②]注重的是西艺。继而又设专攻“内政、外交、理财”的南洋公学，重点已转到法政教育。从南、北洋两学堂有组织、有系统的办学形式来看，盛宣怀已认识到学习西方文化教育制度的重要性并很快加以实施。他还建议清政府在各省设立一所省府学堂，“教以天算、舆地、格致、制造、汽机、矿冶诸学，而以法律、政治、商税为要。”[③]意在全国范围推广工程、法政学堂。这些都是盛宣怀的西学观在教育实践上的反映，而南洋公学是其中的典型代表。

1898年《南洋公学章程》将人才培养宗旨确定为：“其在公学始终卒业者，则以专学政治家之学为断。”[④]1901年9月，盛宣怀在南洋公学内设立“专志政学，不必兼涉艺学”[⑤]的特班，专教“中西政治、文学、法律、道德诸学”。1902年

---

① 《天津头等学堂、二等学堂招生启事》(光绪二十一年九月，1895年10月)。上海图书馆编：《上海图书馆藏盛宣怀档案萃编(下)》，第394页。

② 盛宣怀：《请设学堂片》(光绪二十二年九月二十五日，1896年10月31日)。《愚斋存稿》第1卷，第11页。

③ 盛宣怀：《条陈自强大计折》(光绪二十二年九月二十五，1896年10月31日)。《愚斋存稿》第1卷，第8页。

④ 《南洋公学章程》(光绪二十四年四月二十四日，1898年6月12日)。《愚斋存稿》第2卷，第23页。

⑤ 盛宣怀：《南洋公学添设特班是为应经济特科之选》(光绪二十七年七月卅日，1901年9月12日)。上交档：ls3－001。

10月,盛宣怀在奏报《南洋公学历年办理情形折》中说,上院即“视西国专门学校,肄业政治、经济、法律诸科”,[①]同年在上院设立政治班。此外,1902年前派赴日本、欧美的公学留学生共有12名,除2名习工程外,其余10名分习政治、法律、经济、商务专业。很显然,在盛宣怀“西政”思想影响下,南洋公学在1902年前是以培养法政人才为办学宗旨。

然而,1902年底“墨水瓶事件”发生后,盛宣怀对西方法政学科的认识产生了动摇,使得公学办学方向由“政学”转向“艺学”。在盛宣怀眼里,西方政治、外交、经济、法律等政学,是同机械、矿冶等“艺学”一样具有工具性质的有用之学,能给效率低下、封闭守旧的封建专制政权注入生机活力,起到维护现存统治秩序的作用,这是他“中体西用”思想内“西用”的扩展,而不是想以它们来推动政治体制的根本变革。他要求学生掌握“西政”,但不包括西方民主思想,只是一些有关政治、法律制度的具体条文,对于西方自由平等思想是深以为戒的,唯恐它们触动他深信不疑的“中体”。然而,西方政治、外交、经济、法律制度是以宪政、自由平等为思想基础的,公学学生在学习西方制度时,潜移默化地受到平等学说影响,形成反对专制的思想暗潮,最终导致“墨水瓶事件”的发生,并演成全国性反专制的学界风潮,这是盛宣怀始料未及的。事件发生后,盛宣怀对向西方学习法政学的教育目标发生动摇,1903年初又逢经费危机需缩减办学规模,朝野又有不少守旧士绅指责新式学堂在培养反清青年,要求清政府下令停办新学。迫于内外压力,盛宣怀遂果断裁撤特班、政治班以及译书院等附属机构,将原拟另建的商务学堂设为公学上院专科,准备成立南洋高等商务学堂,重新订立“激发忠爱,开通智慧,讲求实业”为办学方针,使公学办学方向由政学转向实学,“现拟讲求商学,屏绝空谈,专研实业,当无流弊”。[②] 稍后,在给管学大臣张百熙的信中,盛宣怀谈到讲求实业的好处:“盖实业兴则空言自绝,而士气既靖,民智自开,固相因而至。”[③]并直言“与诸生言则谆谆勉以科学,不讲哲学”,[④]希望以讲实学来抵制国内日益泛起的民权意识、平等思想,也借以消除清政府对南洋公学人才培养结果的疑虑。

盛宣怀西学观的深化与转型,始终决定着南洋公学的命运。当甲午战争后盛宣怀对西学的认识从器物层面扩展至制度层面,培养法政外交人才成为南洋公学的办学目标;在法政学教育尝试受挫后,盛宣怀又放弃了原先的办学目标,使南洋公学最终转向实业与工程教育,这一转变奠定了公学后交大的办学方向与专业设置的基础。

---

① 盛宣怀:《南洋公学历年办理情形折》(光绪二十八年九月,1902年10月)。《愚斋存稿》第6卷,第31页。

② 盛宣怀:《陈明南洋公学士习端正片》(光绪二十九年八月,1903年9月)。《愚斋存稿》第9卷,第10页。

③ 盛宣怀:《致张百熙、荣华卿函》(光绪二十九年八月二十日,1903年10月10日)。盛档:044186。

④ 盛宣怀:《致张百熙函》(光绪二十九年,1903年)。盛档:044179-2。

在如何引进、吸收西学问题上,盛宣怀有着一系列新颖独立的主张,对南洋公学的具体办学过程也产生了诸多影响。鉴于数十年来洋务学堂在学习西学课程时"悉以洋文施教","成材极少,而致用维艰"的教训,他参照日本等国学校教育中"专科亦从未有弃其方言而尽以外国文字传习者",[①]提出学习西学"皆当与中国本有之文学、政事融会贯通"的主张,就是要立足于本国文化传统与国情政治,运用本国文字阐发西学,去伪存精,为我所用,"方能得其要领而不为所囿"。他还认为,学习西学固然需要很好地掌握西方语言文字,但文字只是通向西学的手段,仅仅娴熟语言文字是远远不够的。况且,学习语言耗费年月,"若必待先通西文而后能课西学,则人才辈出至速须在十数年之后。""若必使通晓方言而后可当大任,恐将置外国文字于本国文字之上,专固不通,非知政理者矣。"因此他认为,以外语施教西学而全然放弃本国文字,或者先通晓外语而后习西学的学习路径,都是不合理的,影响人才培养的速度与质量。最好的办法是设立译书机构,聘请中西兼通的中外翻译人才,大量翻译西学书籍,"务使东西文得中文阐发而无偏弊,则中学得东西学辅翼而益昌明"。[②] 由此,盛宣怀形成了"译书尤为兴学之基址"的教育观念。1898 年南洋公学附设译书院,1901 年设立培养翻译人才的东文学堂,便是这种教育观念的直接产物。

具体到学习西方的国别上,盛宣怀认为应兼采各国所长,分别对待,不应单单限于一国。在比较东西洋各国所长后,他认为"格致制造则取法于英美,政治法律则取法于日德"。[③] 也曾主张仿效日本办理新式教育:"环海各邦,与我同文同教而能善学西人日起有功者,莫如日本,中国兴学宜取法于东,阶级略同,途轨径捷。"[④]盛宣怀所说师法日本仅是指日本学习西学的成功经验,并非通过习日语来转习西学。从他的总体思想来看,实质上更加倾重于西学发源地的欧美,以为更能直面西学,学到精髓。1903 年初公学总办张鹤龄准备援照京师大学堂之例,延订日本教习,一改公学多年英语授课的做法,改用日语讲授。盛宣怀当即加以制止,指出:"公学与大学堂情形不能尽同,大学堂向用东文教习,公学则自创办至今日,自普通至专门,悉系西教习授课,学生所造各有深浅,而于西文则已历程途,于东文则未窥门径,若一旦舍西就东,另其尽弃数年之学从事东文,窃恐其途阮纡,其势不能。"[⑤]他不同意改用东文教习,仍然延用欧美教习以英语授课。盛宣怀曾向管学大臣张百熙袒露其办学师法欧美的

---

① 盛宣怀:《致任道榕函》(约 1901—1902 年)。盛档:044310。

② 盛宣怀:《呈进南洋公学新译各书并拟推广翻辑折》(光绪二十七年六月,1901 年 7 月)。《愚斋存稿》第 5 卷,第 33 页。

③ 盛宣怀:《南洋公学推广翻辑政书折》(光绪二十七年十二月,1902 年 1 月)。《愚斋存稿》第 6 卷,第 17 页。

④《南洋公学纲领》(光绪二十二年七月初三日,1896 年 8 月 11 日)。盛档:044964-2。

⑤ 盛宣怀:《致张晓圃函》(光绪二十九年,1903 年)。盛档:053770。

心迹:“论者谓取材日本或较泰西为易,不知求东文普通亦须二三年,且通商不止一国,何如竟讲西文西学更为直接。”[①]这种思想影响着南洋公学始终以欧美大学教育为参照,主持西学的教习均聘自美国,课程设置仿自欧美大学,外语以英语为主,派遣留学生也以欧美各大学为主,总之,南洋公学自创办起便染上了美国教育的色彩。

(2)“中学”为根柢。在兴办新式教育、引进西学过程中,盛宣怀始终强调中学是根本,这是“中体西用”的前提,又是其中的重要内容,也是办理南洋公学过程中遵循的基本思想。在奏请开设南洋公学的奏章中,他批判了我国自19世纪60年代以来兴办学堂而难见成效的现状,分析了其中的内在原因,指出:

> 中国遣使交邻,时逾廿载,同文之馆培植不为不殷,随使之员阅历不为不广,然犹不免有乏才之叹者,何欤?毋亦孔孟义理之学未植其本,中外政法之故未通其大,虽娴熟其语言文字,仅同于小道,可观而不足以致远也。……抑臣更有陈者,孔门以德行为首科,西学以修身为根本,必先贞固乃为干事之材,未有华士可当重远之寄。[②]

盛宣怀还针对新办学堂过分注重外国语言文字、轻视中学教育提出批评,他说:“然各处学堂大概措意于西文西语者多,而于中国古圣贤政教之方或转在不暇讲求之列,根柢不厚,流失必多。”[③]不难看出,盛宣怀在以“中外政法之故”来培养政治法律人才时,始终坚持“中国的根本之学不必更动”,“孔孟义理之学”不能更动,这是盛宣怀办理教育培养人才的一个最根本性原则。

在办理南洋公学过程中,盛宣怀采取种种措施,使公学在教学内容安排、校长师资选聘、学生培养环节等各个方面,加强“中体”思想的贯彻,以期能够培养出孔孟义理之学“植其本”、中外政法之故“通其大”的中西贯通人才。

在教学方面,南洋公学招考学生时,无论是师范院、外院、中院,还是特班、东文学堂,都将考生的中学水平作为入学的首要条件,如师范院招生时规定,“中学未成者虽通西学西文不录”。[④] 入学后,各院课程安排上也体现“中西兼课”原则,中学、西学课程各分半天讲授,中学以传统经史著述阐发义理为主,西学则从西文西言及至普通而后专业,具体而言,“其教中学也,略师宋儒经义治事之法,以六经为体,以历代政书,如通典、通考、通礼为用,分门研究,

---

① 盛宣怀:《致张百熙函》(约光绪二十九年八月廿四日,1903年10月14日)。盛档:044187。

② 盛宣怀:《请设学堂片》(光绪二十二年九月二十五日,1896年10月31日)。《愚斋存稿》第1卷,第11页。

③ 盛宣怀:《请将何嗣焜学行宣付史馆立传折》(光绪二十七年十月,1901年11月)。《愚斋存稿》第6卷,第3页。

④《太学寺少堂盛招考师范学生示》。《申报》1897年3月2日(光绪二十三年正月二十九日)。

务当实用，不为高远之论……其教西学也，始于西文西语，以渐及于各国法律政治之精，沿流溯源，务究其旨。”[①]他与历任校长都时刻关注经史教育，随时加以修正。到1903年，他对公学的中学教育表示满意，曾向管学大臣张百熙汇报说：“查公学师范、政治班及中院一二班高等生课程，向系中西并进，经学则四书五经，按诸生程度分班讲习，史学则以《通鉴辑览》为主，而以历朝纪事本末附之，词章之学，高材生亦颇通门径。”[②]

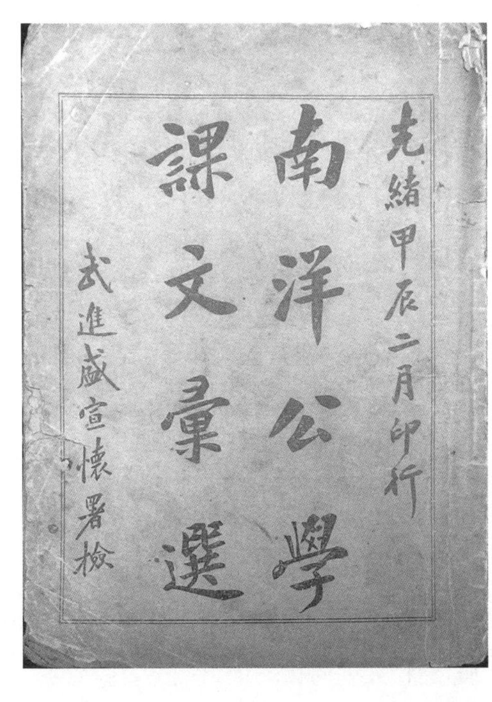

1904年3月，盛宣怀为《南洋公学课文汇选》题名

在教职员任用，特别是校长人选、中文教习的遴选上，盛宣怀首先考虑他们必须具备深厚的国学根基与传统文化学养，之后才是西学水平，所谓“体用兼赅”“深通西学”。1896年《南洋公学纲领》规定总理、中文总教习遴选资格：“公学总理一员，选通达中西政教源流、体用兼备者为之。华总教一员，以学问优长，品端才裕，兼通西学者为之。”他选聘何嗣焜担任总理，称其“闳深邃密，体用兼赅，淹贯古今各国源流，有匡时之略而不囿于晚近”；[③]又聘请当时上海著名的教育家张焕纶为中文总教习兼管公学教学管理。张焕纶专攻经史，对中学颇有研究，又创办教授西学的梅溪学堂。何、张两人可谓中西融通之才，在他们的主持下，南洋公学从创办开始，便推行中西学并重的教学方针，在传授西文西学的同时，相当重视国文、经史、本国史地等课程的教学。继何嗣焜之后，历任总理（总办）张元济、劳乃宣、沈曾植、汪凤藻、刘树屏、张鹤龄、张美翊等7人，除了张美翊举人出身外，其他均是获得过进士功名且谙熟西学的笃学博览之士，张元济、劳乃宣、沈曾植三人在国学方面相当有造诣。

---

① 盛宣怀：《请将何嗣焜学行宣付史馆立传折》（光绪二十七年十月，1901年11月）。《愚斋存稿》第6卷，第3页。

② 盛宣怀：《致张百熙函》（光绪二十九年，1903年）。盛档：044179－2。

③ 盛宣怀：《奏调人员片》（光绪二十三年三月，1897年4月）。《愚斋存稿》第1卷，第26页。

在学生培养上,盛宣怀十分注意养成学生的儒家伦理道德观,这点已经体现于南洋公学的课程设置、教学内容安排、操行考核、规约礼仪等各个教学管理环节。即使对于初具中学根基的留学生,他也叮嘱他们在海外“西学余暇兼习汉文,使勿忘本”。[①] 又严防学生在国外学习时受到自由思想的影响,严禁学生过问政治。1902 年,他请汪凤藻转告即将留学日本习师范教育的沈庆鸿:“专心教育法程,学成期满即归,凡教育以外,国事政体,一概不必随声附和,致蹈横议之习。”[②]到 1902 年底、1903 年初,各地爱国学生掀起民主运动,纷纷发生学潮,南洋公学学生不仅参与其间,且成为学潮主要力量。他重申公学应“以激发忠爱,开通智慧,振兴实业为主义”,即要求师生对清政府保持忠诚,如“偶有教习稍染习气,学生稍轶范围者,立即辞退开除,从不瞻徇迁就”。[③]

盛宣怀“中体西用”的思想贯穿于公学整个办学活动中。坚持以“中学”为本,有利于学生吸收和传承中国传统文化,保持民族精神的独立性。大力引进“西学”,有助于培养懂得西方先进科学文化知识的新式人才,改变民族落后挨打的地位。问题在于西学和中学存在理论的冲突和矛盾,它们宛如同在一个天平上,在“西学”不断加码的情况下,“中学”受到威胁;要是不断强化“中学”,“西学”势必流于形式。但是,正如天平总会有一个平衡点,使得两端趋于均衡,盛宣怀在办学过程中一直尝试寻找这个平衡点,却一直都没有找到。在中西学之间难以协调一致时,盛宣怀首先考虑的是稳定中学,西学可以调整。他加强中学教育,调整西学方向,是为了维护失衡的天平,这是南洋公学探索培养法政人才的努力“浅尝辄止”,转向更为稳妥的实业和工程教育方向的重要原因。

二、办学特色:学以致用

盛宣怀比较中西方学校教育时曾说:“西人学以致用为本。”[④]学以致用,不仅是他对西方近代教育讲求实用、面向社会经济生活的深刻理解,也是他长期从事教育与人才培养时遵循的思想原则,无论是早期办理洋务技术学堂,还是后来办理北洋大学堂、南洋公学等正规高等教育,盛宣怀的教育活动都以适应时需、学以致用一以贯之,特别在办理南洋公学时,学以致用的特色表现得尤为突出。

注重实际、学以致用办学思想的提出,与盛宣怀早年形成的经世致用思想有关,更与他

---

① 盛宣怀:《派遣留学生咨文》(1901)。盛档:044569-2。

② 盛宣怀:《致汪凤藻函》(光绪二十八年四月二十日,1902 年 5 月 27 日)。盛档:044562。

③ 盛宣怀:《陈明南洋公学士习端正片》(光绪二十九年八月,1903 年 9 月)。《愚斋存稿》第 9 卷,第 10 页。

④ 盛宣怀:《筹集商捐开办南洋公学折》(光绪二十四年四月二十四日,1898 年 6 月 12 日)。《愚斋存稿》第 2 卷,第 19 页。

兴办洋务企业的经历经验有关。他于数十年间创办并经管着轮船、电报、铁路、银行等维系国计民生的大型实业部门，到20世纪初年，几乎掌握着中国近代实业的半壁江山，而这些新式企业的创建与经营，无疑是以近代科学技术和管理知识为基础的。如果没有一批具有真才实学、懂得近代技术与经营管理的专门人才，刚刚兴办起来的各类实业无法生存，更无从发展。这一特定的历史原因决定了盛宣怀的办学活动必然服务于其所经营的新兴企业，学堂因实业而设立，实业因有学堂而不患乏才，形成教育与实业并举的洋务方针，并培养出大批有专长、重实践的技术人才。

他不遗余力地创办南洋公学等新式教育，培养具备西方科学与政治、管理知识的实干家、政治家，实现振兴实业、维护统治的目的。南洋公学创建初期，重在培养政法、外交的政治人才，学成后派遣出国历练数年，内可充总理衙门章京，外可任各口岸海关道台、驻外使馆参赞，甚至充任出使大臣、督抚各部大臣。后公学以培养商务人才为目标，"以备将来榷税兴商之用"。[①] 无论是政治、外交官吏还是财税商务专才，无论是个人实业王国还是为国家储备人才，盛宣怀都将南洋公学视为培养学用一致的人才基地。

为培养社会急需的实学实用型人才，南洋公学特别注重以下几个教学环节。在专业设置和课程安排等方面，盛宣怀按照社会需求设立各种专业，安排各类课程。为解决社会革新缺乏人才的燃眉之急，他在南洋公学开办政治班，培养政治人才；为实现达成馆速成人才的目的，在清政府行新政、开特科的推动下，设立经济特科班；为解决商务人才奇缺问题，培养工商业管理人才，他开设了商务班；为满足对翻译人才的急需，又在译书院附设东文学堂。总之，各类学科都是因国家社会时需而设，具有很强的实用主义倾向。也正是由于这种倾向，导致整个公学在专业设置方向上不够稳定，表现出随意性。在课程设置上，除了中文外，南洋公学附小中开设中外地理、算学、珠算、习字、图画等课程，中院则英文、外国史、算学、理化、图画、体操等，这些课程完全不同于旧式书塾和书院，具有广泛的社会实用价值。又如，政治班课程主要有宪法、国际公法、行政纲领、政治学、货币学、审计学、统计学、国际公约等，这些学科传授的内容正是当时我国社会革新急需的理论和实践知识。

学以致用的特色体现在学习层次上，盛宣怀重视学有次序，不能躐等。对于外院（附小）、中院构成的普通教育层次，盛宣怀认为这是培养专业人才不可逾越的环节，不可随意变

① 盛宣怀：《开办高等商务学堂折》（光绪二十九年八月，1903年9月）。《愚斋存稿》第9卷，第5页。

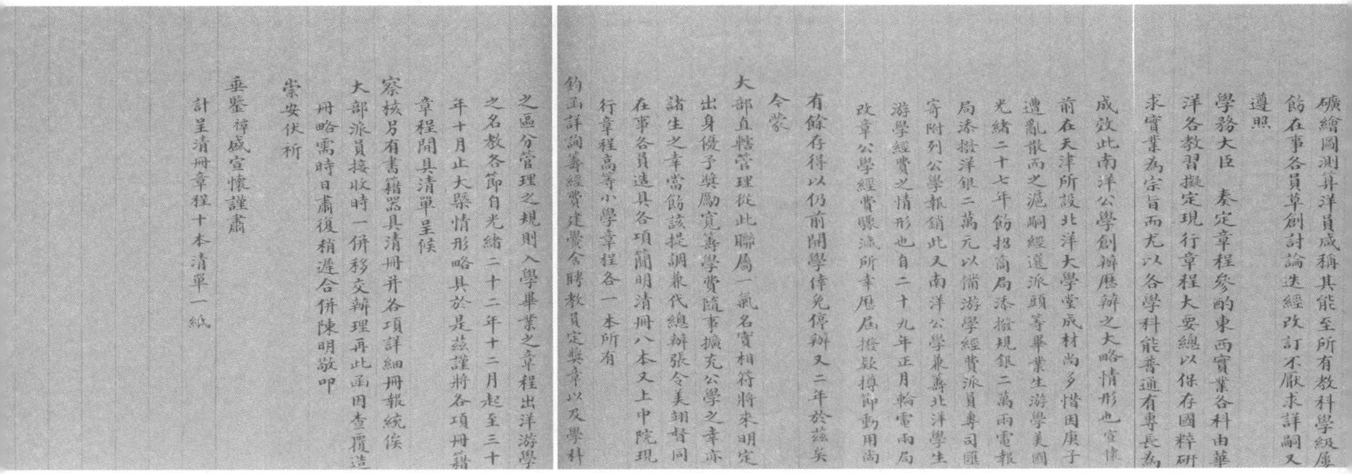
礦繪圖測算洋員咸稱其能至所有教科學級層
飭在事各員草創討論迭經改訂不厭求詳嗣又
遵照
學務大臣 奏定章程參酌東西實業各科由華
洋各教習擬定現行章程大要總以保存國粹研
求實業為宗旨而尤以各學科能普通有專長為
成效此南洋公學創辦歷辦之大略情形也宣懷
前在天津所設北洋大學堂成材尚多惜因庚子
遭亂散而之滬嗣經選派頭等畢業生游學美國
光緒二十七年飭招商局添撥規銀二萬兩電報
局添撥洋銀二萬元以備游學經費派員專司匯
寄附列公學報銷此又南洋公學兼籌北洋學生
游學經費之情形也自二十九年正月輪電兩局
改章公學經費驟減所幸歷屆撥款撙節動用尚
有餘存得以仍前開學俾免停辦又二年於茲矣
令蒙
大部直轄管理從此聯屬一氣名實相符將來明定
出身優予獎勵寬籌學費隨事擴充公學之幸亦
諸生之幸當飭該提調兼代總辦張令美翊督同
在事各員造具各項簡明清冊八本又上中院現
行章程高等小學章程各一本所有
鈞函詳詢籌經費建費舍聘教員定獎章以及學科
之函分管理之規則入學畢業之章程出洋游學
之名教各節自光緒二十二年十二月起至三十
年十月止大槩情形略具於是茲謹將各項冊籍
章程開具清單呈候
察核另有書籍器具清冊并各項詳細冊報統俟
大部派員接收時一併移交辦理再此函因查覆造
冊略需時日肅復稍遲合併陳明敬叩
崇安伏祈
垂鑒 禱盛宣懷謹肅
計呈清冊章程十本清單一紙

1904 年 11 月,盛宣怀复函商部尚书载振同意公学归属商部管理

更。鉴于此前洋务学堂学无次序,人才培养难有效果的教训,随着对西方教育制度的深刻认识,盛宣怀在办理南洋公学时,已经具有由小学、中学基础教育进而大学专业教育的学制思想,认为“学堂工夫须有七八年,普通学已成或将成者,方能得益”。他将师范与小学看作“学堂一事先务中之先务”,首先开设师范院、外院,继而开办中院。由他授意福开森拟订的《南洋公学宗旨抒陈》明确规定:“公学有中西文普通学,中院六年课程,此普通阶级,无能越俎,应永著为例。”[①]因此,整个南洋公学时期,尽管上院专业更动频繁,但是外院(附小)、中院始终循序办理,招生、毕业、课程设置与教学管理相当稳定,就是在派遣学生出国留学时,也将中院毕业列为首要条件,因为他认为,“如普通学未成,难入其高等学堂。”[②]中院毕业后,除“终无进境,不得不黜退”者外,“其才且贤者必需升入上院肄业,不准他图”。[③] 坚持必须完成学业,不许中途他谋。又要求上院学生应力求对所学专业精益求精,“全学不如专学,方能精进,而免泛骛。如学专门者,则次年所学之功课稍有不同。”[④]重视基础教育,落实学有次序、不能躐等的办学方针,符合近代教育的基本规律,是南洋公学学以致用人才培养目标的实现途径。

盛宣怀在办学中特别重视实践,培养学生的实际能力。他强调“实学必须

---

① 《南洋公学宗旨抒陈》(光绪二十八年,1902 年)。盛档:116397 - 2。

② 盛宣怀:《咨送学生出洋游学片》(光绪二十八年九月,1902 年 10 月)。《愚斋存稿》第 8 卷,第 35 页。

③ 《南洋公学纲领》(光绪二十二年七月初三日,1896 年 8 月 11 日)。盛档:044964 - 2。

④ 盛宣怀:《头等学堂章程》(1895)。转引自《盛宣怀年谱长编(上)》,第 492 页。

貝子爺勛啓

貝子爺勛鑒月前祇奉
賜函仰承
宏獎並蒙
垂詢南洋公學創辦歷辦一切情形當飭該總辦等
按照各節詳查敘覆茲謹為
鈞座一陳之竊宣懷前任津海關道時首先創設北
洋大學堂以開風氣迨奉差駐滬即創辦南洋公
學經於光緒二十二年十二月暨二十四年四月
兩次具奏奉
硃批該衙門知道欽此嗣於二十八年九月奏請定為高
等學堂又於二十九年八月奏請設立高等商務
學堂先後奉
硃批管學大臣議奏欽此欽遵各在案溯當締造伊始風
會甫萌事創則規畫維艱款鉅則集籌不易自光
緒二十三年飭由招商局歲撥規銀六萬兩電報
局歲撥規銀四萬兩作為常年的款經費既定漸
拓規模遂就上海徐家匯地方廣購基地議建黌
舍先期另僦屋宇設立師範院教師範生為儲備
教員之用洎中院黌舍告成益延聘中西教員添
招學生設中等學科以合於中學堂程度迨上院
黌舍工竣復設高等學科以合於高等學堂程度
又附設高等小學堂以為中學堂之預科考東西
洋各國學制小學最占多數公學開辦之初即擬
仿行以端蒙養曾於學堂內花園南首購定基地
為添造小學堂校舍之用嗣因總辦提調屢易其
人迄未建置仍暫借上院辦理自奏設高等商務
學堂後即增設高等商科以合於高等實業學堂
程度學科增進程度漸高凡畢業諸生派赴東西
洋各國游學者多有直入大學校肄習專門無庸
預備計開辦至今時逾八年諸生畢業歷有四次

目验”，在筹划设立公学时就准备建一座类似于教学实验室性质的“博物院”，陈列“所有天算仪器、中外各国生物矿产、化学器具、机器形模、兵农器械、各国金银铜铁货币”，以便公学师生“按图索骥，讲解研求”。① 公学开办后，设立一座藏书楼，收藏“各学应用之书，以及应用浏览参考之书”、各国著名报馆报刊杂志，以供师生增长见识，扩大视野。1898 年设立译书院，除了因翻译课本、译介西学之需外，更是为上院、中院翻译课提供一个训练场所。盛宣怀还利用所管工商实业的便利，选派学生赴厂矿实习。1904 年盛宣怀两次选派公学中院高年级学生夏孙鹏等 4 人，随同原公学提调、大冶矿务局总办李维格赴江西萍乡勘验铁矿，以增加学生的实际本领。

注重学生实际能力的培养，尤其体现于公学对留学生的选派与管理上，为了使已具备西学普通学基础的学生能够到西方国家“躬验目治”，研求专门学问，盛宣怀向欧美各国大力选派以科技、法政为主要学习科目的留学生。他不仅要求留学生在外国大学课堂中系统学习专门学识，取得学士、硕士甚至博士文凭，还安排他们或利用暑假，或获得学位后再宽以时限，在外国进行考察实习、社交游历等社会实践。总之，为培养学以致用的专业人才，盛宣怀在注重学生掌握基本理论的基础上，为他们创造各种有利条件，以培养他们解决实际问题的能力。

学以致用的人才培养特色及其办学实践，体现出盛宣怀办理教育始终关

① 《南洋公学纲领》(光绪二十二年七月初三日，1896 年 8 月 11 日)。盛档：044964－2。

注现实需要,人才培养紧密服务于社会经济所需,它不仅影响了南洋公学的学科设置、教学内容、课程安排,使公学形成趋于实学实用的教学风格和办学特色,而且深刻影响了历代交通大学的办学活动,1910年代唐文治校长提出的“求实学、务实业”教育思想,1930年代黎照寰校长推行的“培养实行家”的教育目标,以及新中国成立后交大人总结的求真务实之精神品格,均受到盛宣怀学以致用思想的影响。

第三节 南洋公学的历史影响

一、奠定交通大学百十年基业

南洋公学创办不久,已经得到人们的广泛认同和高度赞誉。1903年,梁启超通观全国新式学堂后,点评道:“我国现存诸学校中,其程度稍高者,尤推南洋公学。”①南洋公学是当时中国为数极少的几所办学水平较高的新式学校之一,无论在教育内容、教学管理上,还是在师生规模、实际办学水平上,均在全国名列前茅。它既奠定了交通大学的百年基业,又引领了近代中国教育风气之先声。

从交大百十年沧桑历史来看,南洋公学稚嫩而弱小,前后延续9年,师生总数不足600人,规模和程度与今日之交大不可同日而语。南洋公学之后,学校名称数度更易,办学方向也几度调整,但是作为交大历史的源头,南洋公学在百十年校史上具有筚路蓝缕之功,无论在形还是在质的方面,对交大都产生了至深至远的影响。

南洋公学的校园与校名,成为一代代交大人的物质和精神家园。校园校舍,不仅是一个学校教育活动的基础设施和空间,更是维系师生友情,传承校风的精神文化家园。在南洋公学时期,盛宣怀、何嗣焜、福开森等早期主校者精心选址徐家汇,设计规划了宏阔幽静的校园,先后购地140余亩,耗资十数万元建筑中院、上院、教工住宅等校舍,其中上院除了教室、藏书楼外,还设一座容纳500余人的大礼堂,足以具备一所近代大学所需的基本设施。此外,1905年初归属商部管辖时,公学移交结存的办学经费10万余两,另有沙田数千亩可生息充作办学经费。存银与沙田一直被学校利用到民国年间,多次帮助学校渡过经费危机。1920年代南洋大学时期的校长凌鸿勋对此评说道:“盖盛氏眼光远大,南洋又有桑梓关系,其对于在沪设校的计划甚为积极,观于南洋当时校地已购近五百亩(实际140余亩),其规模

① 梁启超:《答某君问办理南洋公学善后事宜》(1903)。《饮冰室合集类编(上)》“教育”,第699页。

尚在北洋大学之上。”[①]一句“眼光远大”，道出了盛宣怀对交通大学的深远影响。

南洋公学时期的校园建筑，为此后学校的发展提供了空间与硬件设施，成为1930年代校园扩建之前的基本校舍，部分建筑如中院保存完好，一直使用至今。今天的徐家汇校园已经成为维系交大师生友情，弘扬爱国荣校传统的精神象征和载体。

存在9年的南洋公学校名，一直珍藏在交大师生的历史记忆中。在清末民国很长一段时期内，尽管校名早已更改，甚至已定名交通大学，但在师生校友及社会人士当中，仍然喜欢自称为南洋公学。1910年，雷奋、黄炎培等校友发起成立“南洋公学同学会”，一直维持至1930年代。即使在今天，“南洋”依旧像交大的“乳名”一样，时常被提及或借用，“南洋公学”界碑如今安置在徐汇校园大门口内侧，已然成为穿过百年沧桑的上海交通大学的“童年记忆”，它和“南洋公学”的名称一起，早已定格为一种精神符号，镌刻在一代代交大人的心中。

南洋公学为学校的后续发展提供了良好的生源和师资。在科举年代，启动新式高等教育的师资和生源奇缺，盛宣怀等人脚踏实地，实事求是，提出“诸生选自童幼”，“收效旨在十年之后”[②]的长远规划，从师范院培养师资入手，再办小学、中学，一步步培养出高等教育所需的合格生源。整个南洋公学9年时间，中院、外院及其附小是最重要的教学主体，因规制健全，管理良善，具有较高的教学水平，也培养出一批批西学基础扎实的高等预科毕业生，为后来学校升格为大学，办成商务、铁路（土木）、电机等专科提供了合格生源。南洋公学改名后的两年，即1907年就有第一届专科——商务专科7名学生毕业，接着1909年铁路专科、1911年电机专科首批学生毕业，成为全国最早培养出专科毕业生的高等学府之一，[③]实现了盛宣怀“收效旨在十年之后”的预言。在很长一段时间内，学校续办附小、中院，以师范院学生为主体的师资基本保留，使基础教育的优良办学传统与经验得以延续，为大学部源源不断培养出质量较高的生源。

清末民国时期，交通大学的教职员，上至校长，下至教师职员，很多都是曾在南洋公学时期毕业或肄业的学生。南洋公学时期派遣或自费出国的留学生人数较多，他们学成回国后，很多选择回母校投身教育。例如，公费派出的留学生李复几、王明照、屠慰曾、胡诒谷、胡壮猷等回国后，都担任过相关专业的教习。有4位公学学生后来担任过交大校长：中院生

---

① 凌鸿勋：《校史杂忆》。《老交大的故事》，第7页。

② 盛宣怀：《请设学堂片》（光绪二十二年九月二十五日，1896年10月31日）。《愚斋存稿》第1卷，第11页。

③ 据创校较早的国内几所大学校史记载：设于1902年的山西大学堂至1911年始有西斋专科生毕业；1898年开办的京师大学堂至1909年始有高等专科生毕业，浙江大学到1911年才有专科毕业生。

1925 年,南洋公学同学会年会合影

张铸,1905 年赴英习造船,1921 年至 1922 年任交大沪校主任(相当于校长);留学日本的特班生陆梦熊,1920 年代曾任校长;中院生张廷金,1915 年自美返国后,长期任教交大,曾任电机教授、电机工程学院院长、教务长,1942 年至 1945 年任校长;中院生徐名材,回国后长期任化学系教授、主任,1942 年在重庆筹建交大分校,任主任。另外,在新中国成立前交通大学的一批知名教授中,数学教授胡敦复、胡明复,物理教授夏元瑮、胡刚复,机械教授王绳善、胡端行,电机教授胡仁源,管理学教授徐佩琨、徐经孚,都是南洋公学时期的学生。这些公学培养出来的学生,成为交大后来发展的重要师资力量,逐渐改变了外国教习占据多数的师资结构。更重要的是,通过他们的言传身教,公学时期形成的中西并重、德智体“三育”全面发展、严格管理、科学救国等教学传统、学风与校园精神得以代代传承。

教学面向实业,“建教合作”办学模式的奠基。南洋公学从起步起,就紧紧与我国实业发展结合在一起。整个南洋公学时期的办学经费出自轮船招商局、电报局两个实业部门,后期转向办理高等商业教育,初步建立起实业与教育之间的合作关系。1905 年后,公学相继改属商部、邮传部、交通部,最终确定以实业、工业教育为办学方向,为归属部门培养所需人才,使得实业建设与学校人才培养直接对接,形成“建教合作”的办学模式。这种模式最大的优势在于,由实业部门供给的办学经费相对充裕,毕业生就业有充分保障。在“建教合作”办学模式的推动下,交大始终着眼于重点发展国家建设所需、民族发展命运所系的实学专业，南洋公学时期实学实用的教学风格进一步发展定型，形成了今日交大求真务实、敢为人先的鲜明生动的文化风貌。

对于南洋公学及盛宣怀在交通大学历史上的地位和影响，历代师生校友与校史著述均有高度评价。1919年底，南洋公学同学会所撰盛宣怀纪念碑文中认为，公学虽先后改属商部、邮传部、交通部，“然遵循旧章，迄今二十余年，国中学校林立，而规模之宏远，成绩之灿著，夆推本校为东南诸省之冠，皆公之力也。”[①]1986年出版的交大校史也称：“今天交大的许多优良校风：追求真理、严格要求、勤学奋斗、爱国爱校，在早期的南洋公学中已播下了幼嫩的种子。”[②]

19世纪末，在全国捐设学堂计划中，盛宣怀等人曾心怀梦想，兴办一所矗立于中国南方的“南洋大学堂”。为此他们呕心沥血，脚踏实地，从办师范、小学、中学起步，从尝试开办专科性质的特班开始，启动了上海交通大学这所百年名校的奋斗史，先行者斩荆披棘之功不可磨灭。

20世纪二三十年代交大校内的盛宣怀铜像及宫保花园

① 南洋公学同学会：《本校创始人盛公纪念碑》(1919)。

②《交通大学校史(1896—1949)》，上海教育出版社1986年版，第49页。

二、开创中国近代教育之新风

南洋公学不仅为百年交大奠定了坚实的发展基础，更开创了中国近代教育的新风气，推进了中国教育近代化的进程。甲午战争后，“兴新学、广育才”的社会舆论在我国日益高涨，然而，清政府对于科举制度迟迟未能废除，一般青年士子仍奔逐于功名利禄，兴办新学只见舆论难见行动。以实际办学行动登高一呼，开创风气，唤起全国兴学高潮，是盛宣怀设学的用意所在。南洋公学创办后，他曾致函福开森，表明设学目的在为“开风气”而作“登高一呼”，信中说：

> 本大臣慨念时艰，亦颇知所后先亟图兴学，故曾奏设南洋公学、北洋大学堂，以造真才而开风气。沪上为海内第一巨埠，巨绅富翁之所荟萃，当筹办南北洋学堂时，顾不为登高之呼，作积腋之举，但令轮电两局独任巨资者，成欲留其有余为继踵，兴办者地也。①

表明开创教育新风气，正是他始终苦心经营北洋大学堂、南洋公学的动力。20世纪50年代，美国历史学者费维恺(Albert Feuerwerker)也指出盛宣怀热心教育的一个用意：“在某种程度上，他是在寻求推进西方教育的更为广大的设想。”②

南洋公学是全国开设最早、办学成绩最好的少数几所新式学堂之一。公学成立数年后就赢得了较好的口碑，受到朝野人士的广泛赞誉。1902年2月，管学大臣张百熙奏称南洋公学是京师以外所设学堂办学成效最好者之一；1903年梁启超也称，南洋公学是当时我国所办学校程度最高者。1903年，京师大学堂总教习张鹤龄告诉盛宣怀幕僚吕景端：“张野翁以下及京师大夫早认南洋公学为南洋大学堂，不妨径请作为大学堂。”吕景端也认为：“公学规模程度，实在各省未设之高等学堂之上，故折中径请作为南洋大学堂。”③

盛宣怀作为公学的创始者，受到历代史学家、教育家的推崇，给予了较高评价。陈夔龙在盛宣怀“神道碑”中说：“(盛宣怀)终身锐意兴学，官津海关道时设北洋大学，继又设南洋公学，上海所列科目皆重理化，公驻上海日久，南洋成效尤著，至今言学校者，必首南洋。”④1917年，蔡元培回顾：“逮盛杏荪先生瞭于大势所趋，始奏立南洋公学，以与北洋大学并峙，其规模宏远，不特为当时华校所罕见，抑亦在华西校所难几然。”⑤1934年，国民政府教育部所编《第

---

① 盛宣怀：《致福开森函》(光绪二十六年，1900年)。盛档：015816－7。

② 费维恺：《中国早期工业化——盛宣怀(1844—1916)和官督商办企业》，第98页。

③ 王尔敏、吴伦霓霞合编：《盛宣怀实业朋僚函稿》(中册)，第1061页。

④ 陈夔龙：《盛宣怀神道碑》。《愚斋存稿》卷首。

⑤《北京大学蔡校长祝词》。《交通部上海工业专门学校二十周纪念》(1917)。

一次中国教育年鉴》，将清末时期全国各类学堂分为七个层次，最高的第七层次只列有“京师大学堂”一所，而第六层次——“含有专门性质之学堂”表格中，同时列有天津北洋大学堂、上海南洋公学和湖北自强学堂三所学校。民国年间甚至有人将南洋公学视为我国第一所正式设立的大学。张季信著《中国教育行政大纲》写道：

> 吾国在正式学制系统未成立之前，如同治年间所设之北京同文馆、上海机器学堂，及光绪年间之天津电报学堂、水师学堂、军医学堂，皆为当时之高等教育机关，至于正式大学之设立，有光绪二十三年盛宣怀之创设上海南洋公学。①

本校創始者盛杏蓀先生小傳

我校之設迄今已二十週溯其經營之始開創之功度宏規而大起者咸嘖嘖稱已故前督辦盛杏蓀先生先生諱宣懷爲實業巨子其所奏辦如輪船電報路政鄧政諸偉績皆著在國史麟麟焉炳炳焉無待重爲敷陳也我校之設於丙申年卽由先生奏准輪電兩局撥費十萬兩爲經常之用時先生爲督辦佐理之者爲美博士福開森君外有總理及提調之名始假徐家匯民房逾年而中院校舍成又逾年而上院校舍成時先生總挈大綱以學成派遣出洋爲務知所急也於戊戌冬有學生章宗祥等六人派至日本留學辛丑有學生曾宗鑒等六人派至英國留學自後赴比赴美歲有派遣此先生對於吾校般般栽培之厚意如此先生非獨於學生派遣也時以吾校名義派遣當世高才生如胡君振廷卽其一也此汲汲於人才之造就又如此其離職也在甲辰之下學期當是時吾校改隸商部諸生殷勤挽留先生先生曰但求學校得人斯可矣我雖去苟有可以助斯校者無不盡其力也又閱三年適文治長是校先生甚喜每過從必談校務欲命其二子來校讀書文治亟贊成之會卽出洋不果來先生之歿也諸生開會追悼諸舊同學相與追念甘棠之德有泣下者嗚呼先生當文化未開之會卽創建我校以儲東南之人才亦可謂先知先覺者矣謹爲之傳以告後世之有志於教育者唐文治謹撰

本校創始者盛杏蓀先生小傳　一

1917 年唐文治校长撰《本校创始者盛杏荪先生小传》

新中国成立后，南洋公学的历史地位得到学者的较高评价。1988 年，近代史专家夏东元在考察了盛宣怀教育生平事迹后认为：“南洋公学是我国最早兼师范、小学、中学、大学的完整教育体制的学校，促其成者为盛宣怀，中国近代教育史上应给予一个席位。”②

南洋公学的办学成绩获得欧美各国教育界的广泛认可和好评。1905 年中院毕业生张铸被学校派往欧洲留学，当他到英国准备入格拉斯哥大学时，照章应参加大学入学考试，通过后才准入学。但也可向该大学要求呈验入学前毕业文凭，经其确认后，可以免除入学考试。于是，张铸将自己在南洋公学所授学科程度详细说明，并将公学颁发的中英文毕业文凭函送格拉斯哥大学，很快获得该大学的审查承认，张铸得以免试入学。自此以后，凡是南洋公学毕业生到英国进大学肄业，均能获得免入学资格。亲身经历此事的张铸认为：“我们南洋公学的名誉，在本国方面是极好的，以英国各大学对于母校之评论，亦甚

① 张季信：《中国教育行政大纲》，商务印书馆 1934 年版，第 263 页。

② 夏东元：《盛宣怀传(图文版)》，第 194 页。

美满。”[①]同样，南洋公学毕业生到美国各大学求学，也一样可以免除入学考试，直接入读大学。1904年美国圣路易斯举行世博会，此前美国人福开森向盛宣怀建议：“公学为中国第一学堂，大可照式雕刻一小座送散鲁伊斯赛会。”[②]盛宣怀接受建议，精雕细刻一座南洋公学木质建筑模型送展，结果获大会国际评委会授予的金奖一枚。

纵观中国近代教育史，南洋公学以敢于率先尝试的开创性、优异的办学成绩、良好的社会声誉，引领了清末教育的新风气，在许多方面作出了可贵的尝试和探索，成为中国近代教育由无系统、零星分散办学的萌芽时期转入有系统、广泛兴学的发展时期的先驱。具体说来，南洋公学倡导全国教育新风主要体现在以下几个方面：

(1) 南洋公学是科举体系里打开的一个缺口，促进了科举制度的最终废除。南洋公学建于科举制度废除之前，1905年科举废除时，公学移交商部办理。尽管甲午前后不少有识之士呼吁改革或废止早已不合时宜的科举制度，但是由于科举的停废涉及到清政府统治秩序的稳定，关乎全国千百万读书人的前途命运，所以实行千余年的科举制度仍旧在惯性的轨道上滑行，不可能骤然废止退出历史舞台。

一方面科举制度的存在，诱使大多数青年士子继续攻读举业，以获取科举功名为人生正途；另一方面对于新学的观望犹豫，使得新式学堂因生源不足而举步维艰，且学生毕业后不能像获取科举功名者一样顺利进入国家管理体系中而令人感觉前途渺茫。因此，当时留意新学的人士极少，留意新式学堂并实力举办者更是少之又少。正如蔡元培在1917年学校20周年校庆演说时指出：“同人等因母校之建在科举未罢之际，是时沪滨虽被欧化最先，而士民竞逐，乃在熙攘之间，至于育才治学，仅仅赖一二景教附设学校以肩其任，吾国士大夫留意此者盖寡。”[③]盛宣怀开创南洋公学，是对科举时代教育牢笼的突破，并通过一系列具体的办学措施，对腐朽的科举制度进行了一定程度上的抵制。

盛宣怀创设北洋大学堂时，在课程上规定，“汉文不做八股试帖，专做策论，以备考试实在学问经济。”[④]明确学生不得习八股时文，应专心于切于时务的策论。这正切合三年后戊戌变法中废八股、改策论的文教措施。筹设南洋公学时，盛宣怀向清政府建议，在科举之外，为新式学堂毕业生专设一科，“使文武学堂卒业者，皆有出身之正途，齐仕进于科第。”[⑤]希望科

---

① 顾亦恺：《张铸主任就职后首次在全校大会致词》(1921年5月12日)。交通部上海工业专门学校：《南洋学报》第3卷第4期。

② 张美翊：《致盛宣怀函》(光绪二十九年闰五月二十五日，1903年7月19日)。盛档：044264-1。

③《北京大学蔡校长祝词》。《交通部上海工业专门学校二十周纪念》(1917)。

④ 盛宣怀：《头等学堂章程》(1895)。转引自《盛宣怀年谱长编(上)》，第493页。

⑤ 盛宣怀：《条陈自强大计折》(光绪二十二年九月二十五日，1896年10月31日)。《愚斋存稿》第1卷，第8页。

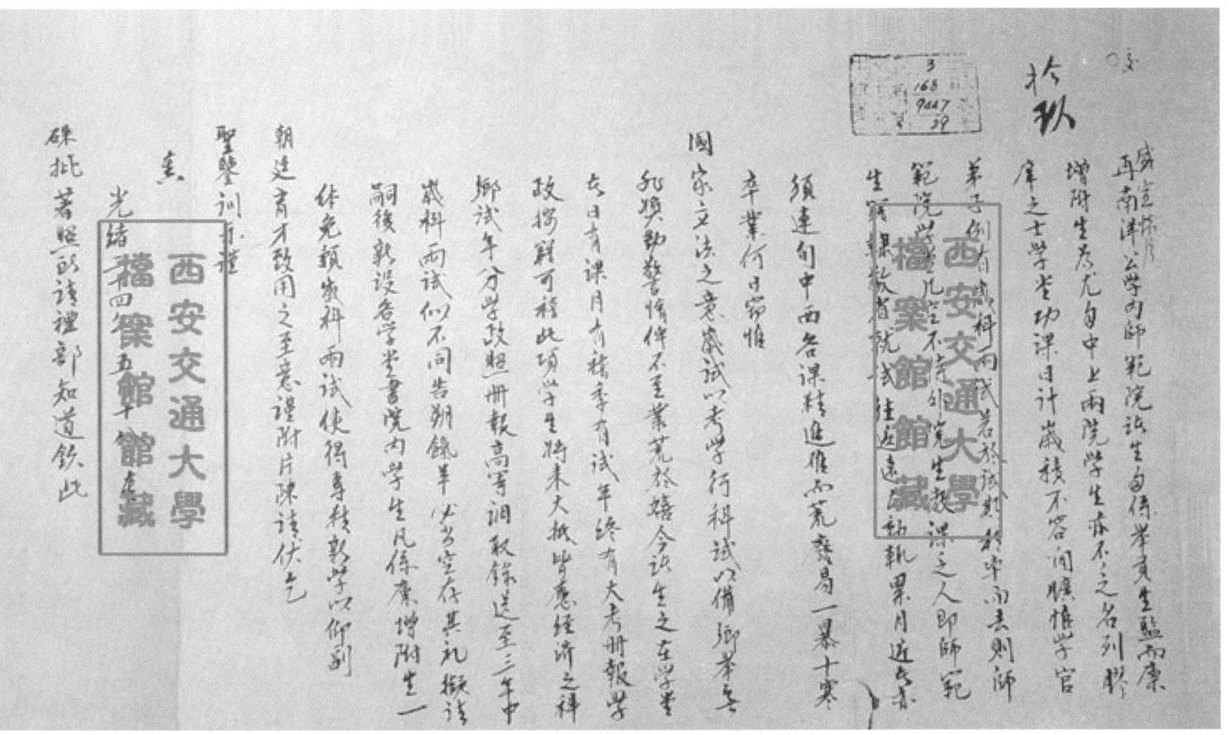

盛宣懷片

再南洋公學內師範院諸生自係舉貢生監而廪增附生尤多中上兩院學生亦不乏名列膠庠之士學堂功課日計歲稽不容間曠惟學官舉行歲科兩試若按試赴考於肄業則師範院學生凡不兼外院生教課之人即師範生肄業於省院考試往返動輒累月近者亦須連旬中西各課精進甚難而荒廢易一暴十寒卒業何日竊惟

國家立法之意歲試以考學行科試以備鄉舉並加以勸懲俾不至業荒於嬉今諸生之在學堂者日有課月有稽季有試年終有大考冊報學政擇尤可稽此項學生將來大抵皆應經濟之科鄉試年分學政照冊報高等調取錄送至三年中歲科兩試似[illegible]其禮擬請嗣後新設各學堂書院內學生凡係廪增附生一體免預歲科兩試俾得專精新學以仰副

朝廷育才致用之至意謹附片陳請伏乞

聖鑒訓示謹

奏

光緒[illegible]四[illegible]

硃批著照所請禮部知道欽此

1898 年 6 月 12 日，盛宣怀附奏《新式各学堂请免岁科两试片》

举制度与新学在形式上相互包容，并行不悖。在争取被科举功名制度接纳的同时，公学规定：“上、中、外三院学生未卒业之日，均不应学堂外各项考试。惟师范院及上、中两院高等学生，经学政调取录送经济科岁举者不在此例。”[①]针对师范院、中院已获取功名者按例应参加岁考科考这种新旧学难以调和的情形，盛宣怀 1898 年 6 月奏请“新设各学堂书院内学生，凡系廪增附生一体免预岁科，使得专精所学”。[②] 此请得到清政府的批准，这对千年科举制来说是一种变革，使得公学包括全国新设学堂中有举业者不再为科举考试所累，为他们专心新学、学有所成提供了重要保障。同时，南洋公学等新式教育机构的成功举办和推广，为教育发展和人才培养开辟了一条新出路，有力推动了 1905 年科举制度的终结。

（2）南洋公学是我国三级学制的先行者，为近代学制的颁定做出贡献。南洋公学采取分年级按班级的授课制度，确立了由外院、中院、上院三级教育层次组成的正规学校教育系统，另设师范院培养师资，构成四院教学制度。这种按小学、中学、大学三级办学的做法，与西方近代学校教育体系大体一致，成为我国最早分层设学、相互衔接的学校体系。如《清史稿》在述及晚清教育制

① 《南洋公学章程》（光绪二十四年四月二十四日，1898 年 6 月 12 日）。《愚斋存稿》第 2 卷，第 23 页。

② 盛宣怀：《新设各学堂学生请免岁科两试片》（光绪二十三年九月，1897 年 10 月）。

度时,给予南洋公学如此评价:“大抵此期设学之宗旨,专注重实用。盖其动机缘于对外,故外国语及海陆军得此期教育之主要,无学制系统之足言。惟南洋公学虽亦承袭此期教育之宗旨,而学制分为三等,已寓普通学校及预备教育之意旨。”“中国教育有系统之组织,此其见端焉。”①

对于公学四院建制在我国教育史上的开创性地位与影响,近代以来的学者与教育史权威著述也予以高度评价。陈翊林在《最近三十年中国教育史》中写道:“光绪二十三年奏办南洋公学,分为上中外三院,上院即大学,中院即中学,外院即小学,成文的三级学制遂以确定。”②王凤喈《中国教育史大纲》也说:“这个学校是以师范院养成之人才,以小学培植根本,以中院为上院之预备,循次渐进,无躐等偏枯之弊,学校系统在彼时为最完备者。”③教育家孟宪承曾称:“南洋公学是最早具有初等、中等、高等三阶级教育的雏形的。外院是我国现代小学校之始,中院是中学之始,师范院是师范学校之始。这在教育史上地位真非常重要咧。”他称稍后成立的京师大学堂即沿用公学办法,“‘当于大学堂兼寓中学堂、小学堂之意,就中分别班次,循级而升,别立一师范斋,以养成教习之才。’这是盛宣怀在南洋公学合设四院的办法。”④

位于徐汇校区新上院的盛宣怀塑像

南洋公学将近代三级学制在一校之内施行,为1902年和1904年清政府两次颁布统一学制提供了正规教育办学规范的成功案例。诚如孟宪承所称:“李、张的议论,和盛宣怀的事业,并为后来国定学制的先声。”⑤

南洋公学特别重视师范教育与

① 《清史稿·志八十二·选举二》,第3125页。

② 陈翊林:《最近三十年中国教育史》,上海太平洋书店1930年版,第44-45页。

③ 王凤喈:《中国教育史大纲》,商务印书馆1928年版,第314-315页。

④ 孟宪承:《新中华教育史》(高级中学师范科用),中华书局1932年版,第317页。

⑤ 孟宪承:《新中华教育史》(高级中学师范科用),第319页。

外院、中院普通教育，推动了精英教育向大众教育转化，对新式教育普及起到了示范作用，适应和推动了中国近代教育从专门化转向普通化的趋势。师范院所实行的教学内容和方法，揭开了我国师范教育的序幕。1897 年张之洞致函盛宣怀，请盛宣怀在湖北设立师范学堂。[①]此后，京师大学堂师范馆、湖北师范学堂、直隶保定师范学堂、通州师范等相继建起。公学师范生在校时就成为江苏、京师、贵州等地学校争相延揽的对象，出校后，他们或如王植善、吴馨等创立学校，或如范源濂、陈懋治等主持地方乃至全国教育，在近代新式教育中担当着重要角色。南洋公学设立后，一些有识之士筹资设立小学堂（如钟天纬的上海三等公学堂、无锡三等公学堂）、中学堂（如南洋中学），它们以公学或北洋大学堂的中院（或二等）、上院（或头等）学堂为升学目标。公学为了获得良好的生源，在自设外院、附小之外，积极扶助各地普通教育事业，共同带动了上海及周边地区新式教育的发展。

(3) 南洋公学间接推动了清末法政类学堂的兴起。盛宣怀意在仿照法国国政学堂，将南洋公学上院办成一所培养内政、外交、法律等专门人才的学校。尽管 1903 年公学开始改变办学方向，转向商科、工科，成为一所以理工教育见长的高等学府，但是南洋公学倡导并实施多年的近代意义上的法政学校，为清末民初法政学堂兴办起到了示范作用。在清末废科举、兴新学的浪潮中，法政专门教育骤然而起，一大批法政学堂纷纷兴建。据统计 1909 年全国共设法政学堂 47 所，占全国 124 所专门学堂的三分之一以上；学生人数 12 282 人，占全国专门学堂学生人数 22 426 人的一半以上，[②]在清末民初高等教育中一枝独秀。法政学堂的兴盛，传播了近代西方政治法律知识，培养了一大批新式法政人才。

(4) 南洋公学还进行了多种教育模式的初步探索。盛宣怀创设南洋公学时，在师范院、外院、中院、上院四院构成的正规教育体系之外，又设立从速教育和辅助教育机构，如最初拟设立达成馆，快速培养有才之士。达成馆未能如愿成立，又在公学内添设培养政治人才的特班；另设东文学堂，招收社会青年才俊，旨在造就高级翻译人才；借鉴日本通过译书兴学育才的成功经验，设立译书院，为公学及其他学校翻译亟需的西学课本与参考书，向社会大力普及西学知识。此外，不惜巨资大力向欧美、日本派遣留学生，培养具有掌握西方科学技术专业知识的高层次人才。如此，形成学校教育与译书、留学教育相辅相成，正规教育与速成教育相互补充的办学模式。凌鸿勋曾说："南洋公学创办之初，盛氏与此校实有一贯之远大计划，纵的由头到尾，横的包罗万象。"道出了南洋公学办学模式多样性的特征。

---

① 陈山榜编：《张之洞教育文存》，人民教育出版社 2008 年版，第 146 页。

② 刘秀生、杨雨生：《中国清代教育史》，人民出版社 1994 年版，第 128 页。

正规教育与从速教育并存,译书、留学教育与学校教育相结合的办学模式,符合时代对教育的客观要求,对我国近代教育的发展影响深远。京师大学堂设立时,也曾在正规体系外设立从速教育性质的仕学馆,并设立译书局,重视派遣学生留学海外。其余如山西大学堂等也基本采用此种办学模式。单就公学译书院、留学教育来看,它们对后世产生了很大影响,被誉为中国近代大学第一家翻译兼出版的文化机构译书院,为推进我国出版事业的发展,促进文化教育事业的进步和中外文化交流作出了不可磨灭的贡献。公学在留学生的出国选派、在外监管和回国录用等方面进行了一系列开创性尝试与努力,为交大在国内高校中率先建立留学教育制度,为我国留学教育的现代化积累了可贵的经验。

在科举制度行将结束的最后几年,南洋公学这颗新苗破土而出,打破沉闷和压抑,领中国近代教育风气之先,以新式人才输送的方式参与和推动了中国社会的现代化进程。南洋公学率先为我国培养出一大批新式专业人才,他们不但具有深厚的传统文化根底,更具有近代先进的科学技术与管理知识,正是清末民初我国社会剧变时期所急需的人才,“南洋所出之人各行具有,范围非常广泛”,他们是一支活跃在当时政治、经济、文化舞台上的重要力量,“在工商、经济、金融各界露头角者更多,自无足异。至于在教育界及工程界则人才自应更多。”[①]在南洋公学毕业或肄业学生中,既涌现出了钮永建、王宠惠、徐谟、黄炎培、邵力子等政坛外交人物,也有如徐恩元、徐新六、穆湘瑶、潘善闻、周作民等工商实业界著名人士;既走出了李叔同、马衡、谢无量、沈叔逵等文化大家,又有蒋梦麟、胡仁源、邵长光、章宗元、江谦等大学校长。人才辈出的南洋公学,为清末民初我国政治、经济、文化等各个领域步入近代化储备了人才,对促进中国近代化具有巨大的推动作用。费维恺在《中国早期工业化——盛宣怀(1844—1916)和官督商办企业》[②]一书里说:“通过建立和资助天津和上海的学校,盛宣怀对西方知识和思想传播做出了卓越的贡献,这种传播在逐渐地削弱着封建制度的基础。”[③]无疑,这里所说盛宣怀的“卓越的贡献”主要是通过人才培养来实现的。

作为南洋公学的创始人盛宣怀功不可没。盛宣怀创办经营南洋公学期间,监院福开森就曾对他说:“使后世不忘公者,当为设立南洋公学一事,他如创办招商局、电报局、铁路、银行、纱厂等,或被误会,而于兴办南洋公学一事,则后代惟有颂公功德而已。”[④]1920 年代的交

---

① 凌鸿勋:《校史杂忆》。《老交大的故事》,第 18 - 19 页。

② 英文书名“*China's Early Industrialization: Sheng Hsuan-huai* (1844—1916) *and Mandarin Enterprise*”,为《哈佛东亚研究》丛刊第一册,1958 年由哈佛大学出版社出版。

③ 费维恺:《中国早期工业化——盛宣怀(1844—1916)和官督商办企业》(中文版),第 98 页。

④ 福开森:《愚斋存稿·序》。《愚斋存稿》卷首。

2010 年 4 月 10 日，闵行校区盛宣怀铜像揭幕仪式，铜像后照壁镌刻着《请设学堂片》全文。左起：盛毓凤、马德秀、张杰、盛彭菊影

大校长凌鸿勋曾说："盛氏虽为政治上一牺牲者，然对于南洋公学则为一首创之功臣。"①盛宣怀在办理南洋公学过程中，顶住了重重艰难阻力，凭借自身的社会地位和经济实力，积极倡导兴学救国的办学目的，学以致用的办学原则，学习借鉴西方教育经验，开创新的办学模式，努力寻找中西教育的结合点，在一定程度上推动了中国教育近代化进程。尽管盛宣怀在教育理论上没有留下鸿篇巨制，也未能从根本上超越"中体西用"的教育思想，但在一些具体的办学问题上认识得早且深刻，特别是他的教育理念具有鲜明的实践性和预见性，因而能在中国近代教育史上占有一席之地，盛宣怀无疑是中国近代教育的先驱者和有力的推动者。

① 凌鸿勋：《校史杂忆》。《老交大的故事》，第 11 页。

附录一
大事年表(1896—1905)

1895年

秋 天津海关道盛宣怀计划在全国各地捐建大学堂、小学堂、时中书院若干所，以为全国兴办新学之规式。其中规划大学堂两所，分别设于天津、上海，称为北洋大学堂、南洋大学堂。

10月 盛宣怀在天津创办北洋大学堂，同时在上海筹设南洋大学堂及时中书院。

1896年

3月 盛宣怀禀明两江总督兼南洋大臣刘坤一，拟筹款在上海开办南洋大学堂。获准后，盛宣怀约请何嗣焜、张焕纶、钟天纬、赵元益四人协助其筹划开办事宜。

8月 盛宣怀向刘坤一汇报筹备进展情况，呈递《南洋公学纲领》，定校名南洋公学。

10月 升任督办铁路总公司事务大臣的盛宣怀向光绪帝上《条陈自强大计折》，并附《请设学堂片》，奏请创办南洋公学，并在上海、京师各设一所达成馆(即时中书院)，上海达成馆拟附设于南洋公学内。

12月 光绪帝就《请设学堂片》发布谕旨，同意办学请求，但申明经费应由户部拨给，无需轮船招商局、电报局捐助。

本年 何嗣焜赴天津考察北洋大学堂，以为办理南洋之参考。

1897 年

1 月　盛宣怀呈奏《筹建南洋公学及达成馆片》,再次提请赶紧兴建南洋公学,经费仍需由轮船、电报两局每年集捐规银 10 万两。获得批准。

3 月　盛宣怀、何嗣焜主持考选师范生 30 名,同时租借徐家汇通合丝厂厂房作临时校址。

春　钟天纬负责在高昌庙附近购地,计划在此建筑南洋公学校舍。

4 月　师范院开学,南洋公学正式开办。盛宣怀兼任公学督办,聘何嗣焜为总理,张焕纶为华总教习。

7 月　张焕纶作《警醒歌》,为师范院院歌。

10 月　何嗣焜拟订《南洋公学章程》,就教职员职责、学生规约等做出具体规定,是公学第一份管理章程。

11 月　仿日本师范学堂附设小学堂之例,开办外院,招收学生 80 余名,分作大、中、小三班,令师范生分班教授。

11 月　聘南京汇文书院院长、美国美以美会传教士福开森为监院,聘期 4 年。

1898 年

4 月　南洋公学中院开办,定修业年限 4 年,先设低年级一班。

4 月　张焕纶辞职,华总教习一职遂废,延李维格任公学提调兼师范院英文教习。

6 月　盛宣怀呈奏《筹集商捐开办南洋公学折》及《南洋公学附设译书院片》《新设学堂请免岁科两试片》,详述南洋公学设校之经过、宗旨、学制组织及章程;奏设译书院;建议新设学堂以堂内考试代替岁试科试。

夏　以原规划高昌庙校址不宜于办学之用,另在徐家汇北面购地近百亩,动工兴建中院、上院、教职员住宅等校舍。

8 月　设译书院于虹口谦吉里,专译欧美、日本各国政法、军事、商务、教育诸书。

12 月　遴选师范生章宗祥、雷奋,中院生杨荫杭、富士英、杨廷栋、胡鹏运共 6 名赴日留学,是为公学第一批留学生。

本年　师范生朱树人编辑《蒙学课本》上下卷发行,翌年发行第二次排印本,由上海华洋书局代印。是为中国人自编近代教科书之开端。

1899 年

3 月　聘美国人薛来西、勒芬迩来校担任西学教习。

4月 张元济受聘担任译书院主事兼总校。年底,译书院购严复译稿《原富》准备出版。

5月 提调李维格辞职,伍光建继其职。

夏 中院校舍建成,南洋公学全部师生迁入其中,结束了2年之久的临时校舍时期。

9月 召开第一次教务会议,拟订中院课程设置。

冬 举办第一次学生运动会。

冬 外院学生大部分升入中院,外院停办。

本年 建成养息所、门房、木牌门楼、荷花厅、马房等建筑及监院住屋、洋教习住屋两所。

1900年

春 上院大楼落成,师范生迁入上院。辟底楼一大间为藏书楼。

6月 八国联军攻占京津,北洋大学堂师生避难来校,公学为此设立铁路班。

夏 何嗣焜建议设立附属小学堂,命师范生陈懋治具体规划。

7月 从江南制造局领得枪械200支,开始对学生进行军事训练。

9月 定孔子诞辰日(阴历八月二十七日)为祭孔日,是日全校举行祝圣大会。

12月 译书院出版发行《原富》甲部。

冬 选派师范生章宗元、留日学生胡鹏运赴美留学。

本年 添置物理仪器及化学药品,以供铁路班等试验,将中院下层一间教室作为格致室,后更名为理化室。

1901年

1月 中院学生在冬季大考完毕后自编自演话剧。

3月 公学总理何嗣焜遽逝。掌校人选频繁更动,3月至6月张元济暂代总理,7月至8月劳乃宣继任总理,8月后沈曾植暂任总理。

3月 附属小学堂正式开办,聘吴稚晖代理总教。5月吴稚晖被派往日本留学,陈懋治继任总教。

6月 公学将北洋大学堂南下师生王宠惠、陈锦涛、胡栋朝等9名资送美国留学,聘英国人傅兰雅为留美学生监督。

7月 中院首届6名学生毕业,选派曾宗鉴、李复几、胡振平、赵兴昌4人赴英国留学,聘英国人蓝博德为留英学生监督。

8月　盛宣怀同意福开森请假回国省亲，并令其顺道考查欧美各商业学校，以为公学设立高等商科之参考。

9月　特班开学，聘蔡元培为总教习，考选黄炎培、邵力子、李叔同等学生40余名，专教中西政治、文学、法律、道德诸学，以储经济特科人才。

10月　设东文学堂，聘罗振玉为监督，王国维为执事，考选“成学高才之士”46名，专习日文，讲授高等普通科学，以储译才。

11月　醇亲王载沣莅临公学视察。

11月　监院福开森任期届满，公学不再续聘。

1902年

1月　盛宣怀奏请于南洋公学内设立商务学堂。

2月　沈曾植辞职，汪凤藻继任，总理改称总办。

5月　首批出国学生雷奋、杨荫杭、杨廷栋3人学成归国，派充译书院编译员。

7月　中院第二届学生包光镛等10人毕业，升学在即。9月开学，公学总办汪凤藻奉盛宣怀之命，特开政治班，中院毕业生全部升入该班。

10月　盛宣怀奏《南洋公学历年办学情形折》，争取将南洋公学定位在该年所颁《钦定学堂章程》“高等学堂”之列，并相应奏请将校名更为南洋高等公学堂。奏批交管学大臣议奏，然未得定论。

11月　“墨水瓶事件”爆发，全校200余名学生集体离校。部分离校学生后被劝回校，部分学生在中国教育会协助下成立爱国学社。总办汪凤藻、提调伍光建离校。

12月　聘翰林院编修刘树屏任公学总办，张美翊为提调。

1903年

1月　盛宣怀知照刘树屏，将金匮县绅士华清泰所拟《整顿学堂条陈十则》查照施行，以整饬学校秩序。

2月　轮船、电报两局改隶北洋大臣管辖，公学经费骤减，特班、师范院、东文学堂停办，译书院归并公学办理。

2月　因“墨水瓶事件”离校的政治班学生陆续返校，公学将他们编成一班，改称商务班。该班旋即停办。

4月　总办刘树屏辞职，由提调张美翊兼代。

春夏间 盛宣怀在京与管学大臣张百熙再三晤商,张同意公学在上院专设高等商务学堂。公学着手筹设商务学堂。

7月 附属小学堂首届16名学生毕业。

秋 遵照清政府所颁学制,改中院名称为高等预科,修业年限定为5年。

秋 高等预科开设化学实验课,建立化学实验室,是为学校正式建立的第一个实验室。

9月 盛宣怀呈奏《南洋公学开办高等商务学堂折》,请将公学上院改作高等商务学堂,列入高等学堂之列。同时附奏《陈明南洋公学士习端正片》,申明南洋公学以激发忠爱、开通智慧、振兴实业为办学宗旨。

10月 南洋公学拟更名"南洋高等商务学堂",次年获得清政府批准。但新校名并未正式使用,学校仍然称作南洋公学。

12月 聘京师大学堂总教习张鹤龄任公学总办。

年底 译书院正式停止业务。译书院共译书60余种,印行至少30种。

本年 公学发行《原富》《蒙学课本》等书畅销一时,各省不法书商大肆翻印,公学予以严究。

1904年

4月 张鹤龄辞职,提调张美翊再次代理总办职务。

4月 美国圣路易斯世界博览会开幕。公学送展的按全堂建制制作的木质模型获得金奖。

5月 选派侯士绾、张景尧等12名学生赴比利时留学。

6月 盛宣怀与留美学生监督傅兰雅妥订自费留学生奖励章程,规定由公学每年津贴5名自费留美学生各500两银。

6月 夏孙鹏等4名学生随同前提调李维格赴萍乡等地勘验铁矿。

7月 南洋大臣端方来校视察。

10月 商部尚书载振函请盛宣怀,将南洋公学划归商部办理。

11月 盛宣怀同意南洋公学改归商部,商部派员来校预备接收事宜。

本年 附小教员沈庆鸿编著《学校唱歌集》由上海文明书局出版,是为我国近代最早的学校音乐教材。

1905年

3月　盛宣怀正式奏报将南洋公学移交商部，并辞去督办职务。商部奏定校名为商部上海高等实业学堂，派王清穆接收，并奏请杨士琦担任监督。

附录二
主要规章制度(1896—1905)

南洋公学纲领(1896年8月)

一、西国以学堂经费半由商民所捐,半由官助者为公学,今上海学堂之设,常费皆招商轮船、电报两局众商所捐,故曰南洋公学。

二、西国及日本学校之制,小学众多,中学较少,大学则一国中不过数处,皆分别部居,不相兼综。今南洋公学本系大学,惟西法由小至大,循序升进,中国小学、中学未兴,大学无从取材。议于公学内先分列上、中两院,以上院为大学,中院为中学,考选十三岁以上、十五岁以下,已通小学堂功夫者,挑入中院肄业,俾得早充大学之选。俟风气大开,外间中学较多,即将公学内中学裁停。其考选之法,以身家清白、文理通顺、体壮质颖、性情敦厚者为合,以家长亲友保送为凭。

三、考选学生,只能观其所学,西国考试之法,性情、气象、才能与学问并重,今于公学内分设外院,初次考选可以宽为录取,统入外院考察三月,遴其性情、气象、才能之兼美者,使入中院,不入选者仍遣归。

四、环海各邦与我同文同教而能善学西人日起有功者,莫如日本,中国兴学宜取法于东,阶级略同,途轨径捷。日本小学大纲曰修身、曰读书、曰习字、曰算术、曰物理、曰地理、曰历史;中学之纲亦如小学,而习其较精较深者;大学分法、理、文三部,而理部又分数学、物理学、化学、生物学、星学、工学、地质学、采矿冶金学八科，文部又分哲学、政治理财学、和汉文学三科。此外，又有医学、外国语学、工部大学校、海陆军兵学校、农学校、商学校、工学校(此专习西人以机器制作之法，与工部大学校教矿山、铁道、电信者有别)、女学校、师范学校等名目。今中国既非一蹴可几，不得不择要施教，中院教科大纲略从日本，上院则从日本法、理为大端，而损益变通之，条列细目统归课程。

五、日本学校规则及授读之书，皆由文部省查验，酌定颁行，故教无歧途，学归一轨，但其初亦屡试屡改，然后定为令式。今公学课程皆拟参酌东法试办，惟教学之事，大含细入，非经历试，其层累曲折之利弊，未可骤明。须俟开学后由总办与华洋教习逐细考核，实可循行，再将课程节目厘为定式。

六、外国学堂多不定额，以其经费充足，又多收取学生贴费也。中国风气未开，学堂经费既不可赋之于民，亦无盈千累万捐助之款。倡导之初，不但不能收费，且不能不酌给膏奖，筹款既艰，应有限制，上、中两院学生，均以一百二十名为额。

七、外国学生，小学堂卒业后出外谋生，不入中学者多；中学堂卒业后出外谋生，不入大学堂亦多。日本之制，以七岁至十四岁为学龄，学龄期内不准不学，学至八年，人必明理，无论大小，必可成就一业，大要在使国内无无业之游民，而深造大成，则视各人之材质志趣，不相强也。以明治十四年计之，通国七区小学生徒一百五十九万四千七百四十二人，中学生徒仅三千二百七十一人，大学生徒仅一千七百五十人。由小学入中学者约五百人得一人。由中学入大学者约得其半，可见小学功用最广。今中国创立南北洋两学，生徒限于定额，皆当期于大成，以备国家之用，除中院学生四年后终无进境，不得不黜退外，其才且贤者必需升入上院肄业，不准他图。

八、学业浅深，分为数班，学生每日功课，教习记明分数，报于总办，录记簿册，月计岁核，能者越级而升，次者循级以进，暴弃者降其级。

九、每三月小试，总办、总教习以所业面试之。期年大试，督办招商、电报两局大臣亲试之。上院四年学成，由公学给予卒业文凭，造册呈由督办大臣会同南洋大臣、江苏抚院咨明总署，听候调用。择其尤异者，仿日本海外留学生之例，给官费就学外国，或就试于各国大学堂，以扩才识，而资大用。

十、各学应用之书，以及应行浏览参考之书，除中国官私载籍均宜搜采外，凡东西洋各国关系各学书籍、各种图册，亦须广为购置，各国著名报馆日报、月报、新闻纸，一体购备，分庋图书院，以供师生观览。其收掌取阅之法，别具章程。

十一、实学必须目验，所有天算仪器、中外各国生物矿产、化学器具、机器形模、兵农器械、各国金银铜楮货币，凡足资考证者，均于博物院分储陈列，俾师生得以按图索骥，讲解研求。

十二、上、中两院学生皆有翻译洋文功课，应择各国法律、交涉诸书，先行课令翻译，次及理财、商学、农学诸书，翻译成册。教习校核精审，随时交译书院印行，定价发售，取售书之资，供译院之费。各书流行日广，则不入公学之士子能通知西法者，自日多矣。

十三、西国各处学堂教习，皆出于师范学堂，日本亦有师范学校。中国儒生尚多守先之学，遴选教习尤患乏材。现就公学内设立师范院，先选高才生三十人，延德望素著、学有本源、通知中外时事者教督之。三年之后，各学教习皆于是取资，庶无谬种流传之病。此三十人亦按所学浅深，酌分三班，每年可派出充当教习者十人，即另选十人补额，以次升班，以次派出，则师道立而教习不患无人矣。

十四、中国民间子弟读书，往往至十四五岁文理犹不能通顺，皆由教不得法，故学亦无效。此等子弟虽入中学，仍须从事小学功夫，久费年力，岁不我与，欲求深造，常苦老大。今选八岁以外十岁以内，体壮质敏之学生一百二十名，选入师范院，分作六班，按年递升一班，第一班卒业挑入公学中院，另选二十名补充第六班。此项小学生即令师范院之高才生分教之，使其且学且教，规矩准绳，无不中度，一旦出充教习，自能驾熟就轻。

十五、公学设总理一员，选通达中西政教源流、体用兼备者为之。华总教习一员，以学问优长、品端才裕、兼通西学者为之。洋总教习一员，以精通法律政治，兼明理财格致诸学，品行端亮者为之。上院法学洋教习一名，归洋总教习兼任，政治、理财、商税诸学皆统焉。化学洋教习一名，格致、物理诸学皆统焉。地学洋教习一名，地理、地质、采矿、冶金诸学皆统焉。工学洋教习一名，机器、土木、制造、图画诸学皆统焉。华人洋文教习四名，汉文教习三名。中院华人洋文教习四名，帮教习四名，汉文教习四名，帮教习四名，稽察教习一名，稽察副教习二名，管图书院备充教习二名，司事四名。

十六、中国学校之政隳，而设为书院以辅之，延请院长不囿官职。立法之始，成效炳然，如白鹿、鹅湖、湖州，其尤著者也。循行日久，皋比之席不以实选，而以情来，显者宦成，据为祠禄，清要临领，略同干修。师生之面常不相谋，月课之卷，假手提刀，习为故常，为世诟病。公学教习责成总理、总教习考选，如不称职，责有攸归，执荐情托，皆不可徇。

十七、学以道重，礼由义起。公学中设位供奉至圣先师，塑望日晨起，总理率同教习诸生拈香行礼。自总理以下，凡见中外大员，应遵京官仪制，用红呈大片，长揖打恭，不得屈膝请安。

(盛档:044964－2)

南洋公学章程(1898年6月)

第一章　设学宗旨(共二节)

第一节　西国以学堂经费,半由商民所捐,半由官助者为公学。今上海学堂之设,常费皆招商、电报两局众商所捐,故定名曰南洋公学。

第二节　公学所教,以通达中国经史大义、厚植根柢为基础,以西国政治家、日本法部文部为指归,略仿法国国政学堂之意。而工艺、机器、制造、矿冶诸学,则于公学内已通算化、格致诸生中,各就质性相近者,令其各认专门,略通门径,即挑出归专门学堂肄习。其在公学始终卒业者,则以专学政治家之学为断。

第二章　分立四院(共二节)

第一节　一曰师范院,即师范学堂也;二曰外院,即日本师范学校附属之小学院也;三曰中院,即二等学堂也;四曰上院,即头等学堂也。

第二节　师范院高才生四十名,外院生三班一百二十名,中院生四班一百二十名,上院生一百二十名。

第三章　四院学生班次等级(共二节)

第一节　师范生分格五层。

第一层之格曰:学有门径,材堪造就,质成敦实,趣绝卑陋,志慕远大,性近和平;

第二层之格曰:勤学诲劳,抚字耐烦碎,就范围,通商量,先公后私;

第三层之格曰:善诱掖,密稽察,有条理,能操纵,能应变;

第四层之格曰:无畛域计较,无争无忌,无骄矜,无吝啬,无客气,无火气;

第五层之格曰:性厚才精,学广识通,行正度大,心虚气静。

外、中、上三院学生各分四班,每班三十人。

第二节　师范生合第五层格,准充教习;外院生至第一班递升中院第四班;中院生至第一班递升上院第四班;上、中、外三院学生皆岁升一班。

第四章　学规学课(一节)

日本学校规则及授读之书,皆由文部省酌定颁行,但其初亦屡试屡改,然后定为令式。公学课程参酌东西之法,惟其中层累曲折之利弊,必历试而后能周匝。师范院、外院课程,一年之内,已屡有更定,应由总理与华洋教习逐细再加考核,厘为定式。

第五章　考试(共三节)

第一节　每三月小试,总理与总教习以所业面试之。

第二节　周年大试,督办招商、电报两局之员会同江海关道员亲试之。

第三节　上、中、外三院学生未卒业之日,均不应学堂外各项考试。惟师范院及上、中两院高等学生,经学政调取录送经济科岁举者不在此例。

第六章　试业给据(共三节)

第一节　师范院生考取后,给试业白据,进院试业两月,察其合第一层格,换给第一层蓝据;第二层绿据;第三层黄据;第四层紫据;第五层红据;递进递给。

第二节　外院生考取进院,试业两月,去其不可教者。质性可造者给予外院生肄业据;递升中院,给予中院肄业据;递升上院,给予上院肄业据。

第三节　上院生四年学成,给予卒业文凭。

第七章　藏书译书(共二节)

第一节　公学设一图书院,调取各省官刻图籍,其私家所刻,及东西各国图籍,皆分别择要购置庋藏。学堂诸生阅看各书,照另定收发章程办理。

第二节　师范院及中上两院学生,本有翻译课程,另设译书院一所,选诸生之有学识而能文者,将图书院购藏东西各国新出之书,课令择要翻译,陆续刊行。

第八章　出洋游学(一节)

上院学生卒业后,择其尤异者资送出洋,照日本海外留学生之例,就学于各国大学堂,以广才识而资大用。

第九章　教员人役名额(共四节)

第一节　南洋公学总理一员,华总教习一员,洋总教习一员,管图书院兼备教习二名,医生一名。

第二节　师范院并外院洋教习二名,华人西文西学教习二名,汉教习二名,司事四名,斋夫杂役二十名。

第三节　中院华人洋文教习四名,洋文帮教习四名,汉教习四名,稽察教习二名,司事二名,斋夫杂役十六名。

第四节　上院专门洋教习四名,华人洋文教习四名,汉教习四名,稽察教习二名,司事二名,斋夫杂役十六名。

(《愚斋存稿》第 2 卷第 23－28 页。)

南洋公学高等小学堂章程(约 1904 年)

第一章　立学总义

第一节　矫近代教育偏重文字之弊,设普通完备学科,使学者得受普通之知识为主义。

第二节　小学堂为南洋公学中学堂之预科,故定为高等小学堂。

第三节　小学堂额定三百人,现因校舍不敷,暂设一百人。

第四节　小学堂学生分设三学级,每一学期终考试一次,及格者升级,否则仍留本级。三年毕业考试及格者,升入中学堂。

第五节　小学堂开办之初,暂假公学上院房屋。嗣即购地二十亩于公学南首,拟于其地建造校舍、寄宿舍。

第二章　学科程度

第一节　遵照奏定高等小学堂章程,所有普通学科务臻完备,兼及簿记、手工,以为讲求实业之基;增设生理、乐歌,以为保卫身体,振刷精神之本。

第二节　各学科教授之法均以实验为主,置备理化仪器,动植矿物标本,历史、地理挂图,工商实业应用器具,所有各种均宜随时增购。

第三节　各学科应用图籍,即由本科教员裁定编纂,以期美善适用。

第四节　各学科程度及每星期教授时刻表列后。

第一年

读经(孝经)　修身　国文　笔算　珠算　历史　地理　理科(自然物现象)　习字(大楷)

图画(毛笔画)　体操(柔软体操)　乐歌

合计每星期三十六点钟(每日体操一点钟在外)

第二年

读经(四书)　修身　国文　笔算　珠算　历史　地理　理科(生理)　习字(大楷、小

楷) 图画(毛笔画、铅笔画) 体操(柔软体操) 乐歌 手工

合计每星期三十六点钟(每日体操一点钟在外)

第三年

读经(四书、左传) 修身 国文 算术 商业簿记 历史 地理 理科(简易理化) 习字(大楷、小楷、行书) 图画(毛笔画、铅笔画、粉笔画、几何、设色) 体操(兵式体操) 乐歌 英文 手工

合计每星期三十六点钟(每日体操一点钟在外)

第三章 课堂

第一节 每日功课午前以八点半起,十一点半止;午后以一点半起,四点半止。教员及学生各依时刻,闻钟到堂。

第二节 课堂坐次皆由教员派定,无得搀越。出入先后,按此为准。

第三节 教员到堂,学生皆起立致敬,课毕而退,教员与学生皆行一鞠躬礼。

第四节 在课堂中,不得离位偶语及带功课外一切书籍物件。

第四章 卧室

第一节 管理之法,在养成整齐清洁之习惯,导以重公德、知卫生,以力矫苟且、污浊、怠惰、骄纵之弊。

第二节 每室公举领班生一人,每月举一次,必经教员监学许可。领班得整齐本室之事,凡衣服、器物之整齐清洁与否,皆得检查。

第三节 盛夏每早六点钟,严冬每早六点半钟,一律皆起。无论何时,每夜十点钟一律息灯安卧,均不得迟延。

第四节 单被褥每半月洗一次,衫裤袜每星期洗一次,由监学编定次序,牌示学生按次洗濯,不得规避。

第五节 学生如携有贵重物件、整数银钱,交监学收藏,以免遗失。

第五章 膳厅

第一节 每日午前七点钟早膳(星期迟半点钟),十一点半钟午膳,六点钟晚膳。前五分钟值席仆人将菜蔬、碗箸一律排齐,摇铃一次,一齐入座。每席必有教员、学监同食,以便稽察食物,惟占坐某席不必限定。

第二节　教员、监学、学生统应在膳厅会食，惟遇疾病不拘此例。

第六章　杂载

第一节　入学资格，学年以十二岁为度；学业以能答问，作小论，略通浅近历史、地理、算学为度。

第二节　学生费用，每年膳费银三十六元，分春秋两期开学时缴纳，另备杂费银二十元，体操衣帽在内，如有余剩，放学给还本人。

第三节　学生每逢假期欲归家者，当由家属领回。设有要事，即非假期，亦得由家属到堂，告明缘由，即行领回，限日来领。

第四节　行礼仪节、休假日期、赏罚章程，凡所未载，均照公学章程办理，以昭划一而免歧出。

(西交档:2324)

附录三
教职员名录

姓名	字号	籍贯	职　务	任职起止年限
盛宣怀	杏荪	江苏武进	督办	1896—1905.4
何嗣焜	梅生	江苏武进	总理	1896—1901.2
张元济	菊生	浙江海盐	代总理 译书院主事	1901.3—1901.6 1899.3—1903.1
劳乃宣	玉初	浙江	总理	1901.7—1901.8
沈曾植	子培	浙江	代总理	1901.8—1902.2
汪凤藻	芝房	江苏吴县	总办	1902.2—1902.11
刘树屏	葆良	江苏武进	总办	1902.11—1903.4
张美翊	让三	浙江鄞县	提调 提调兼代总办 提调兼代总办	1902.11—1905.4 1903.4—1903.12 1904.5—1905.4
张鹤龄	筱圃	江苏阳湖	总办	1903.12—1904.4
张焕纶	经甫	江苏上海	华总教习	1897.4—1898.5
福开森	茂生	美国	监院	1897.11—1901.11
李维格	一琴	江苏吴县	提调兼教习	1898.5—1899.5
伍光建	昭扆	广东南海	提调兼教习	1899.6—1902.11
蔡元培	鹤卿	浙江绍兴	特班总教习	1901.9—1902.11

（续表）

姓名	字号	籍贯	职　务	任职起止年限
陆之平	康侯	山东	算学、格致教习	1897.3—1902.11
颜明庆		江苏上海	英文教习	1897.3—1898
黄补生		安徽	会计	
黄祖德			收支	1902在任
卜兆璜			收支	1902在任
赵　煊			收支	1902在任
邹　炽			图书管理员	1902在任
江绍墀	趋丹	江苏上海	庶务	
汪龙标	汉溪	安徽婺源	庶务	1897.3—1901.12
金世和	煦生	江苏江宁	福开森文案	1897—1902
颜志庆	仲山	江苏上海	教习	1898—
陈懋治	颂平	江苏吴县	附小教习、主任	1901.7—1902.12
钮永建	惕生	江苏松江	教习	1899—1900
汪荣宝	襄甫	江苏吴县	附小监学	1901.7—1901.12
潘　绅	书卿	江苏上海	教习	1898—1903
吴　健	任之	江苏金山	西学教习	1899—1902
陈锦涛	兰生	广东南海	西学教习	1900—1901
黄国英		广东	化学教习	1898—1905
宋　辉			军事教习	1901年在任
黄荣仁		安徽无为	校医	1898.2—1903.1
俞炳钰			文案	1902在任
江　鸿			文案	1902在任
关应麟	伯振	广东南海	西学教习	1900—1904
王宠惠	亮畴	广东香山	西学教习	1900—1901
吴佩璋	仲篪	广东香山	西学教习	1903—1905
冯　琦	玉蕃	福建闽县	西学教习	1902—1908
陈廷甲		广东南海	西学教习	1902—1903
徐兆熊	子璋	江苏武进	中院西学教习	1901—1904
王建极		江苏无锡	中院西学教习	1901—1903
张天爵	东山	江苏丹徒	中院中文教习	1899—1905

(续表)

姓名	字号	籍贯	职 务	任职起止年限
赵从蕃	仲宣	江西南丰	特班学监	1901—1902
王舟瑶	枚伯	浙江黄岩	特班学监	1902.5—1902.11
张在新		江苏上海	师范生学长 兼法文教习	1897.4—1902.11
朱树人		江苏上海	师范生学长 兼法文教习	1897.4—1902.11
栗林孝太郎		日本	师范院日文教习	约1899年
陈伯涵	诸藻	福建闽侯	西学教习	1898—1905
杨志洵	景苏	江苏无锡	中院中文教习	1898年在任
张祖廉		浙江嘉善	中院中文教习	1902在任
董懋堂		江苏吴县	中院中文教习	1898—1901
傅运森		湖南长沙	中院中文教习	1898—1902
吴稚晖	敬恒	江苏武进	中院中文教习 附小总教习	1898—1901 1901.2—1901.5
徐兴范		江苏丹徒	中院中文教习	1898—1903
白作霖		江苏南通	中院中文教习	1898—1901
郭振清		江苏如皋	中院中文教习	1898—1902
郭镇瀛		江苏如皋	中院中文教习	1899—1902
姚文枏		江苏上海	学课总教习	1901—1902
周家禄		江苏海门	文课总教习	1901—1902
孙多颐		安徽寿县	中院中文教习	1902在任
林鹤年		福建安溪	中院中文教习	1902在任
高粹曾		江苏武进	中院中文教习	1902在任
程一鹤			中院中文教习	1902在任
陈望占			中院中文教习	1902在任
褚成钰			中院中文教习	1902在任
丁同芳			中院中文教习	1902在任
余建侯			中院中文教习	1902在任
庄尔照			中院中文教习	1902在任
杨敏曾		浙江宁波	中院中文教习	1903在任

（续表）

姓名	字号	籍贯	职　务	任职起止年限
尤　桐		江苏无锡	中院中文教习	1903—1907
王建祖		广东番禺	中院西学教习	1900—1902
谭天池		广东新宁	中院西学教习	1902 在任
吴镜寰		江苏	教习	
潘灏芝	若梁	江苏吴县	教习	1902. 2—1902. 4
黄元吉			译书院主事	1901. 3—1901. 6
费念慈	屺怀	江苏武进	译书院总校	1901. 8—1902. 5
郑孝柽	稚辛	福建闽侯	译书院校订	1898—1903
孟　森	莼孙	江苏武进	译书院校订	1898—1902
卢永铭		福建闽侯	译书院译员	
樊炳清	少泉	浙江绍兴	译书院译员	
葛胜芳			译书院译员	
沈　纮			译书院译员	
陈昌绪			译书院译员	
周仲玉			译书院译员	
罗振玉	叔蕴	浙江上虞	东文学堂监督	1901. 11—1902. 12
王国维	静安	浙江海宁	东文学堂执事	1901. 11—1902. 12
藤田丰八	剑锋	日本	东文学堂正教习	1901. 11—1902. 12
田冈岭云（佐代治）		日本	东文学堂副教习	1901. 11—1902. 12
细田兼藏		日本	译书院译员	1898. 6—1899. 6
稻村新六		日本	译书院译员	1898. 11—1900. 11
薛来西		美国	英文、西学教习	1899—1907
乐提摩		美国	英文、西学教习	1901—1906
勒芬迩		美国	英文、西学教习	1899—1906
程文勋		江苏江都	西学教习	1902—1904
胡诒谷		浙江慈溪	西学教习	1899—1904
包光镛		浙江鄞县	中院西学教习	1903—1904
章宗宪	肇泾	江苏武进	文案	
张世撰	健齐	江苏江浦	西学教习	1904—1914

（续表）

姓名	字号	籍贯	职　务	任职起止年限
胡翔青	叔田	浙江鄞县	中院中文教习、监学	
赵玉森	瑞侯	江苏丹徒	中院中文教习	1898—1905
张景良	师石	江苏松江	教习	1901. 7—1901. 12
储炳鹗	星远	江苏	教习	
徐敬仪	唐芬	江苏宜兴	教习	
蒋尔夔	梅生	江苏宜兴	中院中文教习	
冯善徵	子久	江苏南通	中院中文教习	
林祖溍	康侯	江苏上海	小学主任	
汪士瀛	达九	江苏无锡	附小教习	1900. 1—1906. 12
陆文慰	颂炳	江苏松江	附小教习	
黄灏芝	刚甫	广东	附小教习	
吴廷珍	颂声	江苏松江	附小教习	1901. 1—1902. 6
吴廷璜	叔厘	江苏松江	附小教习	1903. 1—1925
周德裕	左宽	江苏吴县	附小教习	1901. 8—1903. 7
范本安	静之	江苏上海	附小监学	1902. 1—1902. 7
王鸣时	景崧	江苏昆山	附小教习	1900. 2—1900. 7
王鸣和	谱韶	江苏昆山	附小教习	1900. 8—1901. 7
朱念椿	子欧	江苏松江	附小教习	1900. 1—1900. 10
陆承济	慧刚	江苏吴县	附小庶务员	1902. 8—1927. 7
唐文栋	璞臣	江苏太仓	附小教习	1904. 8—1904. 12
汤存德	贻孙	江苏吴县	附小教习	1901. 7—1903. 12

主要资料来源：

《南洋公学教习名单》（1902 年 3 月）。盛档：044551 - 1

《南洋公学教职员薪水清册》（1902 年 11 月）。西交档：2283

《交通部上海工业专门学校廿周纪念册》（1917）

《交通大学校友录》（1936）

后 记

在学校党政的领导下，在校史编纂委员会和校史编写团队十多年的精心编研、反复打磨下，《上海交通大学史》八卷本，在校庆 120 周年来临之际，正式推出了。其中 1—4 卷，于 2011 年校庆 115 周年时问世，并荣获中国高等教育学会"第八次优秀高等教育科学研究成果"著作类一等奖。

《上海交通大学史》是由十余位老中青结合的研究人员参与编著而成的学术著作，是集体智慧的结晶。编纂的指导思想、体例原则、结构框架、重大问题的把握等都经过集体讨论研究，比较全面地记录了上海交通大学从 1896 年到 2006 年 110 年的办学历程和发展轨迹。在编纂中，努力将 110 年的交大发展历史置于中国近现代社会经济、政治、文化的巨大背景中进行研究。全书采用纵横交叉、点面结合、宏观与微观统一的方法，紧扣学校发展的主要内涵，全方位、多角度、有侧重地展示学校不同时期的发展历程。从浩瀚的文书档案等第一手资料和召开有关专题座谈会、组织个别访谈交流中，深入挖掘和研究校长办学理念、教师敬业教学、学生勤奋学习、校友爱校情结等生动事例与精神品格；同时，也不忘长年在基层守护交大一草一木的普通员工，多角度展现交大历史长河中的个人魅力与人生智慧，尽可能做到见物、见人、见情。全书图文并茂，力求既具学术性，又有可读性。

《上海交通大学史》第一卷由欧七斤同志执笔。在编著过程中，王宗光、范祖德、叶敦平、毛杏云、潘銥等同志对大纲的确定、初稿讨论、书稿审阅付出了艰辛的劳动。

华东师范大学金林祥教授对书稿进行了认真审读。吴善勤、陈贻芳等教授给予大力帮助。朱积川同志提供了部分照片。学校党史校史研究室、档案馆、出版社等单位鼎力支持。写作过程中使用了西安交通大学档案馆、上海图书馆盛宣怀档案研究中心等单位所藏的档案资料。在此谨表示诚挚的谢意!

由于学校历史悠久,文献史料丰富,编纂任务艰巨,编写水平和编纂时间有限,书中难免有疏漏和失当之处,敬请广大读者、同行、专家、校友批评指正。

《上海交通大学史》编写组

2011 年 2 月第一稿

2016 年 2 月修订